Mathias Wallner

Streifzug durch die Geschichte Münchens

Mathias Wallner

STREIFZUG DURCH DIE GESCHICHTE MÜNCHENS

TEIL II

DIE STADT ZWISCHEN KÖNIG LUDWIG I. UND DEN OLYMPISCHEN SOMMERSPIELEN 1972

Bibliografische Information der Deutschen Nationalbibliothek:
Die Deutsche Nationalbibliothek verzeichnet diese Publikation
in der Deutschen Nationalbibliografie;
detaillierte bibliografische Daten sind im Internet
über https://portal.dnb.de/ abrufbar.

© 2023 Mathias Wallner
Satz, Umschlaggestaltung, Herstellung und Verlag:
BoD – Books on Demand, Norderstedt

ISBN: 978-3-7578-2716-8

Zueignung

Für Maximilian, meinen Neffen,
der dereinst München lieben lernen möge,
vielleicht auch mit Hilfe dieses Buches.

Danksagungen

Wolfgang Giese, meinem verehrten Doktorvater,
schulde ich erneut und wie beim ersten Band Dank
für seine treue Begleitung, seine Ermunterungen
und seine vielen wertvollen Hinweise.
Dasselbe gilt, ebenso wie beim ersten Band,
für meinen Onkel Michael Kruse.

INHALT

1. KUNSTKÖNIGTUM UND REPRÄSENTATION: DIE ÄRA LUDWIGS I.

Das Jahr 1806 bedeutete für die Stadt München eine enorme Zäsur. Sie war nun Hauptstadt eines völlig neuen Staatswesens. Dieses blutjunge Gebilde war im Gegensatz zum alten Kurpfalzbayern vollsouverän, territorial geschlossen und prononciert zentralistisch. Darüber hinaus schimpfte sich der neue Staat ein „Königreich".

Ja da schau her: Die mittelalterliche Handelsstraßenkreuzung hatte sich zur Königsstadt gemausert. Der erste Kronenträger, Max Joseph, ließ es eher ruhig angehen, was seine Hauptstadt betraf. Der Mann war nicht so fürs Repräsentative. Und seine Administration hatte weiß Gott andere Sorgen als die Ausschmückung der rangerhöhten Residenzstadt. In den Wechselfällen der europäischen Politik – nie hatte Europa stürmischere Zeiten erlebt als zu Anfang des 19. Jahrhunderts – galt es, das neue Staatswesen zu etablieren und zu behaupten. Als wäre das nicht schon genug, veranstaltete die Regierung im Inneren eine Art Revolution von oben, an deren Ende im neuen Königreich kein Stein mehr so lag wie zu deren Beginn. Da blieb fürs Anpassen an die Repräsentationsbedürfnisse einer Königreichshauptstadt weder Zeit noch Geld.

Der Sohn und Nachfolger des ersten bayerischen Königs erkannte diese Lücke klar und war gesonnen, sie zu schließen. Sein Name war Ludwig, und er war, mag sein, in seinen Kronprinzenjahren ganz einfach auch etwas unterbeschäftigt. Er nörgelte ungebeten an der väterlichen Außen- und Bündnispolitik herum, er hasste den derzeitigen Hauptverbündeten Napoleon aus tiefster Seele und ebenso den allmächtigen Regierungschef der ersten Königsjahre, einen gewissen Grafen Montgelas. Der Vater pflegte all die diesbezüglichen Einlassungen seines Erstgeborenen mit einem sinngemäßen „*Du hältst Dich da bitte heraus!*" abzutun.

Zweimal tat sich der Junge dann bis zu seinem Regierungsantritt hervor. Dabei hat sich nicht unbedingt epochemachendes angekündigt. Das erste

Mal anlässlich seiner zwar durchaus folgenreichen Hochzeit, aber zum Bräutigam-Sein gehört eigentlich nicht viel; und dass die Festlichkeiten rund um den 12. Oktober 1810 dereinst als Ursprung des größten Volksfestes der Welt gelten würden, war damals weder intendiert noch abzusehen. Das zweite Mal, als uns Ludwig handelnd auffällt, ist sogar ausgesprochen wenig ruhmreich, handelte es sich doch um das Intrigenspiel rund um die Entlassung des Grafen Montgelas (siehe Band 1).

Die beiden ersten prominenten Taten des Thronfolgers scheinen also auf nichts sonderlich Herausragendes hinzudeuten. Dieser erste Eindruck täuscht allerdings vollkommen. Es kann nämlich kein anderes Urteil gelten als folgendes: der zweite bayerische König, Ludwig I., der zwischen 1825 und 1848 regierte und dessen Wirken früher begann und erst mit seinem Tod im Jahr 1868 endete, war der wichtigste Mann in der Stadtgeschichte Münchens; übrigens keineswegs unbedingt Bayerns; und vielleicht müsste man seiner Wirkungsmächtigkeit in der Residenzstadt trauriger, pessimistischer, aber ehrlicher Weise einen gebürtigen Braunauer an die Seite stellen.

Ja freilich: Bert Brechts „lesender Arbeiter" hat schon ganz recht mit seinen Fragen: „*Cäsar schlug die Gallier / Hatte er nicht wenigstens einen Koch bei sich? [...] Wer baute das siebentorige Theben? [...] Haben die Könige die Felsbrocken herbeigeschleppt?*" (BB, Ausg. Werke v. 2005, Bd. 3, S. 293). Auch unser König hat weder die Ludwigstraße, noch den Königsplatz, nicht die Museen und ebenso wenig die Residenzerweiterungen „*gebaut*". Er hat sie bauen lassen. Auch das ist Leistung, seine Leistung. Ludwig hatte also im Sinne der Brecht'schen Fragen nebst hunderten von Lohnarbeitern – die aber wohl nicht unglücklich über die königliche Bauwut gewesen sein dürften – am Anfang „wenigstens einen Klenze" und später ganze Heerscharen von Malern, Kunstagenten, Baumeistern, Erzgießern und Schriftstellern um und bei sich. Einzig die Musik scheint ihm, anders als seinem (problematischer veranlagten) Enkel, am Allerwertesten vorbeigegangen zu sein ... Wahrscheinlich war schlicht keine Zeit mehr für sie übrig. Tatsächlich grenzt die Schaffenskraft des zweiten bayerischen Königs ans Übermenschliche – auch darin unterscheidet er sich vom anderen wittelsbachischen Kunstkönig, seinem gleichnamigen Enkel, der nicht nur problematisch veranlagt, sondern auch eine stinkfaule Socke gewesen ist. Ein Biograph Ludwigs I. wäre schon deshalb nicht zu beneiden, weil er sich durch die Schriftwechsel des Monarchen zu ackern hätte: mehrbändig alleine die Edition der Briefe von und an Chefbaumeister Klenze. 2.000 Briefe von Marianna Marchesa Florenzi, lagernd in einem Münchner Archiv; seine 3.000 an jene Dame, die in der Schönheitengalerie zu finden ist, sind dem Historiker allerdings gnädig erlassen: niemand weiß, wo sie sich befinden und ob sie überhaupt noch existieren. Damit sind nur zwei der vielen Briefpartner Ludwigs erwähnt – wann um alles in der Welt hat dieser Mensch eigentlich geschlafen, denn das Briefeschreiben lief doch bestenfalls so nebenher?! K. B. Murr berichtet in seiner Ludwig-Biographie von etwa 100.000, in Worten: hunderttausend handschriftlichen Verordnungen (Murr, S. 67). Mit seinem fiebrigen Tatendrang, grenzend ans Übernervöse, mag Ludwig die von ihm mäzenierte Entourage noch mehr gepiesackt haben als mit seiner Flatterhaftigkeit.

Ludwig hat sich bereits als Kronprinz dazu entschlossen, die Residenzstadt auf Teufel komm' raus und koste es, was es wolle, zur Kunststadt par excellence zu machen. Es kostete naturgemäß Unsummen – ein Glück, dass der Mann ein hochbegabter Finanzier war. Kein einziger Ludwigsbau und kein Einziger seiner Kunstkäufe verlief ohne Finanzprobleme. Er hat sie fast immer gelöst.

Drei Museen von Weltruf, eine Prachtstraße und zwei Repräsentations-Plätze sprangen nebst anderem für München am Ende dabei heraus.

Der kronprinzliche München-Entschluss hatte folgende drei Ursachen: ein Kunsterlebnis in Italien; die Hassliebe zur früh gesehenen Residenzstadt Paris; und eine politische Erkenntnis, die er zwar, soweit wir sehen, nie formuliert hat, die ihm aber nichtsdestoweniger in jeder, aber auch wirklich jeder Biographie, Monographie oder sonstigen ihn betreffenden Arbeit unterschoben wird. Demnach habe Prinz Ludwig sich in etwa gesagt: „Machtpolitisch ist der Zug für Bayern abgefahren." (Pardon, das Bild ist etwas schief, denn in seiner Kronprinzenzeit gab's in Bayern ja noch gar keine Züge. Die Strecke zwischen Nürnberg und Fürth, Deutschlands erste Eisenbahn, hat Ludwig erst als König eröffnet. Übrigens äußerst ungern. In einem Gedicht beklagte er den *„umwälzenden Lauf"* der Dampfwägen, welchen er eine Demokratisierungstendenz unterstellte. Er nannte sie *„der allgemeinen Gleichheit rastlose Beförderer"*. Das ist zwar nicht ganz auf der Höhe der immerhin ja schon konstitutionellen Zeit, andererseits aber nicht ohne Originalität gedacht. Dies gilt auch für folgende Zeilen des Eisenbahnschmähgedichts: „[…] *überall und nirgends daheim / streift über die Erde / unstet, so wie der Dampf, das Menschengeschlecht."* ((Zit. nach deutschlandfunk.de / Sendung Kalenderblatt vom 28. 2. 2018)). Hat unser König etwa die Atmosphäre in jenen riesigen Abflugterminals neuerer Flughäfen vorausgeahnt?! Es gibt jedenfalls dümmere Gedichte, nicht nur von G. Grass, sondern nicht zuletzt auch von Ludwig selbst – und jetzt eisenbahnschnell zurück zu jener dem Kronprinzen unterstellten Erkenntnis). Da also dem deutschen Mittelstaat Bayern der Zugang zu machtpolitischem Engagement verwehrt und auf diesem Gebiet kein Blumentopf, geschweige denn Ruhm zu gewinnen war, habe sich Ludwig aufs Kunstfördern verlegt. Da war bedeutend mehr zu holen; mehr Ruhm für ihn, mehr Prestige für sein junges Königreich. So steht´s einschränkungslos überall. Es wird dann halt schon was dran sein.

(Ein paar Beispiele: H. Putz, Klenze in St. Petersburg, S. 354; dies., L. I. und die Kunst, S. 174f.; K. B. Murr, Ludwig I., S. 116, mit Bezugnahme auf ähnliche Bemerkungen Th. Nipperdeys; N. Huse, Kl. Kunstgeschichte Ms., S. 117; R. Baumstark, 7. April 1826, S. 337; K. Weigand, interviewt für eine B2-Sendung über Ludwig I., ausgestrahlt am 26. 2. 2018, sinngemäß völlig identisch; dies., Griechenland … S. 336;).

Ob das auch für das Erweckungserlebnis gilt, das Ludwig selbst, anders als die oben skizzierte politische Kalkulation, allen unter die Nase rieb, die sich nicht schnell genug in Sicherheit zu bringen wussten? Die Episode findet sich leicht verspätet in seinem Tagebuch, in den Skizzen für die geplante Autobiographie und in der Erinnerung zahlreicher Personen, die in engerem Kontakt zu ihm standen.

Es ist der 13. Dezember 1804. Ein junger Blaublütler, zu diesem Zeitpunkt strenggenommen nicht einmal Kron- sondern nur Kurprinz, betritt einen venezianischen Palazzo. Es steht die Besichtigung der dort befindlichen Kunstwerke auf dem Programm. Unter diesen befindet sich eines, das durch seine Perfektion das Leben des deutschen Touristen für immer verändern wird: *„Der Sinn für Kunst war in mit aufgegangen"*. So oder so ähnlich wird er es zukünftig bei jeder passenden Gelegenheit hinausposaunen. Er hatte sich in die Hebe des italienischen Bildhauers Antonio Canova verschaut. Hebe ist eine Figur der griechischen Mythologie. Sie ist die Tochter des Zeus und die Göttin der Jugend – die dementsprechende Anmut fehlt in keiner begabten Darstellung dieser Dame; und zu solchen ist Antonio Canovas Arbeit sicher zu zählen. Der wiederum war in der Jugend Ludwigs auf dem Höhepunkt seines Schaffens, und damals ein sehr gefragter und berühmter Mann.

Ludwig war laut eigener Aussage derart verschossen, dass er für die anderen Sehenswürdigkeiten des Palastes keinen Sinn mehr haben konnte. Immer wieder sei er wie magisch angezogen zur Hebe zurückgekehrt. Dieses Erlebnis, so Ludwig, habe ihm gezeigt, was die Kunst vermag.

Nun ja. Auch da wird schon was dran sein. Es fällt allerdings auf, wie emsig sich der Kronprinz und spätere König um die Verbreitung dieser Episode bemühte. Und noch etwas ist beachtenswert: Ludwig war zeitlebens ein äußerst begabter und erfolgreicher Kunstkäufer. Er war dabei höchst ambitioniert. Hatte er einmal einen Gegenstand ins Auge gefasst, gab er fortan keinen Frieden mehr; so lange nicht, bis das betreffende Stück in der bayerischen Residenzstadt eingetroffen war. Aber so viel man in München auch sucht – es gibt hier keine Hebe; jedenfalls keine von Canova. Eine Arbeit des Mannes ist zwar da, aber eben keine Hebe. Es ist übrigens nicht ganz mühelos, ihren derzeitigen Aufenthaltsort auszumachen. Aus Venedig ist sie wohl fort. Oft ist von der Eremitage in St. Petersburg die Rede, während H. Putz, Autorin einer Monographie zum Thema „Ludwig I. und die Kunst" sie derzeit in Berlin wohnen lässt (S. 19 – dort auch eine sehr ausführliche Schilderung von Ludwigs Kunsterweckungserlebnis). Fest steht, dass die Dame nicht in München weilt. Das verwundert und ist dazu angetan, leichte Zweifel an der Episode zu wecken. Hätte der derart Enthusiasmierte nicht alles daran gesetzt, Canovas Hebe zu erwerben?

Andererseits steht außer Frage, dass es irgendein Erweckungserlebnis dieser Art gegeben haben muss. Wenn hier ein Eindruck nicht entstehen soll, dann der, dass Ludwig I. seine Kunstbegeisterung im wesentlichen vorgetäuscht habe. Wer sein ganzes Leben derart intensiv künstlerischen Belangen in vielen Variationen weiht, der kann eigentlich kein Lügner sein; und dass er ab und zu und nachweislich ein bisserl geflunkert hat – geschenkt.

Bleibt als drittes Movens für die München-Pläne des jungen Thronfolgers Paris; eine zweischneidige, nicht leicht zu entschlüsselnde Angelegenheit, jenes Verhältnis Ludwigs zur französischen Hauptstadt; und dann erst zum dortigen Machthaber Napoleon! Er hat ihn mit jugendlicher Innbrunst gehasst. Jedenfalls so lange er ihm, wie meist, nicht nahe war; befand er sich jedoch im Dunstkreis des Korsen, sah die Sache etwas anders aus, und Ludwig sie anders an. „*Wenn der Satan in menschlicher Gestalt wandelte, glaube ich, es wäre Napoleon*" (zit. nach Murr, Ludwig I., S. 29). Mit derartigen brieflichen Mitteilungen nervte der Jüngling seinen Vater, der seinerseits eng mit Napoleon verbündet gewesen ist und ihm seit 1806 die Königskrone verdankte.

Napoleon selbst trachtete danach, in besseres Einvernehmen mit dem Thronfolger zu kommen, setzte dabei auf seine persönliche Aura und lud den Hitzkopf auf mehrere Monate an seinen Pariser Hof. Die Rechnung des Kaisers ging zumindest kurzfristig auf, denn Ludwig konnte nicht umhin, sich in einem Memorandum einzugestehen: *„Trotzdem weiß dieser Mann mich manchmal für ihn zu begeistern"*, um wie entschuldigend hinzuzufügen: *„aber nur für Augenblicke."* (zit. nach G. Mann, Ludwig I., ebenfalls S. 29).

Man sieht, es war ein zweischneidiges Schwert, jenes Verhältnis Ludwigs zu Frankreich und seinem Kaiser. Und so ist es auch mit dem Pariser Einfluss auf die Neukonzeption der Stadt München. Ludwig verbat sich, hierin ganz dumpfdeutschnational, jegliche stilistische Anleihe bei französischen Vorbildern. Kam ihm beispielsweise Leo von Klenze mit der Idee, die Innenräume der neugeschaffenen Residenzräume im französischen Empire zu gestalten – der Baumeister mochte diesen Stil gern – konnte er von Glück sagen, wenn der königliche Wutanfall nicht im Auftragsentzug gipfelte. Da war Ludwig durch und durch ein Kind des dummen Zeitgeists (vgl. F. Freitag, Klenzebiographie, S. 54). Stilistisch also war alles französische out. Unter konzeptionellen Aspekten galt, vielleicht nicht immer eingestandenermaßen, das Gegenteil. Die Ludwigstraße orientiert sich im Baustil an italienischen Renaissancepalästen, insbesondere an florentinischen – ihre Konzeption ist aber an Paris angelehnt. Auch die Inspiration für die Museumsbauten kommt aus der französischen Hauptstadt. Die dortigen Revolutionäre der Jahre 1789ff. hatten für die Öffnung des Louvre und die Errichtung einer staatlichen und für jedermann zugänglichen Gemäldesammlung gesorgt. Das war republikanische Selbstdarstellung, es war Kulturpolitik im Dienste der Repräsentation. Hier konnten auch Monarchen was lernen, und der angehende bayerische lernte, als er 1806 ein halbes Jahr in Paris lebte. Auch die Sammelei könnte, horribile dictu, auf napoleonisches Vorbild zurückgehen. Der spätere Kaiser hatte, als er noch Befehle entgegennehmen musste, von den postrevolutionären Regierungen den ausdrücklichen Auftrag, Kunsttrophäen für den Louvre und die Hauptstadt von seinen Feldzügen mitzubringen. Napoleon brachte unter anderem den Obelisk von Luxor, ein heutiges Pariser Wahrzeichen, das allerdings geschätzte tausend Jahre älter ist als die Stadt, in der es steht; und vieles, vieles andere mehr. Freilich durfte Ludwig nicht daran denken, mit der bayerischen Armee in Ägypten oder Griechenland auf Kunstraubzug zu gehen, obgleich der Gedanke einen erfrischend humoristischen Zug hat – wie sich die Bayern dabei wohl angestellt hätten ... ? Es blieb der Einsatz von Kunstagenten und Geld. Hier bewies Ludwig, dem übrigens von allen Seiten ein sympathisch unmilitärisches Wesen zugesprochen wird, stets ein goldenes Händchen.

Seine Thronbesteigung war am 13. Oktober 1825. Der neue König erklärte, er werde nicht eher ruhen, bis er die Residenzstadt in ein zweites Athen verwandelt habe. Ein paar Wochen später ließ er Bayern per Dekret umschreiben: bisher war fast ausnahmslos von Baiern die Rede oder besser die Schrift gewesen, fortan sollte es gefälligst Bayern heißen. So out alles französische damals war, so en vogue war alles griechische, und bei Ludwig I. ganz besonders. Ein Ypsilon sieht eben einfach griechischer und damit besser aus (die Spanier nennen den Buchstaben *i griega*, also „griechisches I"). Angesichts solcher Stilblüten der Griechenlandbegeisterung hatten die Münchner noch Glück, dass ihnen ein königlich verordnetes „Mynchen" erspart geblieben ist. Wobei allerdings „Sylt" ja doch viel aparter aussieht als etwa „Sült" ... bedenkenswert ... „Mynchen"?!

Ach Unfug!

In der Räterepublik haben sie dann versucht, die alte Schreibweise wieder einzuführen. Vermutlich galt das Ypsilon den Revolutionären als monarchischer Spleen. Und das war es ja auch.

Der Grundstein für die Glyptothek war schon knapp zehn Jahre zuvor gelegt worden. Der europäische Skulpturenmarkt, insbesondere jener für antike Arbeiten, wurde von den begabten Agenten des Thronfolgers durchstöbert, so dass zusammen mit den früher schon von Wittelsbachs erworbenen Stücken bald eine beachtliche Sammlung für das Antikenmuseum beisammen war. Damals regierte noch Vater Maximilian I. Joseph, der wenig Verständnis für die Kunstleidenschaft und Antikenbegeisterung seines Sprösslings aufbringen konnte, andererseits aber wohl ganz froh war, dass jener dadurch wenigstens von der Politik abgelenkt wurde: denn auf diesem Gebiet war der Streit zwischen den beiden stets unvermeidbar.

1.1 GLYPTOTHEK UND KÖNIGSPLATZ

Man verdankt Ludwigs Griechenlandenthusiasmus wesentlich mehr als ein Ypsilon im Landesnamen. Aus demselben Geist entsprang der gesamte

Königsplatz und sein chronologisch erster und wichtigster Bau, Leo von Klenzes Glyptothek. Im Schrifttum zum Thema kann keine rechte Einigkeit über die Frage erzielt werden, ob die Glyptothek nun das erste Antikenmuseum Europas, oder das erste „eigens gebaute", oder doch nur eines der ersten seiner Art sei. Antikensammlungen gab es selbstverständlich vielerorts und schon früher, und sie sind wohl auch schon vor 1830, dem Eröffnungsjahr der Glyptothek, öffentlich zugänglich gemacht worden. Eine andere Frage wäre, ob dies auch in einem eigens zu diesem Zweck errichteten Gebäude geschehen ist – da dürfte Klenzes Museum tatsächlich weltweit innovativ gewesen sein.

Thomas Mann schrieb einmal an prominenter Stelle von vielen „*antikisierenden Monumenten*" im München des frühen 20. Jahrhunderts (in den einleitenden Worten der Novelle „Gladius Dei"). Da hat der Herr Zauberer strenggenommen etwas danebengehauen – mit „historisierend" hätte er es besser getroffen. Gebäude und Monumente, die stilistische Anleihen in früheren Epochen machen, sind im 19. Jahrhundert tatsächlich massenweise entstanden, so dass sie heute praktisch an jeder Straßenecke innerhalb des Mittleren Rings zu finden sind. Allerdings zitieren nicht eben gar zu viele die Antike. Ein paar sind´s dann doch. Das Nationaltheater wäre zu nennen; Friedensengel, Siegestor und Obelisk sind eigentlich nur sehr mittelbar „*antikisierend*", denn die unmittelbare Inspiration kommt ja beim erstgenannten aus Berlin und bei den anderen beiden Monumenten aus Paris (aber bitte nicht weitersagen, denn das sind zwei Ludwigsbauten, und Majestät hören derartiges nicht gerne). Am Königsplatz dagegen ist Thomas Manns Wort voll zutreffend. Hier stand die antike Baukunst Pate.

Das beginnt bei den Säulenordnungen der drei Gebäude: Die dorische Säulenordnung, mithin die älteste, wird in den Propyläen zitiert (nebenbei bemerkt ist das Tor das jüngste Königsplatzgebäude, aber so übergenau wollen wir´s nicht nehmen). Die ionische Ordnung erscheint in der Glyptothek und die korinthische folglich im gegenüberliegenden, südlichen Bau.

Der Grundstein für die Glyptothek wurde 1816 gelegt. Das war Leo von Klenzes erster Großauftrag; daher ein paar Anmerkungen zu ihm. Klenze hatte Ludwig etwa zwei Jahre zuvor kennengelernt. Er stieg schnell zu dessen Privatarchitekten und später zum Hofbauintendanten auf. Einerseits war das natürlich ein Riesenglück für den Mann – andererseits hat er sein Leben lang unter Ludwig gelitten. Sei es, dass der Wittelsbacher immer wieder andere Architekten favorisierte, so dass Klenze durch diese zeitweise ins Abseits gedrängt wurde, sei es, dass der Kronprinz und spätere König sich bis ins Detail mit eigenen Vorschlägen und Wünschen in die Projekte einmischte – die Zusammenarbeit war zwar fruchtbar, aber nie ganz spannungsfrei. Das galt schon für die Glyptothek, in deren Planungen Ludwig immer wieder hineinpfuschte. Klenze ächzte ob der Flatterhaftigkeit seines Gönners. Das betraf sowohl dessen Gunst als auch seine historistische Beliebigkeit. Klenze war Klassizist. Bei der Glyptothek konnte er seine Ideale umsetzten. Als Ludwig allerdings noch im Kronprinzenalter einen Weihnachtsabend in einer byzantinischen Kirche verbracht hatte und sich deren möglichst genaue Kopie beim Bau der Allerheiligenhofkirche wünschte, drehte es seinem Baumeister fast den Magen um – allerdings doch nicht so sehr, als dass er den Auftrag abgelehnt hätte. Der Architekt hatte nur die Wahl, entweder die stilistischen Bocksprünge seines Auftraggebers mitzumachen, oder den Job zu verlieren. Er entschied sich für ersteres. Ein wenig Hofschranzentum ist dem Klenze durchaus nicht abzusprechen; anders wäre es allerdings mit einem Mäzen vom Schlage Ludwigs kaum gegangen. Der König war hoffärtig. Ein Selbstzeugnis aus den ersten Tagen nach der Thronbesteigung 1825 beweist dies: *„Als Klenze zu mir gekommen und mir die Hand küsste, glaubte er, ich würde ihm die Wange küssen, aber da irrte er sich.“* (Zit. nach Putz, Ludwig I. u. d. Kunst, S. 80). Derartige Symbolwatschen waren sicher nervenaufreibend, schlimmer aber litt Klenze unter Ludwigs stilistischem Wechselfieber. Er stöhnte: *„[Der König] lässt keinem Künstler Freiheit [...]. Vom Gefühl [...] für Stil und Form und endlich [...] von allem, was eine Kunstepoche charakterisiert, ist keine Rede – nie hat ein Monarch die eklektische Richtung weiter getrieben.“* (Zit. nach Freitag, Leo v. Klenze, S. 113). *„Eklektische Richtung“* ist eine sehr zutreffende Bemerkung des dauergenervten Baumeisters.

Als die Glyptothek 1830 eröffnet werden konnte, hatten Ludwig und seine Mitarbeiter den ersten großen Schritt auf jenem Weg getan, an dessen Ende eine vielbeachtete europäische Kunstmetropole stehen sollte. Das Adjektiv „vielbeachtet“ wird man schon benutzen dürfen: ein englischer Parlamentsbericht nannte Bayern im Jahr 1836 *„the classic country of the Arts“*. Zu den maßgeblichen Wegbereitern gehörte beim Antikenmuseum nebst Leo von Klenze Peter Cornelius. Er schuf die aufwändige Innenbemalung.

Sie ist fort.

Es war unmöglich, sie nach dem Bombenkrieg und den Zerstörungen am Königsplatz zu rekonstruieren. Wenn ein Münchner ein in seiner Gesamtkonzeption völlig erhaltenes Klenze-Museum bestaunen möchte, muss er heute weit reisen: bis nach St. Petersburg.

Ein weiterer wichtiger Mitarbeiter bei der Glyptothek und ihrer Sammlung war Johann Martin (von) Wagner, welcher in seinem Leben zwei wichtige Protegés hatte. In frühen Jahren machte sich Goethe für ihn stark, dessen Kunsturteile damals in Deutschland sakrosankt waren. Später traf er Ludwig I., und das war erneutes Glück. Der Wittelsbacher setzte ihn als wichtigsten Kunstagenten in Italien ein und finanzierte ihm dort das Leben. Wagner revanchierte sich mit sicherem Instinkt für die Möglichkeiten spektakulärer Erwerbungen. Beim Kauf des Barberinischen Fauns, einem der Prunkstücke der Glyptothekssammlung, ging es noch vergleichsweise harmlos zu. Der Agent hatte Wind davon bekommen, dass die uralte Barberini-Familie derzeit ziemlich klamm war. Der antike Faun, seit Jahrhunderten im Familienbesitz, wurde so zur leichten Beute Wagners, der ja selbst in Italien weilte. Spannender war der Erwerb der Ägineten. Dabei handelt es sich um die Skulpturen, die einst einen Tempel auf der griechischen Insel Ägina schmückten. Sie sind heute der Höhepunkt der Glyptothekssammlung. Wagner musste dafür eigens nach Griechenland reisen – er hatte sich vergeblich dagegen gesträubt – und auch noch die Konkurrenz ausstechen. Die Ägineten waren gerade erst wiederentdeckt worden. Der gesamte europäische Fürstenadel war hinter ihnen her. Ludwig verdankte es seinem gewieften Wagner, dass sie schließlich nach München kamen.

Die Giebelfiguren des Antikenmuseums sind eigene Werke Wagners, der ja nicht nur Agent, sondern auch Künstler gewesen ist (jedem König Ludwig seinen Wagner ...).

Der Glyptothek gegenüber liegt die heute so genannte Staatliche Antikensammlung. Der ursprüngliche Name des Gebäudes lautete Königliches Kunstausstellungsgebäude. Im Jahr 1838, als der Grundstein gelegt wurde, war Klenzes Stern am Münchner Hof gesunken. Während Zar Nikolaus I. ihm den Auftrag für die Neue Eremitage in St. Petersburg erteilte und ihn während seiner Aufenthalte in Russland äußerst zuvorkommend behandelte, hatte sich der bayerische König von seinem einstigen Günstling abgewandt. Friedrich v. Gärtner und Georg F. Ziebland waren nunmehr die Erfüllungsgehilfen der königlichen Bauwut. Letzterer errichtete das Pendent zur Glyptothek. Etwa zeitgleich leitete er den Bau St. Bonifaz', einer kleinen Klosteranlage südlich des Königsplatzes, jedoch in keinerlei thematischer oder architektonischer Verbindung zu diesem stehend. In St. Bonifaz dokumentieren sich zwei weitere Leitlinien der (Kunst)Politik Ludwigs I.: zum einen stand seine Regierung unter dem Zeichen einer Wiedererstarkung des Katholizismus. Die Allerheiligenhofkirche ist der erste Münchner Kirchenbau nach der Säkularisation – sie steht genau aus diesem Grund nicht unter dem Patronat nur eines einzigen oder einer einzigen Heiligen, sondern eben *aller*. St. Bonifaz dagegen ist das erste Kloster nach den antiklerikalen Exzessen der Montgelas-Zeit. Das Patronat verweist auf eine weitere Leitlinie im Denken und Handeln des zweiten bayerischen Königs. Der heilige Bonifaz gilt als der Schutzpatron der Deutschen. Ludwig fühlte als typisches Kind der Ära der Befreiungskriege ausgesprochen national. Er sah durchaus nicht, dass der deutsche Nationalismus dereinst eine tödliche Gefahr für die bayerische Souveränität und nicht zuletzt auch für die Macht des Hauses Wittelsbach werden würde.

Zurück zum Königsplatzensemble: es wird durch die Propyläen abgerundet. Dabei handelt sich um ein Stadttor von erhabener Sinnlosigkeit. Schon beim Bau der Glyptothek, also in Ludwigs Kronprinzenzeit, war das Projekt angedacht worden. Damals hätte es immerhin noch einen Zweck als Stadtbegrenzung erfüllt, denn im Westen kam nichts mehr. Als man endlich in den 50er Jahren zur Ausführung schritt, gab es längst städtische Bebauungen jenseits der beiden Museen, was angesichts der rasant steigenden Stadtbevölkerungszahl auch nicht weiter verwunderte. Die 50er Jahre …: Ludwig hatte seinen Thron nicht mehr, Friedrich von Gärtner war tot, Ziebland offenbar entweder gerade ausgelastet oder nicht in Mode – der wittelsbachische Rentner raufte sich also wieder mit dem guten alten Klenze zusammen. Dieser konzipierte nun ein Stadttor, das man nicht mehr brauchte, zu Ehren eines Königtums, das zur Zeit der Fertigstellung nicht mehr existierte … in den Propyläen soll nämlich nicht nur der griechische Freiheitskampf gegen die Türken geehrt werden, sondern auch die Tatsache, dass Otto, der zweitgeborene Sohn Ludwigs, im Jahr 1832 zum griechischen König ausgerufen worden war. Das war das einzige wirklich sensationelle politische Ereignis in der Ära Ludwigs, und wir kommen noch darauf zurück. Als die Propyläen Anfang der 60er endlich fertig waren, war der wittelsbachische Traum in Griechenland allerdings schon wieder ausgeträumt. Die Griechen hatten die bayerische Administration satt und verjagten König Otto und seine Beamten. Der Münchner Volksmund *„brümmelte"* (um ein Lieblingsverb Oskar Maria Grafs zu benutzen): *„Man soll den Tag nicht loben vor dem Abend / Propyläen gebaut habend".* Es handelt sich übrigens um eines der wenigen seiner Gebäude, die Ludwig der Stadt München schenkte; und ganz zweifellos um sein überflüssigstes.

1.2   DIE ZWEI PINAKOTHEKEN

Das Wort *Pinakothek* setzt sich aus zwei griechischen Vokabeln zusammen: pinax ist das Gemälde und theke ist ein Aufbewahrungs- und Sammelort. In einer Pinakothek werden also Bilder gesammelt und ausgestellt, so, wie in der Glyptothek Skulpturen und Plastiken (gemäß dem griechischen glyptos = Skulptur). Bei „Glyptothek" handelt es sich tatsächlich um eine begriffliche Neuschöpfung der Kulturpolitiker-Clique rund um Ludwig I., der Begriff „Pinakothek" ist allerdings älteren Ursprungs.

Ein Museum halt.

Das ist aber auch leichter hingeschrieben oder gelesen als wirklich gleich in allen Facetten verstanden.

Erinnert man sich jener unhandlichen Wälzer, der Lexika oder Enzyklopädien, welche vor der Erfindung von Internet und Wikipedia in Bürgerwohnzimmern vor sich hinverstaubten und im Wesentlichen dazu dienten, Besucherinnen und Besuchern auf subtile Weise klarzumachen, dass sie in ein gebildetes Haus getreten waren? War es nicht der „Brockhaus", dann war es eben der „Meyers"; in dessen neunter Auflage aus dem Jahr 1976 ist im 16. von 25 Bänden, „Mei – Nat", dem *Museum* ein Artikel von etwa 4 Spalten gewidmet (S. 632ff.). Vom nostalgischen Aspekt abgesehen wird das hier aus zwei Gründen erzählt: erstens gibt es dort eine Fotoseite mit vier bedeutenden Beispielmuseen, unter welchen Münchens Alte Pinakothek sogar noch eigens hervorgehoben ist (S. 633); zweitens sollen uns jene vier Textspalten als Ausgangspunkt zu einigen Bemerkungen über ein Thema dienen, das wirklich auf den ersten Blick einfacher erscheint, als es tatsächlich ist.

Es ist völlig klar, dass im Museum Objekte, die meist in irgendeiner Form kategorisiert sind, einer Öffentlichkeit zugänglich gemacht und hergezeigt werden. Diese Objekte sind die Exponate; die meisten Museen verfügen darüber hinaus über Deponate. Diese gammeln im Keller vor sich hin, weil die Museumsbetreibenden sie für vergleichsweise uninteressant halten. Das kann sich aber je nach Zeitgeschmack in der nächsten Generation wieder ändern, und das Deponat wird aus dem Keller geholt und zum Exponat et vice versa (hat man gerade einen Weltkrieg angezettelt, tut man gut daran, alle Exponate zu Deponaten zu machen und möglichst weit weg vom Museum zu verstecken, denn das wird bald nur noch ein Schutthaufen sein – so geschehen in der Alten Pinakothek Anfang, Mitte der 40er Jahre). Am Anfang des Museums steht die Sammeltätigkeit. Ihrbezüglich macht es sich der „Meyers" leicht – warum auch nicht? – und postuliert, das *„Sammeln von Merkwürdigkeiten"* sei halt eine *„bes. menschl. Eigenschaft"* (S. 632; die häufigen Abkürzungen waren ein Charakteristikum jener Lexika). Dabei stehe der Aspekt des Sich-Abhebens von den Mitmenschen im Vordergrund – un-enzyklopädisch gesprochen also die Protzerei – und schon in der Antike seien es, so „Meyers", primär die Mächtigeren und Tonangebenden gewesen, die sich mit kategorisiert gesammelten Objekten umgeben hätten. Lange Zeit, bis über die Renaissance hinaus, ist das Sammeln und Aufstellen der Objekte im Privaten vor sich gegangen. Die Öffentlichkeit, resp. Bevölkerung, kam nicht in den Genuss der Betrachtung des Gesammelten. Das ändert sich dann im 18. Jahrhundert, dem Aufklärungszeitalter. In dieser Epoche beginnt recht eigentlich die Geschichte des Museums in unserem, dem öffentlichen Sinn. Die Öffentlichkeit selbst entsteht ja erst in jenem Prozess, in welchem aus den amorphen Massen patronierter Landeskinder in den europäischen Territorien so langsam Staatsvölker werden. Die Debatte, ob, und wenn ja in wie weit solchen Staatsvölkern Identitäten zugeschrieben werden können oder sollen, ist derzeit hierzulande ja wieder schwerst am brodeln. Im 19. Jahrhundert war die Sache sehr schnell, für ziemlich lange Zeit und viel mehr als heute allgemeiner Grundkonsens: jedes Staatsvolk hat seine Identität – das macht diese Staatsvölker zu Nationen. Es ist damals, also im ersten Drittel des 19. Jahrhunderts, aus dem Bewusstsein geraten, dass – erstens – noch etwa 50 Jahre zuvor kein Gelehrter, ja kein Mensch auch nur einen Gedanken an die Nation verwendet hatte, und dass – zweitens –selbstverständlich auch die Nation nichts Gottgegebenes ist, sondern dass reichlich viel Konstruktion und „Geschaffenes" hinter diesem Begriff steckt. Dass eine Nation „geschaffen" oder „konstruiert" sei, würde jeder Nationalist weit von sich weisen – für ihn ist sie selbstverständlich etwas unvermeidlich-Gewordenes. Sie ist ihm schicksalhaft, nicht dem Willen entsprungen, a – priorisch. Damals, während und nach der Befreiungskriege, waren sehr schnell so ziemlich alle Europäer auf ihre jeweilige Art Nationalisten. Hätte in der postnapoleonischen

Ära jemand die Existenz der Nationen per se bezweifelt, respektive auf ihren konstruierten Charakter verwiesen, so hätte man diesen Menschen für verrückt erklärt.

Wer nicht glauben mag, dass all dies sehr viel mit den Museen zu tun hat, bedenke zunächst, wie viele von ihnen das Wort „national" im Namen tragen. Ob museo nazionale, National Gallery, museo nacional oder Nationalgalerie – es gilt die Wette, dass es weltweit mehr Nationalmuseen gibt als Ausstellungsgebäude ohne Anspielung auf Nation und Staat im offiziellen Namen. Noch Mies van der Rohes todschicke Berliner Gemäldegalerie aus den späten 60ern des 20. Jahrhunderts schimpft sich Neue Nationalgalerie (natürlich unter Bezugnahme auf den alten Namen der vor dem Mauerfall dort ausgestellten Sammlung).

Es geht beim europäischen Museumsbau-Boom des 19. Jahrhunderts sehr viel um die Schaffung von Identitäten unter Zuhilfenahme der Historie (das Adjektiv „historisch" taucht fast ebenso oft in Museumsnamen auf!). Der Historismus, nicht nur als Baustil, sondern als Ideologie, geht mit dem Nationalismus Hand in Hand. Die Geschichte soll Identität begründen. Die Ausstellungsgebäude sind fast immer historistisch gestaltet, und tatsächlich ist dieser Baustil ja der typische fast des gesamten Jahrhunderts. Jene modernen Baumeister, die die Sache irgendwann endgültig satt hatten, wurden von der Mehrheit zunächst übelst beschimpft – Gustave Eiffel und sein Turm in Paris wären exemplarisch zu nennen.

Die Museen sind vom Staat inspiriert, finanziert und geleitet. Sie dienen primär seiner, und das heißt in Bayerns Fall der monarchischen Repräsentation. Die oppositionellen Abgeordneten in den bayerischen Kammern haben diesen Punkt übrigens genau erkannt und waren bemüht, den Geldhahn für die Museumsbauten zuzudrehen; da war namentlich der Parlamentarier Karl Freiherr von Closen, auf dessen Wüten gegen den Bau der Alten Pinakothek wir unter der Rubrik „Kritiker" noch genau eingehen werden.

1.2.1 DIE ALTE PINAKOTHEK

Ludwig I. und seine Entourage haben auf dem umrissenen Feld absolut Herausragendes geleistet. Politisch war ja, eingeklemmt im Deutschen Bund zwischen den mächtigeren Österreichern und den kreglen Preußen, wie schon angedeutet nichts zu holen. Die Alte Pinakothek beansprucht innerhalb des Geschaffenen zweifellos den Spitzenplatz. Es entstand ein Museum, das damals absolut beispielgebend war (übrigens auch das größte der Welt) und heute noch Weltgeltung beanspruchen darf – ohne Superlative geht es bei ihr wirklich nicht ab. In der ausgestellten Sammlung vereinigte sich das wittelsbachtypische Mäzenatentum aus vielen Jahrhunderten und mehreren Zweigen. Nicht nur die bayerischen Wittelsbacher waren ja Spitzenmäzene und Sammler gewesen. Auch unter den pfälzischen Potentaten gleichen Familiennamens gab es immer wieder diesbezügliche Ausnahmekönner. Im Foyer der Alten Pinakothek befindet sich beispielsweise das Portrait eines gewissen Johann Wilhelms, Jan Wellem genannt, der in den späteren Jahren unseres Ferdinand Marias und den frühen Max Emanuels Kurfürst in der Pfalz gewesen ist. Er war Wittelsbacher, und als 1777 die Pfalz und Bayern vereinigt wurden, umfasste das eben auch den Wittelsbachischen Bilderbesitz, zu dessen pfälzischem Teil jener Jan Wellem einst bedeutendes beigetragen hatte. Auch der Vereiniger selbst, Kurfürst Karl Theodor, der 1777 sein geliebtes Mannheim nörgelnd verlassen hatte, um den Neustaat Kurpfalzbayern von München aus zu regieren, steuerte viele Meisterwerke bei. Er brachte sie nach München mit, wo sie blieben. Der Kunstzufluss des Jahres 1777 war auch auf musikalischem Gebiet bedeutend, denn das vereinigte Mannheimisch-Münchner Hoforchester war nach dem überlieferten Urteil eines gewissen Wolfgang Amadeus Mozarts so ziemlich das beste seiner Zeit.

Die bayerischen Wittelsbacher begannen ihre herausragende Mäzenatenkarriere im 16. Jahrhundert. Herzog Wilhelm IV., welcher sich 1519 in den bayerischen Annalen durch den Erlass des Reinheitsgebotes verewigte, gab seinem Zeitgenossen Albrecht Altdorfer den Auftrag zu einem Bild, das noch heute zu den Glanzstücken der Sammlung gehört: die Alexanderschlacht. Ein weltberühmter Dieb hat sich später an das Werk gemacht, es zeitweise in sein Badezimmer gehängt und damit für Schäden gesorgt, die man heute noch sehen kann. Der Räuber hielt sich gewiss selbst für einen wiedergeborenen Alexander, vielleicht sogar nicht ganz zu Unrecht: Sein Name war Napoleon Bonaparte. Er hat auch andere Gemälde aus der Wittelsbachersammlung geklaut, und nicht alle sind wieder in München zurück. Man sollte hier aber nicht gar zu sehr übelnehmen. Auch die bayerischen Herrscher sind nicht immer zimperlich beim Kunstsammeln vorgegangen. Der erste Kurfürst, Maximilian, ließ beispielsweise einst die Stadt Nürnberg wissen, er bestehe auf der Übertragung eines Dürer-Werkes, das ihm besonders gefiel. Nürnberg gehörte damals gar nicht zum kurfürstlich-bayerischen Machtbereich, und die dortigen Stadtväter machten das auch deutlich; umsonst. Vor die Wahl gestellt, Kurfürst Maximilian, diesen notorisch übelgelaunten und kriegswütigen katholischen Frömmler zum Feind zu haben, oder in Gottes Namen halt einen Dürer herauszurücken, entschieden sie sich für letzteres. Da von Dürer die Rede ist: Zahlreiche und bedeutende seiner Bilder zieren die Alte Pinakothek, während in seiner Vaterstadt Nürnberg keines seiner Werke dauerhaft ausgestellt werden kann. Vor einigen Jahren stemmte die Frankenmetropole eine große, freilich aber temporäre Dürer-Ausstellung, basierend ausschließlich auf Leihgaben auswärtiger Museen. Sogar Häuser aus Übersee stellten hierzu bereitwillig ihre Exponate zur Verfügung. Aus München erbat man sich das „Selbstbildnis im Pelzrock". Man bat vergebens. Dem Selbstportrait dessen, der sich einst stolz als „Nürnberger" bezeichnet hatte, und dessen andere Werke viele Ozeane und tausende Kilometer hinter sich gelassen hatten, um kurz heimzukehren, konnte die lumpige Strecke zwischen den Metropolen Oberbayerns und Frankens nicht guten Gewissens zugemutet werden.

Man sieht: Auch in unsren Tagen schrillen noch Misstöne und wütet das Misstrauen zwischen den Bewohnerinnen Alt- und denen jenes Neubayerns, welches man „Franken" nennt. (Wird jemals die laue Luft des Friedens einziehen im zerklüfteten Freistaat? Es gibt Zeichen der Hoffnung: Das CSU-Wählen und Trachtenjanker-Tragen beherrschen sie dort oben schon recht gut – es gibt also Erfolge bei der Integration –, und es muss ja nicht gleich so weit kommen, dass sich dereinst die Cluberer und die Angeber aus der Säbener Straße liebestrunken in den Armen liegen ...).

Überflüssig zu sagen, dass auch Ludwig I. selbst zur Sammlung beitrug. Seine Kunstagenten durchstöberten Europa nicht nur auf der Suche nach antiken Objekten, sondern auch nach bedeutenden Zeugnissen der bildenden Kunst christlicher Zeiten. Ihr besonderes Augenmerk galt der italienischen Renaissance, und dem erklärten Lieblingsmaler des zweiten Königs: Raffael.

Die eigentliche Inspirationsleistung jedoch war das Museum selbst. Die Grundsteinlegung erfolgte am 7. April 1826. Es ist im Zusammenhang mit Ludwig I. stets sinnvoll, das genaue Datum einer öffentlich vollzogenen Handlung, einer Einweihung also oder etwa einer Parlamentseröffnung oder

Grundsteinlegung zu erwähnen, denn der Mann war ein Jahrestagefetischist. Besonderer königlicher Beliebtheit erfreuten sich der 16. und der 19. Oktober, Beginn und Ende der Leipziger Völkerschlacht. Da fand oft Offizielles in der Ludwig-Ära statt, praktisch jährlich irgendeine Einweihung, Instandsetzung oder was immer eben gerade so anlag. Auch bei der Alten Pinakothek ging es nicht ganz ohne sie ab, denn die offizielle Eröffnung erfolgte am 16. Oktober 1836. Das Datum der Grundsteinlegung war dagegen unkriegerisch-sympathischer. Der 7. April 1483 galt damals als Geburtstag jenes schon erwähnten Lieblingsmalers des Königs, also Raffaels. Nun, so ganz sicher ist man sich da heute nicht mehr – Zweifel an diesem Datum schienen lange Zeit sehr angebracht; inzwischen sieht es für den 7. April wieder etwas besser aus als möglichem Raffael-Geburtstag, aber das tut ja nichts zur Sache; Raffael sollte geehrt werden, und dafür galt im Jahr 1826 der 7. April allgemein als der geeignete Tag.

Der Museumsbesuch sollte einer pädagogisch-dramaturgisch konzipierten Linie vom Osten nach Westen des Baus erfolgen – so dachten es sich Ludwig und Baumeister Klenze. Ausgangspunkt war das schon erwähnte Selbstbildnis Dürers ganz im Osten, und nach dem Durchschreiten einer Flucht von Räumen sollte am Ende und als absoluter Höhepunkt ein Portrait Raffaels stehen, mit dem es eine ganz eigentümlich-melancholische Bewandtnis hat. Dazu gleich mehr. Die Konzeption, die Bilder nicht einfach nur aufzuhängen und dabei einen gewissen historischen Kontext nicht gänzlich zu vernachlässigen, sondern ganz bewusst eine Dramaturgie, einen Spannungsbogen zu erzeugen, ist in seiner pädagogischen Ausrichtung hoch modern und äußerst spannend. Die Kriegsschäden am Bau waren jedoch derart gravierend, dass von dieser ursprünglichen Idee heute nicht einmal mehr eine Ahnung, ein Rest zu finden ist.

Und auch das Raffael-Portrait ist nicht mehr hier.

Der Kunstagent Dillis, in Ludwigs Diensten stehend, hatte in dessen Kronprinzenzeit einen spektakulären Deal gemacht: ein Gemälde des hochberühmten Raffael, das damals als Selbstportrait galt, gelangte dadurch in den Besitz des kunstfanatischen Thronaspiranten. Für die Alte Pinakothek war die schon angedeutete Generallinie pädagogischer Natur angestrebt und schließlich auch durchgeführt werden: den Beginn der Ausstellung markierte Dürers Selbstbildnis und dessen Ende dasjenige Raffaels; Deutschlands und Italiens herausragende Meister sollten in einer Art Dialog stehen und die restlichen Kunstwerke sozusagen umrahmen, verklammern, oder wie man da schon sagen will.

Das Raffael-Bild geriet dann ebenso schnell wie unbegründet aus der Mode. Erste Zweifel an seiner Authentizität tauchten schon zu Lebzeiten Ludwigs und dessen Unterhändler Dillis auf, zu des Letzteren unendlichem Gram. In den 30er Jahren des folgenden Jahrhunderts, als die Barbaren in Deutschland und speziell in München das Zepter übernommen hatten und auch in der Kulturpolitik den Ton angaben, wurde das Portrait gegen eine ziemlich läppische, aber „deutsche" Arbeit der Vorreformationszeit eingetauscht. Das Tauschobjekt, das den Nazis als so verehrenswert deutsch erschienen war – ein angeblicher Grünewald – vergammelt mittlerweile völlig unbeachtet in einem bayerischen Zweigmuseum, während die Nationalgalerie in Washington stolz ein großartiges Raffael-Portrait präsentiert, welches einst in Besitz König Ludwigs I. und ein absoluter Höhepunkt der Sammlung der Alten Pinakothek gewesen ist; lediglich die Bezeichnung „Selbstportrait" hat sich als falsch erwiesen, das Portrait stellt einen Freund Raffaels vornamens Bindo dar (diese ganze Tragikomödie ist sehr schön und ausführlich dargestellt in: R. Baumstark, Die Grundsteinlegung der Alten Pinakothek in München).

Ob Leo von Klenze seine Alte Pinakothek, stünde er heute vor oder in ihr, überhaupt noch erkennen würde? In der Sammlung fehlt durch die Schuld der Nazis das Raffael-Portrait, auf welches der Museumsbesuch im Sinne eines Ziel- oder Gipfelpunkts ausgerichtet war, das Innere ist komplett neu gestaltet, wodurch die ursprüngliche Konzeption verloren gegangen ist – und außen ...?

> *„Viel ist hingesunken uns zur Trauer*
> *und das Schöne zeigt die kleinste Dauer."*
> (H. v. Doderer, Die Strudelhofstiege, Einleitungsgedicht).

Im April 1945 gab es die Alte Pinakothek nur mehr als Ruine (der Museumsbestand konnte übrigens weitgehend durch rechtzeitige Auslagerung gerettet werden). Das heutige Museum hat mit dem einstigen Klenzebau nicht mehr allzu viel gemeinsam.

Um uns dem jetzigen äußeren Erscheinungsbild des Museums anzunähern, machen wir einen kleinen Umweg über ein völlig neues Viertel, das in unseren Tagen im Norden der Stadt entstanden ist, genannt die Parkstadt Schwabing.

Das Quartier wird begrenzt durch die A 9 und die Leopoldstraße im Osten bzw. Westen, südlich durch den Mittleren und nördlich durch den Frankfurter Ring. Sein Zentrum ist die schon ältere Domagkstraße, während die meisten anderen Straßen völlig neu entstanden sind und also einen Namen brauchten. Nun sind Straßennamen in Vierteln manchmal einer thematischen Ordnung unterworfen. So gibt es beispielsweise in Truderings Westen eine Häufung an Straßennamen, die sich auf Münzen und Währungen beziehen, und im Osten dieses Stadtviertels eine rein namensmäßig ausgesprochen problematische Zone, in welcher viele Straßen an die deutsche Kolonialgeschichte und deren oft brutale Protagonisten erinnern – hier waren jüngeren Datums sogar Umbenennungen unvermeidlich. In der neugeschaffenen Parkstadt entschied man sich für die Würdigung bekannter Architekten und Designer wie etwa Mies van der Rohe, Feininger oder Anni Albers.

Kommt man auf der Leopoldstraße Richtung Norden fahrend über den Mittleren Ring hinaus, führt bald nach rechts in Richtung Parkstadt die Otl-Aicher-Straße, und deren erste Seitenstraße heißt Hans-Döllgast-Straße. Womit wir auch schon wieder beim Thema Alte Pinakothek wären.

Mit diesem Straßennamen wird jener Architekt geehrt, der in der Nachkriegszeit für das Wiedererstehen unseres Museums hauptverantwortlich war. Hans Döllgast ging, anders als andere Restauratoren wie etwa Erwin Schleich, davon aus, dass es nicht oder wenigstens nicht immer möglich sei, das jeweilige kriegszerstörte Gebäude in den Originalzustand zurückzuversetzen, ohne auf die Beschädigungen der jüngsten Vergangenheit in irgendeiner Form hinzuweisen. Die Erzählung, die derartigen Wiederrichtungen innewohnt, ist in der Tat nicht ohne Problematik, denn die hier suggerierte Kontinuität ist ja eine Fiktion, von der man, eine gewisse Strenge vorausgesetzt, sagen könnte, dass sie nicht weit von der Lüge entfernt sei. Wir wollen das hier nicht entscheiden müssen – die Schönheit der wiedererstandenen Michaelskirche in der Neuhauser Straße, deren Rekonstruktion mit viel Beifall bedacht wurde, täuscht über den Totalverlust der Kirche im Bombenkrieg hinweg; gleiches gilt für viele andere Gebäude in Münchens Altstadt.

Dazu kommt speziell im Fall der Alten Pinakothek ihre Position innerhalb der Stadt. Ursprünglich, also in Klenzes und Ludwigs Zeit, auf freiem Feld vor der eigentlichen Stadt gelegen, befand sie sich in der Nazizeit in einem besonders belasteten Viertel. In Spucknähe stand das persönliche Bürogebäude Hitlers, heute die Musikhochschule. In der Brienner Straße, also eine

Parallelstraße südlich, gab es unzählige Institutionen der Nazis, keineswegs nur das Braune Haus. Für diese Institutionen errichtete man nach der Machtergreifung teils eigene Gebäude, teils funktionierte man bereits bestehende um. Es sollen schließlich so um die 50 Häuser gewesen sein, die im Viertel rund um Brienner Straße, Karolinen- und Königsplatz Naziinstitutionen beherbergten. Die daraus resultierende besondere Lage der Alten Pinakothek, respektive ihrer Trümmer, mag zu den Ideen beigetragen haben, welche Döllgasts Wiederaufbauwerk zugrunde lagen.

Wir sehen heute also ein beschädigtes Haus. Dort, wo in der Nord- und in der Südfront nunmehr der unverputzte Ziegel Gedanken an Pracht und Repräsentation, zwei wichtige Elemente in Leo v. Klenzes ursprünglicher Konzeption, gar nicht erst aufkommen lässt, klaffte vor dem Wiederaufbau die Wunde des Bombentrichters. Die Alte Pinakothek berichtet also von ihrer eigenen Zerstörung. Döllgast hat auf die Suggestion eines komplett erhaltenen und unbeschädigten historischen Gebäudes ganz bewusst verzichtet. Das geht natürlich auf Kosten der Ästhetik. Die Aneinanderreihung jener drei Fotos – also jeweils eines des ursprünglichen Klenzebaus, der Kriegsruine und der heutigen Alten Pinakothek – erzählt Bände über Deutschlands und Münchens Geschichte. Döllgasts Wiederaufbauwerk unterscheidet sich hierin radikal vom heutigen Erscheinungsbild der meisten historischen Gebäude insbesondere der Altstadt, wobei hier exemplarisch der Alte Peter, der Dom, St. Michael oder auch die Asamkirche zu nennen wären. Es steht allerdings auch nicht ganz alleine, denn man ist beim Wiederaufbau einiger Ludwigsbauten ähnlich vorgegangen. Die letzte Ruhestätte des Königs, St. Bonifaz, ist im selben Stil gehalten, und auch das Siegestor zeigt seine Beschädigungen, kommentiert in der berühmten Inschrift: *„DEM SIEG GEWEIHT / VOM KRIEG ZERSÖRT / ZUM FRIEDEN MAHNEND".* Zu erwähnen wäre schließlich noch die von Klenze einst geschaffene Hofkirche im Ostteil der Neuen Residenz, stehend unter dem Patronat aller Heiligen. Bei deren Rekonstruktion, die genau wie im Fall der Alten Pinakothek alte Wunden nicht verdeckt, führte übrigens ebenfalls Baumeister Döllgast die Regie (zumindest in der ersten Phase des Wiederaufbaus, dessen Organisation und Finanzierung sich extrem schwierig gestaltete, was dazu führte, dass das ganze Projekt erst in unserem Jahrhundert abgeschlossen werden konnte).

Ist Ihr letzter Besuch in Münchens Parademuseum nicht schon viel zu lange her? Gehen Sie hin – nein, nicht erst *am nächsten Sonntag*, jetzt gleich!

1.2.2 DIE NEUE PINAKOTHEK

Beginnen wir wieder mit einem Superlativ. Das passt irgendwie zu unserem kulturpolitischen Tausendsassa Ludwig. Man liest nämlich immer wieder, die Neue Pinakothek sei das „erste Museum der Welt gewesen, welches ausschließlich der zeitgenössischen Kunst gewidmet" ist. Ein paar wenige Autoren gibt es etwas billiger, und diese ersetzen dann das Wörtchen „*Welt*" durch „*Europa*". Offenbar gibt es in Asien, Amerika oder sonstwo ein Museum, welches sich erdreistet, der Neuen Pinakothek die welthistorische Geltung abspenstig machen zu wollen. Aber um welches Haus es sich dabei auch handeln mag – seine Betreiber werden sich die Frage gefallen lassen müssen, ob's denn dort auch den Goya zu sehen gibt? Und dazu den C. D. Friedrich und den Turner, den Renoir und den Manet, oder Cézanne, van Gogh und Picasso?! Um vom großen Joseph Karl Stieler, der natürlich auch in der Neuen Pinakothek vertreten ist, zu schweigen.

Dürfte schwer werden. Wobei hier einschränkend zu bemerken ist, dass der kunsthistorisch bedeutende Rang, welchen die Sammlung der Neuen Pinakothek ohne Zweifel für sich beanspruchen darf, eigentlich nicht oder zumindest nicht unmittelbar das Verdienst Ludwigs I. genannt werden kann. Die eine der beiden Erklärungen hierfür ist, dass der König schon deshalb weder van Goghs noch Picassos sammeln konnte, weil diese erst nach seinem Ableben vor sich hin genialisierten. Es darf allerdings auch bezweifelt werden, dass er's, die chronologische Möglichkeit vorausgesetzt, tatsächlich getan hätte. Ludwigs I. Verhältnis zur zeitgenössischen bildenden Kunst war, nun, wie drücken wir das höflich aus …? Es war etwas altbacken; konservativ; deutschtümelnd; kurz: der Mann war recht ahnungslos, und er ging mit dem deutschen Zeitgeschmack, für den wiederum dasselbe gilt. Die Nazarener waren zu Beginn des 19. Jahrhunderts schwer en vogue, und das sagt wohl alles. Ihnen galt auch des Königs Zuneigung, und ob er von der herrlichen Kraft der zwar verwandten, aber doch viel bedeutenderen deutschen Romantik, namentlich von Caspar David Friedrich und seinen Mitgenies, viel verstand, lassen wir hier, ebenfalls zweifelnd, offen. Einzig der Riesenkünstler Stieler geht unter den oben genannten, in der Sammlung der Neuen Pinakothek vorhandenen Großmeistern auf Ludwigs Sammeltätigkeit zurück – tatsächlich war die Beziehung zwischen dem König und diesem Portraitpinsler die allerengste, und Stielerbilder gibt es daher über München verteilt und nicht nur in der Neuen Pinakothek wie Sand am Meer (genug jetzt der Stieler-Nörgelei; eines der wenigen Goethe-Portraits, die es gibt, ist schließlich von ihm; und ein Beethovenbild!).

Es war nicht der König, sondern es waren die Museumsverantwortlichen in den folgenden Generationen, die durch kluge Sammeltätigkeit den heutigen Weltruf der Neuen Pinakothek begründeten. Hier ist namentlich Hugo von Tschudi zu ehren. Er beendete den kulturpolitischen Dornröschenschlaf des Hauses kurz nach der Jahrhundertwende, indem er sich offen und gegen erhebliche Widerstände zum französischen Impressionismus bekannte und für deren Einzug in Münchens großes Staatsmuseum für zeitgenössische Kunst, die Neue Pinakothek, sorgte.

Wir sagten oben, dass Ludwig I. jeden bedeutenden öffentlichen Akt auf einen besonderen Jahrtag verlegte. So handelte er auch bei der Grundsteinlegung der Neuen Pinakothek im Jahr 1846. Sie fand am 12. Oktober statt. Woran wurde hier erinnert? Nun, das ist leicht. Auch die verehrte Leserinnenschaft sollte sich beim Assoziieren nicht allzu schwer tun ... Keine Idee? Dann setzen, sechs! Der 12. Oktober ist eines der wichtigsten Daten der Münchner Stadtgeschichte, Herrschaften, denn an diesem Tag des Jahres 1810 hat der damalige Thronfolger seine Therese heimgeführt – die arme hatte an diesem Tag Zahnschmerzen, möglicherweise ahnend, dass sie mit dem Schwerenöter an ihrer Seite nicht nur harmonische Tage verleben werden würde. Auch der Hochzeitstag war 1810 nicht zufällig gewählt worden, sondern auf den Namenstag des damals regierenden Königs, Thereses Schwiegervater Maximilian, verlegt worden. Fazit: ohne 12. Oktober keine Wiesn (denn die Vermählung Ludwigs und Thereses bildete ja deren Initialzündung). Die Grundsteinlegung für sein mittlerweile drittes Museum verlegte Ludwig I. also auf das Datum seines Hochzeitstags (an den Namenstag seines Vaters dachte er vermutlich eher weniger). Und obwohl es nach Informationen der stets bescheidwissenden Historikerin Hannelore Putz an diesem Tag regnete, präsentierte sich der König in absoluter Topform. Er hielt nämlich eine Rede, deren Höhepunkte berühmt geworden sind – Ludwig sagte: „*Als Luxus darf die Kunst nicht betrachtet werden; in allem drücke sie sich aus, sie gehe über ins Leben* [...]. *Freude und Stolz sind mir meine großen Künstler. Des Staatsmanns Werke werden längst vergangen sein, wenn die des ausgezeichneten Künstlers noch erhebend erfreuen.*" (Herv. MW; zit. nach Putz, Ludwig und die Kunst, S. 8, gleichlautend G. Mann, L. I., S. 78 sowie Baumstark, s.o. S. 347, der allerdings – ziemlich sicher zu Unrecht – die Rede auf den 25. 10. 1853 verlegt; das war der Tag der Eröffnung der Neuen Pinakothek).

Man beachte, dass der Redner im letzten zitierten Satz seine eigene Wirkungssphäre – jene des Politischen – bewusst einer anderen, nämlich jener der Kunst, bedeutungsmäßig unterordnet. Das ist eine Form der Bescheidenheit, die zu bewundern man auch dann nicht umhin kann, wenn man weiß, dass sie eher theoretischer Natur gewesen ist: In der Alltagspraxis fehlte es diesem Wittelsbacher durchaus nicht an bisweilen nervtötender Hoffart, auch und gerade *„seinen"* Architekten und Malern gegenüber. Es sei darauf verwiesen, dass viele berühmte Künstler fast aller Zeiten dies unbescheidener Weise genauso gesehen haben. Es ist präzise derselbe Gedanke, den, nur so als Beispiel, Richard Wagner in den Schlusszeilen der „Meistersinger von Nürnberg" zum Ausdruck bringt, wenn er Sachs verkünden lässt: „[...] *zerging' in Dunst / das heil'ge röm'sche Reich, / uns bliebe gleich / die heil'ge deutsche Kunst!"* (Meistersinger, Dritter Aufzug, Z. 2849ff.). Stören Sie sich nicht an dem lästigen Adjektiv vor *„Kunst"*, darum geht es hier nicht (und dem Wagner todsicher auch nicht in erster Linie). Der Leitgedanke, von Triumphmarschmusik untermalt, lautet: Die Sphäre des Politischen ist im Vergleich zu jener der Kunst völlig unbedeutend. Umgeschrieben oder umgedeutet wird hier gesagt: Politische Probleme wie etwa der Dauerbrenner des Fortbestandes des Kaiserreiches, des *„heil'ge[n] röm'sche[n] Reich[es]"* also, sind völlig zweitrangig, wenn es um Fragen der Kunst geht, und so lange wiederum jene in Blüte steht oder *„uns bleibt"*, mag das Reich bestehen oder *„in Dunst zergehen"* – es spielt keine Rolle. Der Staatsmann, so Wagner hier und so Ludwig in seiner schönen Rede, darf nicht denselben Rang wie der begnadete Künstler beanspruchen. Wenn allerdings derjenige, der dies zum Ausdruck bringt, selbst Staatsmann und sogar König ist, dann ist das ausgesprochen edel (die Uraufführung der „Meistersinger" fand übrigens im Todesjahr König Ludwigs I. und zudem in München statt; dies zur Rechtfertigung für die Auswahl gerade dieses Beispiels – es hätte ungezählte andere Möglichkeiten gegeben).

Wenn das Mäzenatentum schon immer ein besonderes Signum der wittelsbachischen Herrscherfamilie gewesen ist, so fand es in Ludwig I. seine Kulmination und einen vorletzten Höhepunkt. Das war, viel mehr als für den Rest des jungen Königreichs, vor allem für die Residenzstadt ein wahrer Segen. Diese veränderte ihren Geist, indem sie zu einer Kunststadt par excellence wurde, und in geradezu enormer Dimension auch ihre äußere Erscheinung: Residenzerweiterung, Theresienwiese samt Säulenhalle und Statue auf der Anhöhe, Ludwigstraße, Karolinenplatz, Königsplatzensemble sowie die beiden Pinakotheken – all dies entstand auf Initiative und unter tätiger Mithilfe des umtriebigsten aller Wittelsbacher. Stets informiert und stets knallwach, wirkte der Mann auch im Kleinen, und meistens traf er's gut. Als im Rahmen von Umbauarbeiten im Alten Peter der Schrenck-Altar aus dem frühen 15. Jahrhundert durch puren Zufall wiederentdeckt wurde, schickten die Restauratoren ein Billet mit dieser Nachricht an den König. Ludwig war sofort elektrisiert. Er kümmerte persönlich sich um eine kenntnisreiche Restaurierung, die noch heute von Sachverständigen gelobt wird. Der Schrenck-Altar im Nordteil der ältesten Münchner Pfarrkirche ist eines der bedeutendsten Kunstkleinodien in unserer Stadt, und auch um ihn hat sich Bayerns zweiter König also verdient gemacht.

Bei der Konzeption der Neuen Pinakothek kamen übrigens weder Gärtner noch Klenze zum Zuge – offenbar hatten sie sich's beide gerade gleichzeitig mit dem launischen Auftraggeber verscherzt. Der Architekt hieß diesmal August von Voit (der allerdings auf bauliche Überlegungen Friedrich v. Gärtners zurückgriff). Das ursprüngliche Haus ist völlig verloren, seine Ruinen wurden nach dem Zweiten Weltkrieg beseitigt. Jahrzehnte lang wurden die Exponate der Neuen Pinakothek im „Haus der Kunst" präsentiert, das den Bombenkrieg ja (leider) überstanden hatte.

Ein Urteil über den umstrittenen Neubau, der 1981 an alter Stelle eröffnet wurde, erlauben wir uns nicht. Er gehört der postmodernen Architektur an. Alexander Freiherr von Branca, der Architekt, hat in München viele U-Bahnhöfe gebaut, nicht nur im ältesten Linienstrang, sondern auch auf den Linien U4 und U5 (etwa die Station Ostbahnhof). Diese gelten als durchweg sehr geglückt, und nicht Wenige meinen, er hätte es doch beim U-Bahnhofbauen belassen können oder gar sollen; aber nicht alle reden so. Verteidiger der Neuen Pinakothek weisen darauf hin, dass sich die Architektur v. Brancas, in der Außenfassade freilich von verwirrender Vielfalt, im Innenraum vornehm zurücknimmt und sich völlig der Präsentation der Sammlung unterordnet.

1.3   LUDWIGSTRASSE

Die Strecke zwischen der Feldherrnhalle und dem Siegestor beträgt etwas über einen Kilometer. Es handelt sich um den ersten, südlichsten Teil der ehemaligen Chaussee nach Schwabing, das wie alle heutigen Münchner Stadtteile, die auf „-ing" enden, älter ist als München selbst. Nördlich von Schwabing setzt sich der Weg nach Freising fort. Das war die alte Weinhandelsstraße, die noch heute auf einem kleinen Teilstück in der Innenstadt „Weinstraße" heißt.

Dort, wo heute die Feldherrnhalle steht, endete zwischen der Zeit Kaiser Ludwigs des Bayern – als der zweite Mauerring errichtet wurde – und den Tagen des Kurfürsten Karl Theodor die Stadt; hier befand sich das nördliche, das sogenannte Schwabinger Tor. Der rührige Benjamin Thompson alias Graf Rumford hatte in der Zeit Karl Theodors, also Ende des 18. Jahrhunderts, für die Entfestigung der Stadt gesorgt. Der erste König, seine Regierungen und vor allem sein baubegeisterter Sohn Ludwig waren also als direkte Nachfolger Karl Theodors und Rumfords vor die Aufgabe gestellt, die entfestigte Stadt zu vergrößern, und seit 1806 darüber hinaus für etwas mehr königliches Ambiente zu sorgen. Der Rangerhöhung des bayerischen Staates zum vollsouveränen Königreich sollte auch residenzstädtebaulich Rechnung getragen werden. Mit anderen Worten, es mussten Pracht- und Repräsentationsstraßen her, für die jedoch in der mittelalterlich geprägten Altstadt kein Platz war.

Der alte Weg nach Schwabing nördlich des soeben abgerissenen Stadttores schrie also förmlich nach möglichst prachtvoller Bebauung. Das ganze Projekt hatte für Maximilian I., Bayerns ersten König, noch einen weiteren positiven Nebeneffekt: wenn man den bauenthusiastischen Sohn damit eine Weile beschäftigen konnte, hörte der möglicherweise auf, sich permanent ungebeten in die Staatsgeschäfte einzumischen, gegen Herrn Staatsminister Montgelas zu intrigieren und über Bayerns Liaison mit Napoleon zu stänkern.

Ludwig nahm sich der Sache also persönlich an, und es hat schon seine Richtigkeit, dass Münchens erste Prachtstraße seinen Namen trägt. Er begann seine Projektleitung in der Kronprinzenzeit; und als endlich alles inklusive Siegestor und Feldherrnhalle fertig war, und die Stadt München in der Straße auch noch sein Reiterstandbild aufstellte und feierlich enthüllte, da hatte er die Krone schon wieder verspielt.

So erlebte die Ludwigstraße, dank der Größe und der Dauer des Projekts, auch einen der für Ludwig so typischen Favoritenwechsel. Für den ersten, den südlicheren Teil inklusive Odeonsplatzgestaltung war Leo von Klenze verantwortlich; den nördlichen, also später konzipierten Teil übernahm dann der neue Königsliebling Friedrich von Gärtner. Eine Ausnahme bildet die Feldherrnhalle ganz im Süden, die gemäß des oben gesagten ja eigentlich von Klenze sein müsste, in Wirklichkeit jedoch von seinem Erzrivalen hingestellt wurde. Und wenn man die florentinische Loggia dei Lanzi kennt und also weiß, dass es sich bei der Feldherrnhalle um nichts weiter als eine achtundneunzig-prozentige Kopie handelt, ergänzt durch zwei Löwen, dann ahnt man auch, dass dem stolzeren Klenze eine derartige Nachahmertätigkeit zu blöd gewesen wäre. F. v. Gärtner war da entspannter: Hauptsache, ein Königsauftrag – ob dabei künstlerische Eigeninitiativen oder aber bloße Kopistentätigkeiten gefordert wurden, spielte für ihn keine Rolle.

Gern wird gesagt, dass die Ludwigstraße von der Neorenaissance geprägt sei, aber das gilt eigentlich nur für Klenzes südlicheren Teil. In Gärtners Norden wird es dann hauptsächlich rundbogig, eher unbestimmt, … halt irgendwas mit Neomittelalter; und rein konzeptionell und auch durch den Siegestor-Abschluss gemahnt die Straße sogar an Pariser Einflüsse, wenngleich Ludwig sich das nicht selber eingestanden haben mag.

Einer der besten Bauten steht nicht mehr. Das war Klenzes Herzog-Max-Palais, in welchem später Sisi geboren worden ist. Es stand an der Westseite der Straße und nördlich des heutigen Altstadtrings. Die Nazis haben das Haus neu gebaut, und die fehlende Eleganz sticht ebenso ins Auge wie beim schräg gegenüber, also südöstlich gelegenen Bau, der heute das Ministerium für Landwirtschaft beherbergt und ebenfalls auf die Nazis zurückgeht, wie übrigens auch die Verbreiterung der Von-der-Tann-Straße. Zu allem Überfluss hat das Pack auch die Gegend um das Siegestor herum verschandelt.

Die Münchner Stadtoberen quengelten in der Planungs- und Bauzeit der Ludwigstraße fortwährend am Riesenprojekt herum und hielten es für überdimensioniert. Sie wollten nicht glauben, dass sich München jemals bis nach Schwabing erstrecken werde. Irgendwann im Verlauf der Auseinandersetzungen soll es sogar die Drohung gegeben haben, die Regierung werde umziehen und sich eine andere Hauptstadt in Bayern suchen. Nach einigen Quellen soll Bamberg als Regierungssitz angepeilt worden sein – die Schönheit dieser Frankenperle macht das plausibel – andere sprechen von Regensburg als königlicher Drohkulisse, wo es auch nicht eben hässlich ist. Beide Städte waren allerdings zumindest damals noch ein bisschen „unbayerisch", die eine, da mitten in Franken gelegen und die andere als ehemalige Reichsstadt. Der König blieb in München und bekam seine Ludwigstraße.

Doch wer sollte darin wohnen? Nebst Staatseinrichtungen und Lehranstalten suchte man verzweifelt nach privaten Mietern oder Käufern, doch die zierten sich. Einige wurden geradezu zwangsverpflichtet, wie Auguste von Bayern, jene Schwester Ludwigs, die sich mit Eugen B., dem Stiefsohn Napoleons, hatte verheiraten müssen (sein Nachname ist ebenso unaussprechlich wie unausschreiblich; Ludwig nannte ihn verächtlich den *„Napoleoniden"*. Interessierte begeben sich bitte zum skurrilen Grabmal dieses Paares in der Michaelskirche).

1.4   ZWEIFLER UND KRITIKER

Wir werden noch einige Ludwigsbauten durchzunehmen haben, wollen uns aber zwischendrin etwas Abwechslung von den Architekturbeschreibungen gönnen. Das Kunstkönigtum ist keineswegs nur vom Münchner Volksmund – siehe oben – bekritelt worden. König Ludwig I. kommt heutzutage wesentlich besser weg als zu seinen Lebzeiten; oder sagen wir besser Königszeiten. Den Residenzstädtern und deren Wortführern war der umtriebige Monarch nicht ganz geheuer, und erst nach seiner Abdankung im Jahr 1848 söhnten sie sich langsam mit ihm aus. Die Aufstellung des Ludwigsdenkmals am Odeonsplatz an seinem Geburtstag des Jahres 1862 ist der beste Beweis für diesen Versöhnungsprozess. Es wird den Abgedankten mit Stolz erfüllt haben, dass die Stadtbürgerinnen zahlreich erschienen waren, um der Enthüllung des Monuments beizuwohnen, auf dem auch vermerkt ist: *„Errichtet aus Dankbarkeit von der Stadt München"*. Nun, „Dankbarkeit" – er hat sie zu Regierungszeiten eher selten spüren dürfen. Wenden wir uns ein paar Nörglern zu. Manche haben Witz, manche nicht unrecht, manche beides und manche beides nicht.

1.4.1 DIE PARLAMENTARISCHEN KAMMERN
DES KÖNIGREICHS BAYERN

In jungen Jahren war Ludwig selbst ein recht enthusiastischer Konstitutionalist gewesen. Diese Begeisterung wird er später oft heimlich verflucht haben. Parlamente sind nicht dazu da, um mit dem Regierungschef zu schmusen. Diese simple Tatsache muss der junge Ludwig irgendwie übersehen haben. Als König war er jedenfalls ernsthaft erstaunt, als er feststellen musste, dass die Landtage seine Projekte nicht etwa begeistert durchwinkten, sondern sie kritisierten, deren Finanzierungen hinterfragten und nicht selten auch zu blockieren suchten. Mit großem Pomp hatte Ludwig den ersten Landtag seiner Regierungszeit eröffnet, und nun stellte sich heraus, dass die Parlamentarier die vielen königlichen Bau- und Kunstideen nicht etwa als Geschenke bejubelten, sondern herummotzten und sich am Geldhahn zu schaffen machten. Unerhört! Die Liberalen drängten auf weitergehende Verfassungsreformen. Die Nichtmünchner waren um den Rest des Königreichs besorgt – *München leuchtet, Bayern bezahlt*, das war schon immer die Befürchtung der Provinzvertreter, der fränkischen und pfälzischen zumal. Majestät waren indigniert. Die Enttäuschung manifestierte sich in einem Politikwechsel. Eher liberal gesinnte Mitglieder der ursprünglichen Regierungsmannschaft wurden entlassen oder kaltgestellt, Konservative und Frömmler gewannen dagegen mehr und mehr Einfluss auf Ludwig. Dieser war im Zwiespalt: Einerseits war ihm die beeidete Verfassung heilig – sie zu ändern oder gar zu kassieren kam ihm nicht in den Sinn. Andererseits waren ihm die Kammern und deren Mitglieder, die sich partout nicht mit der für sie vorgesehenen Rolle als Jubelperser begnügen wollten, zunehmend verhasst. So gerieten die Verfassung und deren Auslegung selbst in den Mittelpunkt der Auseinandersetzungen. Was durften der König und seine Regierung, worin lagen die Kompetenzen der beiden Kammern? Es ist der klassische Konflikt in allen konstitutionellen Monarchien. Deren Parlamente beanspruchen die Budgethoheit und verweigern den Etat bei Unzufriedenheit mit den Regierungen, diese wiederum empfinden solches Gebaren, um ein im selben Kontext gefallenes Bismarck-Wort zu gebrauchen, als „*Erpressung*" (Otto von Bismarck wird, dies am Rande, dereinst und noch zu späten Lebzeiten Ludwigs, seinen Aufstieg exakt jenem Konflikt zwischen Regierung und Parlament in Preußen verdanken. Er wird nämlich seinem König Wilhelm die Streitlösung versprechen, und das Problem schließlich aus der Welt schaffen wie jedes andere auch: mit einer Mischung aus äußerster Brutalität und charmanter Überzeugungskraft).

Ludwigs Enttäuschung über das Verhalten der Kammermitglieder deckte sich mit einer bei ihm zeitlebens vorhandenen Revolutions-Phobie. Sein Taufpate, Ludwig XVI. von Frankreich, war 1793 geköpft worden. Später sah der Wittelsbacher in Napoleon eine Ausgeburt der Französischen Revolution – mit wieviel Recht, sei dahingestellt. Seit der Pariser Juli-Revolution des Jahres 1830 sah sich Ludwig in all seinen Vorurteilen und Ängsten bestätigt: Die Revolution ist eine latente Gefahr und ihr Ursprungsland immer das verhasste Frankreich (nebenbei bemerkt ist es ein Treppenwitz der Geschichte, dass unser Mann in Straßburg geboren wurde und während eines Urlaubs in Nizza starb; abgesehen von den dort ja tatsächlich mehr- weniger andauernd stattfinden Revolutionen muss er Frankreich eigentlich ganz lieb gehabt haben). Kurz nach der Juli-Revolution begann es tatsächlich im pfalzbayerischen Königreich zu brodeln: Auf dem Hambacher Fest wurden 1832 Reden gehalten, die auf einen revolutionären Furor schließen ließen. Nun hätte die Regierung diese Zusammenkunft ja auch als harmlose Party mit ein paar versoffenen Burschenschaftlern, liberalen Schwätzern und deutschnationalen Extremisten achselzuckend ignorieren können. Das tat sie aber keineswegs. Alle Regierungen des Deutschen Bundes, zu welchem Bayern gehörte und der vom österreichischen Erzreaktionär Metternich gelenkt wurde, waren alarmiert. Sie verschärften die Pressegesetze, sperrten demokratische und nationale Agitatoren ein und trieben auch sonst all das, was man den Vormärzregierungen gemeinhin so unterstellt. Es war überall im Deutschen Bund ähnlich: an den Staatsspitzen standen entweder begabt-idealistische, jedoch politisch eher unterbelichtete Monarchen; oder sie waren verblödet (für Bayern gilt ersteres, für Österreich letzteres, und Preußens aktueller König Friedrich Wilhelm IV. war erst das eine und dann das andere). Unter diesen Herrschaften gewannen stramm konservative Minister und Berater zunehmend Einfluss auf die Politik. Die modernen und liberal gesinnten Politiker waren im stillen Abseits, im Exil, oder im Knast.

Der Deutsche Bund, der sich da klammheimlich in unseren Text geschlichen hat, sei kurz etwas genauer vorgestellt: es handelte sich dabei um einen im Jahr 1815 gegründeten Staatenbund, und er war ein Ergebnis der Neuordnung Europas nach dem Wiener Kongress. In allen deutschen Ländern war in den Befreiungskriegen der Nationalismus aufgeflammt (speziell in seiner deutschen Version ist dem Nationalismus die Assoziation mit „Flammen" grausig-angemessen). Es gab den Ruf nach einem geeinten deutschen Staat. Diese Idee war natürlich mit den dynastisch-machtpolitischen Vorstellungen der Einzelstaaten nicht in Einklang zu bringen. Was würde denn aus Preußen und deren Hohenzollern oder aus Bayern und den Wittelsbachern, um nur zwei genannt zu haben, werden, in solch einem deutschen Einheitsstaat, mit Wien als Hauptstadt und einem Habsburger als Kaiser? Da war die Konstruktion des „Deutschen Bundes" kein übler Kompromiss: er schränkte die Souveränität der Einzelstaaten und deren Fürsten nicht erheblich ein, vermittelte aber das Gefühl einer gewissen deutschen Zusammengehörigkeit. Die graue Eminenz des Bundes war der österreichische Staatsmann Metternich, eine Art alpenländische Bismarck-Version, ähnlich reaktionär, ähnlich durchtrieben und wohl auch ähnlich auratisch wie jener spätere, allerdings ohne des Preußen verblüffende Gabe, äußerst verwegene Bündnisse einzugehen; und ohne dessen Brutalität. Die Organe des Deutschen Bundes befanden sich in Frankfurt, der alten Kaiserkrönungsstadt und daher Sehnsuchtsort und Projektionsfläche der nationalen Bewegung.

Zurück zum Bundes-Mitglied Bayern:

Es ist nie zu einem rechten Einvernehmen zwischen den Kammern und Ludwig I. gekommen, schon gar nicht, was die gegenseitigen Kompetenzen betraf. Die Auslegung der bayerischen Verfassung blieb in der Schwebe. Das mag die tiefere Ursache für Ludwigs politisches Scheitern im Jahr 1848 gewesen sein, denn jene noch zu schildernde und allerdings völlig benebelte Generaldummheit im Zusammenhang mit einer irischen Schmierenkomödiantin will als alleinige Erklärung für jenes nicht recht genügen.

1.4.2 DER LIBERALE

Als *Vormärz* bezeichnet man die Epoche, die der Revolution von 1848 voranging, denn jene ist im Monat *März* ausgebrochen. Was Historikern nicht alles an Begrifflichkeiten einfällt ... Das geistig-politische Klima der Zeit ist oben kurz angedeutet worden, aber gerade aus Münchner Perspektive kann nicht oft und nicht deutlich genug betont werden, dass der Aufstieg der Stadt

zu einer Kunstmetropole ersten Ranges just in dieser Zeit einen entscheidenden Schub erhielt, und zwar seitens der Regierung. Es war dieselbe Zeit,
in welcher sich der deutsche Liberalismus formierte, stets ängstlich von den
Machthabenden beäugt. Dieser politischen Formation sollen hier weder ihre
politische Daseinsberechtigung noch ihr Erfolg abgesprochen werden, allen Bangemännern, Möllemännern und sonstigen Blödmännern zum Trotz.
Aber es hat halt leider auch an solchen Typen nicht gemangelt im deutschen
Liberalismus. Der Freiherr Karl von Closen war im Vormärz einer seiner
bayerischen Vertreter und saß in mehreren Landtagen, wenngleich Ludwigs
Administration immer wieder trickreich versuchte, ihn von dort ausschließen
zu lassen. Wäre es nach dem Freiherrn v. Closen gegangen, hätte München
heute keine Alte Pinakothek. So was kostet nämlich erstens nur Geld und
dient zweitens den Unterdrückern auch noch als Mittel zur Selbstdarstellung. Diesem Liberalen stellte sich die Sache folgendermaßen dar: Der brutale
Tyrann Ludwig hatte 1826 in offensichtlich berauschtem Cäsarenwahn mit
dem Bau des absurden Museums begonnen. Fünf Jahre später war die Zeit
für einen Volksbefreier vom Schlage des Freiherrn gekommen, um im Landtag gegen jede weitere Finanzierung des wittelsbachischen Despoten, seiner
duckmäuserischen Künstlerclique und vor allem des albernen Museumsbaus
zu wettern. Für deren Fertigstellung hatte der Monarch gewagt, den Landtag
um weitere Gelder zu bitten. Dieses Ansinnen war selbstverständlich aufs
Schärfste zurückzuweisen, und Karl Freiherr von Closen hatte auch eine bril-
lante Idee, wie mit der so entstandenen Bauruine künftig zu verfahren sei: das
wäre doch ein großartiges Denkmal für den erfolgreichen Kampf gegen die
Königswillkür! Der Redner träumte (zit. nach Putz, L. und die Kunst, S. 154):
*„Wenn nun ein Reisender hierher kommt und erfährt, dass das Gebäude
unvollendet dasteht, weil die Kammer die Herrschaft des Gesetzes gegen die
Willkür aufrecht erhalten wollte – meine Herren! Wird ein solcher Reisender
nicht von dem Charakter der Nation eine hohe Meinung bekommen?!"*
    Aber sicher doch, Herr Abgeordneter. Die unvollendete Alte Pinakothek
als Symbol des gescheiterten Wahns eines tyrannischen Königs – darauf muss
man wirklich erst mal kommen!
    Und seltsam: Als die Alte Pinakothek dann tatsächlich Jahrzehnte später
in Trümmern lag, konnte man das unter anderem auch als Symbol für das
Scheitern des bayerischen und des deutschen Liberalismus deuten. Hatten
doch die Liberalen während der 1920er Jahre die Nazis nahezu ungestört in

München herumtoben lassen und am 23. März 1933 im Reichstag geschlossen für Hitlers Ermächtigungsgesetz gestimmt, *„verbunden mit den großen nationalen Zielen des Herrn Reichskanzlers"* und *„im Interesse von Volk und Vaterland"*, wie der Abgeordnete Reinhold Maier auch im Namen seines Fraktionskollegen Theodor Heuss ausführte.

Carl Freiherr v. Closen hat die Politik, also sein eigenes Metier, über alles und besonders über die Kunst gestellt, ganz im Gegensatz zum zweiten bayerischen König, der in einer berühmten und bereits zitierten Rede den Politiker – und mithin sich selbst – expressis verbis unter den Künstler und dessen *„unvergängliche"* Werke stellte. Für Ludwig galt mit den Worten R. Baumstarks *„zunächst die Kunst, dann die Politik."* (R. Baumstark, Der 7. April 1826, S. 337).

1.4.3 DER VATER

Kommen wir zu einem weiteren Kritiker Ludwigs, nämlich zu seinem Vater. Es ist schon auffällig, wie oft sich in den regierenden europäischen Adelsfamilien die Väter mit ihren Erstgeborenen zofften. Der spätere Friedrich der Große war 1730, nach seiner missglückten Flucht vom Königshof, von seinem Vater dazu gezwungen worden, bei der Hinrichtung seines engsten Kumpels zuzuschauen, nachdem der Soldatenkönig zuvor ernsthaft erwogen hatte, auch Friedrich töten zu lassen. Das ist eines der drastischeren Beispiele, und gar so schlimm haben sich Maximilian I. Joseph und sein Nachfolger nicht gefetzt. Aber sie zankten sich mitunter heftig, insbesondere in der Montgelas-Zeit. Der erste bayerische König wird daher ganz froh gewesen sein, dass seinem Sohn durch die Bau- und Sammeltätigkeiten mitunter die Zeit für politische Interventionen fehlte. Er mag ihn sogar aktiv auf dieses Feld verwiesen haben, um eine Zeitlang seine königliche Ruh´ vor den Änderungsvorschlägen des Jungen genießen zu können.

Begriffen hat er freilich nichts von dem, was Ludwig da trieb. War mal wieder für teures Geld eine antike Statue erstanden, kommentierte Bayerns erster König dies wie folgt: er frage sich, warum der Herr Sohn hinter diesen *„alten, zerbrochenen Puppen"* her sei wie der Teufel hinter der armen Seele – offenbar plane der, aus den Bayern, dieser *„Rasse von Biertrinkern, lauter Griechen und Römer zu machen."*

Da formuliert ein Kind einer praktisch veranlagten Aufklärungs-Generation sehr hübsch die Kritik an der folgenden, welche schwärmerischer, künstlerischer und wohl etwas idealistischer geprägt gewesen ist. Es ist ein sehr ähnliches Unverständnis wie jenes, mit welchem einige Jahre zuvor Georg Christoph Lichtenberg dem Erstlingswerk Goethes, also dem Briefroman „Die Leiden des jungen Werther", begegnet war. Er ritt viele Attacken gegen den Bestseller, hier die giftigste: *Die schönste Stelle im Werther ist die, wo er den Hasenfuß erschießt.*" (zit. Ed. Lichtenberg, SB, S. 276 [F 512]).

Ludwigs alter Herr kommt zwar nicht ganz an Lichtenbergs Satirekraft heran, dennoch hat er sich durch obiges Zitat von den *alten Puppen* und der *Rasse von Biertrinkern* ein kleines Sonderlob verdient, ganz anders als der folgende Kritiker Ludwigs; obgleich der doch ein berühmter Dichter war.

1.4.4 DER DICHTER

Am Hofe Ludwigs war irgendwann kurz erwogen worden, Heinrich Heine nach München zu einzuladen. Ein Neffe des Dichters lebte hier und war mit Nanette Kaula verheiratet. Frau Kaula ist die einzige Jüdin in Ludwigs (und Stielers) Schönheitengalerie, und es gibt nicht wenige, die sie als die Allerschönste bezeichnen. Vielleicht hatte Maler Stieler bei ihrem Portrait einfach eine besonders glückliche Hand.

Heinrich Heine ist der berühmteste Kritiker König Ludwigs I. Er verfasste zahlreiche Spottverse auf ihn, die er „*Lobgesänge*" überschrieb. Es ist natürlich schon mal grundsätzlich urkomisch, Spottschüttelreime als Lobgesänge zu verkaufen; doch genug gelacht. Einige Verse seien hier durchgenommen und auch zitiert, auf dass man sich selbst ein Urteil bilde und prüfe, ob es mit dem hier festgehaltenen übereinstimmt.

Das wird nicht sehr freundlich ausfallen. Daher ist vorab eine persönliche Bemerkung unvermeidlich. Wer sich sozusagen als Frischling an den Heinrich Heine heranwagt, wird gut daran tun, sich nach helfenden Autoritäten umzusehen. Nun ist es mit den Heine-Kritikern so eine Sache: Man gerät da leicht in schlechte Gesellschaft. In der großen Mehrheit sind das entweder deutschnationale Vollpfosten oder antisemitische Lumpen. Vorsicht und Abstand sind also geboten. Einer unter den Heine-Kritikern ist jedoch von ganz besonderer Art. Er ist, mag sein, der wunderlichste aller berühmten deutschsprachigen Autoren … eher gefürchtet als respektiert, eher scheu verehrt als tief geliebt, öfter totgeschwiegen als gebührend beachtet: Das ist der strenge Menschheits-Lehrer Karl Kraus.

Nach langem Zögern wurden schließlich alle Bedenken beiseitegeschoben, welche dagegen standen, hier flankierend den großen Herausgeber der „Fackel" zu zitieren. Diese Bedenken sind gespeist zum einen aus der Überzeugung, dass es eigentlich nur Ebenbürtigen gestattet sei, sich auf den *„Beredten"* (so einst Bertold Brecht über Kraus) zu berufen, zum anderen aus dem Bewusstsein, dass der manchmal allzu strenge Mann auch uns Historiker nicht besonders mochte. Er nannte uns unter anderem *„rückwärtsgewandte Journalisten"*, und diesem Berufsstand galt seine ganze Verachtung. Sei's drum – die Zitate aus dem Essay „Heine und die Folgen" sind gar zu treffend, um an dieser Stelle unterdrückt werden zu können. Die Schrift erschien erstmals im Jahr 1910.

Nun aber erhält zunächst Heinrich Heine selbst das Wort:

> *Das ist der Herr Ludwig vom Baiernland,*
> *desgleichen gibt es wenig;*
> *das Volk der Bavaren verehrt in ihm*
> *den angestammelten König.*

Die erste Zeile ist gestelzt; die dritte noch sehr viel mehr. Und die vierte ist ausgesprochen niederträchtig. Man muss dazu wissen, dass König Ludwig I. zeitlebens stotterte. Dieses Gebrechen wird hier mit einem Wortwitz verhöhnt, durch den aus dem angestammten König der Bayern der *„angestammelte"* (der *„Bavaren"*) wird. Das ist recht widerwärtig, finden Sie nicht?

Karl Kraus sagt in „Heine und die Folgen": *„Der Wortwitz, der […] der wertvollste sein kann, muss bei Heine […] zum losen Kalauer werden, weil kein sittlicher Fonds die Deckung übernimmt."* (zit. Ed. S. 203f.)

Hören wir Heine weiter:

> *Er liebt die Kunst, und die schönsten Frauen*
> *Die lässt er portraitieren.*
> *Er geht in diesem gemalten Serail*
> *Als Kunst-Eunuch spazieren.*

Den Vorwurf an Ludwig, ein Eunuch zu sein – denn als solcher ist das Wort ja wohl gemeint – hat der Dichter exklusiv. Es ist so ziemlich das Letzte, was einem zu Ludwig einfällt, und der gegenteilige Vorwurf wäre näherliegend, wenn er uns nicht dem Verdacht der Prüderie aussetzte. Seine Frau Therese immerhin hat ihn mehrfach und mit gutem Grund erhoben. Auch im *gemalten Serail* blieb es nicht immer beim Portraitieren. Was uns Heutige übrigens eigentlich einen feuchten Staub angeht. Auch hier passt ein Zitat aus „Heine und die Folgen": „*Wer über das Geschlechtsleben seines Gegners spottet, kann nicht zu polemischer Kraft sich erheben. [...] Schlechte Gesinnung kann nur schlechte Witze machen.*" (zit. Ed. S. 203).

Des Weiteren heißt es in den „Lobgesängen":

> *Herr Ludwig ist ein großer Poet*
> *Und singt er, so stürzt Apollo*
> *Vor ihm auf die Knie und bittet und fleht:*
> *Halt ein, sonst werd´ ich noch toll, o!*

Herr Heine gilt heute, anders als „*Herr Ludwig*", als großer Poet. Das wird halt schon so sein, es kann hier unmöglich beurteilt werden, denn das Gebiet des Lyrischen ist eingestandenermaßen ein sehr Mathias-Wallner-fernes. Man wird allerdings wohl noch fragen dürfen, ob die Schlusszeile dieses Verses den Nachweis großer Meisterschaft in der Poesie liefert. Da holpert´s denn doch bedenklich. Der Reim *Apollo – noch toll o* klingt schwerst missraten. Nun kann man einwenden, dass der Großdichter hier die Stolperreime des Wittelsbachers nachäffe. Das muss offen bleiben, aber es sei angemerkt, dass die Ludwig-„Lobgesänge" insgesamt eher runtergeschnurrt und zusammengereimt als wirklich gedichtet scheinen. Karl Kraus: „*Heines Lyrik: das ist Stimmung oder Meinung mit dem Hört, hört! klingender Schellen [...]. [Das] ist in der Tat nichts anderes als skandierter Journalismus, der den Leser über seine Stimmungen auf dem Laufenden hält.*" (zit. Ed. S. 196 und 199).

Es folgt ein Vers über Ludwigs „*Söhnchen*", das nämlich „*zu Athen hat besudelt sein Thrönchen*". Geschenkt. Dann wird wieder voll zugeschlagen:

> *Stirbt einst Herr Ludwig so kanonisiert*
> *zu Rom ihn der Heilige Vater –*

Die Glorie passt für ein solches Gesicht
Wie Manschetten für unseren Kater.

Nicht jeder kann halt ein so schönes Gesicht haben wie der Heinrich Heine. Es ist eine ebenso spannende wie schwierige Frage, in wie weit eins für sein Antlitz verantwortlich gemacht und also verhöhnt werden kann und darf. Müssen wir hier offen lassen; das eine sei aber doch angemerkt, dass nämlich die – natürlich geschönten – Portraits des Monarchen einen Energie-geladenen, durchaus nicht hässlichen, mag sein leicht hochnäsigen, aber keineswegs unsympathischen Mann zeigen. Er sei wohl etwas von den Pocken entstellt gewesen, heißt es mitunter, aber falls das stimmt, was um alles in der Welt geht das den Heinrich Heine an?!

Karl Kraus spricht vom „*Zynismus Heines*" und vom „*Gehechel der Bosheit*". Die Schlussverse der „Lobgesänge" zeugen von beidem. „*Ludewig vom Baierland*" kniet da vor einer Madonna mit Christkind und „*stottert selig verzücket*" – wieder dieses Herumhacken auf einem körperlichen Gebrechen. Richtig ist allerdings, dass der König fromm bis zur lästigen Frömmelei gewesen ist. Man kann das schon mal satirisch verarbeiten. Unnötig fies wird es jedoch, wenn Maria, irritiert über den blaublütigen Anbeter, sich mit folgenden Worten an ihren Erstgeborenen richtet:

Es ist ein Glück, dass ich auf dem Arm
Dich trage und nicht mehr im Bauche
[...]
Hätt ich in meiner Schwangerschaft
erblickt den hässlichen Toren,
Ich hätte gewiss einen Wechselbalg
Statt eines Gottes geboren.

Die zunächst offenbar intendierte Kritik an der Frömmelei des Königs, die unseres Erachtens nach durchaus ein paar geharnischte Verse verdient gehabt hätte, verläuft im Sande, weil sie dem faden Gag geopfert wird, dass der Betende ein entstellter Depp sei, ja von derartiger Hässlichkeit, dass diese einst imstande gewesen wäre, das Heilsgeschehen zu verhindern.

Das abschließende Wort überlassen wir wieder Karl Kraus, dem großen Herausgeber der Fackel:

„Das ist nicht fein, aber auch nicht tief."
(Zit. Ed. S. 203).

1.5 ANEKDOTISCHES UND EHER PRIVATES

Ludwig war sein Leben lang verliebt. Keineswegs immer in dieselbe Dame, o nein! Er war permanent in eine andere verschossen, es war eine Art Dauerzustand, und es hörte und hörte nicht auf. Der Königs-Pensionär kam auf einer seiner letzten Reisen und ganz kurz vor seinem Tod nach Paris. Er war bereits stocktaub, ein Greis, was ihn nicht hinderte, auf zahlreichen Adelsfesten verschiedenen Damen den Hof zu machen. Die lachten über ihn und ihm war's gleich. Kurz zuvor hatte sich in München vergleichsweise ernsteres zugetragen, als er einer Hofdame nachgestellt hatte, die kaum 20 Jahre alt war. Sie ließ ihn abblitzen. Enttäuscht reise er fort – das Reisen betrieb er mit ähnlicher Intensität wie das Verliebtsein – und bewies immerhin Humor. Aus Rom, wo er tagsüber das Viertel der kleinen Handwerker durchstreift hatte, schrieb er am Abend ein Billet an die Angebetete, worin es hieß: *„Ich denke viel an Dich – besonders in der Straße der Korbmacher."*

Eine dieser Verliebtheiten, und zwar die wie gesagt werden muss mit Abstand blödeste, kostete ihn 1848 den Thron. Dazu später mehr; aber hier schon so viel, die Sache war hochnotpeinlich. Für eine Zwischenbilanz der ludovizanischen Frauenbeziehungen sei einer der besten deutschsprachigen Romanautoren, wo nicht gar der allerbeste, zitiert – drunter machen wir es hier nicht, das hat dieser König schon verdient! Heimito v. Doderer beschreibt in seiner „Strudelhofstiege" einen ebenfalls chronisch Verschossenen folgendermaßen: *„Der [...] war durchaus immer ein Durch-Brecher. [...] Eine fordernde, eine postulierende, eine fuchtelnde Natur, ein Interventionist, Einer, der kurz beiseite zu schieben versuchte, was ihn störte und empört als unerhört empfand, was ihn bremsen wollte."* Das passt. Und eigentlich nicht nur für Ludwigs Frauengeschichten (H. v. Doderer, Die Strudelhofstiege, zit. Ed. S. 11).

Noch als Thronfolger hatte Ludwig Therese von Sachsen-Hildburghausen geheiratet. Wie muss man sich diese Ehe vorstellen? Für die dauergedemütigte Gattin wird es wohl mitunter eine Art Ehehölle gewesen sein, aber eben doch nicht nur, worauf viele Zeugnisse verweisen ... wie passt das permanente Strawanzen damit zusammen, dass man immer wieder hört, der König habe seine Frau aufrichtig geliebt und sei bei ihrem Tod 1854 völlig verzweifelt gewesen? Zahlreiche Selbstzeugnisse des Königs deuten in dieselbe Richtung, und Therese hat ihrem Mann alle Eskapaden, auch jene steindumme Affäre mit Lola Montez ab 1846, stets vergeben. Schwieriges, hier kaum zu beackerndes Feld ... kann eins seinen Partner betrügen und dennoch lieben? Oder anders gefragt: wenn wir an Helmut Dietls Monaco Franze denken, wer war denn verzweifelter im Angesicht der Trennung: Der einst passionierte Fremdgeher Franz Münchinger oder Annette von Soettingen? Es darf mit Sicherheit davon ausgegangen werden, dass die Herren Dietl und Süskind bei der Konzeption ihrer Serienstory mehr als einmal an Ludwig und Therese gedacht haben – die Parallelen sind schon gar zu auffällig. Und über beide Ehen kann zumindest gesagt werden, dass es einen Riesenhaufen unglücklicherer Partnerschaften gibt.

Bei der Auswahl der Damen pfiff Ludwig auf deren gesellschaftlichen Stand – da war er ausnahmsweise mal echter Demokrat. Wenn ihm wieder Eine besonders gefiel, pflegte er erst einmal tüchtig herumzulärmen. Seine Umgebung seufzte auf und die Gattin reiste meistens von München weg. Dann folgte der nächste Schritt: Der für Gesichter und Dekolletés zuständige Hofmaler wurde alarmiert. Das war der bereits mehrfach erwähnte Herr Joseph Karl Stieler, und er hatte sich umgehend einzufinden. Der pinselte dann das Portrait der momentan Erwählten. Die von ihm gemalten Damen der so schließlich entstandenen „Schönheitengalerie" ähneln sich alle irgendwie. Das hat aber nichts mit einer königlichen Vorliebe für einen speziellen Frauentyp zu tun. Ludwig war hier ähnlich eklektizistisch wie bei den Baustilen. Es lag vielmehr daran, dass Stieler eben nur einen bestimmten Gesichtsausdruck draufhatte. Erwies sich die Portraitierte darüber hinaus als spröde, kehrte nach ein paar Wochen schon wieder Ruhe bei Hof ein, und der Königin wurde bedeutet, sie könne nun einigermaßen gefahrlos nach München zurück. Handelte es sich dagegen um einen eher leichtlebigen Typus, hatte der König eben zeitweise eine Mätresse nach Art seiner barocken Vorfahren. Man darf allerdings nicht vergessen, dass die Zeiten andere waren: Die diesbezügliche Nonchalance der absolutistischen Ära war längst einem Moralgebräu gewichen, welches wiedererstarkter Katholizismus und bürgerlicher Tugendfuror in trauter Gemeinsamkeit zusammengemixt hatten; eine ziemlich unbekömmliche Plörre. Ludwig hatte es also viel schwerer als etwa ein Kurfürst Karl Albrecht, sein erotisches Lotterleben zu rechtfertigen, um von des Letzteren Vater Max Emanuel gar nicht zu reden.

Vielleicht haben wir es en passant ganz gut damit getroffen: Ludwig I. hatte sich im Jahrhundert geirrt. Er war um eines zu spät gekommen. Das vorangegangene, also das Achtzehnte, dem seine Kritiker gern vorwerfen, es habe in sorglos-optimistischer Heiterkeit nach Parfum gestunken, hätte besser zu ihm gepasst als das Neunzehnte mit seiner Luft aus „*Kreuz, Tod und Gruft*", seinen Wagner'schen Katastrophenvisionen und Weltuntergängen sowie dem diese vorbedingenden genialischen Pessimismus Arthur Schopenhauers.

Zurück zum Gespann Ludwig / Stieler. Man kann sich leicht vorstellen, dass die zwei Chaoten in der Residenzstadt weder bei jungen Ehemännern noch bei Vätern heranwachsender Damen in hohem Ansehen standen. Doch auch jenseits der erotischen Sphäre und außerhalb der Stadtmauern verbreitete das Duo mitunter Angst und Schrecken. Es konnte nämlich auch Berühmtheiten geschehen, dass sie ins Blickfeld der Beiden gerieten. Die ließen dann gewöhnlich nicht locker und gaben erst Frieden, wenn der Betreffende portraitiert war. Für den alten Goethe beispielsweise gab es kein Entrinnen. Der war zwar Huldigungen durch Politstars generell keineswegs abgeneigt, und sein öffentliches Shakern mit Herrn Napoleon Bonaparte hatte ihn einst sogar Sympathien gekostet; aber Goethe hasste nun mal das Gemaltwerden, warum auch immer. Deswegen gibt es auch vergleichsweise wenig Portraits von ihm. Eines Tages erschien nun der Maler Stieler aus Bayern in seinen Gemächern, ausgestattet mit Palette, Farben, Pinsel und einem Huldigungsbrief samt Verslein aus der Feder seines königlichen Auftraggebers. Dem Dichter wurde bedeutet, er möge Ludwigs Schreiben in die Hand nehmen und eine Weile schön still halten. So entstand jenes Goethe-Portrait, das aufgrund der Prominenz des Dargestellten zu den berühmtesten Stieler-Bildern gehört. Der Wisch in der Hand des Großdichters ist das königliche Schreiben, und sein Gesichtsausdruck erinnert ein wenig an jenen Angela Merkels, wenn sie neben Horst Seehofer stehend zum soundsovielten Mal die schwesterliche Eintracht der beiden Unionsparteien in die Nachrichtenkameras hineingähnte.

Ein einziges Mal, so will es der Stadtklatsch, soll Stieler gegen seinen König aufgemuckt haben. Es geht, wie so manche Ludwig-Anekdote, im weiteren Sinne wieder mal um Mrs. Gilbert aus Irland, die sich als Frau Montez aus

Spanien ausgegeben hatte. Es war klar, dass der König gerade im Fall der Lola M. keinen einzigen Punkt aus seinem eingespielten Damenverehrungsprogramm aussparen würde. Dazu gehörte nun mal unbedingt das Gemaltwerden der momentan Verehrten durch Stieler. Der wollte aber wohl nicht recht, und der Umstand, dass sich selbst diese Farben-klecksende Hofschranze zierte, zeigt den enormen Ansehensverlust, den der König durch die Affäre mit der Irin bereits erlitten hatte. Schließlich, was half's, musste er doch ran. Der König war aber mit dem Ergebnis nicht zufrieden und raunzte bei dessen Betrachtung: *„Stieler, sein Pinsel wird alt!"* Einige Wochen später kam Ludwig zum Kontrollgang erneut ins Atelier und quittierte, jetzt sei alles gut. Stieler, der in Wahrheit die ganze Zeit über keinen Strich am Lola-Gemälde geändert hatte, maulte vor sich hin: *„Für einen alten Pinsel ist's grad gut genug."* König Ludwig I. war aber nicht der Mann, der sich durch derartige Frechheiten aus der Fassung bringen ließ. Er soll sogar gesagt haben: *„Das hat er mir gut gegeben, Stieler."*

Das hat feinen Humor. Die folgende Story aus dem Bereich der Schönheitengalerie weist dagegen eher ins ungalante, ja leicht niederträchtige: Nanette Kaula ist die schöne Jüdin in Stielers Ensemble. Sie traf den König Jahre, ach, viele Jahre nach Erstellung des Portraits und machte ihn, da er das offenbar völlig vergessen hatte, auf den Umstand aufmerksam, dass sie ihn einst habe portraitieren lassen. Dessen uncharmante Replik soll gelautet haben: *„Heut' tät ich das nimmer."*

Das ist etwas ungustiös. Es wird halt Stadtklatsch sein, entstanden in der 1846 beginnenden Lola-Montez-Zeit, als man dem König so ziemlich jede Sauerei zutraute.

Die folgende Geschichte führt uns endlich weg von Stielers Pinseleien und dafür erst in den Englischen Garten und danach auf die Wiesn. Sie zeigt uns den bauwütigen Monarchen wieder an der feinen Grenze zwischen Hoffart und Humor. Es lebte zu Ludwigs Zeiten ein Faktotum namens Franz Xaver Krenkl in München. Der war ein schneller Mann, und er betrieb unter anderem eine Lohnkutscherei; kurz, er war ein Taxler, der berühmteste seiner Zunft und der einzige, der es hier je zu einem eigenen Straßennamen gebracht hat (sinniger Weise im Viertel der Rennställe, also in Daglfing. Es ist ein Jammer, dass in dem Gebiet nicht nur Tempo 30 gilt, sondern dass ausgerechnet speziell in der Rennbahnstraße, von welcher die Krenklstraße abzweigt, nahezu ununterbrochen kontrolliert wird!).

Eines Tages fuhr Ludwig in seiner Kalesche durch den Englischen Garten, und er wurde vom Krenkl, der es eilig hatte wie eben jeder Taxler, überholt. Nun war das Überholen des Königswagens verboten, was unseren Mann nicht weiter kümmerte (ein Münchner Taxler halt ...). Er antwortete auf Ludwigs diesbezüglichen Hinweis mit der berühmt gewordenen Nörgelei: *„Ja mei, Majestät, wer ko, der ko!"* So schuf er ein geflügeltes Wort dieser Stadt und brachte es zum Idol eines ganzen ehrbaren Berufsstands. Der Sommer verging und die Wiesn nahte. Krenkl, der Pferdenarr, war Lokalpatriot und Dauerfavorit bei den Rennen, die damals noch auf der Theresienwiese stattfanden. Diesmal hatte der König einige Schergen angewiesen, sich in Krenkls Bahn zu stellen und diesen so am Start zu hindern. Der Kerl brüllte und tobte – seinen eigentlichen Beruf hatten wir ja wohl schon erwähnt, er konnte das also recht gut – bis schließlich Ludwig selbst wie zufällig vorbeischlenderte. Er quittierte Krenkls Gejammer ewigschön: *„Aber er weiß doch, Krenkl: Wer ko, der ko!"*

1.6 POLITIK IN DER ÄRA LUDWIGS I.

Unter derlei Schwänken verschlief die Residenzstadt die gerade einsetzende Industrielle Revolution, und sie hätte möglicherweise auch die politische von 1848 verpennt, wenn sich der König nicht jede nur erdenkliche Mühe gegeben hätte, ab ca. Herbst 1846ff. alles, aber auch wirklich alles, was man falsch machen konnte, auch tatsächlich und gewissenhaft falsch zu machen. Die einzigen Schlöte, die in München rauchten, waren jene der Ziegeleien, denn Baumaterial war in der Ludwigära durchaus gefragt, und jene der Brauereien, denn an deren Produkt hatte und hat die Stadt ja niemals genug.

Auch wenn man wie wir primär die Stadtgeschichte im Auge hat, sollte man die Umwälzungen, die sich in Ludwigs Regierungszeit nicht nur auf dem Gebiet des Deutschen Bundes, sondern auch im Bundesmitglied Königreich Bayern vollzogen, bedenken, schon weil sie doch in noch näher zu definierendem Ausmaß auch die Geschicke der Stadt beeinflussten. So werden wenige ernsthaft glauben, dass die erotischen Händel, in welche sich der Monarch seit Herbst 1846 immer tiefer und immer peinlicher verstrickte, einen allein hinreichenden Erklärungsgrund für das Ausbrechen der Revolution von 1848 in Bayern darstellen. Das politische Scheitern Ludwigs I., symbolisiert in seinem Rücktritt, muss ernstere und tiefere Ursachen gehabt haben. Wenn man jedoch von Ludwigs Scheitern spricht, ist das Adjektiv politisch zwingend voranzusetzen, denn auf den anderen Feldern, welche ihm letztlich wohl auch wichtiger waren, kann von „Scheitern" ja absolut nicht die Rede sein! Es sei eine These vorgestellt, die bereits in Andeutungen durch die vorangegangenen Betrachtungen zu Ludwig I. geisterte, ohne konkret ausformuliert worden zu sein: man muss bei der Betrachtung der Zeit des zweiten bayerischen Königs streng zwischen Landesgeschichte und Stadtgeschichte unterscheiden. Wenn für die letztere gilt, dass die Lebenszeit Ludwigs – nicht etwa nur seine Regierungszeit – absolut epochemachend war, so gilt das für die Geschichte Bayerns wenn überhaupt, dann nur in viel bescheidenerem Ausmaß.

Die Revolution von 1848 ist ein zentraleuropäisches Ereignis mit vielen Ursachen; diese galten unter speziellen Vorzeichen auch im jungen Königreich Bayern. Die Residenzstadt mit ihren knapp 100.000 Einwohnern zur Zeit der Revolution war aber nicht besonders stark von den vormärzlichen Umwälzungen betroffen gewesen. Die Politisierung weiter Kreise war sicher in Zentralpreußen, in den bayerisch-pfälzischen Gebieten oder auch in Franken viel weiter vorangeschritten als in München. Der konfessionelle Gegensatz, ein großes Thema im Deutschland des 19. Jahrhunderts, spielte, wiederum anders als in Franken, hier kaum eine Rolle, weil es schlicht kaum Protestanten gab (die meisten unter ihnen waren Königinnen und deren Prediger; der erste evangelische Bürger mit Stadtrecht war – natürlich – ein Gastwirt; wenn er schon kein Katholischer ist, soll er wenigstens was Sinnvolles anfangen!). Die Industrialisierung, Ursache vieler Verwerfungen und sozialer Spannungen, war auch wieder in der bayerischen Pfalz und im Fränkischen viel ausgeprägter als in München. Die erste Bahn Bayerns (und Deutschlands) fuhr daher nicht von der Residenzstadt ab, sondern verband Nürnberg und Fürth (was zwar zunächst etwas seltsam anmutet, wenn man bedenkt, dass die Bewohner dieser beiden Städte sich eigentlich nur besuchen, um sich gegenseitig zu verprügeln oder die Marktplätze der jeweils anderen in voller Absicht zu besudeln; es hat aber seine Ursache darin, dass die Straße zwischen den beiden Orten die verkehrsreichste im ganzen Königreich war, was wiederum weniger in der Lust am Prügeln als vielmehr in der vorangeschrittenen Industrialisierung begründet ist).

Anders und einfacher gesagt: Die Affäre rund um Lola Montez, die unmittelbar zum Rücktritt des Königs führte, ist eine rein Münchnerische

Angelegenheit, während die krisenhaften Verwerfungen des Vormärzes auch die bayerische Regierung erreichten und zu schweren Konflikten zwischen Staatsmacht und weiten Teilen der Bevölkerung Bayerns führten; und zwischen den Landtagen und der Königsgewalt hatte es schon seit vielen Jahren immer wieder gekracht. Die Revolution ist also zentraleuropäisch, während ihr Verlauf in München nicht stadttypischer hätte sein können. Doch bevor wir den König nun zurücktreten lassen, wenden wir uns kurz dem einzigen außenpolitischen Ereignis seiner Zeit zu – ohne dieses wäre jedes Referat über den bayerischen Vormärz gar zu unvollständig.

1.6.1 BAYERN IN GRIECHENLAND

Im Jahr 1832 wurde der zweitgeborene Sohn Thereses und Ludwigs zum griechischen König ernannt. Sein Name war Otto, und im darauffolgenden Jahr bestieg er den griechischen Thron. Vorhang auf also für das *„Schauspiel Bayern in Griechenland"*, wie Max Spindler es sehr hübsch im Handbuch der bayerischen Geschichte bezeichnete (ibid., 1. Teilband zu 1800-1970, S. 170). Und um eine Illusion gleich beiseite zu räumen: nein! Die griechischen Landesfarben gehen nicht auf die bayerischen zurück, obwohl man das Gegenteil hierzulande recht häufig behauptet. Es handelt sich beim gemeinsamen Weiß-Blau um nichts weiter als um einen Zufall, der jedoch speziell von Seiten der Bayern als ein sehr glücklicher empfunden worden ist. Man kann sich leicht davon überzeugen, dass die griechischen Freicorps, die sich in den 1820ern gewaltsam gegen die osmanische Herrschaft erhoben hatten, bereits Fahnen in diesen Farben trugen, als noch längst nicht abzusehen war, dass der Erfolg ihres Kampfes ihnen eine bayerische Herrschaft eintragen sollte. Als König Otto seinem Vater brieflich von seiner Ankunft und seinem Empfang in Griechenland erzählte, schrieb er von einem Himmel, *„geschmückt mit dem freundlichen, heiteren Blau, Bayerns und Griechenlands Nationalfarbe [!] […]"* (Herv. MW; zit nach Weigand, Griechenland ... S. 328).

Wie kam es zum Intermezzo eines wittelsbachischen Königs in Griechenland zwischen 1832 und 1862? Um die Zeit der Thronbesteigung Ludwigs I. herum, also Mitte der 20er Jahre, schaute ganz Europa gebannt nach Griechenland. Denn dort tobte ein Freiheitskampf. Die Bevölkerung befand sich im Aufstand gegen die Türken, die das Land bisher fremdregierten. In Europa war die Meinung geteilt. Die Status-quo Politiker der Restauration waren für die Türken. Sie fürchteten nämlich eine Umstürzung des Wiener Systems von 1815 sowie einen Aufschwung antiautoritärer, liberaler Bestrebungen. Deren Meinung nach hatten sich die Griechen unter das türkische Joch im Rahmen der Legitimität zu beugen und Punktum. Aufstand war Revolution und diese war Gift. Exemplarisch für diese Haltung war die Figur der Restauration schlechthin, der österreichische Kanzler Metternich. Dieser hätte am liebsten jene Ordnung für Europa und den Deutschen Bund, die 1815 auf dem Wiener Kongress verabschiedet worden war, und die vielerorts als bleiern empfunden wurde, für die nächsten etwa dreitausend Jahre eingefroren. Seine Politik bestand im Bewahren, Bewahren und nochmals Bewahren, notfalls auch mit allen möglichen Mitteln der Repression und Unterdrückung.

Dagegen stand die Gruppe der Griechenlandenthusiasten. Diese war alles andere als homogen. Es gab Christen, die den Aufstand als einen Kampf ihrer Religion gegen die muslimische interpretierten und befürworteten. Dann gab es Liberale und romantisch durchdrungene Schwärmer, die sich für die Rebellion gegen eine als ungerecht empfundene Obrigkeit begeisterten. In diese Ecke gehört etwa Lord Byron, der exzentrische englische Dichter, der sogar als Freiwilliger in die Reihen der Aufständigen trat und im griechischen Freiheitskampf sein Leben ließ. Und dann gab es die Philhellenen, also die per se Griechenlandbegeisterten. Deren berühmtester Protagonist war soeben König in Bayern geworden und hatte in seinem Fanatismus für alles Griechische sein Volk zum Ypsilon im Landesnamen verdonnert. Ludwig I. übersah geflissentlich den antiautoritär-revolutionären Aspekt des Freiheitskampfes und unterstützte ihn nach Kräften. Er gab Geld und nutzte seinen Einfluss, um die Politik der Großmächte progriechischer zu gestalten. Österreichs Metternich blieb zwar stur – er und Ludwig konnten sich übrigens nie recht leiden – aber Frankreich, England und Russland verhalfen den Griechen schließlich zum Erfolg. 1832 kam es zur Proklamation eines unabhängigen griechischen Staates, dessen Schutzmächte die oben genannten drei Länder wurden. Und nun musste nach den Gepflogenheiten der damaligen Zeit ein König her.

Wir kennen das Spielchen, welches nun einsetzte, schon aus den Tagen vor dem Spanischen Erbfolgekrieg, als ebenfalls sehr schnell ein Bayer als eine Option für die iberische Herrschaft auftauchte, ganz einfach deshalb, weil er am wenigsten oder besser die Wenigsten störte. Die Franzosen misstrauen einem englischen Kandidaten, die Engländer einem russischen, und so weiter und so fort. Also muss ein Blaublütler aus einem Klein- oder höchstens Mittelstaat her, und diese gab es auf dem Boden des Deutschen Bundes zu Hauf. Ludwig I. lärmte wie toll, um einen aus seinem Haus durchzudrücken, aber zunächst überhörte man seinen Radau. Bayern war ein ganz kleines bisschen zu groß. Der erste, den man fragte, war ein gewisser Leopold von Coburg, ein Fürstenwinzling. Doch der lehnte ab – es sei zu unsicher und die finanzielle Unterstützung war ihm zu gering (gut gemacht übrigens – aus hier nicht zu schildernden Gründen wurde der Mann später erfolgreicher König von Belgien; der Export deutscher Minifürsten auf europäische Königsstühle war von jeher blühend).

Schließlich gingen die drei griechischen Schutzmächte, also Frankreich, England und Russland, dann doch auf Ludwigs Drängen ein. Dessen zweitgeborener Sohn Otto sollte den Job in Gottes Namen übernehmen. Man versprach, die neue Herrschaft finanziell zu unterstützen und brach dieses Versprechen später. Die Finanzlage Griechenlands war tatsächlich eines der größten Probleme des neugeborenen Staates, das auch die Bayern nicht in den Griff kriegten. Da sich die anderen Mächte aus der Finanzierung davonschlichen, pumpte Bayern große Summen nach Griechenland, die dort versandeten. Noch zu Bismarcks Zeiten waren die griechischen Schulden an Bayern ein großes Thema; klingt alles irgendwie seltsam vertraut ...

Die heutige griechische Geschichtsschreibung ist dabei, das frühere, recht negative Urteil der dreißig bayerischen Jahre zu revidieren. Es gab viele und kaum zu lösende Probleme. Hatten Freiherr vom Stein in Preußen und Graf Montgelas in Bayern kurz zuvor veraltete Staatensysteme umgekrempelt und modernisiert, so musste in Griechenland ein komplett neuer Staat geschaffen werden – eine ungleich größere Aufgabe für die landfremden und meistens sprachunkundigen bayerischen Verwaltungsmänner. Sie errichteten eine „Bavarokratie". Diese verspielte ihr Ansehen recht schnell, unter anderem deswegen, weil sich die führenden Bayern sehr bald untereinander verzankten und sich auf rivalisierende Kräfte des zersplitterten Landes einließen. Damit geriet die bayerische Verwaltung zwischen die Mühlsteine rivalisierender griechischer Machtsphären, von welchen sie naturgemäß keine blasse Ahnung hatte.

Es gab dennoch Erfolge. Viele Jahre, nachdem die Griechen ihren wittelsbachischen König Otto wieder verjagt hatten, bekannte ein alt gewordener damaliger Oppositioneller freimütig, Griechenland habe diesem Mann viel zu verdanken. Die Rechtskodifizierung gelang den Bayern im fremden Land erstaunlich gut. Und ihren größten, heute noch bestaunbaren Erfolg hatten sie, wen wundert's, auf kulturpolitischem Gebiet. Es lässt sich ja denken, dass Otto von den Einflüsterungen seines umtriebigen Alten nicht verschont blieb, und so erklären sich auch die Erfolge auf dem künstlerisch-gestalterischen Feld. Tag für Tag gelangten Schiffe in Athens neuem Hafen an, welche Briefe Ludwigs, der ohnehin als rasender Briefschreiber bekannt war, an seinen Sohn geladen hatten. Es hieß darin oft einleitend, er wolle sich ja keinesfalls einmischen, aber … : Und dann folgten Einmischungen noch und noch. Der Sohn solle sich ja nicht auf eine Verfassung einlassen, dass sei ein Teufelsweg, der zu nichts führe. Übrigens erkennt man an dieser speziellen Einflüsterung einen anderen Charakterzug Ludwigs, den man wiederum nobel nennen muss: Er selbst hat die bayerische Verfassung, obwohl er sie recht bald nach seinem Regierungsantritt als Fessel, ja als Fluch empfunden hat, weder aufgehoben noch geändert oder gebrochen; einmal beschworen, hat er sie, wenn auch stöhnend, akzeptiert und sich ihr untergeordnet. Es ist nicht falsch, wenn K. M. Murr in seiner Ludwig-Monographie schreibt: „*Die Verfassung war ihm heilig*" (ibid., S. 69), aber man kann ergänzend hinzufügen, dass er sie mitunter gehasst hat; derartige Ambivalenzen gehören unbedingt zum Bild, das von seiner Ära zu zeichnen ist.

Es gab kaum ein Griechenland betreffendes Thema oder Problem, zu dem der Vater nicht seinen Senf gegeben hätte. Er platzte vor Stolz auf die wittelsbachische Herrschaft dort und schickte Berater und Helfer. Zu diesen gehörte Gott sei Dank auch Leo von Klenze. Unser Baumeister hat sich da unten verdient gemacht. Er hat die Stadtpläne für das wieder zu erschaffende Athen mitgestaltet, denn die Bayern hatten beschlossen, dort, wo es bisher außer antiken Ruinen nichts gab, ihre neue Hauptstadt zu errichten. Die Existenz der heutigen griechischen Hauptstadt hat nicht wenig mit der Bavarokratie zu tun. Das ist schon ein ganz erstaunliches historisches Vermächtnis. Noch lobenswerter ist allerdings die Wiedergewinnung der Akropolis. Klenze fand auf dem Berg der Anlage ein Ruinensammelsurium vor, das zwar einen gewissen skurrilen Reiz gehabt haben dürfte, mit der ursprünglichen antiken Anlage jedoch wenig gemein hatte. Baureste verschiedener historischer Epochen vermengten sich hier und gammelten vor sich hin, es soll sogar Bauelemente aus fränkisch-mittelalterlicher Zeit gegeben haben. Klenze leitete die achtsam und äußerst erfolgreich durchgeführte Purifizierung und Restaurierung der einstigen attischen Tempelanlage. Diese kulturhistorische Tat gilt heute noch als Meisterleistung.

Sehr bald gab es Spannungen. Das bayerische Regiment, also die Bavarokratie, wurde als Fremdherrschaft empfunden. Nach einigen Jahren bequemte sich Otto entgegen dem Rat seines Vaters zum Erlass einer Verfassung. Das verhalf aber nicht zu entscheidender Entspannung. Anfang der 60er Jahre verlor er, genau wie der Vater in Bayern ein gutes Jahrzehnt zuvor, seinen Thron. Anders als jenem war es Otto jedoch nicht vergönnt, als Pensionist in seiner ehemaligen Thronstadt weiter vor sich hinzustolzieren. Er musste Griechenland verlassen. Er gelangte just in den Tagen nach München, als man dort am Königsplatz jene Propyläen fertig hatte, durch welche die bayerische Herrschaft in Griechenland verherrlicht werden sollte; so ein Pech! Seinen Lebensabend verbrachte der Exkönig von Griechenland dann in Bamberg; nun ja; wenigstens war das eine der schönsten Städte des Königreichs, wo nicht Europas. Bayern beherbergte nun also zwei pensionierte Könige, den Vater in München und den zweitgeborenen Sohn in Franken.

Ansonsten war keine Außenpolitik. Ludwig nörgelte zwar immer wieder auf Kongressen herum, dass man Bayern anno 1815 um einige rheinisch-pfälzische Gebiete geprellt habe, und dass er diese gerne wiederhätte, aber man ignorierte das. Österreich und Preußen gaben in Deutschland den Ton an, und wer hellhöriger war, konnte in den Vierzigern bereits ahnen, dass sich die Frage der deutschen Einheit zwischen diesen beiden Staaten entscheiden würde, und dass ferner die Entscheidung keine friedliche sein würde. Es darf aber bezweifelt werden, dass König Ludwig I. zu diesen Hellhörigeren gehörte. Sein Talent auf dem Gebiet des Politischen, von Finanzpolitik abgesehen, war doch eher beschränkt.

1.6.2 DER DEUTSCHE BUND IM VORMÄRZ

Es mag sinnvoll sein, sich nochmals vor Augen zu führen, in welcher Gemengelage politischer Strömungen und bündnispolitischer Bedingungen sich das Königreich Bayern befand, nachdem der Wiener Kongress 1815 Zentraleuropa und speziell den deutschen Raum neu geordnet hatte.

Die dem Kongress vorangegangenen „Befreiungskriege" waren von einer ersten Welle deutschnationaler Begeisterung, verbunden mit antiautoritär-revolutionären Momenten, begleitet gewesen. Den Regierungen und insbesondere der preußischen war damals völlig klar, dass die zeitweise Koalition, die sie selbst mit dieser breiten Strömung eingegangen waren, um Napoleon zu besiegen, äußerst problematisch war: Das antiautoritäre Moment dieser Volksbegeisterung bedrohte die Fürstenthrone von der einen Seite und das deutschnationale Moment von der anderen, denn in einem geeinten Deutschland wäre höchstens noch Platz für einen einzigen Kaiser gewesen – was aber wäre dann aus den vielen anderen angestammten deutschen Herrscherhäusern geworden, denken wir etwa an das nächstliegende, das bayerisch-pfälzische Wittelsbacherhaus? Trotzdem musste dem Nationalgedanken 1815 in irgendeiner Form Rechnung getragen werden, denn ganz so einfach ließen sich die Geister, die man im Kampf gegen Napoleon gerufen hatte, nicht mehr loswerden. Und dann noch etwas: Der Nationalgedanke war durchaus auch bei den Vertretern der Fürstenhäuser zu finden. Da war etwa unser bayerischer Kronprinz Ludwig, ein enthusiastischer Franzosen- und noch mehr Napoleon-Hasser, dessen deutschnationale Bekenntnisse sich teilweise nicht sehr von jenen der aufkommenden Oppositionellen unterschieden. Weder Ludwig noch seine Fürstenkollegen haben jemals voll begriffen, welch tödliche Bedrohung für ihre Einzelstaaten vom Nationalgedanken ausging – wundersamer Weise, möchte man hinzufügen.

In Wien beschloss man also 1815 jene Konstruktion, die während des Vormärzes Bestand hatte. Die deutschen Einzelstaaten blieben souverän und behielten ihre Fürstenhäuser, die innerdeutschen Grenzen wurden festgesetzt, und einen deutschen Einheitsstaat, unter einem Kaiser gar, gab es nicht und sollte es nicht geben. Die Opposition war freilich enttäuscht. Diese Enttäuschung führte zu Gärung, zu Empörung und immer wieder zu nationalen Eruptionen, zu Manifestationen und zur Entfremdung zwischen den Fürstenhäusern und dem sich zunehmend politisierenden Bürgertum (wenn hier von „sich politisierend" die Rede ist, so ist im Wesentlichen „sich nationalisierend" gemeint).

Allerdings wussten die 1815 zu Wien versammelten Tänzer, Galane und Diplomaten eines schon auch: Irgendeinen Brocken würden sie der deutschen Nationalbewegung hinschmeißen müssen; völlig ignorieren ließ sich diese Strömung einfach nicht mehr. So schufen sie also den Deutschen Bund. Das war eine Staatengemeinschaft, die man, wenn man unbedingt möchte, ein bisserl mit der EU in ihren ersten Jahren vergleichen kann; zwar hinkt der Vergleich, aber warum nicht mal stolpernd sein Ziel erreichen? Eine gemeinsame Währung gab es nicht, spätere Zollvereine waren aber möglich und wurden dann ja auch tatsächlich recht bald vereinbart. Dann gab es noch einen deutschen Bundestag. Er traf sich in Frankfurt, der ehemaligen Kaiserkrönungs- oder, wenn man so will, Hauptstadt des alten, in den napoleonischen Wirren untergegangenen deutschen Reiches. Seine Mitglieder wurden nicht etwa per Wahl ermittelt, sondern von den Fürstenregierungen entsandt. Dieser Bund der Einzelstaaten samt Frankfurter Bundestag hielt immerhin bis ca. 1866, kann also so ganz erfolglos nicht gewesen sein. Den Ton gaben bis 1848 eindeutig die Österreicher an, oder anders gesagt deren führender Politiker, Fürst Metternich. Dieser Erzreaktionär funktionierte den Bund mehr und mehr zu einem Apparat der Repression um. Das passte den anderen deutschen Fürsten zunächst gar nicht recht. Metternichs Spitzelmaschine drohte nämlich, sich in die eigenen Polizeibelange einzumischen und so die einzelstaatliche Souveränität zu untergraben. Aber je mehr die deutschen Fürsten Angst vor der (nationalen) Revolution bekamen, desto mehr begaben sie sich seufzend unter die Fuchtel des phantasielosen Österreichers. Und in gleichem Maße begannen die Oppositionellen, diesen Bund und vor allem sein Frankfurter Hauptorgan, den Bundestag, zu hassen. Sie ahnten ganz richtig, dass dieses ursprüngliche Zugeständnis an sie mehr und mehr zu einem Konstrukt umfunktioniert wurde, welches sie selbst unterdrücken sollte. Ein prominentes Mitglied der antifürstlichen und pronationalen Bewegung, Herr Philipp Jacob Siebenpfeiffer aus der bayerischen Pfalz, formulierte 1832 öffentlich empört: „[...] *In jenem herrlichen Frankfurt, wo die finstere Gewalt aristokratischer Häuptlinge lauert [...] o, dass ich Alles sage! – ist der Sitz des Bundestages, der Sitz des politischen Vatikans, aus welchem der Bannstrahl herabzuckt, [wenn] irgendwo ein freier, ein deutscher Gedanke sich hervorwagt.*" Zur Verdeutlichung: Das Wort „*Vatikan*" war der Nationalbewegung, die stark protestantisch gefärbt war, ein Synonym für alles Üble, Böse, Tyrannische, ja Hassenswerte (was allerdings ein „*deutscher Gedanke*" sein soll, wird des Redners Geheimnis bleiben müssen; sie waren halt mitunter schon auch arg lästige Schwallköpfe, die nationalen Herren des Vormärzes und der Achtundvierziger-Revolution [zit. nach Wirth, Nationalfest, S. 36]).

So wurde also der Deutsche Bund, dieses ursprünglich als Zugeständnis an die Nationalbewegung gedachte Konstrukt, zum Synonym für nationalen Stillstand und Fürstenwillkür; seine Aushängeschilder waren Verhaftungen führender Köpfe der Opposition, Einschränkung der Pressgesetze, versuchtes Hineinregieren in die Belange der eher liberal und konstitutionell geprägten Kleinstaaten, mit einem Wort: Der Bund war Metternichs Repressionsapparat, oder wenn er es nicht ausschließlich war, dann wurde er doch in breiten Teilen der deutschen Bevölkerungen so empfunden.

1.6.3 GEWITTER IM VORMÄRZ

Manchmal beschleicht einen ja schon so ein Gefühl, wonach das Veranstalten von Revolutionen in Frankreich in etwa den Stellenwert habe, den das Knödelkochen in Bayern einnimmt. Als die Deutschen sich im März 1848 endlich aufrafften, es auch mal zu probieren, um die Sache dann sofort gründlich in den Sand zu setzen und sich in der Folge erst der Reaktion und dann Bismarck an den Hals zu werfen, waren die Franzosen bereits beim dritten, vergleichsweise erfolgreichen Versuch (denn auch im Jahr 1848 waren sie ja einen Monat früher dran und hatten damit erst für die Initialzündung in Deutschland gesorgt).

18 Jahre früher hatten sie sich in Paris daran gemacht, den Restaurationskönig (Karl X.) durch einen sogenannten Bürgerkönig (Louis Philippe) zu ersetzen; auch dies per Revolution, ihrer zweiten nach jener großen von 1789. Das war die sogenannte Julirevolution, und sie sorgte in Deutschland für einen Schock. Einer der Geschocktesten war Bayerns König Ludwig I. Man darf vermuten, dass dieser in den ersten Momenten nach dem Eintreffen der Nachricht sogar auf's Bauen und auf die Frauen vergaß, und dazu brauchte es bekanntlich viel.

Er schwenkte nun endgültig um. Als jugendlicher Enthusiast ist der Mann noch begeisterter Konstitutionalist und ein verkappter Liberaler gewesen. Damit war es 1830 endgültig vorbei. Bayern schaltete seine Innenpolitik mit jener Metternichs gleich. Der reaktionäre Innenminister Schenk erließ Einschränkungen der Pressefreiheit. Die Maßnahmen wurden von politisch motivierten Verhaftungen flankiert. Regelmäßig erlaubte es sich die Regierung, bei neuen Landtagen die Zusammensetzung mitzubestimmen, und eventuelle Radikalliberale auszuschließen – das war grenzlegal, denn ein solches Mitbestimmungsrecht bei der Zusammensetzung der Landtage hatte Bayerns Exekutive qua Konstitution eigentlich nicht. Die französische Julirevolution im Jahr 1830 war also das erste Gewitter. Es bestärkte Ludwig in seiner Revolutionsphobie, die mit jenem Franzosenhass, den er schon seit Napoleons Tagen in sich trug, Hand in Hand ging.

Im Jahr nach dieser Revolution kam es zu einer Landtags-Periode, die weiter zur Verhärtung beitrug. Wenn auch die Regierung und namentlich der König versucht hatten, die Zusammensetzung dieses Landtags mitzubestimmen, so konnte doch nicht verhindert werden, dass das Haus diesmal mehrheitlich oppositionell zusammengesetzt war. Es erzwang sogar die Entlassung eines unliebsamen Ministers durch den König – aus konstitutioneller Perspektive ist das ein blitzsauberer Erfolg der Parlamentarier von 1831. Den König bestärkte die Episode freilich in seiner zunehmenden Reserve.

Und wieder ein Jahr später entlud sich ein weiteres Gewitter. Das war das sogenannte Hambacher Fest, welches 1832 tatsächlich auf bayerischem Boden stattgefunden hatte, denn die namensgebende Hambacher Schlossruine befand sich in der Rheinpfalz und diese wiederum gehörte zum Königreich Bayern. Das Fest war politischer Natur dauerte mehrere Tage. Man pilgerte immer wieder zur Schlossruine. Man hielt Reden. Und man soff. In den Reden ging es primär um die nationale Einheit, immer wieder aber auch um Pressefreiheit, Parlamentarismus sowie um die Abschaffung der partikularen Fürstenherrschaft. Wenn die Versammelten überhaupt noch einen Adeligen auf einem Thron sehen wollten, dann höchstens einen einzigen und zwar auf einem zu schaffenden deutschen Kaiserthron. Alle anderen Kronen, wie etwa die österreichische, die preußische oder eben auch die bayerische, gehörten weg. Im spätestens gegen Abend einsetzenden Gesamtdelirium pflegten sich derartige Äußerungen weiter zu radikalisieren. Der Eindruck bei den führenden Politikern des Frankfurter Bundestages und der Einzelstaaten war naturgemäß verheerend. Weitere Repressalien folgten prompt. Wenn man die Festreden liest – einen Auszug haben wir oben bereits zitiert, der Redner J. Siebenpfeiffer gehörte zu den Initiatoren der Hambacher Zusammenkunft – verwundert es einigermaßen, dass nach der rheinpfälzischen Sause doch wieder einigermaßen Ruhe einkehrte, und bis 1848 eigentlich nichts explizit revolutionäres mehr in Deutschland geschah.

1.6.4 EINE IRISCHE TÄNZERIN UND DIE REVOLUTION VON 1848

Zurück nach München. Dort hatte man seit dem 5. Oktober 1846 weiß Gott wichtigeres zu tun, als sich mit Themen wie Pressefreiheit, Partizipation und bürgerlicher Emanzipation, nationaler Einheit oder auch dem Pauperismus, also der allerorts infolge der Industriellen Revolution zunehmenden Massenarmut zu beschäftigen. Solches mochte die Bürger und Obrigkeiten anderer deutscher Städte umtreiben. Hier jedoch hatte sich an jenem erwähnten Frühherbsttag im Hotel Bayerischer Hof eine irische Tänzerin einquartiert. Damit stand die Themensetzung für die folgenden etwa 20 Monate fest.

Maria Dolores Elisa Gilbert nannte sich Lola Montez, oder, um ihren in Paris angenommenen Künstlernamen korrekt anzuführen: Maria de los Dolores Porris y Montez. Derartige Prahlereien, immer schön neben dem guten Geschmack und den allgemeinen Sitten, ja diese brüsk verhöhnend, gehörten zu ihr wie der Donner zum Blitz, und auch, dass uns gerade dieser Vergleich zu ihr einfällt, wird wohl kein Zufall sein. Thomas Mann äußert ganz am Anfang seines Riesenschinkens „Zauberberg" den Gedanken, dass es in gewissem Sinn schon ein Verdienst genannt werden sollte, wenn einem Menschen eine erzählenswerte Biographie eignet; demnach muss zu Lola Montez´ „*Gunsten denn doch daran erinnert werden, dass* [das, was nun berichtet wird, im Wesentlichen ihre] *Geschichte ist, und dass nicht jedem jede Geschichte passiert.*" (Th. Mann, Zauberberg, im Vorsatz, zit. Ed. S. 9, Ergänzungen MW).

Lola Montez war eigentlich nach München gekommen, um hier ein zeitweises Auskommen als Tänzerin zu finden. Nach einigen Tagen erfolglosen Vorsprechens und Vorhüpfens beschloss sie, sich direkt an den König zu wenden, um zu einem Engagement auf einer Staatsbühne zu kommen. Angeblich soll der König bei dieser ersten Zusammenkunft gefragt haben, ob ihr Dekolletee denn auch wirklich echt sei, worauf sich die Dame sofort entblößt habe. Wahr oder nicht, die Geschichte könnte sich so zugetragen haben, und feststeht, dass Ludwig sofort und komplett durchdrehte. Er – Pardon! – vergeilte sich. Einen Vertrauten, den Freiherrn von der Tann, informierte er brieflich folgendermaßen: „*Ich kann mich mit dem Vesuv vergleichen, der für erloschen galt, bis er plötzlich wieder ausbrach. Ich glaubte, ich könnte nicht mehr der*

Liebe Leidenschaft fühlen, hielt mein Herz für ausgebrannt. Aber [...] wie ein Jüngling von 20 Jahren [...] fasste mich Leidenschaft wie nie zuvor. Esslust und Schlaf verlor ich zum Teil, fiebrig heiß wallte mein Blut." Und so weiter, und so fort (Zit. nach Pottendorf, L. Montez, S. 136). Du liebe Zeit, der Mann war 60 Jahre alt! Dass manche dieser älteren Herren es sich nicht verkneifen können, einen derartigen Radau zu veranstalten, wenn sich bei ihnen in Gott's Namen noch mal was rührt! (Der Satz steht übrigens in etwas andrer Form in E. Henscheids wunderbarem Roman „Die Vollidioten", und auch das wird kein Zufall sein, dass einem just dieser Romantitel gerade einfällt; zit. Ed. S. 57).

In den nun folgenden etwa eineinhalb Jahren gaben Lola und der durchgedrehte alte Kronenträger an ihrer Seite keine Ruhe mehr. Beide bemühten sich redlich, der Stadtgesellschaft nicht eine einzige Peinlichkeit zu ersparen. Die Tänzerin flanierte mit brennender Zigarette, Dogge, Reitpeitsche und einer Schar studentischer Verehrer durch die Stadt. Nahm jemand Anstoß, setzte es Prügel, entweder durch die Dame selbst oder durch ihre universitäre Leibgarde. Einen ihrer Zigarettenstummel können Sie übrigens im Münchner Stadtmuseum am Jakobsplatz in einer Vitrine liegen sehen.

Der König entschloss sich, seiner Verehrten das Stadtrecht zu besorgen. Die Stadtverwaltung stellte sich quer. Nun wandte er sich an seine Minister, denn das Indigenat, also die Staatsbürgerschaft als Voraussetzung für eine Erhebung in den Adelsstand, konnte nur die Regierung verleihen. Auch die Minister erklärten sich nicht bereit, diesen Schritt mit ihrer Unterschrift zu beglaubigen und drohten geschlossen mit Rücktritt. Der König nahm an und konnte sich eine neue Regierung suchen.

„Unglaublich". So urteilt Andreas Kraus im vierten Band des ehrwürdigen Handbuchs für Bayerische Geschichte (Edition München 2003, hrsg. v. A. Schmid, S. 225). *„Unglaublich"* seien beispielsweise die Summen, die der als Sparfuchs bekannte Ludwig für seine Tänzerin ausgab. In der doch eher kurzen Zeit ihres hiesigen Aufenthalts verprasste Lola Montez mehr Geld, als der Bau der Feldherrnhalle kostete. Alles geschah vor den Augen der empörten Öffentlichkeit. Der König wechselte seine Regierungsmannschaft solange aus, bis er einen Trupp beisammen hatte, der willfährig genug war, um die Erhebung Lola Montez' in den Gräfinnenstand mitzutragen. Es half nichts, dass diese tatsächlich so genannten „Lola-Regierungen" gleichzeitig unter eher liberaler Flagge segelten: Ludwig I., der ja, wie nicht

vergessen werden darf, noch verheiratet war – Königin Therese war in der Bevölkerung ausgesprochen beliebt – verspielte jegliches Ansehen und seine gesamte Autorität. Spätestens am Fronleichnamstag 1847 hätte er hellhörig werden und bemerken müssen, dass allmählich das ganze Gefüge seiner Herrschaft erschüttert wurde. Es begab sich, dass sich der Klerus beim traditionellen Umzug dieses Tages nicht vor ihm verbeugte; es wurde ihm auch nicht das Evangelium gereicht, damit er es, wie sonst üblich, küssen konnte. Bisher hatte sich Ludwigs Herrschaftssystem unter anderem stark auf ein Bündnis zwischen Krone und Altar gestützt. Da der Klerus sich öffentlich von ihm abwandte, hätten nun alle Alarmglocken schrillen müssen – stattdessen gab Ludwig die beleidigte Leberwurst und notierte geradezu kindisch: *„Das wird nicht auf sich beruhen gelassen."* (zit. nach Putz, L. I u. d. Kunst, S. 127)

Irgendwann wurde die Abreise der Tänzerin erzwungen, sie hatte in der Zwischenzeit einfach gar zu viel Lärm gemacht. Dummerweise verbreitete sich aber just in jenen Märztagen des Jahres 1848, als es im ganzen Bereich des Deutschen Bundes bereits zu revolutionären Unruhen gekommen war, das Gerücht, die Mätresse sei erneut in die Stadt gereist, um sich mit dem König zu treffen.

Das war zu viel. Ludwig erließ zwar ein Edikt, in welchem er weitreichende Reformen und eine aktive Beteiligung seiner Regierung an der Vertiefung der deutschen Einheit versprach; damit sollte der Volkszorn besänftigt werden, was aber nicht gelang. Massenumzüge beherrschten im März 1848 das Stadtbild, die fanatisierte Menge bedrohte sogar die königliche Residenz.

Parallel dazu kam es in Franken zu erheblichen Unruhen, unter anderem auch zu Plünderungen adliger Wohnsitze. Die Revolution schien Bayern erreicht zu haben, wenn auch nicht mit solcher Wucht wie etwa Wien, Berlin oder den Südwesten des Deutschen Bundes. In München kam es wiederholt zu Massenaufläufen, in welchen zwar politische Forderungen die Hauptrolle zu spielen schienen, aber fast alle Historikerinnen und Historiker sind sich darin einig, dass Ludwig I. diese Phase überstanden hätte, wenn nicht durch die Lola-Affäre bereits jedes Vertrauen und Ansehen über den Jordan, resp. die Isar gegangen wäre – kurz gesagt: Der Mann hatte sich bereits zu sehr zum Deppen gemacht, um die Revolution überstehen zu können.

Am 20. März 1848 trat er zugunsten seines Sohnes Maximilian Joseph zurück. In der Abdankungsurkunde betonte er, stets der Verfassung getreu regiert zu haben und *„gewissenhaft mit dem Staatsgut"* umgegangen zu sein: *„Ich kann jedem offen in die Augen sehen."*

Der Thron war verspielt, die Würde jedoch war halbwegs wiedergewonnen. Es berührt noch heute seltsam, dass ausgerechnet Ludwig I. der einzige Fürst im kleindeutschen Bereich gewesen ist, der seinen Thron während der Revolution von 1848 räumen musste. Berühmt wurde sein Fazit, er sei *„Freiherr geworden, um nicht Sklave sein zu müssen."* Damit war auf den reduzierten Aktionsradius angespielt, mit dem der bayerische König durch die im Jahr 1848 erzwungenen Reformen konfrontiert war. Die Bautätigkeiten setzte der Pensionist bis zu seinem Tode 1868 fort. Das Denkmal, das ihn am Odeonsplatz ehrt, wurde noch zu seinen Lebzeiten enthüllt und von der Stadt München bezahlt. Die Einweihung des Reiterstandbilds geriet zu einem Versöhnungsfest zwischen der alten Majestät und der Bevölkerung seiner von ihm so sehr geprägten Residenzstadt.

Und was wurde aus Ludwigs angebeteter Lola, welcher er schließlich doch zum Titel einer Gräfin von Landsfeld verholfen hatte? Sie blieb sich treu, und das hieß in erster Linie, dass es weder ihr noch um sie herum langweilig wurde. Freilich: München musste sie auf immer verlassen. Sie war hier gar zu unbeliebt und konnte sich nicht mehr auf die Straße wagen, ohne von Moralaposteln beschimpft zu werden und sofort einen Skandal heraufzubeschwören. Auch der zum Pensionisten gewordene alte Wittelsbacher kam so langsam dahinter, dass er sich zum Trottel gemacht und zum Goldesel herabgewürdigt hatte. Er stellte irgendwann seine Zahlungen ein, und damit verebbte die Beziehung. Lola Montez ist dann noch viel herumgekommen. Sie vermarktete ihre Beziehung zum bayerischen König, indem sie ein Theaterstück darüber verfassen ließ, in welchem sie selbst auftrat und sich selbst spielte. Über Umwege gelangte sie schließlich in die Neue Welt. In ihren letzten Tagen engagierte sie sich sozial und kümmerte sich in New York um Mädchen, die am Rande der Gesellschaft standen und drohten, in die Halbwelt abzugleiten. Sie hatte so ziemlich jede bedeutende europäische Hauptstadt gesehen, war in Australien zu Besuch gewesen und hatte eine Zeit in Indien gelebt. Ihr Grab befindet sich in Brooklyn, New York, und auf dem Grabstein heißt es – für unseren (und wohl auch für ihren) Geschmack etwas zu lapidar – : *„Mrs. Elisa Gilbert / + Jan. 17. 1861".*

Ihr königlicher Galan segnete das Zeitliche erst sieben Jahre später. Ludwig I. hat auch seinen Sohn und Nachfolger Maximilian II. überlebt. Er wurde tatsächlich noch Zeuge der ersten Regierungsjahre seines gleichnamigen, ähnlich begabten, ähnlich unpolitischen und unendlich unglücklicheren Enkels. Er verfolgte den Aufstieg des Totengräbers der bayerischen Souveränität in Berlin und dessen Kriegssieg über Bayern und Österreich im Jahr 1866. Seine Frau, die ihm schließlich auch die Lola-Affäre vergeben hatte, starb ebenfalls lange vor ihm, und die Zeugnisse, wonach er über den Tod Thereses in tiefste Trauer verfiel, sind glaubwürdig; so schrieb er in einem Brief: „[...] *habe den Thron, Eltern und Geschwister verloren, aber was ist das alles gegen den Verlust meiner Lebensgefährtin!!*" Was ihn freilich nicht davon abhielt, bis zu seinen allerletzten Tagen ein Verehrer schöner (und junger) Frauen gewesen zu sein (zitiert nach Schad, Bayerns Königinnen, S. 173).

Er war halt ein Mann der Widersprüche, unser Ludwig I., wie Ihnen so ziemlich jeder und jede Geschichtsschreibende bestätigen wird (und K. B. Murrs Biographie trägt das Wort sogar im Untertitel); war liebender Gatte und ewiger Stenz; geizig und prunkliebend; Kenner der bildenden Kunst der Vergangenheit und recht ahnungslos, was jene seiner eigenen Zeit betraf; Konstitutionalist mit absolutistischen Neigungen; schwerst katholisch, aber keineswegs sittenstreng; jovial und herablassend. Er ist im Schlechten wie vor allem im Guten ein wahrer König gewesen.

1.7 EINSCHUB: DIE REVOLUTION IN DEUTSCHLAND UND DAS ERSTE DEUTSCHE PARLAMENT

War es Lenin, der den Deutschen attestierte, sie seien zu doof zum Revolution-Machen? Begründung: Vor der Besetzung eines Bahnhofs lösten sie erstmal eine Bahnsteigkarte. Nun, Genosse Lenin, dass Ihre Revolution ein wahrer Segen für Mütterchen Russland gewesen sei, wagen wir denn doch zu bezweifeln. Es galt lange als ausgemacht, dass das Fehlen einer geglückten Revolution in Deutschland zu den tiefer liegenden Hauptursachen der Katastrophe von 1933ff. gehöre, aber so ganz sicher ist man sich da heute nicht mehr. Erstens ist nicht zwingend zu beweisen, dass ein Erfolg der Revolution von 1848 den moralischen Bankrott knapp 100 Jahre später verunmöglicht hätte; die These hat zwar verführerischen Charme, bleibt aber, was sie ist: Spekulation.

Zweitens wäre zu fragen, ob die „Achtundvierziger" denn wirklich ganz und gar gescheitert sind? Es steht doch auch einiges auf ihrer Habensseite. Da ist die Formulierung der Grundrechte, verabschiedet von einem (vergleichsweise) frei gewählten, gesamtdeutschen Parlament. Dieser Katalog ist die historische Wurzel der ersten 19 Artikel der heute gültigen deutschen Verfassung, des Grundgesetzes. Der erste dieser 19 Artikel in unserer heutigen Verfassung lautet:

„Die Würde des Menschen ist unantastbar."

Das Parlament, das im Frühsommer 1848 als Frankfurter Nationalversammlung aus der Revolution hervorging, tagte zwar nur kurz, aber für einen Erstversuch muss man ihm schon ein Lob aussprechen, wenn auch vielleicht nicht in verschärfter Form. Geschäftsordnung, Präsidium, Fraktionen – es war schon viel von dem da, was ein deutsches Parlament so braucht. Was fehlte, war ein staatliches Gebilde, auf das es sich beziehen konnte. Dieses erst zu schaffen, sollte die Hauptaufgabe der Zusammenkunft werden.

Es war zu viel. Das konnten die in Frankfurt zusammengekommenen Herren am Ende nicht stemmen. Tapfer immerhin, dass sie es wenigstens versuchten.

Es wird immer wieder mal beklagt, im Deutschen Bundestag werde zu viel gesoffen. Das trinkende Parlamentsmitglied von heute darf sich aber zumindest auf die Tradition berufen: die ersten Fraktionen in der Geschichte des deutschen Parlamentarismus benannten sich nach Kneipen. Namensgebend wurde jeweils jenes Lokal, in welchem sich die Gesinnungsgenossen nach der Sitzungen berieten und berauschten. Zwei Münchner Abgeordnete, J. P. Fallmerayer und F. v. Hermann, traf man im „Würtenberger Hof"; dort hofierte eine eher biedere Fraktion, großdeutsch, liberal, aber alles andere als republikanisch. F. v. Hermann war stets ein enger Vertrauter des dritten bayerischen Königs! Da rümpfen Revolutionsfanatiker sofort die Nase, aber was soll's – sie war halt eine sehr deutsche Revolution, jene von 1848. Vereinzelt gab es schon auch Stürme auf Waffenlager. Sogar in München hat ein Demonstrationszug sich des Zeughauses am Jakobsplatz bemächtigt. Aber das war sicher mehr so pro forma, und um halt auch einmal etwas Paris-ähnliches veranstaltet zu haben. Zu einer Straßenschlacht und dem Einsatz der im Zeughaus erbeuteten Waffen kam es später jedenfalls nicht. Freilich: Es hat mehr Schmiss und bietet den Erzählenden mehr Stoff, wenn ein Nationalkonvent dem Monarchen samt Gattin den Hochverratsprozess macht, statt dass seine Mitglieder sich mit denen anfreunden. Dann der feierlich verkündete Schuldspruch, bald darauf der Mob auf den Straßen und das Despotenpaar auf dem Schinderkarren; schließlich der Hauptplatz der Stadt, Trommelwirbel, das Blutgerüst und weg mit den Tyrannenschädeln!

Muss das alles wirklich sein? Führt es wirklich zwangsläufig zu Hitler, wenn die Revolutionäre einer Nation beschließen, auf derartige Inszenierungen, die ja doch nur volksbelustigende Scheußlichkeiten sind, zu verzichten (denn eine beliebte These linker Provenienz will den NS ja mit dem Fehlen einer „echten" Revolution in Deutschland begründen)? Es gibt tausend gute Gründe, Frankreich zu lieben, aber diejenigen, die es für seine Geschichte zwischen 1789 und 1793 vergöttern – es sind derer gar nicht so wenige – sollten sich spaßeshalber einmal mit der revolutionären Propaganda gegen Frankreichs Königin Marie-Antoinette beschäftigen. Da wird es auch den Härtestgesottenen speiübel, und so mancher Redakteur der „Bild" könnte eine Menge lernen. Der Tugendbonze Robbespiere war ekliger als sämtliche französischen Könige zusammengenommen – Ruhe da hinten auf den Plätzen ganz links! Und für den eingangs zitierten Stammgast des Münchner Hofbräuhauses namens Lenin und die russischen Zaren gilt derselbe Vergleich.

Zurück zum eigentlichen Thema der deutschen Revolution von 1848. Die zu Frankfurt Versammelten waren zum großen Teil Honoratioren; gehobenes Bürgertum (man zählte ganze vier Handwerker und fand keinen einzigen Arbeiter); viele Juristen und einige Professoren (das Wort vom „Professorenparlament" ist allerdings übertrieben). Was vollkommen fehlte, waren in der Politik erfahrene Herren. Die hätte man allerdings dringend benötigt. Denn was standen da nicht alles für Fragen auf der Tagesordnung! Welche Grenzen sollte das zu schaffende Reich haben, sollten die Österreicher mitspielen dürfen oder ausgeschlossen bleiben? Was aber würde in erstem Fall aus dem nicht-deutschen Rest des österreichischen Riesenreiches, sprich aus Ungarn, Oberitalien oder Tschechien? Also dann doch lieber die „kleindeutsche Lösung"? Und welche Staatsform sollte es denn sein? Die linke Fraktion – sie soff im Lokal „Deutscher Hof" und hieß nach ihm – wollte die Republik, aber das hätte das Weitertreiben der Revolution und mit Sicherheit viel Blutvergießen bedeutet.

Die Mehrheit war für einen Kaiser. Wer aber sollte den Deutschen Kaiser geben? Der eben in Wien inthronisierte Habsburger, allem Anschein nach ein stockreaktionärer Einfaltspinsel, dazu blutjung (ach ja, auch Kaiser Franz Joseph I. war einmal jung, kaum zu glauben!)? In diesem Fall hätte man obendrein wieder die ganze Österreich-Vielvölkerstaatsproblematik an der Backe gehabt ... wie wäre es stattdessen mit dem Preußenkönig Friedrich Wilhelm IV.? Der empfand, das wusste man, tief deutschnational, allerdings in einem romantisch-kulturellen Sinn; völlig unpolitisch. Im Politischen war ihm sein preußisches Hemd viel näher als die deutsche Hose.

Nach etwa einem Tagungsjahr einigte sich die Mehrheit der Frankfurter Nationalversammlung: Friedrich Wilhelm IV., der König von Preußen, sollte der Kaiser eines kleindeutschen Reiches sein.

Hätte man nicht ständig diesen gottverfluchten Hitler und die These vom mitverantwortlichen Revolutionsscheitern im Hinterkopf, so müsste man die jener Wahl folgenden Szenen vorbehaltslos belächeln. Eine Parlamentsdelegation machte sich vom Tagungsort Paulskirche auf, um Friedrich Wilhelm zu besuchen und zum deutschen Kaiser auszurufen. Als das Grüppchen am Königsschloss ankam, wurde es zunächst einmal zum Lieferanteneingang verwiesen. Das hätte die Herren schon stutzig machen sollen, aber schließlich: Sie hatten ja etwas abzuliefern, nämlich einen Kaisertitel. Nach befremdlich langer Wartezeit wurden sie endlich zum König vorgelassen. Bei dieser Audienz erwartete sie eine letzte, üble Demütigung: Friedrich Wilhelm ließ sie unter lauen Entschuldigungen abblitzen. Er lehnte ab. In seiner offiziellen Stellungnahme verwies er darauf, dass das Schicksal der anderen souveränen Fürsten in Deutschland im Falle seiner Annahme gar zu ungeklärt sei: *„Ich würde Deutschlands Einheit nicht aufrichten, wollte ich [...] ohne das Einverständnis der gekrönten Häupter [...] eine Entschließung fassen, welche für sie und die von ihnen regierten deutschen Stämme die entschiedensten Folgen* [hätte]" (zit. nach W. Bußmann, F. W. IV., S. 316).

Was die Frankfurter Abgesandten in diesem Moment wohl für Gesichter gemacht haben? Dabei konnten die derart begossenen Pudel noch froh sein, dass der König sie nicht von seinen Lakaien aus dem Schloss werfen ließ. Es wäre ihm nämlich durchaus danach zumute gewesen. Das beweisen Zeilen, die er kurz nach dem unrühmlich verlaufenen Treffen an seine Schwester Charlotte schrieb: *„Du hast die Abfertigung der Frankfurter Mensch – Esel – Hund- Schweine – und Katzen-Deputation gelesen. Sie heißt auf grob* *deutsch: Herrschaften! Ihr habt ganz und gar nicht das Recht, mir das Allermindeste zu bieten. Bitten – so viel Ihr wollt. Geben – Nein. Denn dazu müsstet Ihr im Besitz von etwas zu Gebendem sein und das ist nicht der Fall."* (Herv. FW IV.; zit. nach wie oben, S. 319).

Der Hohenzoller hing eben noch am Gottesgnadentum. Aus seiner Sicht tagten in Frankfurt nicht etwa freie Staatsbürger, sondern aufmüpfige Untertanen. Diese waren nicht berechtigt, irgendwelche Kronen zu verteilen; an solchen hing nach seiner Auffassung ein Ludergeruch. Einzig und allein Gott verleiht Kronen – da war sich Friedrich Wilhelm IV. schon ganz, ganz sicher. Auch dem Bayernkönig Ludwig I. war übrigens, dies am Rande, der Begriff „Staatsbürger" verhasst, und auch er bevorzugte die Vokabel Untertan. Dennoch achtete der Wittelsbacher die Verfassung seines Kronlandes, während Friedrich Wilhelm sich beharrlich, wenn auch letztlich vergeblich, weigerte, für Preußen überhaupt eine zu erlassen. Bei seinem Regierungsantritt hatte es noch keine gegeben. Es solle sich kein Blatt Papier zwischen ihn und sein Volk drängen, jammerte er – kam aber in den Revolutionswirren nicht darum herum, endlich eine preußische Konstitution zuzulassen.

Und jetzt auch noch eine Kaiserkrone aus der Hand und von Gnaden der Revolutionäre?! Man dankt; und zwar recht unhöflich.

Von dieser Watschen erholte sich die Paulskirchenversammlung nicht. Das erste deutsche Parlament war vom Preußenkönig derart blamiert worden, dass es bald darauf versumpfte. Nach und nach kehrten die Parlamentarier in ihre jeweiligen Länder heim. Es blieb das Verdienst der Formulierung der Grundrechte. Ferner blieb die deutsche Frage – und zwar offen.

Der Deutsche Bund, jener eher lose Zusammenschluss der Fürsten, welcher seit 1815 ebenfalls in Frankfurt tagte, war weiterhin die einzige „Institution" auf nationaler Ebene. Die Hellerhörigen und politisch Begabteren spürten, dass es auf mittlere Sicht zu irgendeiner Form der nationalen Einigung in Deutschland würde kommen müssen. Der brillanteste und brutalste unter jenen Ahnenden machte in den Tagen nach dem Scheitern der Paulskirche einen weiteren Karriereschritt: er übernahm das Amt des preußischen Gesandten bei jenem Deutschen Bund. Er sollte ihn eines nicht so fernen Tages höchstpersönlich zerschmettern. Sein Name war Otto von Bismarck.

München blieb die Hauptstadt eines vollsouveränen Königreiches, denn Bayerns Souveränität hatte das Beben von 1848/49 überstanden.

Dieses eine Mal noch.

2. MÜNCHEN WIRD GROSSSTADT – WISSENSCHAFT, INDUSTRIALISIERUNG, EINGEMEINDUNGEN UND DIE REGIERUNG MAXIMILIANS II.

Bayerns dritter König, Maximilian II., führt ein rechtes Schattendasein im bayerischen Geschichtsbewusstsein; übrigens weniger im münchnerischen, denn hier ist er zumindest namensmäßig ziemlich präsent: Maximilianstraße, Maxmonument, Maximiliansbrücke, Maximilianeum und Maximiliansanlagen – alle gehen auf ihn zurück. Dennoch wissen auch die Münchner recht wenig Bescheid über den zweiten Max und verwechseln ihn meist mit seinem gleichnamigen, staatsgründenden Opa. Auch Maximilian II. ist übrigens korrekt ein „Maximilian Joseph". Er ist darüber hinaus, kleines Detail am Rande, seit über hundert Jahren der erste Bayernherrscher, der in München geboren wurde; sein Vater war gebürtiger Straßburger, der Opa kam aus Schwetzingen und Kurfürst Karl Theodor war in der Gegend um Brüssel zur Welt gekommen. Da er kränklich war, regierte Maximilian II. eher kurz – von 1848 bis 1864 – und das auch noch zwischen den beiden Ludwigen. Deren erster, sein Vater, hatte sich um München verdient gemacht wie niemand vor ihm, und deren zweiter, sein Sohn, sollte der berühmteste Wittelsbacher werden, den's überhaupt je gegeben hat – von Amerika bis Japan kennen sie den „fairytale-king" und kommen, um seine Tollheiten zu knipsen.

Ist Maximilian II. also zwischen dem Kunstkönig und dem Märchenkönig nichts weiter als der Sandwichkönig? An dieser Stelle jaulen die Vertreter der Geschichtswissenschaft laut auf – an ihnen jedenfalls liegt diese allgemein vorherrschende Meinung nicht. Sie schreiben seit dem Tod des Mannes geradezu verzweifelt dagegen an, denn sie lieben ihn! Kunststück, er war mehr oder weniger einer der ihren und soll sich des Öfteren dahingehend geäußert haben, er wäre viel lieber Historiker als König geworden. Und, noch drastischer: *„Die Geschichte habe ich zu meiner Geliebten erkoren"*, lässt der

Kronprinz wissen – das ist doch was anderes als Papas Lola-Montez-Eska-paden! Max II. sorgte folgerichtig für den Einzug der historisch-kritischen Methode an Bayerns Universitäten; sein Lehrer und enger Vertrauter war Leopold von Ranke. Der war so eine Art Sepp Herberger der deutschen Ge-schichtswissenschaft. Lassen wir exemplarisch für die Zuneigung der Histo-rikerinnenzunft Herrn Eberhard Weis zu Wort kommen, einen ausgewiese-nen Kenner Bayerns speziell im 19. Jahrhundert, der ein Kapitel über Bayerns dritten König mit folgendem schwungvollen Lob beginnt: *„Kein* [anderer] *deutscher Fürst* […] *hat der Wissenschaft ein derartiges* […] *Verständnis entgegengebracht."* (ders., Bayerns Beitrag z. Wissenschaftsentwicklung. In: Hdb. d. b. Gesch., 19. und 20. Jht., 2. Teilbd., M. 1978, S. 1046).

Die schönste Frucht der königlichen Liebe zur Geschichte in München ist zweifellos das Bayerische Nationalmuseum, das Maximilian 1855 gründe-te. Es steht heute in der Prinzregentenstraße. Dem aufmerksamen Leser ent-geht natürlich nicht, dass es diese Straße schon von wegen ihres Namens im Gründungsjahr noch gar nicht gegeben haben konnte – richtig! Ursprünglich beherbergte ein Bau in der Maximilianstraße das Museum – man sieht, jetzt passt es, denn diese Straße geht auf eine Initiative Maximilians II. zurück und trägt daher auch seinen Namen. Es handelt sich um jenen Bau, in welchem sich heute das „Museum 5 Kontinente" befindet, das ebenfalls eine Gründung dieses Königs ist, allerdings unter anderem Namen: damals war es die „Kö-niglich-ethnographische Sammlung", die Älteren unter uns kennen es noch als „Völkerkundemuseum". Die Räume in der Maximilianstraße erwiesen sich Ende des 19. Jahrhunderts als nicht mehr geeignet für das Bayerische Na-tionalmuseum, so dass der Umzug beschlossen wurde. Im Jahr 1900 bezog das Museum den Neubau Gabriel Seidls in der Prinzregentenstraße, der als Münchens originellster Museumsbau gilt (das sieht Herr Stephan Braunfels allerdings etwas anders: Der Architekt der Pinakothek der Moderne hält sein Werk nicht nur für das beste Museum der Stadt, sondern der ganzen Welt …). Die Sammlung hat ihren Schwerpunkt auf der Geschichte des Mittelalters, das Mitte des 19. Jahrhunderts schwer in Mode war. Ferner umfasst sie – wie jeder, der seine Kindheit hier verbrachte, weiß – die größte Krippensammlung der Welt; und die München-aficionados kehren wieder und wieder in dieses Museum zurück, um Jakob Sandtners hölzernes Stadtmodell aus dem Jahr 1570 zu sehen.

2.1 BERÜHMTE WISSENSCHAFTLER
UND DEREN WIRKEN IN MÜNCHEN

Maximilian II. garantierte den Professoren – und nicht nur den Historikern unter ihnen – die völlige Freiheit der Wissenschaft. Das war eher ungewöhnlich in der Restaurationszeit, die der Revolution von 1848 folgte. Sie hörten es gerne und kamen in Scharen in die bayerische Residenzstadt. Hatte der Vater eine Kunstmetropole aus dem vorher noch unbebauten Boden nordwestlich der Stadtmauern gestampft, so machte der Sohn München zu einer Stadt der Forschung und Wissenschaft.

Den Anfang hatte hier Joseph Fraunhofer gemacht, nach welchem nicht nur in München und im Oberland viele Straßen benannt sind, sondern sogar ein Krater auf dem Mond! Das geschah allerdings bereits gut eine Generation vor Maximilian II. (Fraunhofer starb 1826). Seine Fernrohre wurden weltweit verkauft, und er machte bedeutende Entdeckungen auf dem Gebiet der Optik. Fraunhofers Lebensgeschichte ist auch deswegen prominent geworden, weil er als Jugendlicher den Einsturz eines Hauses überlebte und seine Rettung in Gegenwart des regierenden Fürsten erfolgte. Dieser, es war Max IV. / I., nahm ihn gerührt unter seine Fittiche und ermöglichte dem Kleinbürgerssohn den Aufstieg zu einem erfolgreichen Wissenschaftler und Exportunternehmer. Damit steht Fraunhofer am Beginn einer Kette von Akademikern, Erfindern und Industrieunternehmern, welche den Ruf Münchens als einer Stadt der Gelehrten begründeten. Der Durchbruch erfolgte hier in der Zeit Maximilians II., der sich den Wissenschaften so sehr verbunden fühlte und selbst gerne an akademischen Diskussionsrunden teilnahm. An solchen Abenden war er ganz in seinem Element: zum Billard oder zu anderen Zerstreuungen versammelte er die Geistesgrößen, für deren Berufung nach München er oft genug selbst gesorgt hatte. Die Themen kreisten nicht selten um soziale Fragen. Hierin unterschied sich Max II. auffallend von seinem Vater und seinem Sohn: die Lage des in der Industrialisierung entstehenden Proletariats und das Problem des Pauperismus trieben ihn um. Er beschäftigte sich unter anderem mit kommunistischen Theorien, die damals aufkamen – Karl Marx etwa begann seine publizistische Tätigkeit in den Vierziger Jahren.

Die Berufung so vieler auswärtiger Herren auf Münchens Lehrstühle sorgte für Unmut. Es kam zum sogenannten „Nordlichterstreit". Typischer für

München könnte ein Ereignis gar nicht sein. Dem König wurde von Kritikern vorgehalten, er nehme bei der Besetzung wichtiger Stellen, ganz besonders im wissenschaftlichen Betrieb, zu wenig Notiz von den hiesigen Geistesgrößen. Auch in seinem persönlichen Umfeld gebe es zu viele „Nordlichter"; wohlgemerkt war noch nicht abfällig von den „Preußen" die Rede. Die Abneigung gegen das Preußentum entstand so recht erst nach der Schlacht von Königgrätz und dem verlorenen Krieg im Jahr 1866. Wenn zuvor geringschätzend von „Nordlichtern" die Rede war, so wird man richtig liegen, dies mit „Protestanten" zu übersetzen; denn daher wehte der Wind. Der König galt als unzuverlässig im ultramontanen Sinn; vielleicht nicht ganz zu Unrecht. Maximilian II. träumte ökumenische Gedanken und sah – völlig richtig – in Deutschlands konfessioneller Spaltung ein Haupthindernis für eine nationale Einigung.

Greifen wir zwei dieser Wissenschaftler exemplarisch heraus – zufällig sehen sie sich noch heute Tag für Tag in die Augen, denn ihre (verdienten) Denkmäler stehen sich gegenüber. Wenn Sie die Max-Joseph-Straße dort, wo sie den Maximiliansplatz unterbricht, also gleich an ihrem Anfang, in Richtung Karolinenplatz entlanggehen, sehen Sie rechts Justus von Liebig und links Max von Pettenkofer.

2.1.1 JUSTUS VON LIEBIG

Zu den Erfindungen äußerst sinnvoller Natur, welche von München aus ihren Siegeszug in die Welt starteten, gehört zweifelsohne der Suppenwürfel. Justus von Liebig hat ihn erfunden. Genau wie vormals Graf Rumford, der Erfinder jenes nach ihm benannten Sudels, welcher ebenfalls mindestens in Europa eine beachtliche Karriere machte, sorgte sich Liebig um die Ernährung der ärmeren Bevölkerungsschichten. Hand in Hand mit der Industrialisierung, die schließlich sogar München irgendwann erreichte, wuchs das Problem des Pauperismus, also der Massenarmut. Er selbst hatte als ganz junger Mann die Hungersnot infolge des berühmten *Jahres ohne Sommer*" erlebt (es handelt sich dabei ums Jahr 1816; ein Jahr zuvor war in Indonesien der Vulkan Tambora ausgebrochen. Dessen Staubwolke war derart zäh und dicht, dass infolge der Verdunkelung in weiten Teilen Nordamerikas und Europas der folgende Sommer – eben jener von 1816 – ausblieb. Die dadurch wiederum bedingten Ernteausfälle führten zu weltweiten Hungersnöten). Der Chemiker revolutionierte die Düngemethoden in der Landwirtschaft. Das machte ihn weltberühmt. In späteren Zeiten entwickelte der Mann übrigens auch noch den Vorläufer fürs Backpulver. Liebig hat sich wahrlich um die Mägen der Ärmeren verdient gemacht und steht damit mindestens ebenbürtig neben jenem „Amerikaner" Thompson, den es in Kurfürst Karl Theodors Tagen nach München verschlagen hatte, und der ebenfalls ernährungspolitische Geschichte schrieb. B. Thompson näherte sich dem Problem eher politisch-administrativ, Liebig dagegen von der wissenschaftlichen, genauer von der chemischen Seite her. Auf den Suppenwürfel kam er übrigens, wie es halt manchmal so geht, eher aus Zufall. Einst erkrankte die Tochter eines Freundes lebensgefährlich an der Cholera, und Liebig kam auf die Idee, ihr ein „Fleischinfusum" zu verabreichen. Daraus entwickelte er dann „Liebigs Fleischextrakt". Das Produkt wurde unter diesem Namen in der ganzen Welt verkauft. Den Reibach machte allerdings ein englischer Produzent. Unser Chemiker wurde nur berühmt, nicht besonders reich; und das, obwohl zu seinen Leistungen auch ein Vorläufer der heutigen Babynahrung gehört.

Es war Maximilian II., der den begnadeten Chemiker 1852 nach München lockte. In einer privaten Audienz, die auf Vermittlung Pettenkofers zustande gekommen war, überredete er ihn zur Aufgabe seiner bisherigen Professur in Gießen. Ein Lockmittel war dabei die völlige Freiheit der Wissenschaft; und auch sonst hat es Maximilian II. offenbar verstanden, Bedenken hinsichtlich der Freiheit zu zerstreuen. Justus von Liebig war, wen wundert's bei seinem Interessengebiet, durchaus kein unpolitischer Mann. Als Student war er in der Biedermeierzeit mit den Obrigkeiten in Konflikt geraten. Die Atmosphäre der bayerischen Residenzstadt, oder anders gesagt ihre politische Luft, hat ihn, obgleich wir uns im Zeitalter der Restauration nach 1848 befinden, offenbar keineswegs abgeschreckt.

Sein Denkmal und seine Straße im Lehel hat er sich redlich verdient.

2.1.2 MAX VON PETTENKOFER

Dasselbe gilt für Max von Pettenkofer (seine Straße ist allerdings nicht im Lehel, sondern in der Ludwigsvorstadt). Um dessen Bedeutung für München herauszustreichen, muss leider zunächst erzählt werden, dass unsere Stadt in frühen Zeiten und weit über die Epoche der Aufklärung hinaus ein ausgesprochenes Drecknest war. Hygiene hatte es hier schwer. Nun galt das für sehr viele Städte im christlichen Europa – hygienische Stadteinrichtungen und medizinische Forschungen gab es im europäischen Mittelalter eigentlich nur dort, wo die Muslime herrschten, also im glücklichen Andalusien. Spätestens in der Aufklärung wurde allerdings auch in den christlichen Metropolen der Zusammenhang zwischen Hygiene und allgemeiner Gesundheit deutlich, und die obrigkeitlichen Instanzen schritten zu entsprechenden Maßnahmen. Sie schritten durchaus auch in München. Hier aber begleitete sie wütendes Protestgeheul seitens der Stadtbevölkerung. B. Thompson alias Graf Rumford hatte Ende des 18. Jahrhunderts seine liebe Not, den Münchnern die Notwendigkeit seiner Maßnahmen zu erklären. Seine Überlegungen zum Verbot innerstädtischer Beerdigungen, zu deren generellen Reglementierung im Sinne einer Verbesserung sowie zur Zusammenfassung der Grabstätten auf einem Areal außerhalb der Stadt stießen auf heftigen Widerstand der Traditionalisten. Nach deren Meinung sollte es ruhig weiterstinken wie bisher. Die Regierung des Kurfürsten Karl Theodor hat durch die Schaffung des Alten Südfriedhofs, einer rein hygienepolitisch motivierten Maßnahme, zu ihrer Unbeliebtheit in München beigetragen. Man sagte viele Jahrhunderte lang sinngemäß, wer in München durchs Stadttor eintrete, habe den Totenschein schon so gut wie in der Tasche. Im Jahr 1841 verreckten am Viktualienmarkt sämtliche Fische, die in den von den Stadtwässern befüllten Trogen gehalten wurden. Die Isar und die von ihr gespeisten künstlichen Bäche waren ein übles und gefährliches Geblubber. Das Problem „Dreck", welches durchaus die meisten europäischen Städte plagte, wurde in München durch starrsinnigen Traditionalismus in der Bevölkerung noch verschärft. Ein markantes Beispiel hierfür ist die Reaktion der Münchner auf die Cholera-Epidemie im Jahr 1854, also zur Zeit der Regierung Maximilians II. Die allermeisten sahen in aufwändigen Prozessionen zur Mariensäule die geeignetste Maßnahme. Und man setzte noch eins drauf: Um München endgültig unter den Schutz der Gottesmutter zu stellen, und so die drohende Gefahr durch die Cholera abzuwenden, wurde die Umbenennung des Platzes beschlossen. Aus dem bisherigen „Schrannenplatz" wurde im Oktober 1854 der Marienplatz. Eher wenige kamen auf den Gedanken, dass man rettenden Wundern halt auch einen Weg auf Erden bereiten sollte. Massenzusammenkünfte wie etwa Prozessionen, an welchen so ziemlich die ganze Stadt teilnimmt, sind in Zeiten von Epidemien eher kontraproduktiv. Prompt schnellten die Infektionszahlen kurz nach der religiösen Manifestation in die Höhe.

Eine Kanalisation gab es ebenso wenig wie sauberes fließendes Wasser. Angesichts dessen kann man sagen, dass München zur Einrichtung des deutschlandweit ersten „Lehrstuhls für Hygiene" kam wie die Jungfrau zum Kind. So war es aber nichtsdestotrotz. Max von Pettenkofer hat das durchgesetzt und diesen Stuhl auch innegehabt.

Die Cholera von 1854 war ein grausamer Schock. Um die 9.000 Menschen waren gestorben. Auch das Königshaus wurde nicht verschont. Therese, Gattin des abgedankten und Mutter des regierenden Königs, diese im Volk so beliebte Dulderin an der Seite des Hallodris Ludwig, gehörte zu ihren Opfern. Dazu kam, dass die Stadt just in diesem Jahr viele Zehntausend Menschen eingeladen hatte: König Max II. selbst war Initiator einer Industrieausstellung, die dann in aufsehenerregender Art inszeniert worden war. Der eigens gebaute Glaspalast auf dem Gelände des heutigen Alten botanischen Gartens nahe dem Stachus war das spektakuläre Ausstellungsgebäude (der Bau wurde 1931 durch Brand total zerstört. Der vor ihm stehende Brunnen, eine Meisterleistung der Ära Maximilians II., hat eine skurrile Wanderschaft hinter sich und steht heute, nach zeitweisem Aufenthalt beim Ostbahnhof, am Weißenburger Platz). Sechseinhalb Tausend Aussteller hatten sich eingefunden, und ein enormer Besucheransturm war prognostiziert. Einer dieser Gäste in den Anfangstagen war der erste Choleratote. Fluchtartig verließen die bereits eingetroffenen Messebesucher die Stadt – diejenigen Stadtbürger, die es sich leisten konnten, türmten ebenfalls. Die Industrieausstellung war ein glatter Reinfall. Die Straßen waren verlassen und öde. Dabei war doch eine wochenlang dauernde, schillernde und bestens besuchte internationale Wissenschafts- und Technikschau anvisiert gewesen; was für eine Pleite: Statt den Aufbruch in die neue, die industrielle Zeit optimistisch feiern zu können wie geplant, sahen sich die Münchner an düstere Apokalypsenbilder vergangener Pesttage erinnert. Die meisten wandten sich, wie erzählt, an die Gottesmutter; die Regierung jedoch setzte auf Max von Pettenkofer und dessen Lehren bezüglich der Hygiene.

Es ist wirklich tragisch, dass dieser höchstbegabte Arzt, Chemiker und Hygieniker bei der Fahndung nach den Ursachen der Cholera tatsächlich danebengehauen hat. Er glaubte nämlich nicht an die Alleinverantwortung eines Krankheitserregers. Es seien, so Pettenkofer, die Beschaffenheit des Wassers und des Bodens für das Entstehen der Krankheit maßgeblich. Damit setzte er sich in Gegensatz zu Robert Koch, der richtigerweise in den Cholerabakterien die ausschließliche Ursache des Übels erkannt hatte. Der Streit errichte seinen dramatischen Höhepunkt erst sehr spät, nämlich am 7. Dezember des Jahres 1892: Coram publico schüttete Max von Pettenkofer an diesem Tag eine mit Cholerabakterien angereicherte Flüssigkeit in sich hinein, welche er sich von seinem Dauerrivalen Koch eigens zu diesem Zweck aus Berlin hatte schicken lassen. Er wollte damit den Nachweis führen, dass es mit den Koch'schen Erregern nichts auf sich hatte, dass sie unschädlich seien. Sei es nun, dass Koch in weiser Voraussicht eine stark verdünnte Plörre nach München gesandt hatte, sei es, dass Pettenkofer selbst aus früheren Choleraepidemien über genügend Antikörper im Blut verfügte: Er überstand die Aktion, von etwas Dünnpfiff abgesehen, leidlich. An seinem Irrtum hielt er fest.

Pettenkofers Riesenverdienst bestand nun darin, dass er aus seinen falschen Prämissen Schlüsse zog, die gleichwohl zielführend waren. Er setzte gegen alle Widerstände den Bau der Kanalisation und der Trinkwasserversorgung aus dem Mangfallgebirge durch. Die Mahnung, dass andernfalls eine Katastrophe wie jene des Jahres 1854 durchaus wieder eintreten könne, wirkte.

Als man die Kanalisation in der zweiten Hälfte des Jahrhunderts erbaute, sorgte man dafür, dass es auch einige groß gehaltene Zugänge für potentiell Interessierte gab. Die Städter hatten durch ihre Steuern den Bau ermöglicht, und es wurde prognostiziert, dass sie nun begutachten wollten, was sie bekommen hatten. Daher die besagten Eingänge; einer davon – es gibt mehrere – befindet sich in der Klugstraße, und dort beginnen auch offizielle Führungen der Stadtentwässerung München – etwas streng riechend, aber äußerst spannend! Absoluter Höhepunkt ist die Besichtigung eines der Regenrückhaltebecken. München ist statistisch gesehen die niederschlagreichste Großstadt der Republik (man würde ja Hamburg vermuten, aber das stimmt offenbar nicht). Kommt wieder einmal besonders viel herunter, werden diese Becken geflutet. Sie haben gigantische Ausmaße, und die wenigsten Menschen, die gerade über ihnen sind, ahnen, was sich dort unten befindet. Eines dieser Regenrückhaltebecken ist unter dem Hirschgarten. Die zahlreichen

Anfragen von Rockbands, die dort unten Konzerte spielen möchten, werden stets abschlägig beschieden: wenn ein unerwartetes Gewitter über der Stadt niederginge, bestünde akute Lebensgefahr!

Pettenkofers Hauptverdienst in München bestand also darin, dass sich die Stadt, welche vor seinem Wirken berühmt für ihren Schmutz war, am Ende des 19. Jahrhunderts zu einer der saubersten und damit gesündesten in Europa gemausert hatte. Dieser Sprung wurde durch das Kanalisationssystem und die Trinkwasserversorgung erreicht, und beide Initiativen, sehr teuer und – oh Schreck! – gewaltige Neuerungen, hat unser Hygieniker gegen gewaltige Widerstände durchgedrückt.

Als die Trinkwasserversorgung fertiggestellt war, wurde beschlossen, dem Projekt ein Denkmal zu widmen. Was lag näher als ein Brunnen, dessen Gestaltungsthema das Wasser selbst ist? Dabei ist der Wittelsbacherbrunnen herausgekommen; ein Kleinod, das aber leider falsch steht. Mag sein, dass dieser Teil des Lenbachplatzes beim Zeitpunkt der Errichtung des Brunnens repräsentativ-heiteren Charakter hatte, schräg gegenüber der alten Maxburg und flankiert von den klassizistischen Häusern am Altstadtring – heute ist es die netteste kleine Verkehrshölle, die man sich vorstellen kann. Der Krach und die Hektik des Orts machen eine Würdigung des Brunnens fast unmöglich, und ein Umzug nach dem Vorbild des Glaspalast-Brunnens wäre dringend geboten. Der Brunnen erzählt mit zwei Allegorien von der Bedeutung des Wassers für die Menschen, einmal von der Bedrohung, die vom ungebändigten Wasser ausgehen kann, sowie von seiner lebensspendenden Segenskraft. Da der lateinisch-abendländische Blick gewohnt ist, von links nach rechts zu wandern, sehen wir zuerst die Allegorie der Gefahr, dann, in der Mitte, das gebändigte Wasser(spiel) und zuletzt die Allegorie des Segens. Die Erzählung des Wittelsbacherbrunnens kann also derart zusammengefasst werden: Wasser, dieses ursprünglich durchaus auch bedrohliche Element, wird durch die Bändigung menschlicher Schaffenskraft zum reinen Segen. Adolf von Hildebrand und Erwin Kurz, zwei Klassizisten par excellence, setzten mit diesem Brunnen dem Wirken Max von Pettenkofers ein würdiges Denkmal (übrigens mussten wir in der Epoche etwas vorgreifen: der Beginn des Trinkwasser- und Kanalisationsprojekts fällt zwar durchaus in die Ära des dritten Königs, aber so etwas braucht natürlich seine Zeit ((besonders in München)). Die Fertigstellung und auch die Einweihung des Brunnens gehören also bereits in die Tage des Prinzregenten).

77

Max von Pettenkofer hat sich am 10. Februar 1901 totgeschossen; vermutlich wegen dieser Cholera-Angelegenheit und seines diesbezüglichen Irrtums, der schließlich offen zutage getreten war. Sein Grab ist auf dem Alten Südfriedhof; die alte christliche Grausamkeit, Selbstmördern kein Grab in geweihter Erde zu gönnen – von Goethe in den Schlussworten des „*Werther*" kritisiert – geriet aus der Übung. Die Stadtverantwortlichen hatten ja spätestens seit jenem fürchterlichen 13. Juni 1886 schon Übung beim Bestatten hochberühmter Selbstmörder – doch wir wollen nicht ein weiteres Mal vorgreifen. Bleiben wir beim Vater des Märchenkönigs, also bei Maximilian II. Die Wissenschaft und deren Förderung war sein Anliegen; Pettenkofer, Liebig und viele andere Professoren profitierten davon ebenso wie Bayerns begabte Schulabgänger. Diesen richtete der König eine eigene Stiftung zur Förderung ein: das Maximilianeum.

Übrigens: Wem aufgefallen ist, dass sich in diesen Abschnitt ein gewisser Pfaffen-fresserischer Ton, ein „*antirömischer Affekt*" eingeschlichen hat, um mit Carl Schmitt zu reden (*ders.*, Röm. Kath., S. 5), dem sei erzählt: Max von Pettenkofer, den es hier zu ehren galt, hat sich mit Entschiedenheit gegen alle Versuche katholischer Provenienz gewehrt, die Freiheit der Wissenschaft zu beschneiden. Es begab sich im Jahr des Herrn 1870 – und nicht etwa, wie viele meinen, schon im Mittelalter – als das Erste Vatikanische Konzil die ,päpstliche Unfehlbarkeit' zum Dogma erhob. Das ging die Wissenschaft ganz direkt an. Es bedrohte ihre Fundamente. Pettenkofer war folgerichtig öffentlich entrüstet. Damit stand er, weltweit gesehen, nun zwar keineswegs allein; aber im kreuzkatholischen München war sein Kampf gegen den aktuellen römischen Unfug zwar nicht gleich Existenz-, aber doch durchaus Karriere-bedrohend; und damit in schönem, braven Sinne heroisch.

2.2 DAS MAXIMILIANEUM

Dieses Wort, mit welchem wir heute ein Bauwerk zu assoziieren gewohnt sind, und dabei an jenen bayerischen Landtag denken, der dieses Bauwerk mittlerweile bezogen hat, und dessen Wahl alle fünf Jahre an sich völlig überflüssig ist, weil ja doch immer dieselben gewinnen, dieses Wort also hatte ursprünglich eine andere Bedeutung und hat diese auch immer noch. Das

Maximilianeum ist nämlich eine Studienstiftung; eine Stipendienorganisation. Zwei Elemente dieser Stiftung, die der König ins Leben gerufen hat und aus seinem Privatvermögen finanzierte, sind sehr typisch für ihn: Da ist erstens der soziale Aspekt. Max II. wollte verhindern, dass Begabte nur deswegen nicht in den Genuss einer akademischen Ausbildung kämen, weil ihre Eltern das finanziell nicht stemmen konnten. Und dann spiegelt sich auch hier die königliche Wissenschaftsbegeisterung. Jeder Zögling – Frauen sind erst in unserer Zeit zugelassen worden –, der sich durch besondere schulische Leistungen hervorgetan hatte, durfte, christliche Konfession und eine bestandene Aufnahmeprüfung vorausgesetzt, im Maximilianeums-Bau wohnen, studieren, und war jeglicher Sorge um die Finanzierung enthoben. Es gab ein paar Studienfächer, welche der König von der Alimentierung ausschloss. Medizin etwa; und auch Theologie – das mochte studieren wer da wollte, aber bitte nicht auf seine Kosten. Max II. trachtete durch seine Stiftung, zukünftige Staatsdiener heranzuziehen – die Sache sollte sich also auszahlen – und Theologen oder Mediziner befand er da als ungeeignet. Am östlichen Isarhochufer, schon auf Haidhauser Grund, bekam die Stiftung schließlich einen Sitz; das ist auch heute noch so.

Nach der Revolution von 1918 übernahm die LMU das Protektorat übers Maximilianeum. In der Inflationszeit geriet die Stiftung in finanzielle Engpässe, die erst nach dem Zweiten Weltkrieg mit der Vermietung der meisten Räume des Riesenbaus ans bayerische Parlament überwunden werden konnten. Werner von Heisenberg war ein berühmter Stipendiat der Stiftung Max' II.; und, wie die allermeisten wissen, jener bayerische Riesenstaatsmann, den die ewige Mehrheitsfraktion zwischen 1978 und 1988 zum Regierungschef des Freistaats wählte – Franz Josef Strauß.

Kein Geringerer als Baumeister Gottfried Semper hat Einfluss auf die Fassadengestaltung des Maximilianeums genommen, aber die eigentliche Ausführung lag bei Georg Friedrich Christian Bürklein. Dieser war in baulichen Angelegenheiten der absolute Favorit des Königs. Die drei großen Münchner Bahnhöfe waren ursprünglich von ihm, was allerdings durch die Kriegszerstörungen nicht mehr nachvollziehbar ist; in die Maximilianszeit fällt ja der Eisenbahn-Boom (als man vor einigen Jahrzehnten das Maximilianeum restaurierte, stieß man auf den Grundstein; nebst dem sonst Üblichen, also Münzen und einer Urkunde, fand sich unter dem damals verbuddeltem auch eine Modell-Lokomotive; nur so viel zur Eisenbahneuphorie jener Tage). In der Sonnenstraße finden wir einen weiteren Bürklein-Bau, eine höchst sinnvolle Institution mit einem ebenso sinnlosen Namen: die (ehemalige) „Frauengebäranstalt". Die Traditionalisten bemäkelten damals, dass hier auch Unverheiratete entbinden durften; das ist wieder eine ganz typische Konfliktfront in der Ära Maximilians II.: die Regierung war da meist fortschrittlicher und weltoffener als das Gros der tonangebenden Stadtbevölkerung.

Und schließlich hat Bürklein eine ganze Straße konzipiert. 1854 ist Haidhausen eingemeindet worden. Bisher hatte dorthin nur der Weg über die (später so genannte) Ludwigsbrücke und den Gasteig geführt – mit anderen Worten, die alte Salzstraße Heinrichs des Löwen, die einst zur Gründung der Stadt wesentlich beigetragen hatte. Aber vielleicht haben der König und seine Stadtplaner weise vorausgesehen, dass eines Tages der üble Ruf, den Haidhausen damals besaß, tiefer Zuneigung weichen würde, so dass eine weitere Straße dorthin sinnvoll sein würde: Das ist die Maximilianstraße.

2.3 DIE MAXIMILIANSTRASSE

Ursprünglich fand man sie scheußlich; so greislig, dass hinter vorgehaltener Hand davon die Rede war, man werde nach dem Tod des Königs das ganze eidottergelbe und missglückte Ensemble wieder abreißen!

Und der Altkönig, der immer noch lebte und sich in der Stadt herumkutschieren ließ, vermutlich auf der Suche nach schönen jungen Damen oder mittellosen Künstlern, welche er wie einst zu Königszeiten, nun ja, protegieren konnte –, der Rentner Ludwig also soll in seinem Gefährt angeekelt die Vorhänge zugezogen haben, wenn er durch die Prachtstraße seines Sohnes fuhr – da waren er und seine Mitgärtner und Klenzes halt doch ganz andere Kerle gewesen ... die jungen Leut' mit ihrem merkwürdigen Geschmackssinn ... !

Und heute? Diejenigen, die München nicht gar so sehr lieben (und solche soll's ja tatsächlich geben), finden in der Maximilianstraße alle ihre negativen Vorurteile auf engem Raum bestätigt (darin ähnelt sie der Säbener Straße). Der letzte Einheimische, der sich hier noch einen Laden leisten konnte, Herrenausstatter R. Mooshammer, trieb die Exzentrik bis weit über die Kitschgrenze hinaus und wirkte am Ende wie eine Karikatur nicht nur seiner selbst, sondern der ganzen Stadt; was dem Andenken an sein mitunter rührendes soziales Engagement keinen Abbruch tun soll. Selbst die Münchner Kammerspiele, einst unter den führenden deutschsprachigen Theatern, dümpeln derzeit vor sich hin – aber was nicht mehr ist, kann ja durchaus wieder werden. Einst hat Thomas Mann hier Vorträge gehalten; Bert Brecht wurde uraufgeführt; Erich Kästner arbeitete hier, und noch um die Jahrtausendwende glänzte das Haus unter Dieter Dorns Intendanz – diese Zeiten sind vorerst vorbei, auch wenn der große Gerhard Polt sich noch ab und zu auf der Bühne des Schauspielhauses sehen lässt. Das macht immerhin Hoffnung.

Nach der Brienner- und der Ludwigstraße ist die Maximilianstraße in chronologischer Ordnung die dritte Prachtstraße der Stadt. Sie wurde ab 1852 gebaut, das Maximilianeum, schon auf der rechten Isarseite, bildet ihren Abschluss. Gottfried Semper war nur an diesem Bau beteiligt, ansonsten halfen dem Chefarchitekten Friedrich Bürklein der Konstrukteur und Stadtplaner Arnold v. Zenetti sowie der Gartenbaumeister Carl aus der kaum zu überschauenden Dynastie der Effners. Hierzu ist zweierlei zu bemerken: erstens sind von diesem Effner auch die Parkanlagen, welche sich am rechten Isarhochufer zwischen der Maximilianstraße und der Prinzregentenstraße befinden. Sie heißen „Maximiliansanlagen" und gehören heute verwaltungstechnisch zum Areal des Englischen Gartens. Zweitens übersehen auch viele Münchner, dass die Maximilianstraße im Abschnitt zwischen Altstadtring und Maxmonument nach der Schneeschmelze, also zur Krokusblüte, ein einmaliges Schauspiel bietet: die Vorfrühlingsblume gestaltet dann für kurze Zeit ein staunenswertes Farbenmeer vor dem Museum Fünf Kontinente und der gegenüberliegenden Regierung von Oberbayern.

Eines kann man Bürklein nicht absprechen: Die ganze Sache ist durchaus originell. Das ist im Historismus, dem die Maximilianstraße ja doch zuzurechnen ist, keineswegs selbstverständlich. Der Historismus in der Architektur lehnt sich, daher ja sein Name, eng an historische Vorbilder an. Das kann die Romanik sein, die Gotik oder auch die Renaissance; je nach Gusto. Gerade die gotisch-historistisch inspirierten Architekten, also die neogotisch bauenden, verfahren dabei nach einem Motto, das Georg Ringsgwandl einmal sehr schön so beschrieben hat: „Wir machen's wie die im Mittelalter; nur richtiger". Hier wäre etwa an Hauberrissers Neues Rathaus am Marienplatz zu denken. Bürklein dagegen verpackte in einem Gebäude gleich mehrere Epochenzitate. Die Erdgeschosse der Maximilianstraßenhäuser sind meist neogotisch, während es in den darüber liegenden Etagen eher renaissancesig zugeht. Dafür gab es, von wenigen Bauten in England mal abgesehen, keine Vorbilder, und so darf man schon von Bürkleins Originalität sprechen. Es gibt daher auch einen eigenen Namen für den Baustil der Maximilianstraße, man spricht ernsthaft vom „Maximiliansstil". Auch die gelbe Farbgebung der Fassaden ist nicht ohne Hintergedanken, denn die Straße verläuft in der Ost-West-Richtung. Sie hat deshalb Sonneneinstrahlung. Von der Sonne beschient, entsteht ein sehr warmer, angenehmer Farbton an den Gebäuden.

Es wäre schon übertrieben gewesen, sie gleich wieder einzureißen, diese Maximilianstraße.

… Natürlich nervt sie. Der eingefleischte Münchner hat die Tendenz, die Straße kampflos den Besuchern aus Starnberg und Katar samt deren SUVs zu überlassen; bloß weg hier! Aber selbst, wer sich bei diesem Gedanken erwischt, sollte zugestehen, dass die Maximilianstraße wenigstens dieses Eine für sich hat: Sie führt nach Haidhausen!

Die Tramlinie ins gelobte Land geht über die Station Maxmonument oder auch „Max-Zwo-Denkmal". Hier sieht man den dritten König, nach Westen auf „seine" Straße hinunterblickend, umgeben von Allegorien der Herrschertugenden. Seine treuen Untertanen haben es ihm gestiftet, nachdem er gestorben war; so erzählt es die Inschrift. Vielleicht taten sie es in der Erkenntnis, dass es sich unter diesem braven Mann, ungeachtet seiner Vorlieben für die verhassten „Nordlichter" und exzentrische Straßen, besser leben ließ als unter seinem Vater und seinem Sohn. Der erste Ludwig hatte kaum eine Woche vergehen lassen, ohne irgendeinen Radau um sich herum zu veranstalten, und je länger er regierte, desto schlimmer wurde es … am Ende geradezu ungustiös.

Und der zweite Ludwig, nun ja … – eben völlig durchgeknallt.

2.4 HAIDHAUSEN

Nachdem wir das Maxmonument kurz gewürdigt haben, steigen wir in die folgende Tram ein, um uns nach Haidhausen bringen zu lassen. Damit halten wir durchaus die Verbindung zur Ära Maximilians II., denn unter seiner Regierung ist das ehemalige Dorf eingemeindet worden. Das war 1854, also im

Jahr der Cholera-Katastrophe und der geplatzten Industrieausstellung. Auch die Eingemeindungen Giesings sowie der Au geschahen 1854– es war wirklich jede Menge geboten im 6. Regierungsjahr Maximilians II.!

Übrigens mag es manchen verwundern, dass Schwabing im Reigen der Eingemeindungen nicht den Anfang gemacht hatte. Durch die Ludwigstraße war die Siedlung Mitte des 19. Jahrhunderts ja doch viel näher an München herangerückt und gleichsam ins Stadtleben eingebunden. Dennoch war der Weg Schwabings aus verwaltungstechnischer Perspektive ein deutlich anderer. Bis in die Prinzregentenzeit hinein dachte man nicht ans Eingemeinden, im Gegenteil, es wurde Schwabing – lange nach dem Bau der Ludwigstraße – sogar das Stadtrecht mit eigenem Wappen, Bürgermeister und allem Drum und Dran verliehen. Das dauerte allerdings keine 10 Jahre, und dann entschloss man sich doch zur Eingemeindung. Aus diesem Blickwinkel erinnert Schwabings Geschichte eher an jene Pasings oder Truderings.

Ein paar versprengte „Häuser auf der Heide" – daher der Name Haidhausen – hat es am Isarhochufer schon zu karolingischer Zeit gegeben; im frühen 9. Jahrhundert hören wir zum ersten Mal von ihnen, als es München noch längst nicht gab.

Die Bewohner dieser „Häuser" hatten einen üblen Leumund. Als die Großkopferten von unten, also links der Isar, ihren ersten Mauerring im 12. und den zweiten im 14. Jahrhundert errichteten, und diese Anlagen dann unter dem ersten Kurfürsten im 17. Jahrhundert massiv ausbauten, haben sie dabei wohl nicht nur an Österreicher und Glaubensfeinde gedacht. Auch gegen das Gesockse vom Isarhochufer in ihren „Häusern auf der Heide" konnten Mauern am Ende nichts schaden. Das Münchner Bürgerrecht besaß dort praktisch niemand, ebenso wenig wie im benachbarten Giesing.

Als die Residenz Kurfürst Ferdinand Marias und seiner Adelaide 1674 im Feuer stand, machten sich die Haidhauser nach München auf, um den Städtern in der Not beizustehen. In den Gassen rund um das Schloss holte sich die Kurfürstin den Tod – nur im Nachthemd bekleidet und von ihren aus den Flammen geretteten Kindern umgeben, setzte der gebürtigen Italienerin die Münchner Kälte derart zu, dass sie in den Folgetagen erkrankte und schließlich starb … Am Isartor spielte sich zeitgleich eine Tragikomödie ab: Die Haidhauser hatten auf dem Weg in die Stadt ihre Eimer mit Isarwasser gefüllt, um damit den Brand zu löschen. Diese Eimer wären dann selbstredend leer gewesen, und das war´s, was den Torwächtern Sorgen bereitete. Würden die wirklich mit leeren Eimern in ihre „Häuser auf der Heide" zurückkehren? Aller Erfahrung nach: eher nicht ...

Besser, man lässt das Mistpack gar nicht erst hinein!

1854 gab es keine Stadtmauern mehr, aber noch immer schlief der eine oder andere Münchner besser im Bewusstsein, dass sich hinreichend viel Isarwasser zwischen ihm und den Haidhausern befand. Das Ansinnen der Regierung, den Ort der Stadt verwaltungstechnisch einzugliedern, wurde mit Skepsis aufgenommen. Um dieser zu begegnen, griff man seitens der Autoritäten auch zu dem Argument, dass die städtische Polizei durch den angepeilten Verwaltungsakt leichter in der Lage sein werde, die schlimmsten aus jeder dortigen Familie im Auge zu behalten; und notfalls zuzugreifen.

Wir wollen uns der Geschichte Haidhausens etwas intensiver zuwenden, müssen dabei aber auf der Zeitachse in beiden Richtungen über Max II. hinausgreifen. Das passiert uns nicht zum ersten Mal bei ihm – der Mann hat halt gar zu kurz regiert ...

Schon im Mittelalter und in der frühen Neuzeit gab es zwei Haidhauser Siedlungskerne; der eine war rund um den heutigen Max-Weber-Platz und der andere beim Gasteig. „Gasteig", das ist der *gache Steig*, wobei *gach* das bayerische Adjektiv für „steil" ist: am „Steilen Weg" also, dem letzten Stück der alten Salzstraße vor dem Eintritt in die Stadt. Auch der Max-Weber-Platz liegt an Münchens alter Lebensader, der Salzstraße. Neben ihr ist die zweite große Straße die heutige Rosenheimer, die ebenfalls eine lange Geschichte als „Chaussee auf Aibling" oder eben Rosenheimer Landstraße hat. Der Winkel, den diese beiden Straßen konstruieren, war bis in die Tage nach Maximilian II. nur ausgesprochen dünn besiedelt. 1871 begann dann die „Gründerzeit", und in ihr entstand als dritter Siedlungskern Haidhausens das „Franzosenviertel" samt Ostbahnhof als dessen Mittelpunkt; von dieser Reisbrettsiedlung später.

Es wird gerne gesagt, dass Haidhausen bis weit nach dem Zweiten Weltkrieg ein Armutsviertel gewesen sei, ein „Glasscherbenviertel". Das ist auch weitgehend richtig, aber man darf nicht übersehen, dass es seit der Barockzeit auch kleine Oasen ausgesprochenen Reichtums gegeben hat. Deren berühmteste ist das Preysingschloss gewesen. Mitte des 17. Jahrhunderts erwarben die Preysings das Areal, welches nördlich des heutigen Bordeaux-Platzes liegt, und bauten ein prächtiges Anwesen. Die ganze Preysingstraße war damals ein mit Schlagbaum geschützter Privatweg, um zum Schloss zu kommen. Etwa in der Kinderzeit König Maximilians II. kamen dann Nonnen an die ehemals

Preysing'schen Güter; das waren die „Frauen vom Guten Hirten", und ihre Starrköpfigkeit in einem Konflikt während der Gründerzeit sollte einst für ein Kuriosum im Stadtplan sorgen. Bis auf den heutigen Tag handelt es sich um Kirchenbesitz. Das Preysingschloss war zwar das aufwändigste, aber nicht das einzige seiner Art auf Haidhauser Grund.

Ansonsten jedoch herrschte bittere Armut. Jene Herbergshäusl, die uns heute als der Inbegriff der Idylle gelten, und in welchen zu wohnen der Traum nicht weniger Münchnerinnen und Münchner ist, waren zu ihrer Erbauungszeit das glatte Gegenteil. Bewohnt von unfassbar vielen Menschen bei gleichzeitiger Gegenwart von allerlei Getier, nützlichem wie schädlichem, waren die Herbergen Brutstätten für Krankheiten. Hier hauste das Prekariat. Es gab wenige Erwerbsquellen. Im Mittelalter verdiente man sich etwas bei den reichen Händlern, die die Salzstraße frequentierten; Reparaturen, dürftige Schankstätten, derlei Sachen eben. Viele mussten betteln. Das blieb so bis weit ins 19. Jahrhundert, obgleich in der frühen Neuzeit eine weitere Verdienstmöglichkeit hinzugekommen war. Das war der Lehmabbau.

Man kann noch heute ehemalige Lehmgruben in Haidhausen sehen; am deutlichsten am Ende der Preysingstraße beim Üblacker-Häusl gegenüber dem Kriechbaumhof. Beides sind übrigens ehemalige Herbergen, heute idyllische Kleinode, damals Elendsstätten wie oben beschrieben. Das Ziegelbrennen aus Lehm geht ursprünglich auf die Römer zurück. Im Mittelalter hat man allerdings diese Fähigkeit eine Zeitlang vergessen. In Italien erinnerte man sich schließlich an die frühere Kunst des Backens von Steinen aus Lehm, und von dort aus verbreitete sie sich wieder über Nordmitteleuropa.

In München begann die Hochzeit des Ziegelbrennens im 15. Jahrhundert. Aus Angst vor Stadtbränden geriet das Holz als Baumaterial zunehmend aus der Mode, und der Ziegel an seiner statt ins Blickfeld. Und dann begann man ja in der Residenzstadt im Jahre 1468 mit einem Mammutprojekt: die Frauenkirche, der spätere Dom, sollte erbaut werden, mit Platz für mehr oder weniger die gesamte Stadtbevölkerung und in einer Rekordbauzeit von unschlagbaren 20 Jährchen.

Das ließ den Ziegelbedarf enorm steigen, und geholt wurden die Ziegel zum großen Teil aus Haidhausen (zum Teil übrigens auch aus Stein[!]hausen sowie vom etwas weiter entfernten Berg am Laim, wo man ebenfalls heute noch ehemalige Lehmgruben besichtigen kann; der Name Berg am *Laim* geht ja auf „Lehm" zurück).

Und dann kam das Bier; respektive es kamen die Keller. Wir befinden uns jetzt etwa in der Mitte des 18. Jahrhunderts. Das Bier erobert sich so langsam seine zentrale Bedeutung im Leben der Stadt. Sie hat notorischen Durst, und die Produktionskapazitäten steigen. Doch wohin mit dem Zeug, das bis zum Frühling in hoffentlich ausreichender Menge gebraut worden ist, ehe man kommenden Herbst wieder ans Produzieren geht? Eben in die Keller, die nun vorzugsweise in Haidhausen gebuddelt werden. Sie haben sich damals von der heutigen Einsteinstraße bis zur Rosenheimer Straße durchgehackt. Diese Strecke ist heute noch unterirdisch begehbar, immer durch die Bierkeller durch!

Die Kellerstraße ... in kaum einem Stadtviertel sind die Straßennamen so voll von immanenten Erzählungen und Bezügen. „Gehen wir auf den Keller" war damals die Chiffre für den angedachten Besuch des Biergartens; über den Kellern stand in reicher Anzahl die Kastanie, eine Flachwurzlerin, aber das wurde im letzten Band schon ausführlich referiert – auch, dass im Jahr 1810 der König selbst den Kellerbesitzern das Maß-weise Ausschenken des Bieres gestattet hatte. Das war für Haidhausen äußerst bedeutsam, denn nun wurden die dortigen Keller zu Anziehungspunkten. Es war praktisch, dass der Heimweg nach dem Kellerbesuch bergab ging. Man wüsste allzu gerne, wie es an warmen Sommertagen nach Sonnenuntergang zwischen Gasteig und Isartor zugegangen ist – das allsommerabendliche gruppendynamische Heimtorkeln – – nun, eigentlich weiß man's ja: in etwa so, wie es heute Ende September, Anfang Oktober zwischen Theresienwiese und Hauptbahnhof zugeht, nur halt ohne Australier (Italiener hat es damals schon in München gegeben; sie arbeiteten in den Ziegeleien Haidhausens und mehr noch Berg am Laims; ob sie sich die Biergärten leisten konnten, ist allerdings nicht überliefert und darf als unwahrscheinlich gelten). Rund um die Kellerstraße gleicht der Untergrund einem Emmentalerkäse; ein Wunder, dass nicht irgendwann alles zusammengekracht ist.

Die Stubenvollstraße: sie erinnert an eine gleichnamige Brauerei, die hier ihren Keller hatte; die Firma ist im 19. Jahrhundert verschwunden. Die Franziskanerstraße dagegen bezieht sich auf eine Brauerei, die es heute noch gibt. Sie fusionierte in der Königszeit mit „Leist" und zog in die Gegend der besagten Straße. Nach der erneuten Fusion mit Spaten bezog man dann das heutige Areal in der Hauptbahnhofgegend.

Die größten und berühmtesten Bierkeller befanden sich kurz hinter dem Gasteig an der Rosenheimer Straße rechts und links; also dort, wo einen heute das Motorama anödet, und auf dem gegenüberliegenden Gelände des jetzigen Kulturzentrums. Auf diesem Areal erinnert eine Steinplatte an Georg Elser, der 1939 im hiesigen Bürgerbräukeller ein missglücktes Attentat auf Hitler verübt hat – präzise 16 Jahre zuvor hatte im selben Lokal der Hitlerputsch begonnen.

Um die 50 Bierkeller gab es damals in Haidhausen. Nur einer, wirklich ein einziger nur hat sich erhalten: der Hofbräukeller am Wiener Platz.

Und dann, wieder etwas später, kam der erste Spekulant. Sein Name war Karl von Eichthal. Wir befinden uns in den Jahren der Gründerzeit nach dem deutsch-französischen Krieg und der vollzogenen Reichseinigung. Ganz Resthaidhausen zwischen der Rosenheimer und der Einsteintraße wurde von Karl von Eichthal gekauft ... Ganz Resthaidhausen? Nein! Ein von unbeugsamen Damen, den Nonnen vom Guten Hirten nämlich bewohntes Gebiet hörte nicht auf, dem Bankierssohn Widerstand zu leisten.

Was hier „Resthaidhausen" genannt wird, ist das Areal des heutigen Franzosenviertels.

Was lag an? Der Ostbahnhof, ekliger Weise damals auch manchmal Braunauer Bahnhof genannt, war soeben vom Lieblingsbaumeister Maximilians II., Herrn Bürklein also, errichtet worden. Das Ding stand auf völlig freiem Feld und war eigentlich nur per Zug zu erreichen (so wie heute unser Flughafen nur per Flugzeug). Zwischen der heutigen Einsteinstraße und der Rosenheimer befand sich: nichts – außer jenem Areal, welches ursprünglich den Preysings und dann, in den Siebzigern des 19. Jahrhunderts, den frommen Damen gehört hatte.

Jetzt, liebe Leser, wird es leider etwas trocken, aber die Sache ist gleichwohl äußerst interessant und hat einen so spannenden Clou, dass sie nicht übergangen werden soll; es empfiehlt sich dringend, bei der Lektüre der folgenden Absätze einen Stadtplan zu konsultieren.

Der berühmteste Baubeamte der Stadtgeschichte, Arnold von Zenetti, ein Zeitgenosse Maximilians II. und Bürkleins, der zum Teil auch als Baumeister tätig war (die Metzgerzeile am Viktualienmarkt ist von ihm), zeichnete einen ambitionierten Bebauungsplan. Der ganze Winkel sollte erschlossen und streng symmetrisch bebaut werden. Ausgangspunkt war der Platz vor dem Bahnhof als Halbkreis (Orleansplatz). Die Basisstraße war nach Zenetti die parallel zu den neuen Gleisen verlaufende Direktverbindung zwischen den beiden schon bestehenden Ausfallsstraßen (Orleans- resp. Grillparzerstraße).

Vom Bahnhofsplatz sollten strahlenförmig große Hauptstraßen abgehen, und zwar drei, jeweils im 45-Grad-Winkel (Weißenburger-, Wörth und Belfordstraße). Diese drei Straßen sollten von Plätzen unterbrochen und abgeschlossen werden, wobei geplant war, die ersten drei so entstandenen Plätze wiederum mit geraden Straßen zu verbinden. Das klappte bei der Weißenburger und bei der Wörthstraße ganz hervorragend. Erstere ist vom Pariser Platz unterbrochen und durch den Weißenburger Platz abgeschlossen, letztere führt über den Bordeauxplatz und endet bei der leider namenlosen Kreuzung von Milch- und Preysingstraße. Die Direktverbindungen zwischen den so entstandenen Plätzen sind die Pariser Straße zwischen Pariser Platz und dem unteren Bordeauxplatz und die Metzstraße zwischen dem Weißenburger Platz und dem oberen Bordeauxplatz.

So weit, so symmetrisch. Aber du liebe Zeit, da fehlt ja das Pendant auf der anderen Seite! Nordöstlich des Bordeauxplatzes ist die ganze Symmetrie über den Haufen geschmissen. Es fängt, wenn wir vom Orleansplatz ausgehen, noch ganz gut an: die Belfortstraße fügt sich genau in Zenettis Gesamtplan. An ihrer Kreuzung mit der Breisacher Straße müsste jener Platz liegen, der das Gegenstück zum Pariser Platz wäre, damit alles seine symmetrische Richtigkeit hätte; und es müsste dann noch zu einem nächsten Platz als Pendent zum Weißenburger Platz weitergehen.

Aber Fehlanzeige. Weshalb? Das Areal, auf welchem die Belfordstraße weiterlaufen müsste, um an einem zweiten Platz zu enden, befindet sich auf dem Grund des ehemaligen Preysing-Anwesens. Dieses gehörte in der Gründerzeit dem schon erwähnten Nonnenorden. Und die Damen waren widerspenstig. Sie gaben nichts und wichen nicht. Eichthals und Zenettis Verbindungen nach oben waren gut. Diejenigen der Nonnen waren besser. Es gab einen Unterstützerverein, genannt der „Verein zum Guten Hirten". Dessen stellvertretender Vorsitzender war Kaspar von Steinsdorf, und der wiederum war viele Jahre lang der erste Bürgermeister der Stadt, und hatte sie in bestem Einvernehmen mit der bayerischen Regierung und dem König geleitet. Es ist klar: Gegen die Frauen vom Guten Hirten hatten Zenetti und v. Eichthal einen schlechten Stand.

Die Nonnen blieben am Ort und die stadtplanerische Symmetrie war beim Teufel. Zum sichtbaren Zeichen steht heute, just an derjenigen Stelle, an welcher die Belfordstraße weiterlaufen müsste, die Pfarreikirche St. Elisabeth. So viel zum Einfluss, welchen sich kirchliche Organisationen nach der

Säkularisation wieder zurückerobert hatten. Stadtplanerische Gesichtspunkte mussten, wenn es um kirchliche Interessen ging, hintanstehen.

Der heutige Stadtplan erzählt also von der Macht der Kirche im München der Gründerzeit.

Dies zu verdeutlichen war, so ist die Hoffnung, den staubtrockenen Absatz über Zenettis Planungen und deren Realisierung wert.

Es war zuvor bereits unter der Regie der beiden in Haidhausen tätigen Planer ein Reisbrettviertel entstanden, und zwar rund um den Gärtnerplatz. Dieses sollte den Wohnbedürfnissen eher begüterter Kreise entsprechen. Jetzt, bei Eichthals und Zenettis Folgeprojekt rund um den Ostbahnhof, sollte Wohnraum für ärmere Schichten entstehen. Das sieht man den aufwändig gestalteten Fassaden im Franzosenviertel durchaus nicht an, und seit der Sanierungswelle im letzten Viertel des vorigen Jahrhunderts sind die hiesigen Bewohner ja kaum weniger betucht als jene des Gärtnerplatzviertels; doch von seiner Gründung an bis zu jener Welle handelte es sich um ein „Glasscherbenviertel".

Und nun zu den Straßennamen, die dem ganzen Areal zum Namen „Franzosenviertel" verhalfen. Sie sind, wie leider gesagt werden muss, recht fies. Es ist eigentlich nur eine Benennung und ein Kuriosum, durch welche unserem westlichen Nachbarland bewusst die Ehre erwiesen wird. Da ist zum einen der Bordeauxplatz. Diese Benennung erfolgte erst viel später als jene der anderen Straßen im Viertel. Ursprünglich war das eben die Wörthstraße, und noch heute gibt es in München keine einzige Adresse namens „Bordeauxplatz" – die Anrainerhäuser laufen durch die Bank als Wörthstraße, Nummer soundsoviel. Man feierte mit der Umbenennung die Städtepartnerschaft zwischen München und Bordeaux, die in den 1960ern geschlossen wurde. Dabei verfiel man, vielleicht nicht hundertprozentig glücklich, aufs Franzosenviertel.

Das Kuriosum, mit welchem Frankreich geehrt wird, ist folgendes: Man kennt die U-Bahnstation „Ostbahnhof" der Linie U5, welche 1988 in Betrieb ging. Sie ist in den Farben rot und weiß gehalten. Fährt nun eine U-Bahn in den Bahnhof, hat man die drei französischen Nationalfarben, denn Münchens U-Bahnzüge sind traditionell weiß und blau. Blau, weiß, rot: Voilá le drapeau tricolore; vive la France!

Alle anderen Straßennamen im Franzosenviertel haben dagegen einen eher boshaften Hintergrund. Im Jahr 1870 haben sich die preußischen Armeen mit den süddeutschen zusammengetan, um gegen das Frankreich Napoleons III. Krieg zu führen. Die Bayern waren da natürlich auch mit von der Partie. Der Krieg endete im folgenden Jahr mit dem Sieg der vereinten deutschen Armeen; wir kommen an späterem Ort noch ausführlich darauf zurück. Dieser Sieg führte nicht nur zur Reichseinigung unter preußischer Fuchtel und damit zum Ende der bayerischen Souveränität – für Bayern war's ein rechter Pyrrhus-Sieg – sondern auch zu tonnenschweren Reparationszahlungen, welche das besiegte Frankreich dem neu ausgerufenen Deutschen Reich zu entrichten hatte. Der Geldsegen wiederum führte zum Boom der sogenannten „Gründerzeit" – so nennt man die der Reichseinigung unmittelbar folgende Epoche von nur etlichen, aber sehr umtriebigen Jahren. Einige dieser Gelder flossen auch nach Bayern, und es waren unter anderem die Summen aus diesen Fonds, mit welchen Karl von Eichthal das neue Viertel aus dem Boden stampfte. Als es nun um die Benennung der neu entstandenen Straßen ging, erinnerte man sich der Triumphe während des Feldzuges gegen Frankreich, an den Sieg und die folgende Kaiserkrönung. Das erklärt übrigens auch, warum es oft eher unbedeutende Orte sind, auf welche unsere Namen anspielen. Es gibt ja hier keinen Lyoner Platz, keinen Marseilleweg und auch keine Nizzagasse. Dagegen wird an Wissembourg mit einer großen Straße und dem sie abschließenden Platz erinnert. Der Platz dürfte darüber hinaus noch zu den schönsten der ganzen Stadt gehören. Bei Wissembourg, zu Deutsch Weißenburg, handelt es sich um eine Gemeinde von nicht ganz 8.000 Seelen – warum also derart viel Tamtam? Es geht dabei um die Erinnerung an die Schlacht von Weißenburg, die am 4. August 1870 geschlagen worden ist. Sie erschien den Gründerzeitlern deshalb so bedeutsam, weil hier erstmals die verschiedenen deutschen Koalitionsarmeen gemeinsam agierten und siegten; es handelte sich aus dieser Perspektive also um einen weiteren Schritt in Richtung Reichseinigung.

In derart bellizistischem Geist sind fast alle Straßenzüge hier getauft:

Gravelotte – dort fand im Krieg von 70/71 die für die Preußen verlustreichste Schlacht seit Leipzig 1813 statt; die Gemeinde zählt heute übrigens weniger als 1.000 Einwohner.

Belfort – über 100 Tage lang mussten die Preußen im deutsch-französischen Krieg die arme Stadt belagern, ehe sie sich ergab.

Elsass und Lothringen – die beiden Regionen hat sich das neu ausgerufene deutsche Reich einverleibt. Diese Annexion war die größte Hypothek für das deutsch-französische Verhältnis bis zum Ausbruch des Ersten Weltkrieges, sie hauptsächlich verhinderte jegliche Annäherung der beiden Nachbarn; nach dem Weltkrieg wurden Elsass und Lothringen wieder französisch.

Wörth – die Wörthstraße ist nebst der Orleansstraße eine der beiden Zentralachsen im Viertel – eine wichtige Straße in unserer Millionenstadt. Wörth selbst hat gerade mal 1.800 Bewohner. Die Schlacht an diesem Ort war zwei Tage nach jener von Weißenburg.

Schließlich spielte auch **Orleans** eine Rolle im Krieg von 1870 / 71. Anfang Dezember verloren die Franzosen hier ein weiteres Aufeinandertreffen, so dass den vereinten deutschen Armeen die Eroberung der Hauptstadt Paris nicht mehr verwehrt werden konnte. Im Spiegelsaal des Schlosses von Versailles hat man siegestrunken am 18. Januar 1871 den preußischen König Wilhelm I. zum deutschen Kaiser ausgerufen, samt hohenzollerischem Erbrecht auf diesen Titel. Der Chef des bayerischen Herrscherhauses, ein gewisser Ludwig, der zweite König dieses Namens, glänzte durch Abwesenheit, aber sein Bruder war im Prunksaal – auch davon später mehr.

Wir haben hier über die Zeit Maximilians II. hinausgegriffen, um die Geschichte Haidhausens geschlossen erzählen zu können.

2.5 WACHSTUM UND VERÄNDERUNGEN

Es war in den Zeiten des ungeliebten Kurfürsten Karl Theodor gewesen, also am Ende des 18. Jahrhunderts, als die Stadt zum vorletzten Mal in ihrer Geschichte einen kurzzeitigen Bevölkerungsrückgang verzeichnete (der allerletzte Rückgang geschah während des Endes des Zweiten Weltkrieges, verursacht durch die Bombardierungen). Im 19. Jahrhundert wuchs die Stadt stetig und in einem Ausmaß, das man einerseits durchaus dramatisch nennen kann, das aber andererseits in sehr vielen europäischen Städten verzeichnet wurde, zum Teil sogar noch wesentlich heftiger. Verursacht wurde dieses Wachstum durch die Industrialisierung sowie durch Stadterweiterungen in der eben beschriebenen Art. Mit Haidhausens Eingemeindung 1854 gab es auf einen Schlag weit über 10.000 Münchner mehr, und Giesing, das im selben Jahr zu München kam, steuerte nochmals dreieinhalbtausend Seelen (und potentielle spätere Anhänger des dort ansässigen Turnvereins) bei. Für 1852 ergab eine

Volkszählung 106.000 Münchnerinnen und Münchner, 1855 zählte man bereits 132.000; nochmals sei darauf verwiesen, dass dieser Zuwachs im Wesentlichen auf die Eingemeindungen zurückgeht. Es handelt sich also um eine verwaltungstechnische Herausforderung, welcher im kommenden Jahrzehnt unter anderem mit dem Bau des Neuen Rathauses begegnet werden sollte. In Maximilians Regierungszeit zwischen 1848 und 1862 stieg die Bevölkerungsziffer von Anfangs knapp unter 100.000 auf 150.000 in seinem Todesjahr. Dieser neuerliche Anstieg ist nicht nur durch Eingemeindungen, sondern auch durch Zuzug zu erklären. Die Ära Industrialisierung ist überall in Europa durch Landflucht geprägt – die Menschen suchten Arbeit in den Städten, deren Bevölkerungszahlen dadurch teilweise rasant anstiegen.

Wie gut, dass man zu Maximilians II. Zeiten, genauer im Jahr 1857, die Weisswurscht erfunden hat, sonst wären die neuen Massen unter Umständen nicht satt geworden; das Witzlein unterschlägt allerdings, dass sich die wenigsten der neu Eingebürgerten Fleischgenuss leisten konnten – die allermeisten waren bettelarm.

Das Bier, oder besser seine massenweise Produktion, blieb ein wichtiger Wirtschaftsfaktor in der Stadt. Die zahlreichen Bierfabriken – man kann das, was da im 19. Jahrhundert speziell in Haidhausen entstand, schon so nennen – boten eben auch vielen Menschen ein Einkommen. Dann war da die Eisenbahn: schon Maximilians Vater hatte, seinen oben zitierten dichterischen Vorbehalten zum Trotz, den Eisenbahnbau unter die Fittiche der Regierung genommen und für eine staatliche Lenkung und Förderung gesorgt. Der Streckenausbau, die Bahnhofsbauten und die Zugmaschinenproduktion verschafften den vom Pauperismus betroffenen Schichten Erwerbsmöglichkeiten, wenn auch oft hoffnungslos unterbezahlt. Hier hob sich allerdings der umtriebigste der Münchner Unternehmer, Joseph Anton v. Maffei, wohltuend ab, denn er sorgte für Betriebsrenten und andere soziale Einrichtungen in seinem Werk.

Maffeis Maschinenfabrik, in der Hirschau gelegen, markiert einen Wendepunkt in der Wirtschaftsgeschichte der Stadt, denn nun begann die Industrialisierung hier schnell und erfolgreich Fuß zu fassen. Die erste bei Maffei produzierte Lok hieß „Der Münchner". Sie zog die Wägen auf der neuen Linie nach Augsburg, für deren Bau Maffei sich stark engagiert hatte. In der Ära Maximilians II. wurden die Produktivität und gleichzeitig die Qualität enorm gesteigert: Knapp 500 Loks hatte die Firma beim Tod des Königs bereits produziert. Die Maschinen genossen einen ausgezeichneten Ruf. Dazu kamen seit 1851 Dampfschiffe für den Starnberger See (damals freilich noch „Würmsee"). Es war in ganz Deutschland so, dass Dampfmaschinenproduktion und Eisenbahnausbau die absolute Führungsrolle bei der Industrialisierung einnahmen. Richard H. Tilly, Wirtschaftshistoriker und ausgewiesener Fachmann für die Epoche der Industrialisierung, betont wie fast alle seine Kollegen die exponierte Bedeutung des Eisenbahnbaus für die ökonomische Entwicklung Deutschlands im 19. Jahrhundert. An Münchens Wirtschaftsgeschichte und an der Maffei'schen Fabrik beim Englischen Garten kann man diese These exemplarisch nachvollziehen (ders., Zollverein, S. 50ff.).

Es war so weit: In München begannen, etwas verspätet, die Schornsteine zu rauchen – und dies jetzt nicht mehr nur zum Brauen; und es sei hervorgehoben, dass der König selbst mit seiner Wissenschaftsbegeisterung voll auf der Höhe der Zeit war. Die Entdeckungen und wissenschaftlichen Innovationen waren ja die zwingende Vorbedingung für den industriellen Progress. Nicht selten, wie zum Beispiel im Falle Justus von Liebigs, waren die Naturwissenschaftler gleichzeitig Unternehmer und damit wirtschaftliche Verwerter ihrer eigenen Entdeckungen. Auch darin war Maximilian II. modern, dass ihn die mit der Industrialisierung aufkommende soziale Frage sehr interessierte, anders als seinen Vater, seinen Sohn oder einen Großteil der liberalen Bewegung. Letztere war ja hauptsächlich eher von Oberschichtlern, nämlich von Industriellen und Professoren, getragen. Maximilian II. nahm eigene Mittel in die Hand, um Arbeiterwohnungen errichten zu lassen, allerdings nicht etwa in seiner Residenzstadt, sondern in Nürnberg. In Franken war die Industrialisierung nämlich viel weiter vorangekommen als in Altbayern. Also stellten sich dort auch alle mit ihr verbundenen sozialen Fragen viel drängender. Die Regierung erließ auch Gesetze gegen die Kinderarbeit in den Fabriken und später in der Landwirtschaft.

2.6 POLITIK IN DER ÄRA MAXIMILIANS II.

Gewagte Frage: Ob Maximilian II. manchmal und klammheimlich einen Funken Sympathie für die Revolution von 1848 verspürte? Fest steht, dass er durch sie auf den Thron kam. Fest steht ferner, dass er ohne sie niemals

König geworden wäre, denn sein Vater hat ihn überlebt (zugestanden – das konnte er bis zu seinen Sterbestunden nicht wissen). Bei seinem Amtsantritt hat er hinausposaunt, es erfülle ihn mit Stolz, ein konstitutioneller König zu sein; nun, derlei Phrasen waren in der Revolutionszeit angebracht, wenn man gut Wetter machen wollte, und wieviel Ehrlichkeit hier im Spiel war, das lassen wir dahingestellt. Seinem Zeitgenossen und Königskollegen Friedrich Wilhelm IV. wäre, daran besteht kein Zweifel, ein solcher Satz nie über die Lippen gekommen (ja, es hilft nichts, wir werden ab jetzt immer häufiger nach Berlin blicken müssen, wenn wir politische Vorgänge in Bayern verstehen wollen).

Auch für Bayern gilt das Urteil, welches oben schon für den gesamtdeutschen Verlauf der Revolution umrissen wurde: Von einem völligen Scheitern kann man eigentlich nicht sprechen. In Bayern waren die Folgen sogar noch deutlicher. Ludwig I. sah sich zum Rücktritt gezwungen. Die Befugnisse der bayerischen Kammern wurden erweitert und die Verfassung liberalisiert. Gesetzesinitiativen konnten nun auch vom Parlament ausgehen. Es kam zu einer Frühform der Ministerverantwortlichkeit. Das alles sind revolutionäre Errungenschaften.

In allen deutschen Ländern setzte so um 1850 herum eine reaktionäre Phase ein. Das, was die Achtundvierziger erstritten hatten, sollte schrittweise revidiert werden. Die Administration Maximilians II., angeführt von seinem Regierungschef Ludwig von der Pfordten, machte da ohne jeden Enthusiasmus mit.

Besagter Herr von der Pfordten musste auch eine Strategie in der Deutschlandpolitik entwickeln. Die Einheitsfrage war durch die Revolution nicht geklärt worden. Die Rückkehr zum Status quo ante, das heißt zum Frankfurter Fürstenbund als einziger, äußerst loser gesamtdeutscher Institution, wurde in der politischen Öffentlichkeit – es gab sie nun in immer stärker werdendem Maße – mit großer Enttäuschung quittiert. Darüber hinaus mutierte der Bund mehr und mehr zu einem verhassten Instrument der Reaktion. So marschierten in seinem Auftrag österreichische und leider auch bayerische Truppen in Kurhessen ein, um den dortigen Fürsten vor der Wut seiner Untertanen zu beschützen. Diese Wut war mehr als berechtigt, denn der Kurfürst (ein alberner Titel eigentlich, denn zu küren, also zu „wählen" gab´s ja seit 1806 nichts mehr) hatte es mit reaktionären und arroganten Maßnahmen dahin gebracht, dass sich das ganze Land einschließlich des größten Teils der Armeeoffiziere gegen ihn gestellt hatte. Er hatte das Kriegsrecht über das Land verhängt, aber das wirkte nicht, weil die hessischen Offiziere die Konterrevolution nicht mitmachen wollten. In dieser Not wandte sich der Provinzrabauke an den Bund, der prompt die Österreicher und die Bayern mit der Besetzung Kurhessens beauftragte. Es ist bezeichnend, dass dieses Vorgehen selbst den Preußen zu weit ging. Eine Zeitlang sah es sogar danach aus, als wollten sie den tapferen Hessen bei ihrem Kampf gegen ihren Kurfürsten, die Bayern und die Österreicher aktiv helfen. Preußische Einheiten wurden gegen die Bundestruppen in Stellung gebracht. Schüsse fielen. Ein Pferd der Preußen starb, ein paar Österreicher wurden verletzt. Da besann sich König Friedrich Wilhelm IV. – ein Krieg gegen Bayern und Österreich, zur Unterstützung von Untertanen, die sich gegen ihren Fürsten gestellt hatten – das hätte wirklich nicht zu diesem Mann gepasst.

Man sieht: Der deutsche Bund in Frankfurt konnte in den Augen der Liberalen und der großen Mehrheit der politisch Interessierten kein hinreichendes Surrogat für die fehlende deutsche Einheit sein.

Die Frage der deutschen Einheit war damals das alles beherrschende Thema. Dabei kreiste die Diskussion um folgende Problematiken: erstens um den Umfang des neu zu schaffenden Staatskörpers; sollte Österreich mit von der Partie sein, und, falls ja, sollte es nur mit seinen „deutschen", also deutschsprachigen Gebieten beitreten oder aber mitsamt allen anderen Gebieten? In letzterem Fall wären viele Landstriche, in welchen es keinerlei deutsche Traditionen gegeben hatte, Teil eines zentraleuropäischen Riesenreiches geworden; Ungarn beispielsweise, um nur eine wichtige Region zu nennen. Dann war da zweitens die Frage nach dem Staatsoberhaupt: Im Falle eines Beitritts Österreichs wäre der österreichische Herrscher ein heißer, wo nicht der heißeste Kandidat für den Titel eines deutschen Kaisers gewesen. Die Begeisterung über diese Perspektive hielt sich in Berlin und Potsdam in den allerengsten Grenzen. Hier favorisierte man klar die sogenannte „kleindeutsche" Lösung. Das bedeutete, dass das neue deutsche Reich ohne Österreich zu schaffen war, was wiederum implizierte, dass dieses Reich kleiner, protestantischer und zentralistischer als ein „großdeutsches" sein würde; ferner würde es – und darauf kam's in erster Linie an – von Preußen dominiert und von einem Hohenzollern als Kaiser gelenkt werden. Als ob diese Fragen nicht schon kompliziert genug gewesen wären, kam noch eine weitere hinzu, welche speziell auch aus Münchner Perspektive sogar die wichtigste war: Was würde denn im Falle einer Reichseinigung aus den souveränen Potentaten der anderen, so genannten „mittleren" Beitrittsländer (und aus diesen selber)? Was, anders gefragt, sollte man noch mit einem bayerischen König anfangen, wenn Bayern selbst Bestandteil eines wie auch immer geratenen deutschen Kaiserreiches geworden wäre, wobei es schon ganz gleich war, ob dessen Kaiser nun ein Österreicher (also Habsburger) oder ein Preuße aus dem Hause Hohenzollern gewesen wäre? Kann der bayerische König dann ganz weg oder kriegt er wenigstens noch den Austragsposten eines „Filialleiters Süd" (G. Ringsgwandl)?

Der Regierungschef in München, Ludwig von der Pfordten, fragte sich verzweifelt, ob es nicht noch eine dritte Möglichkeit einer Einigung Deutschlands gebe; denn in beiden oben genannten Versionen wäre die bayerische Souveränität die Isar hinunter gegangen. Konnte ein „Drittes Deutschland" diesen drohenden Souveränitätsverlust aller anderen deutschen Staaten, also Badens, Württembergs, Sachsens und Bayerns abwenden? Es waren dann schon windelweiche Konstruktionen, die aus den zuständigen Münchner Ministerien in die Debatte geworfen wurden: Etwa jene eines Direktoriums, welches an des neuen Deutschlands Spitze stehen sollte, mit einem jeweils durchzuwechselnden Kaiser; sagen wir also, ein Hohenzoller fängt als Kaiser an, und wenn er stirbt, oder auch nach einem bestimmten Turnus, löst ihn dann ein Wittelsbacher ab … ach, sie spürten nicht die rauer werdende Luft im Norden, die braven Herren des „Dritten Deutschlands", die sich, ihren Ländern und ihren Potentaten die mühsam erstrittene Souveränität bewahren wollten.

Wir wollen uns ein wenig umhören, um jene raue Luft herauszufiltern, die damals aus Preußen in die süddeutschen Länder hineinwehte. Ein Sprachrohr des preußischen Bürgertums, in der zweiten Jahrhunderthälfte viel gelesen und oft gehört, war der Herr Heinrich von Treitschke, seines Zeichens Historiker, Publizist und später Reichstagsabgeordneter. Ein Vollborusse, kleindeutsch und (nach anfänglicher Skepsis) streng Bismarckgläubig, antikatholisch und imperialistisch, antienglisch und, um das Maß voll zu machen, was eigentlich ja schon gar nicht mehr nötig wäre, Antisemit; auch über Bayern wusste der Mann was, und man darf davon ausgehen, dass seine Follower, von welchen es in Preußen sehr viele gab, ihm den Stuss wie jeden anderen abnahmen. Es handele sich beim bayerischen Königreich laut v. Treitschke nämlich um „[…] *eine lebensunfähige politische Missbildung, recht eigentlich*

[um] *einen Zwerg mit einem Wasserkopf.*" (Zit. nach Bayern 2 Radiowissen, „Das Bild der Bayern").

Das sollte eigentlich genügen, recht viel mehr wollen wir gar nicht mehr hören. Wir stellen dazu nur noch ein Bismarck-Wort aus dem Jahr 1862, um uns klar zu machen, dass der bayerischen Souveränität eine tödliche Gefahr aus dem Norden drohte, weit schlimmer als jene, die seit hunderten von Jahren aus dem Südosten gedroht hatte. Also schnarrte der damals noch recht taufrische preußische Ministerpräsident Otto v. Bismarck: „*Nicht durch Reden oder Mehrheitsbeschlüsse werden die großen Fragen der Zeit entschieden – das ist der Fehler von 1848 und 1849 gewesen – sondern durch Eisen und Blut.*" (Pfälzer Zeitung, Ausg. v. 6. 10. 1862, S. 1).

Träumt weiter, ihr Politiker des „Dritten Deutschland", träum´ weiter, Österreich! Die Preußen haben jetzt einen Regierungschef, der entschlossen ist, die deutsche Frage mit „*Eisen und Blut*" zu lösen. Darüber hinaus haben sie dort die Industrialisierung viel weiter vorangetrieben als die innerdeutsche Konkurrenz. Ein Ergebnis dieses Prozesses war das Zündnadelgewehr. Dessen Schießfrequenz ist um ein vielfaches höher als die jener Gewehre, die in den verstaubten Armeen Österreichs und Bayerns im Einsatz waren. Außerdem konnte der Benutzer des Zündnadelgewehrs liegend schießen – er ist dadurch viel schwerer selbst zu treffen. Österreichische und bayerische Soldaten schossen noch im Stehen oder bestenfalls kniend.

Die kurze Ära König Max´ II. war aus deutschlandpolitischer Perspektive eine Zeit des Vorspiels und der Ruhe vor den Stürmen. Sturmauslöser Otto von Bismarck, der die Sache entscheiden sollte, war ein gutes Jahr vor dem Tod des dritten bayerischen Königs ins Amt des preußischen Regierungschefs berufen worden. Die mit „*Eisen und Blut*" herbeigeführte Reichseinigung geschah in den Tagen des Nachfolgers Maximilians II.; er selbst verstarb am 10. März 1864 überraschend und früh.

Mit ihm ging der letzte vollsouveräne bayerische Herrscher ins Grab. Das wird angesichts der weltweiten Berühmtheit seines bauwütigen Nachfolgers gerne übersehen. Die Beerdigung muss herzergreifend gewesen sein, und nicht nur deshalb, weil sein eigener Vater der Zeremonie beiwohnen musste, was ganz sicher erschütternd wirkte. Der berühmteste Satz Maximilians II. lautet: „*Ich will Frieden haben mit meinem Volke.*" Er sprach ihn im Zusammenhang mit der Entlassung seines Regierungschefs v. d. Pfordten im Jahr 1859. Der König hätte sehr gerne an ihm festgehalten, aber die Kammermehrheit hatte sich gegen seine Regierung gestellt. Ganz konstitutioneller Monarch, entließ er den Regierungschef, dem er eigentlich vertraute, um eine den Kammern genehmere Administration zu bilden.

Der berühmte Satz wurde auch in den Grabreden zitiert, die durchwegs über das Formelhafte hinausgehen, aus welchen also mit anderen Worten echte Trauer deutlich herauszuhören ist. Das gilt namentlich für die Worte des Münchner Rabbiners Hirsch Aub. König Maximilian hatte dessen Bemühungen um eine rechtliche Besserstellung der Juden in Bayern – das Wort „Gleichstellung" darf allerdings nicht auf die bayerischen Verhältnisse nicht angewendet werden – stets tatkräftig unterstützt. Der Rabbiner hielt bei den Trauerfeierlichkeiten eine warmherzige Regierungsbilanz mit dem Titel „*Was König Maximilian II. uns war*". „*Güte*" zuerst, dann „*Gerechtigkeit*" und „*Wahrheitsliebe*" seien die herausragenden Tugenden des Verblichenen gewesen, und sein Tod bedeute für alle Untertanen einen „*Sonnenuntergang*" (die ganze Predigt vgl. www.bavarikon.de). Die Sonne der bayerischen Souveränität versank dann kurz nach Maximilians Tod, wobei außer Zweifel steht, dass weder er selbst noch von ihm bestellte Regierungen diesen Untergang zu verhindern imstande gewesen wären.

3. DER VOLLZUG DER REICHSEINIGUNG ZWISCHEN 1864 UND 1871

3.1 PREUSSEN ZWISCHEN BISMARCKS REGIERUNGSANTRITT UND DEM VORABEND DES KRIEGES VON 1866

In diesem Kapitel müssen wir einen radikalen Perspektivwechsel vornehmen. Die Frage, warum Bayern im Jahr 1871 seine Souveränität verlor und München damit in gewissem Sinne seinen Hauptstadtcharakter, ist allein aus der bayerischen Sichtweise heraus keinesfalls zu verstehen.

Bei jeder Wiedergabe einer historischen Begebenheit stellt sich die Frage „Wo beginnen?" So übertrieben es also wäre, anlässlich der Schilderung irgendeines lauen historischen Lüftchens gleich zu den alten Römern zurückzukehren, um die tieferen Ursachen geschildert zu haben, so unzulässig wäre es andererseits, zu postulieren: „Das von Bismarck regierte Preußen schusserte die Österreicher 1866 kriegerisch aus dem Ringen um die deutsche Einheit, führte danach die verbliebenen deutschen Mittelstaaten gemeinsam in einen Krieg mit Frankreich und gründete schließlich nach dem Sieg im Januar 1871 das Deutsche Reich mit einem Hohenzollern als Kaiser an dessen Spitze. Damit war Bayerns Eigenständigkeit verloren".

Das stimmt zwar, aber so leicht geht's natürlich nicht, denn damit ist wenig bis nichts erklärt; ein bisserl mehr darf es schon sein:

Die Geschichte der Gründung des Kaiserreiches beginnt mit der Ernennung Bismarcks zum preußischen Regierungschef, und diese wiederum lag begründet in einem Webfehler so ziemlich aller Verfassungen des 19. Jahrhunderts. In diesen Konstitutionen gab es fast immer eine Kammer, also ein Parlament, wobei es damals durchaus noch nicht so war, dass jeder Wähler über eine gleichwertige Stimme verfügte (um von Wählerinnen zu schweigen, denn ein Frauenwahlrecht gab's im 19. Jahrhundert so gut wie nirgends). Diese Kammern hatten in gewisser Weise das Budgetrecht; aber obwohl es in all diesen

Verfassungen eine Art Ministerverantwortlichkeit gab, so war doch nirgends verankert, dass die Ernennung einer Regierung mit dem Parlament, respektive wenigstens mit seiner Mehrheit, vereinbart werden müsse. Das Recht der Bildung einer Regierung lag bei den Monarchen. Das war in Preußen so, in Bayern, und auch in den anderen deutschen Klein- und Mittelstaaten. Der Webfehler all dieser Verfassungen bestand nun in Folgendem: Was passiert, wenn die Regierung durchaus auf der Durchführung (und Finanzierung!) einer Maßnahme beharrt, welche das Parlament ablehnt und also auch nicht bezahlen will?

In gewisser Weise haben präsidiale Verfassungen unserer Zeit dieses Problem immer noch. In den Vereinigten Staaten kommt es mitunter zu schweren innenpolitischen Konflikten, wenn der Chef der Exekutive – sprich der Präsident – ein Projekt durchsetzen möchte, welches an die Zustimmung der Legislative – sprich des Kongresses – gebunden ist, und die Abgeordneten eben diese Zustimmung nicht geben. Auch in Frankreich geht die Exekutive nicht aus der Parlamentsmehrheit hervor, sondern wird eigens und direkt gewählt, und auch hier kracht es ab und zu gewaltig zwischen Monsieur Le Président und der Assemblée nationale. Das deutsche Grundgesetz hat diesen potentiellen Konflikt dadurch gelöst, dass die Parlamentsmehrheit die Regierung wählt; so ist für eine möglichst große Deckungsgleichheit der politischen Ziele gesorgt. Andererseits verliert das Parlament damit eines seiner historisch wichtigsten Funktionen: Das ist die Kontrolle und die Kritik der Regierung. Diese verschiebt sich in parlamentarischen Systemen zwangsläufig auf die Parlamentsminderheit.

Manche(r) mag sich denken, dass nun, wenn schon nicht bei Adam und Eva, so doch mehr oder weniger kurz nach den alten Römern begonnen wurde; aber diese Verfassungsprobleme sind wirklich wichtig, um Bismarcks Ernennung und seine Politik in den ersten paar Jahren zu verstehen.

Budgetrecht und Regierungskontrolle – das sind also die klassischen Rechte der Parlamente im 19. Jahrhundert und mutatis mutandis noch heute. Was aber macht man – rein theoretisch und erst mal ganz gleichgültig, in welchem Staatsgebiet – wenn die (nicht gewählte) Regierung etwas finanziert haben will, was die (gewählten) Kammern aber eben nicht bezahlen wollen? Schwierige Sache; in Bayern haben wir einen solchen Konflikt schon erzählt: König Ludwig I., an sich sogar ursprünglich Konstitutionalist, war baff erstaunt, als er feststellen musste, dass die Kammern seine Bauten nicht etwa begeistert bejubelten (und finanzierten), sondern mäkelten, kritisierten und nicht selten blockierten. Man raufte sich da irgendwie zusammen, aber zu echtem Einvernehmen kam es eigentlich nie.

Im Preußen des Jahres 1862 ging es nicht um Museen wie einst bei Ludwig I. Es ging – hätten Sie's gedacht? – um die Armee. Viel Übung im Umgang mit einer Verfassung hatten sie dort oben noch nicht. Erst seit den Revolutionstagen gab es überhaupt eine solche; Bayern hatte da ein knappes halbes Jahrhundert Vorsprung. König Wilhelm I. wollte partout eine größere Armee und für diese mehr Geld vom Parlament. Dieses zierte sich. Die echten Liberalen hatten Angst vor einem solchen Instrument in der Hand eines Mannes, dessen Beiname „Kartätschenwilli" war, weil er in seiner Kronprinzenzeit seine Hauptbeschäftigung darin gefunden hatte, auf Revolutionäre einballern zu lassen. Die preußische Armee war mehr als jene in den anderen Staaten auf deutschem Gebiet ein Staat im Staat, sie war streng auf den Monarchen ausgerichtet, aristokratisch dominiert, ein Instrument der Reaktion, und der parlamentarischen Kontrolle entzogen. Es ging bei der Heeresreform, die von den Reaktionären forciert wurde, tatsächlich um ein Rollback der Errungenschaften von 1848. Ihre Stoßrichtung war eine dezidiert innenpolitische: Die Abgeordneten des preußischen Parlaments und insbesondere die Liberalen unter ihnen sollten lernen, wo der Hammer hängt: im Königsschloss. Es handelte sich also um eine Kraftprobe zwischen preußischem Liberalismus und preußischer Reaktion.

Die weniger echten Liberalen in der Kammer hatten im Prinzip nichts gegen eine größere preußische Armee, wollten sich aber trotzdem nicht ohne Gegenleistung von der Exekutive gängeln lassen. Monate und Monate zog sich das so hin. Der neue König Wilhelm I., der erst kürzlich an die Stelle seines amtsunfähigen älteren Bruders getreten war, soll schon zum Aufgeben bereit gewesen sein. Das hieß in diesem Fall nicht etwa das Aufgeben des Plans einer vergrößerten Armee – wozu war der Mann schließlich Hohenzoller? – sondern der Rücktritt vom Thron.

In dieser völlig verfahrenen Situation hatte jemand im Königsumfeld die rettende Idee. Es gebe da Einen, so steckte man dem frustrierten Monarchen, der sei anders als die gewöhnlichen reaktionären preußischen Monarchisten. Politisch gewiefter; schlauer; charmanter; charismatischer; und vor allem konsequenter; ein genialer Brutalist; kurz, der Mann der Stunde. Sein Name sei Otto von Bismarck. „Na denn lassen Se'n komm´´, ick will mir det

Wunderkind ma anseh'n!" Irgendwas in dieser Art wird der König wohl ge-schnarrt haben, und daraufhin näherte sich der Auserkorene in Gewaltmär-schen dem Schloss Babelsberg in Potsdam. Er erreichte es am 22. September 1862, und damit war für die Zukunft Vieles entschieden; u. a. der Untergang des eigenständigen Königreichs Bayern.

Zunächst ging es jedoch um viel weniger, nämlich nur um die Zerschla-gung jenes Gordischen Knotens, den der Konflikt zwischen Regierung und Parlament geknüpft hatte. In dieser Situation erfand Bismarck, ansonsten Theorien eher abhold, die „Lückentheorie". Demnach bestand in der Ver-fassung eine Definitions-„Lücke", jene eben, die offen ließ, was denn nun im Falle eines Dissenses zwischen Exekutive und Legislative zu geschehen habe. Das hatte der neue Regierungschef (und übrigens gleich auch noch Außen-minister) so weit ja auch ganz richtig analysiert. Eher zweifelhaft war aber der zweite Teil der Bismarck'schen Lückentheorie. Diese besagte, dass im Zweifelsfall eben der Monarch das entscheidende Wort zu sprechen habe. So geht's natürlich eigentlich nicht. Denn das besagt ja strenggenommen, dass es völlig gleichgültig ist, was das Parlament sagt: Stimmt es mit der Regierung überein, ist alles in Butter, steht sie ihr jedoch entgegen, ist es doch wieder die Regierung, die das Machtwort spricht. Man könnte das eine Form der Diktatur nennen, und es wurde auch viel später so genannt, und zwar von keinem anderen als von Bismarck selbst. In seinen Memoiren steht, dass er dem König am 22. September 1862 nichts anderes als eine zeitbegrenzte Dik-tatur vorgeschlagen habe.

Vier Jahre lang regierte die Administration Bismarcks völlig ohne jedes vom Parlament getragene Budget im Lande Preußen. Die Heeresreform, jenes (sauteure) Steckenpferd des Monarchen, wurde auf diese Art durchgeprügelt. Das war illegal, und alle wussten es. Für Bismarck galt es, genügend Stim-men in der Öffentlichkeit und schließlich sogar im Parlament zu finden, die zu folgendem gedanklichem Klimmzug bereit waren: „Illegal ist es vielleicht; aber es ist doch irgendwie legitim." Dem Adjektiv „legitim" haftet eine er-staunliche Dehnbarkeit an (im Gegensatz zum Adjektiv „legal").

Um sein Vorgehen also irgendwie zu legitimieren, brauchte Bismarck Er-folg, Erfolg und nochmals Erfolg; möglichst so viel davon, dass alle Opposi-tion zum Schweigen gebracht werden könnte. Wir sehen an dieser markanten Stelle zwei Phänomene: Erstens, anders als noch etwa 60 Jahre früher war nun eine Politik völlig ohne Rücksichtnahme auf die öffentliche Meinung nicht mehr möglich. In der Zeit des Ancien Régime, also vor den großen europäischen Revolutionen, hätte kein Hahn in den Exekutiven danach gekräht respektive gefragt, was denn irgendwelche Zeitungen oder bestimmte gesellschaftliche Kreise zu diesen oder jenen Maßnahmen sagen würden. Das war nun vorbei. Und zweitens: Bismarck war der erste deutsche reaktionäre Politiker, der das nicht nur begriffen hatte, sondern sogar gewillt war, sich diese öffentliche Meinung zunutze zu machen. Darin ist der Mann höchst modern. Man darf getrost davon ausgehen, dass seine Verachtung für die öffentliche politische Meinung jene der anderen reaktionären oder monarchistischen Politiker sogar noch übertraf. Allein: Während jene aus ihrer Verachtung folgerten, man könne, ja man müsse sie sogar ignorieren, hat Bismarck sie als vorhandene Größe vorausgesetzt und einkalkuliert. Unterschätzt hat er die mittlerweile entstandene politische Öffentlichkeit und Meinung nie. Er wusste, dass man sie manipulieren und für sich einsetzen kann.

Erfolge um jeden Preis waren das Gebot der Stunde; und besonders günstig wäre es natürlich, wenn die an der Legalität vorbeigepeitschte Heeresreform dank dieser Erfolge im Nachhinein als das hingestellt werden könnte, was man heute gerne alternativlos nennt. Streng nach dem Motto: „Nun seht – wer hat damals recht gehabt?!" Das heißt also, dass Bismarck das illegal vergrößerte Heer erfolgreich einsetzen musste, um die angestrebte Rehabilitierung seiner „Diktatur" zu erreichen. Oder mit anderen Worten:

Ein gewonnener Krieg musste her; mindestens einer!

Wer damals in Preußen oder sonst irgendwo in jenem etwas schwer zu definierendem Teil Mitteleuropas, der sich (wenigstens mehrheitlich) als deutsch empfand, in der öffentlichen Meinung punkten wollte, war gut beraten, ans Nationalgefühl zu appellieren, ganz gleich, was er selber darüber dachte (diesbezüglich sind sich nicht wenige Expertinnen nämlich speziell bei Herrn von Bismarck gar nicht mal so sicher). Nun traf es sich günstig, dass just in der Zeit, als die Heeresreform durchgesetzt war, die deutschen Patrioten wieder mal indigniert, ja entsetzt waren – und als „deutsche Patrioten" empfanden sie sich alle, die preußischen Parlamentsmitglieder, ob sie nun die Bismarck'schen Militärgesetze quengelnd akzeptiert oder, wie die freisinnig-liberalen Abgeordneten, brüsk abgelehnt hatten.

Das permanente empörte Beleidigtsein gehört zur nun gut zweihundertjährigen Geschichte des deutschen Nationalismus wie der süße Senf zur Weißwurst. Diesmal, wir sprechen über das Jahr 1863, bildete, man glaubt es kaum, die dänische Politik den Stein des Anstoßes. In Kopenhagen war man nämlich der Meinung, die Landstriche Schleswig und Holstein gehörten zum dänischen Königreich, oder sie sollten zukünftig dazu gehören, oder wie auch immer. Deutschlands Patrioten waren entrüstet (und nochmals sei betont, dass so ziemlich jeder Politiker innerhalb des Deutschen Bundes das Attribut „deutscher Patriot" für sich beansprucht hätte). In ganz Deutschland bildeten sich – kein Witz – „Schleswig-Holstein-Vereine", die öffentliche Meinung war von den Linksliberalen bis zu den monarchistisch Gesinnten, von den Kleindeutschen bis zu den Großdeutschen, von den Rheinländern und den Berlinern bis zu den Oberbayern der einhelligen Meinung, es gelte, die deutsche Ehre gegen das tyrannische dänische Okkupationsstreben zu verteidigen.

Es war ein gefundenes Fressen für Preußens Regierungschef, dass er die reformierte preußische Armee so kurz nach ihrer Umgestaltung in einen siegreichen Krieg im Dienste der „nationalen Sache" führen konnte. Im Auftrag des zu Frankfurt tagenden Deutschen Bundes befreiten österreichische und preußische Truppen Holstein und Schleswig vom ach so grauenvollen dänischen Joch. Es gab für Bismarck sogar noch einen beachtlichen Nachtisch: Die Entscheidungsschlacht, nämlich die legendäre „Erstürmung der Düppeler Schanzen" am 18. April 1864, gewannen die Preußen alleine, also ohne die österreichischen (Noch)Waffenbrüder; ein erster Mythos fürs illegal reformierte preußische Heer war damit geschaffen, und die Liberalen hatten es mit ihrem Gemotze gegen Bismarck nun schon bedeutend schwerer. In den folgenden paar Monaten verwalteten die Österreicher Holstein, während die Preußen für Schleswig zuständig waren. Die Schleswiger begriffen übrigens recht schnell, dass sie das dänische Kommando gegen ein im Zweifelsfall viel übleres preußisches getauscht hatten, aber die Proteste der dort ansässigen Liberalen kümmerte im allgemeinen deutschen Siegestaumel Niemanden so recht.

Thomas Nipperdey, der Altmeister in Sachen 19. Jahrhundert, bemerkt bezüglich dieses Moments: *„Jetzt öffnete sich die Schere zwischen Einheit und Freiheit"* (ders., D. Gesch. 1800-1866, S. 767).

Die Österreicher als, je nach Blickwinkel, Schutz- oder Besatzungsmacht der Holsteiner, dazu noch in gemeinsamer Verantwortung mit den Preußen, die im benachbarten Land das Wort führten – ob das gut gehen konnte? Die Frage ist wohl eher, ob es nach Bismarcks Ansicht überhaupt gut gehen sollte. Man nannte die Konstruktion im Norden „Kondominium"; das soll so viel heißen wie „Gemeinsam-Herrschaft". Der vorangegangene gemeinsame Krieg gegen das dänische Königreich hatte die Kurzsichtigeren unter den Politikern im Deutschen Bund vergessen lassen, dass es zwischen Österreich und Preußen an sich kaum Gemeinsamkeit, dafür aber seit jeher tonnenweise Konfliktpotential gab. Und ab sofort nahm dessen Gewicht durch das Kondominium noch zu. Wer nach einem Zankapfel zwischen den beiden deutschen Großmächten suchte, konnte ihn ab 1864 in Schleswig-Holstein finden. Und Otto v. Bismarck suchte emsig!

3.2 DER DEUTSCHE KRIEG

Wir können es uns sparen, sämtliche Konfliktlinien zwischen den beiden deutschen Großmächten nachzuzeichnen. Ihr Zielpunkt ist immer der Deutsche Krieg von 1866. Das tiefstliegende Problem war die Frage, welcher der beiden Staaten die Führung bei Schaffung eines deutschen Reiches übernehmen würde. An der Oberfläche diente der Konflikt um verschiedene Ansichten über die Verwaltung des gemeinsam eroberten Schleswig-Holsteinischen Gebietes letztlich als Kriegsgrund. Ob Bismarck von Anfang an geplant hatte, die Sache im Norden derart eskalieren zu lassen, dass es schließlich zum Krieg kommen musste? Die einen sagen so, die anderen so, und wir werden uns hüten, das hier umfassend zu analysieren (nur für den Fall, dass jemand auf einem Urteil ohne zugrundeliegender Analyse besteht: Ja, er hatte es geplant!).

Der preußisch-österreichische Gemeinschaftssieg über Dänemark im Jahr 1864 hatte der Nationalbewegung neuen Schwung verliehen. Nicht Wenige begannen sich zu fragen, ob dieser störrisch-monarchistische Juncker im Dienste König Wilhelms I., einst mindestens den fortschrittlichen Liberalen wegen seines brachialen Vorgehens im Verfassungskonflikt verhasst, ob also dieser Bismarck am Ende gar der Mann sein sollte, die nationale Einigung herbeizuführen – *„mit Blut und Eisen"*, wie er es vor einigen Jahren schon prophezeit hatte.

Und was wird aus Bayern, respektive aus seiner Unabhängigkeit, aus seiner Souveränität, wenn Bismarck dieses Ziel erreichen sollte, mal gesetzt, er habe sich das wirklich vorgenommen? Die Beantwortung dieser Frage wird doch sicher auch auf die Hauptstadt des Königreiches Auswirkungen haben.

Vielleicht wird uns die Gegenüberstellung zweier Tage im Frühling des Jahres 1864 helfen, etwas tiefer in die Gegensätze einzutauchen, die es damals zwischen Preußen und Bayern, respektive zwischen deren Regierungen gab. Das wären der 18. April einerseits und der 4. Mai andererseits. Beide Tage in diesem Frühjahr waren für die Monarchen ihrer Länder epochemachend und triumphal, jeweils einer dieser Tage für einen der Könige, wobei wiederum der jeweils andere Tag für den jeweils anderen König absolut bedeutungslos ist. Zuerst, also am 18. April 1864, triumphierte der Preuße Wilhelm I.: Seine Truppen hatten dort oben im Norden die Düppeler Schanzen erstürmt. Erstens war damit der preußischen Kriegsgeschichte ein weiteres ruhmreiches Kapitel hinzugefügt, zweitens stand Preußen fortan an der Spitze der Nationalbewegung und last but not least: Ab jetzt ließ es sich innenpolitisch viel leichter regieren, denn wer sollte gegen eine derart erfolgreiche Regierung fundamental-oppositionelle Einwände hervorbringen? Schon begann sich der Liberalismus zu spalten: Die einen verwiesen auf Bismarcks Erfolge in der nationalen Angelegenheit, die anderen pochten auf die Illegalität seines Regierungshandelns. Diese Letzteren wurden immer weniger; und immer leiser; und galten bald als lästige Nörgler. „Jetzt wird Realpolitik gemacht, meine Herren". Das also war der 18. April 1864 aus der Sicht des preußischen Königs – ein großer Tag.

Etwas mehr als zwei Wochen später sah sich der neue bayerische König Ludwig II. ebenfalls am Ziel seiner Wünsche. Wir schreiben den 4. Mai. Der junge Mann sitzt noch kein Vierteljahr auf dem Thron. Und heute ist sein Schicksalstag: Richard Wagner hat sich in der Residenz angekündigt. Obwohl die beiden schon vorher in brieflichem Kontakt gestanden hatten, markiert diese erste persönliche Zusammenkunft den eigentlichen Beginn jener engen Beziehung, die so folgenreich für die Kunstgeschichte werden sollte. Der König war erschüttert, enthusiasmiert und gleichsam hörig. Dazu später Ausführlicheres; hier kam es uns auf die Skizzierung der unterschiedlichen Sphären an, in welcher sich die säbelrasselnde preußische Realpolitik und die verträumte bayerische Kunstpolitik in jener Zeit bewegten; krasser könnten die Gegensätze nicht sein.

Bismarck setzte auf aggressive Dynamik, Österreichs Politiker schnarchten und in Restdeutschland, also auch in Bayern war man ohnmächtig und demzufolge tatenlos. Um die Jahreswende 1865/6 hatten die Preußen den Konflikt um die gemeinsame Verwaltung der zwei Nordländer derart aufgebauscht, dass er wohl oder übel als Kriegsgrund taugte. Die Österreicher riefen den Deutschen Bund zu Hilfe. Bismarck sorgte daraufhin dafür, dass Preußen und seine Alliierten den Bund verließen. Der Krieg fand schließlich zwischen den Ausgetretenen und den noch im Bund Verbliebenen statt.

Am Vorabend des Krieges sah Bayerns Lage scheinbar gar nicht so übel aus, denn sowohl Preußen als auch Österreich umwarben den drittgrößten deutschen Staat eifrig. „Scheinbar" sagten wir, denn in Wahrheit war's ein Desaster. Der König und sein Regierungschef (es war mal wieder der Herr v. d. Pfordten) glaubten lange Zeit an die Option einer bewaffneten Neutralität, hatten diese Rechnung aber ohne Bismarck gemacht. Dieser beharrte auf einer klaren Aussage. Die Armee war in derart verwahrlostem Zustand (eigentlich ja ganz sympathisch!), dass die Mobilmachung im Grunde erst abgeschlossen war, als der Krieg schon wieder vorbei gewesen ist. In Franken hörte man Predigten, in welchen auch dann noch für einen preußischen (ergo protestantischen) Sieg gebetet wurde, als sich die bayerische Regierung endlich zu einer Parteinahme pro Österreich durchgerungen hatte. Am 2. Juli 1866 erging eine Proklamation Ludwigs II. an das Volk, in welcher gegen die Preußen zu den Waffen gerufen wurde.

Hätte man damit nicht noch etwa 30 Stunden warten können?! Einen Tag später war nämlich im Grunde alles schon wieder vorbei und verloren; denn am 3. Juli bezogen die Österreicher bei Königgrätz von den mit ihren Zündnadelgewehren bewaffneten Preußen fürchterliche Prügel. Der Weg nach Wien war eigentlich offen und die Habsburgermonarchie besiegt.

Die preußische Armee ignorierte den Weg nach Wien – auf Betreiben Bismarcks und sehr zum Verdruss seines königlichen Herren – und machte sich stattdessen auf zu einem Rachefeldzug in Richtung Nordbayern. Nürnberg wurde besetzt (was nicht alle Bewohner der Stadt so ungern gesehen haben werden; die Loyalität der fränkisch-protestantischen Bevölkerung zu den Farben weiß und blau war, nun ja, nicht über alle Zweifel erhaben; die Bismarck-Administration wusste das natürlich ganz genau).

Mit der österreichischen Bitte um Waffenstillstand kurz nach dem Königgrätzer Debakel war auch Bayerns Sache verloren. Man hatte es gerade noch rechtzeitig geschafft, sich auf die Seite der Verlierer zu schlagen; eine Glanztorheit der Administration von der Pfordtens, wobei man allerdings eines ganz klar betonen muss: Hätte man zu den Siegern, also zu Bismarcks Preußen gehalten, hätte sich das Ergebnis gar nicht so sehr anders ausgenommen. Denn dieses sah folgendermaßen aus: Bayern hatte die führende Rolle Preußens in Deutschland zu akzeptieren (dasselbe wäre bei einem Sieg an Preußens Seite herausgekommen); Österreich war aus dem deutschen Spiel endgültig heraus. In Zukunft galt ein enger Bündnisvertrag zwischen Bayern und Preußen, in dessen Kern sich schon das Ende der bayerischen Souveränität verbarg, da nämlich vereinbart wurde, dass Preußen im Kriegsfall den Oberbefehl auch über das bayerische Heer haben würde (auch das wäre wohl im Falle eines gemeinsamen Sieges über die Österreicher so gekommen). Schließlich musste sich Bayern ein paar verschmerzbar kleine Gebiete abtrennen lassen und 30 Millionen Gulden nach Berlin schicken (diese Summe hätte man sich bei richtiger Entscheidung in der Tat sparen können; da wäre für Bayerns König wer weiß noch ein weiteres schmuckes Schlösschen drin gewesen. Aber was das angeht, hat sich der preußische Ministerpräsident und spätere deutsche Reichskanzler ja dann sowieso nicht lumpen lassen ...).

1866 war der souveräne bayerische Staat also schon tot. Er wusste es aber noch nicht.

Der Deutsche Bund wurde auf Druck der Kriegssieger aufgelöst. An seine Stelle trat der „Norddeutsche Bund". Das war so eine Art Vorstufe des späteren Reiches; ein Großpreußen mit ein paar assoziierten Kleinfürstentümern. Die süddeutschen Staaten waren noch nicht dabei, aber von Seiten Herrn Bismarcks ganz herzlich zum Mitmachen eingeladen. Für den Vielvölkerstaat Österreich galt diese Einladung selbstverständlich nicht.

3.3   DER DEUTSCH-FRANZÖSISCHE KRIEG 1870 / 71 UND BAYERNS EINTRITT INS NEUE KAISERREICH

„D´Preissn führ´n Kriag gega´d Franzosen, und unsana Kini sagt, mia miass´ma mit"

„A geh? Ja und mit wem nachad?"

Diese Anekdote, die sich so oder so ähnlich in den Anfangstagen des deutsch-französischen Krieges an einem oberbayerischen Stammtisch zugetragen haben könnte, verdeutlicht die nicht eben eindeutige Gefühlslage, in der sich die bayerische Außenpolitik damals befand. Traditionell waren die bayerisch-französischen Beziehungen sehr gut; nicht nur in den Tagen Napoleons I., auch früher schon. Mit dem Neffen des Korsen, dem jetzigen Franzosenhäuptling Napoleon III., lief es eigentlich auch nicht schlecht. Gegen die Preußen dagegen hatte man vor noch nicht einem halben Jahrzehnt Krieg geführt; und verloren.

Dennoch waren weder Neutralität noch gar ein profranzösisches Agieren wirklich eine Option in München. Es gehört zu den bis dahin größten Leistungen des Schlaufuchses Bismarck, dass er es, obwohl die Preußen und der von ihnen dominierte Norddeutsche Bund den Krieg heiß ersehnten, 1870 so hingedreht bekam, dass Frankreich Preußen den Krieg erklärte. Nicht etwa umgekehrt. Das hatte zwei Riesenvorteile: Erstens sahen die restlichen europäischen Großmächte keinen hinreichenden Grund, dem scheinbaren Aggressor Frankreich zu Hilfe zu eilen; zweitens und wichtiger: Ganz eindeutig griffen nun die oben erwähnten Bündnisverträge zwischen dem „Norddeutschen Bund" (nennen wir den Bund ruhig „Großpreußen", das trifft es besser) und den süddeutschen Staaten, die kurz nach der Schlacht von Königgrätz unterzeichnet worden waren. Darin war die Beistandspflicht im Kriegsfall ebenso fixiert worden wie der preußische Oberbefehl im Falle eines gemeinsamen Waffengangs. Hätte Preußen 1870 Frankreich den Krieg erklärt, wäre der Administration des bayerischen Königs möglicherweise die Chance geblieben, zu sagen: „Was geht uns das an? Macht´s Euren Krieg gefälligst allein!" Da nun aber die Preußen – zumindest dem Anschein nach – die Angegriffenen, und nicht etwa die Aggressoren waren, mussten die süddeutschen Staaten mit ihnen gehen. Das war der Bündnisfall, ob es den Herrschaften in Baden, Bayern und Württemberg passte oder nicht.

Das hatte dieser Bismarck wieder geschickt eingefädelt. Den Krieg mit Frankreich wollte er zweifelsohne, wohl mehr als die Verantwortlichen in Paris. Der Angreifer durfte er aber nicht sein, das hätte sich Resteuropa vermutlich eher nicht bieten lassen, und die Haltung der Süddeutschen – speziell der Bayern – wäre dann auch nicht über jeden Zweifel erhaben gewesen. Was tat er also? Er piesackte durch diplomatische Taschenspielertricks den französischen Kaiser Napoleon III., seine Außenpolitiker und die Öffentlichkeit links des Rheins dermaßen, dass diese schließlich in blinder Wut den Kopf verloren und den erwünschten Krieg im Sommer 1870 erklärten. Was half es, dass Bayerns König Ludwig am 19. Juli gegenüber österreichischen Gesandten versicherte, der *„Kriegsschritt"* geschehe *„nicht aus Sympathie für Preußen"* (Handbuch f. bayer. Gesch., erster Teilbd., S. 274). Dabei war man eben doch.

Und es wäre auch unangemessen, zur bayerischen Situation oder unserethalben „Gefühlslage" beim Kriegsausbruch nur die lakonischen Worte des jungen Wittelsbachers zu zitieren, der da seit einigen Jahren auf dem Thron vor sich hinträumte und von Politik in etwa so viel verstand wie Uli Hoeneß von vornehmer Zurückhaltung. Fast ein bisschen so wie später in jenem verhängnisvollen August 1914 gab es auch jetzt in Bayern eine Welle deutschnationaler Begeisterung anlässlich des Krieges, die – zumindest für den Moment – alle bayerisch-patriotischen, ultramontanen (also dezidiert katholischen) und antiborussischen Wortführer in die Defensive drängte. Deutschland war „in", und Preußens Vormacht wurde dafür billigend in Kauf genommen. Im Landtag hat es dann tatsächlich die nötige Mehrheit für einen Eintritt Bayerns in das neu entstandene Deutsche Reich gegeben.

Zum eigentlichen Kriegsgeschehen:

Wenngleich die nationale Euphorie in Bayern nicht ganz so wirkmächtig gewesen sein mag wie im Rest des zukünftigen deutschen Reiches, so war doch klar, dass der gemeinsame Waffengang die offene deutsche Frage irgendeiner Form der Beantwortung zuführen würde. Die Preußen, die auf der Basis der Beistandsverträge den Oberbefehl im Krieg innehatten, waren doch klug genug, die bayerische Armee punktuell auch mal alleine gegen die Franzosen vorgehen zu lassen – möglicherweise haben sich preußische Militärs im Vorfeld solcher Kleinschlachten von deren mutmaßlicher Unbedenklichkeit überzeugt. Das hob die Stimmung in Bayern, wie wir an den Benennungen z. B. der Wörthstraße, der Weissenburger Straße und anderer Haidhauser Plätze und Wege ja schon gesehen haben (das Viertel, auch das haben wir schon erwähnt, wurde mithilfe französischer Reparationsgelder errichtet).

Es standen nun, nach den gegen Frankreich errungenen Siegen, zwei Aktionen auf der Tagesordnung: Erstens sollten Bayern, Baden und Württemberg dem Norddeutschen Bund beitreten. Dieser Norddeutsche Bund war viel, viel enger geknüpft als der ehemalige „Deutsche Bund" aus den Tagen nach 1815. Der Unterschied war: Letzterer war ein Staatenbund gewesen (rein staatsrechtlich betrachtet also der heute bestehenden EU vergleichbar); ersterer war ein Bundesstaat. In diesem Bundesstaat hatte das Königreich Preußen den Vorsitz. Daraus ergab sich die zweite oben angedeutete Aktion. Das Kind brauchte nämlich einen Namen. Mit anderen Worten, das neue Staatsgebilde brauchte eine Bezeichnung, und dessen Bundesvorsitzender einen Titel. Sein Name war Wilhelm, seines Zeichens bis Januar 1871 König von Preußen und Vorsitzender des Präsidiums des Norddeutschen Bundes (das alles natürlich „unter" seinem Regierungschef Otto von Bismarck, den er zwar de jure an jedem Tag, an dem es ihm gefiel, in die Wüste hätte schicken können, dem er aber de facto sogar dann seinen Willen ließ, wenn dieser dem eigenen diagonal entgegen lief; er pflegte dann ganz unpreußisch zu flennen; und nachzugeben).

Welchen Titel sollte der Hohenzoller tragen? Wilhelm, der „Bundesvorsitzende"? „Deutscher Oberfürst"? „Oberkönig von Hohenzollern" oder vielleicht „Häuptling Wilhelm"? Man sieht schon, das ist alles nichts rechtes, und es waren Preußen, die da nach einem Titel suchten – unter einem „Kaiser" machten die es nicht. Immerhin hatte der Kaisertitel den einen Vorteil, dass unter einem Kaiser auch Könige leben können. Bayerns Ludwig durfte also seinen Königstitel behalten, wenn er einem Kaiser Wilhelm zustimmte. Das Staatsgebilde, für welches der neue Kaiser und seine Regierung zuständig waren, hieß „Reich", denn was wäre ein Kaiser ohne Reich? Der im Januar 1871 in Versailles ernannte Kaiser Wilhelm stand also an der Spitze des neuen, deutschen Reiches.

Natürlich war es Ludwig, seinen Familienmitgliedern und den bayerischen Patrioten klar, dass der Eintritt in den Bund, oder anders gesagt ins neue Deutsche Reich, mit dem Verlust der eigenen Souveränität einhergehen würde. Was aussah, wie ein Triumph – die Vereinigung einer Nation nach einem erfolgreichen Waffengang – war aus altbayerischer Perspektive doch nichts anderes als ein Verlöschen des eigenen Staates.

In München wurde gerungen. Man zierte sich. Bismarck wollte, dass Ludwig einen Brief an Wilhelm schreibe, in welchem er ihm im Namen aller deutschen Fürsten den Kaisertitel anbot. Die bayerischen Realpolitiker sahen längst keine Möglichkeit mehr, sich diesem Wunsch zu verschließen. Bismarck setzte den Brief selbst auf, mit der Bitte, der König solle den Wisch erst ab- und dann unterschreiben. Der König versteckte sich vor den Überbringern. Er ließ sie nicht zur Audienz vor. Er sei krank. Es ginge nicht. Beim besten Willen nicht. Erst als man Ludwig klar gemacht hatte, dass es erstens sowieso keine andere Möglichkeit gebe, und dass zweitens eine Menge Geld für die eigene Privatschatulle (und nicht etwa für den bayerischen Staat) als Gegenleistung zu erwarten sei, war der König weichgekocht. Es ist dies der prominenteste Fall einer Bestechung mindestens im 19. Jahrhundert. Bismarck kaufte den „Kaiserbrief" von Ludwig II., und dieser ging mit dem Geld hin und baute Schlösser, in welchen ein Königtum verherrlicht werden sollte, das es so schon längst nicht mehr gab.

Freilich erwartete man seitens der Preußen nun auch ein Erscheinen Ludwigs bei der Ausrufung des neuen Kaisers in Versailles. Die angepeilte Choreographie sah vor, dass Ludwig im Spiegelsaal des Versailler Schlosses auf den erhöht stehenden Hohenzoller zugehen und ihn namens aller Versammelten zum Kaiser der Deutschen ausrufen werde. Da machte der König aber nicht mehr mit. Er schickte seinen Bruder Otto stellvertretend nach Frankreich. Die Legende will, dass dieser dann bei der Ausrufung im Prunksaal in die Hose geschissen habe, um doch noch ein klares bayerisches Statement abgegeben zu haben. Das ist aber wohl nicht passiert. Wahr ist, dass Otto seinem Bruder von der Proklamation in Versailles berichtete. Die Worte sind ergreifend und zeigen, dass der später so schwer geisteskranke Mann (und übrigens ja auch bayerischer König!) ein ebenso heller wie melancholischer Beobachter gewesen ist: „[…] *Ach Ludwig, ich kann Dir nicht beschreiben, wie unendlich weh und schmerzlich es mir während jener Zeremonie zumute war, wie sich jede Phase in meinem Inneren sträubte* […] *gegen alles das, was ich mit ansah* […]. *Unsere Bayern sich da vor dem Kaiser neigen zu sehen* […]; *alles so kalt, so stolz* […], *so großtuerisch und leer. Erst draußen* […] *atmete ich wieder auf. Dieses wäre also vorbei.*" (Deuerlein, Gründung, S. 308).

Was für ein gelungener Abgesang auf die bayerische Souveränität!

Auch das Parlament in München tat sich schwer, als die Regierung die Frage nach einem Beitritt zur Beratung einbrachte. Eine Mehrheit für die Zustimmung galt lange Zeit nicht als gesichert und erfolgte dann schließlich äußerst knapp. Wenig überraschend war, dass die Deputierten fränkischer Provenienz sich als begeisterte Fürsprecher des Anschlusses zeigten: „*Ich bin in Mittelfranken gewählt, und soweit ich die Verhältnisse des ganzen mittelfränkischen Regierungsbezirkes kenne, kann ich Ihnen bestätigen, dass man dort ebenso durchdrungen ist von dem Verlangen, ins Reich zu kommen, als das in der Pfalz der Fall ist.*" (Zitat s. u.). So der Vorsitzende der Fortschritts-Fraktion Marquart Barth im Januar 1871 vor dem Haus. Seine

Beobachtung, dass die Pfalzbayern in ihrer Mehrheit für den Beitritt zum Reich waren, ist sicher zutreffend; in der Pfalz war es ja schon in den Tagen König Ludwigs I. immer wieder zu nationalen, antibayerischen Protesten gekommen.

Anders viele altbayerische Abgeordnete. Wehmut und deutliche Angst vor der preußischen Fuchtel, trotz erhaltenem Königreich Bayern samt einiger Reservatrechte, klingt aus ihren Debattenbeiträgen. So sagte der Abgeordnete Edmund Jörg von der Fraktion der bayerischen Patriotenpartei: *„Je nachdem, wie die Würfel fallen, habe ich die traurige Aufgabe, der letzte Redner in diesem Hause zu sein, welcher vollberechtigt nach Maßgabe unserer bayerischen Verfassung sein Wort erhebt, denn, meine Herren, wir begraben dann einen großen Toten, zu dem wir selber gehören, und meine armen Worte werden sich in eine Leichenrede verwandelt haben. [All das (MW)] bedeutet jetzt: Die Unterordnung eines souveränen Landes unter die Zentralgewalt einer fremden Dynastie."* (Zitat s. u.)

Nun, das ist vielleicht ein wenig übertrieben und an der Realität des neuen Reiches, nennen wir's getrost das Bismarckreich, vorbei. Der Reichsgründer war viel zu gescheit, und übrigens auch viel zu traditionell, die südlichen Dynastien einfach zu vereinnahmen und den Südstaaten alle Kompetenzen zu rauben. Königreiche blieben Königreiche – sie traten nur als solche dem Kaiserreich bei. Die Verfassung des neuen Reiches gewährte föderale Sonderrechte – so blieb beispielsweise die bayerische Verfassung, welcher der Landtagsabgeordnete Jörg seine oben zitierte Grabrede hielt, ja durchaus in Kraft. Die darüber stehende neue Reichsverfassung hatte viel Interpretationsspielraum. Es hätte ein sehr föderal geprägter Staat daraus entstehen können; dass dann tatsächlich immer mehr zentralistische, aggressiv-militärische Züge dieses neue Reich dominierten, war nicht unbedingt klar vorgezeichnet, wurde aber von Pessimisten geahnt. Zu diesen gehörte der zitierte Abgeordnete, dessen Debattenbeitrag sich inhaltlich deutlich steigerte, denn Jörg fuhr fort: *„Ja, dieses bayerische Volk hat nicht eine militärische Vergangenheit hinter sich wie das norddeutsche, das preußische [...]. Dieses Volk ist für den Frieden geboren, und es wird unendlich bitter fühlen, was es heißt, das dienende Glied eines großen Militärnationalstaates zu sein."* (Zitat s. u.).

„Militärnationalstaat" – hört, hört!

Aber damit nicht genug. Jörg schwang sich in seiner Rede zum düsteren Propheten auf, dem die Geschichte in schauerlichem Umfang Recht geben sollte. Man lese staunend: „*In wenigen Jahren würden wir* [ergänze: „falls wir beitreten", MW] *wieder einen Krieg haben mit Frankreich, das dann nicht mehr ohne Alliierte sein wird.*" (Alle Zitate aus der Debatte vgl. die Internetseite des Hauses für bayerische Geschichte: www.hdbg.de/ludwig/pdf/).

Der tief ahnende Herr Jörg und seine Mitstreiter wurden im Bayerischen Landtag überstimmt; knapp, aber doch. Damit war Bayern Teil des neuen Deutschen Reiches und München nicht mehr Hauptstadt eines souveränen Staats, wenngleich weiterhin eine königliche Residenzstadt. Die bayerische Krone symbolisierte fortan einige Reservatrechte, die das föderale Reich als Spielraum gewährte und der Münchner Regierung überließ. Das umfasste die Post und die Bahn; die bayerische Armee blieb bestehen und unterstand in Friedenszeiten der königlichen Regie (im Kriegsfall freilich wurde eo ipso der Kaiser zum Oberbefehlshaber); ferner wurde den Bayern bei künftigen Friedensverhandlungen eine eigene Delegation zugestanden (so richtig konnten die Preußen sich eine Zukunft ohne Krieg offenbar nicht vorstellen …). Das Königreich behielt eine einzige eigene Botschaft, und nun dürfen Sie dreimal raten, wo?

Im Vatikan.

Nicht zu vergessen die Biersteuer. Deren Erhebung für Bayern blieb in München. Das kann an Rücksichtnahme seitens Bismarck auf historisch Gewachsenes gelegen haben; vielleicht aber auch nicht. Man weiß, dass Bismarck mitunter von Alpträumen geplagt wurde und vor Ängsten oft Nächte lang nicht schlafen konnte, auch wenn das so gar nicht in sein öffentlich gepflegtes Bild passt. Sagen wir also, in Berlin erhöhen sie die Biersteuer fürs ganze Reich eines Tages massiv. Ob Otto von Bismarck, der Sieger in drei Kriegen, Visionen hatte? Derart: Im Oberland rotten sich die darüber Empörten zusammen, ihr Ziel ist die Reichshauptstadt, und der Zug wächst Tag für Tag durch Zulauf aus ganz Altbayern, sogar der eine oder andere fränkische Trinker stellt sich ein – und die ruhmreiche preußische Armee hat diesem Haufen schnaufender und schwitzender, rotgesichtiger, stiernackiger und fortwährend entrüstet brüllender bayerischer Säufer nichts, aber auch gar nichts entgegenzusetzen …

4. EINE MESALLIANCE: MÜNCHEN UND KÖNIG LUDWIG II.

Natürlich spielten schon wesentliche Akte des vorangegangenen Kapitels in der Zeit des vierten bayerischen Königs, also Ludwigs II. Aber es ging uns im dritten Abschnitt des Buches auch ganz wesentlich darum, zu zeigen, dass der bayerische Spielraum rund um die Geschehnisse der Reichseinigung von Anfang an äußerst begrenzt gewesen ist. Von einer bayerischen Deutschlandpolitik kann schon seit den Tagen Maximilians II. und seines maßgeblichen Regierungschefs v. d. Pfordten nicht mehr im eigentlichen Sinn gesprochen werden. In München regierten sie diesbezüglich nicht mehr, sondern sie reagierten. Die Alternativlosigkeiten prasselten auf jene ein, die nicht mehr Entscheidungsträger genannt werden können. Insofern war die bayerische Souveränität tatsächlich nicht erst 1871 verspielt worden, sondern schon Jahrzehnte früher.

Dennoch konnten sowohl der Monarch als auch die Regierung noch Akzente setzen, wenn auch auf anderen Feldern. Das gilt für die 60er Jahre und auch noch für die Zeit nach 1871. Wie sonst wäre es zu erklären, dass Ludwig II. die mit Riesenabstand berühmteste Person innerhalb der knapp 750-jährigen Geschichte der Wittelsbacherherrschaft in Bayern ist? Ein paar Schlösser tragen zur Erklärung dieser Berühmtheit sicher bei, reichen aber nicht aus. Auch wenn der Monarch in München eher wenige bauliche Akzente persönlich setzte, und auch wenn er die Stadt aller Wahrscheinlichkeit nach abgrundtief hasste, war seine Ära für München ein kultureller Segen und in baulicher Hinsicht eine Zeit nicht unbedeutender Veränderungen.

4.1 ZUR PERSON

Ganze Bibliotheken könnte man füllen mit bereits geschriebenen Charakterdarstellungen des berühmtesten, traurigsten und skurrilsten aller Wittelsbacher – gerade letzteres übrigens bei nicht eben wenig Konkurrenz, wenn wir etwa an den Blauen Kurfürsten Max Emanuel denken. Dazu kommen Filme, Ausstellungen, sogar Musicals und was nicht alles sonst. Da werden wir hier nichts Neues beitragen können, aber es ist nötig, einige Charakterzüge Ludwigs II. in Erinnerung zu rufen, um sein Verhältnis zur Stadt München besser zu verstehen. Fassen wir sie unter Stichpunkten zusammen:

a) Ein Mann auf der Flucht

„Oh es ist nothwendig, sich solche poetischen Zufluchtsorte [...] zu schaffen, wo man [...] die schauderhafte Zeit, in der wir leben, vergessen kann." Mit diesen Worten begründete der König ein Schlossbau-Projekt in einem Brief an Richard Wagner. Da steckt viel Ludwig drin, weshalb diese Zeilen zu Recht immer wieder zitiert werden (hier zit. nach Tauber, Ludwig II. ... S. 17). Auch das Wort „Flucht" kommt vor. Es gehört zu ihm wie die Farbe Blau, seine Schwäne oder seine Manie für tote barocke französische Könige. Ludwig flieht. Er flieht vor der Realität, die ihn teils ennuiert, teils frustriert und teils überanstrengt. Er flieht vor der Sexualität (nicht immer erfolgreich), was uns aber weiter nichts angeht. Und er flieht vor den Menschen, teils aus Enttäuschung (Richard Wagner) und teils aus Verachtung (alle anderen).

In der Zeit der allerengsten Bindung an Wagner, nämlich bis zu dessen Fortgang aus München im Jahr 1865, hatte auch diese Beziehung Fluchtcharakter. Ludwig geheimniste da etwas hinein, was nicht hinein gehörte. Ein Zweibund verkannter Seelen, die an der scheußlichen Realität und den ekelhaften Menschen litten, füreinander bestimmt, ewig eins, und so weiter und so fort. Er flüchtete also vor seiner restlichen Umwelt in die Beziehung mit Wagner hinein, und hier, ein einziges Mal in seinem sonst so hoffärtig und arrogant verbrachten Leben, vergab er sich etwas. Völlig Ludwig-untypisch sind folgende Worte an den Dichterkomponisten: *„Meine Krone trage ich um Ihretwillen."* (zit. nach Heißerer, L. II., S. 37).

In diesem einen Fall immerhin konnte Ludwig so sehr Liebe empfinden, dass er sein ansonsten schon blödsinnig übersteigertes *„Königs-Gefühl"* vergaß; das ehrt ihn immerhin. Es gibt ihm eine Menschlichkeit, die sonst leider nicht so sehr seine Sache war. Zu Wagner später mehr. Unser aktuelles Thema „Flucht" hatte seine absurdesten Folgen in den Anweisungen an Untergebene, nach Ersatzkönigreichen Ausschau zu halten. In völliger Verkennung der offensichtlichen Tatsache, dass das bayerische Staatsvolk das bravste, duldsamste und monarchistischste auf dem ganzen Kontinent war, träumte unser Mann von einer absolutistisch zu regierenden Insel. Egal, wo. Ägäis, Mittelmeer, Atlantik; irgendwo dorthin wollte er ganz ernsthaft, Bayern aufgebend und dort den meerumspülten absoluten Herrscher mimend. Das hat dann nicht hingehauen, wohl schon deshalb nicht, weil sich weder auf den Balearen noch auf den Kanaren auch nur ein paar Bewohner fanden, die mit Begeisterung auf die Perspektive sahen, fortan von einem bayerischen Sonnenkönigsdarsteller in absolutistischer Form regiert zu werden. O schnöde Realität. Ein Mann im Fluchtwahn. Aus Bayern ist er tatsächlich eher selten heraus gekommen, aber die Flucht aus dem verhassten München ist oft und immer öfter, schließlich fast vollständig gelungen.

Flucht führt leicht in die Sucht. Der König hatte einen ausgesprochenen Suchtcharakter. In den meisten Darstellungen wird eher beiläufig darauf verwiesen, dass Ludwig II. sehr viel getrunken hat. Nun sind versoffene Politiker in Bayerns und Deutschlands Geschichte ja nicht gar so außergewöhnlich. Einige von denen waren durchaus auch auf anderen Gebieten sehr fleißig und nicht ohne legendäre Erfolge; sei es, dass sie ein Zweites Kaiserreich gründeten (1871), eine neue Ostpolitik kreierten und dafür den Friedensnobelpreis abstaubten (1969ff.) oder Starfighter kauften und Flughäfen bauten (andre Großtaten wollen mir zum Kampftrinker Strauß partout nicht einfallen). Ludwig allerdings beließ es nicht beim Saufen. Auch seine Bautätigkeiten, deren Fluchtcharakter ja offensichtlich ist, hatten zunehmend etwas suchtartiges, man kann da schon von einer Bausucht sprechen (der Mensch kann nach so ziemlich allem süchtig werden; in München gibt es einen Taxifahrer, der u. a. Leberkäsesemmelsüchtig ist). Für die Verwendung des leicht verwegenen Begriffs „Bausucht" spricht die Tatsache, dass Ludwig bei dieser Tätigkeit vollkommen den Bezug zur Realität verlor: In einer Zeit, da er durch die drei bereits in Arbeit befindlichen Schlösser bereits hoffnungslos verschuldet war, und da er trotz seines unterentwickelten politischen Durchblicks erkennen hätte müssen, dass sein Thron in ernster Gefahr war, plante er einen vierten, sehr großen und enorm teuren Palast.

Wir sagten oben, dass der König, wiewohl auswanderungswillig, eigentlich kein großer Reisefanatiker war (anders etwa als Cousine Sisi). Dies hing wohl mit einem weiteren seiner Charakterzüge zusammen: Der Mann war stinkend faul.

b) Ein Mann ohne Arbeitswillen

Der konstitutionelle Monarch hat ein großes Arbeitspensum zu verrichten, wenn er sich in die Staatsangelegenheiten einbringen will, denn es geht ja im Prinzip auch ohne ihn. Er ist dann halt nur mehr Grußonkel und Unterschriftenmaler. Der erste Kaiser des neuen deutschen Reiches machte brav einen solchen Winke-Monarch unter seinem Reichskanzler. Das muss nicht unbedingt Faulheit gewesen sein, es entsprang wohl eher der Erkenntnis, dass das Politgenie Bismarck einfach mehr von den Dingen verstand. Der andere deutschsprachige Kaiser jener Zeit, Franz Josef I. von Österreich, stand jeden Tag noch vor der Sonne auf und quälte sich durch die Staatsakten, zäh, uninspiriert, flachdenkend, stur, und doch mit jedem seiner schließlich erreichten 86 Jahre stets würdiger.

Das war Ludwigs Sache eher nicht. Der ging ziemlich genau dann, wenn der Kaiser in Schönbrunn aufstand, um Akten zu fressen, ins Bett, nachdem er allein die Nacht zum Tage gemacht hatte. Sei es, dass er im Englischen Garten mit der Kutsche ausgefahren war, sei es, dass er im Wintergarten auf dem Dach der Neuen Residenz bei bunter Beleuchtung Wagnermusik gelauscht oder in Linderhof bei Kerzenschein gelesen hatte – arbeitend verbrachte er die Zeit nur selten. Und bei Tag wurde geschlafen. Ein langjähriges Mitglied seiner Dienerschar, der Hofkoch Theodor Hierneis, berichtet: *„Der König pflegte erst abends zwischen sechs und sieben Uhr aufzustehen* […]*, nach Mitternacht dinierte er* […]*"*, und das Souper, so fährt der in der Hofküche Geschundene fort, gab es dann im Morgengrauen vor dem königlichen Schlafengehen (Th. Hierneis, Kg. L II. speist; S. 6).

Die nächtliche Lektüre war immerhin mitunter keine schlechte. Ludwig war tatsächlich erstaunlich beschlagen in der klassischen deutschen Literatur. Es hat lange gedauert, bis ihm die historische Zunft dahinterkam, dass sein gerne zitiertes Diktum *„Ein ewig Rätsel will ich bleiben – mir und anderen"* ein Schillerzitat war. Es stammt aus einem völlig unbekannten Stück titels „Die Braut von Messina". Ludwig II. gehört zu den eher Wenigen, die es gelesen haben. Die Akten der bayerischen Tagespolitik dagegen blieben meist von den königlichen Händen unberührt.

c) Ein Mann von oben herab

Freilich, ein bisschen aristokratische Herablassung und blaublütige Arroganz gehören zu einem gescheiten König. Aber Ludwig II. ist in seinem von ihm

selbst so genannten „*Königs-Gefühl*" und seinem grenzenlosen Menschenhass weit übers erträgliche Maß hinausgeschossen. Wenn er Schloss Nym-
phenburg in der Kutsche verließ, hatten die Tagelöhner am Kanal das Ein-
sammeln von Eisbrocken, die sie gegen winziges Entgelt zu den Lagerstätten
der Brauereien brachten, einzustellen, denn das königliche Auge wollte die
klägliche Beschäftigung nicht sehen müssen. Die Menschen sind halt so unerträglich klein und schäbig! Sollen sie doch Wagner hören oder Schlösser
bauen, anstatt so banal aufs tägliche Brot zu gieren!

Die Bezeichnungen für seine engere Entourage – es gelang ja nicht immer,
diese völlig von sich fern zu halten – erreichten in ihrem Schimpfpotential
Thomas-Bernhard´sche Dimensionen. Seine Regierungsmitglieder waren
„*Geschmeiß, Memmen, Ministerpack*", seine Mutter die „*preußische Ge-
bärmaschine mit ihrer Prosa*" und seine Bediensteten nannte er wahlweise
„*Elende*", „*ganz gemeine Kerle*", „*Lausebengel*" oder „*Schandkerle.*" Das
versenkbare Tischlein-Deck-Dich in Linderhof ist zwar nicht direkt von Ludwig II. erfunden, aber es passt zu ihm.

Nichts zeigt den Menschenhass dieses hohen Herren besser als seine Verfügung, die ganze von ihm inszenierte Schlösserpracht im Oberland, hinge-
klotzt unter enormen Opfern des bayerischen Staatshaushalts, sei einzig und
allein für seine Person bestimmt, und da das auch für die Nachgeborenen
gelte, habe man sofort nach seinem Tode mit dem kompletten Abriss der drei
Kästen zu beginnen. Da hatte er sich allerdings gründlich verrechnet. Die
bayerische Regierung und die wittelsbachische Familie, beide durch die Bauwut des Verflossenen am Rande des Bankrotts, verfügten nur wenige Wochen
nach Ludwigs Tod gemeinsam, dass die Schlösser nicht nur nicht abgerissen, sondern ab sofort der Öffentlichkeit zugänglich gemacht werden sollten
(wenn Ludwig wüsste, wie es dort heute mitunter zugeht, würde er sich vor
Wut in seinem Sarkophag in St. Michael umdrehen [falls er tatsächlich drin-
liegt, was Manche ja bezweifeln]).

Es war Ludwig aufgefallen, dass die Portraits der von ihm so sehr verehrten absolutistischen Herrscher sehr oft den Gemalten mit einem Fuß, der auf
Zehenspitzen auftrat, wiedergaben. Daraus folgerte er, durchaus zu Unrecht,
es müsse einen spezifischen absolutistischen Gang gegeben haben. Diesen,
eine Art Hüpf-Schritt, gewöhnte er sich nun selber an. So hopste er also
durch seine Schlösser, der arme Kerl, im sicheren Glauben, das perfekte Imi-
tat des Sonnenkönigs zu sein; in späteren Jahren durchaus auch mit fetter

Macht-Wampe. Und es wagte niemand mehr, den potentiell Wutentbrannten darauf aufmerksam zu machen, dass er sich in seinem absolutistischen Wahn der Lächerlichkeit preisgab.

4. 2 ZWEI BEACHTLICHE MÜNCHNER BAUTEN, DIE ES LEIDER NICHT (MEHR) GIBT

Seine Geburts- und Residenzstadt München hat er gehasst. Das ist durch viele Zitate und seinen ganzen Lebenswandel hinlänglich bewiesen. Die mit dem Mittelalter befassten Historikerinnen erstellen für Prominente und insbesondere Herrscher jener Zeit sogenannte „Itinerare". Das sind die lebenslangen Reisewege dieser Herren und ihrer Damen (alleinreisende Damen gab es im Mittelalter eher wenige, vielleicht ein paar Äbtissinnen oder Königswitwen, die für ihren minderjährigen Erstgeborenen die Regierungsgeschäfte führten). So versuchen die Forschenden, etwas über die Herrschaftsschwerpunkte und besonderen Interessengebiete dieser Langverflossenen zu entschlüsseln. Bastelte man ein Lebens-Itinerar für König Ludwig II., der längst und zu seinem häufigen Bedauern nicht mehr ins Mittelalter gehört, so zeigte sich seine ständige Flucht-Tendenz aus der *„verhassten Stadt"*. Nicht, dass er allzu weit herumgekommen wäre; hier ein bisserl Paris und Umgebung (natürlich vornehmlich auf den Spuren irgendwelcher Sonnenkönige oder sonstiger absolutistischer Louise); dort ein paar Abstecher zu Burgen in Mitteldeutschland zwecks Inspiration für Neuschwanstein; ansonsten mäanderte er ruhelos in seinem Königreich herum, so oft es ging die Hauptstadt meidend.

So ist es wohl mehr als nur Zufall, dass in München kein beachtenswertes Bauwerk zu finden ist, welches explizit auf Ludwig II., diesen doch so bauwütigen Mann, zurückgeht. Das liegt nun aber nicht daran, dass der König hier nichts geplant oder ins Leben gerufen hätte. Beides hat er durchaus. Aber sein schönstes Münchner Projekt, ein Opernfestspielhaus, blieb unausgeführt: Das ist erstens ewig schade, denn es ist mit Abstand Ludwigs beste Bauidee gewesen, und zweitens ist es nicht seine Schuld. Die trägt stattdessen eine unselige Koalition der Verhinderer, geschmiedet zwischen der Münchner Ministerialbürokratie und dem kunst(un)interessierten hiesigen Bürgertum mit seinem Spießergeschmack. Dieses Interessenamalgam hat die königlicherseits angepeilten jährlichen Münchner Wagner-Festspiele samt einem eigenen Festspielhaus auf den Isarhöhen verhindert.

Aber was soll´s: Derselben Koalition verdanken wir schließlich das Neue Rathaus; in echter Neugotik, riesengroß, mit ganz, ganz hohem Turm und sogar mit Glockenspiel. Ist das etwa nichts?!

Nimm das, Bayreuth!!

4.2.1 EIN FESTSPIELHAUS FÜR RICHARD WAGNER

Richard Wagner hat das Münchner Spießertum schlicht überfordert. *„Kinder, schafft Neues!"*, so er immer wieder; mit einem solchen Wahlspruch war damals hier aber kein Blumentopf zu gewinnen, und schon gar nicht die Finanzierung eines eigenen Opernhauses samt Festspielen. Dazu kam sein unübersehbar großer Einfluss auf den König, der ihm und ihm als Einzigem völlig ergeben gewesen ist. Das schafft Neid, insbesondere bei den Regierungsbeamten. Fehlt noch etwas? Aber ja: Der Herr Künstler hatte ein Verhältnis mit einer verheirateten Frau; wovon alle wussten und worüber der König, der viele Fehler hatte, aber gewiss kein Spießer war, dezent hinwegsah. Schließlich und endlich: Wagner kostete tatsächlich Unsummen. Er war eine wandelnde dichtend-komponierende Geldvernichtungsmaschine. Auch ohne neues Opernhaus; ein braver Finanzbeamter in königlichen Diensten konnte da schon mal in Rage geraten, das wollen wir zugestehen.

In gleichem Maße, in welchem Wagner ein „Gesamtkünstler" ist, ist er auch ein Gesamtskandal: die Kosten, der Lebenswandel, der Geltungsanspruch. Er spaltete. So, wie er heute ja auch noch spaltet in begeisterte Parteigänger (zu welchen weiß Gott nicht nur die alljährlich sich zusammenrottenden Bayreuther Schlachtenbummler gehören) und in erboste Ablehner. Zu den Letzteren gehört, nur so als naheliegendes Beispiel, die Historikerin Christine Tauber, die ein Buch über das *„phantastische Leben"* König Ludwigs II. geschrieben hat, und den Einfluss des Künstlers und seiner Gefährtin Cosima auf den Monarchen als ebenso groß wie unheilvoll beschreibt. Das Problematische an ihrer Schilderung ist weniger die Tatsache, dass sie die Person des Herrn Wagner nicht ausstehen kann als vielmehr jene, dass sie dessen Kunst nicht als solche anerkennen mag. Sie kann sich Wagner nicht anders als anklagend und polemisch nähern. Da ist vom *„unerträglich stabreimenden Sprachduktus des Meisters"* die Rede, von seinem *„elitären Kosmos"* (jew. S. 106), vom *„Oberhofschleimer"* (S. 99), und in ebenso abfälligen Worten von Wagners angeblichem Anspruch, eine nur sehr kleine, auserwählte Anhängergemeinde mit *„höchstem Kunstgenuss zu beglücken."* (S. 107). Die Fanatiker der Gegenseite würden den Stabreim, der in Wagners Werk übrigens eher selten auftaucht, als Stilmittel zumindest anerkennen und eine Auseinandersetzung mit seiner Funktion einfordern, und nicht Wenige dieser Partei würden wohl das Adjektiv *„elitär"* als so ziemlich das unzutreffendste bezeichnen, das sich auf Wagners Kunst bezogen überhaupt finden lässt. Das Wesen des Mannes, welches allerdings ebenso wenig wie bei den Charakter-Nullen Goethe, Mann oder Bernhard irgendetwas mit seiner Kunst zu tun hat, die Person Wagner also war freilich elitär; der Künstler war es nie, der Privatmann allerdings, seine Cosima war es mindestens ebenso sehr, und der von ihm gelenkte Wittelsbacher Ludwig schon dreimal. Kein Zweifel: Richard Wagner war Egomane, ständig auf seinen Vorteil bedacht und sowohl in der Manipulation der Menschen seiner Entourage als auch ganz speziell im Geldeintreiben völlig skrupellos. Aber nochmals: Derartige Charaktermängel dürfen ein Urteil über seine Kunst nicht beeinträchtigen. Wo kämen wir da sonst hin? Wir dürften alle nur mehr den Erzlangweiler Heinrich Böll lesen, von früh bis spät nichts anderes als fade Irische Tagebücher und abgestandene Ansichten eines Clowns, denn Kunstschaffende von echtem Rang segeln immer, wirklich fast immer im Winde der Egomanie; die allermeisten von denen waren und sind ausgesprochene Mistkerle, hören Sie mir doch auf … !

Frau Tauber hat also völlig recht, wenn sie Herrn Wagners Einfluss auf Ludwig als immens bezeichnet, und sie hat das volle Recht, weder Herrn Wagner zu mögen noch dessen Ergüsse. Die Sache gerät aber in leichte Schieflage, wenn letzteres, also die Ablehnung der ganzen Wagnerei, in die moralische Bewertung des Ersteren miteinfließt; was sich, andererseits, wohl nie ganz vermeiden lässt. So auch hier nicht. Der Autor des Vorliegenden hält es mit Richard Wagner, gönnt dem König das tiefe Erleben der Kunstsphäre, in die er vom 4. Mai 1864 an wenigstens für eine kurze Glückszeit geriet, und hält ferner die Förderung des Dichterkomponisten durch Ludwig II. für die mit Abstand größte Mäzensleistung in der an solchen Leistungen ja bei Gott nicht armen wittelsbachischen Geschichte. Ohne den König hätte der

Nervöse die Fertigstellung seines Werkes gewiss nicht gepackt. Einige schon geschriebene Texte wären mit größter Sicherheit unkomponiert geblieben, andere Werke gar nicht erst projektiert worden. Und jährliche Festspiele hätte Wagner auch nicht alleine gestemmt. Der Alltag und seine Schulden hätten den Kerl wahlweise in den gelebten Wahnsinn oder gleich in den Selbstmord getrieben. Ludwig hielt derlei Unbill wie eine Löwenmutter von ihm fern, auch nach den kurzen Münchner Tagen, und ermöglichte schließlich auch das Festspielhaus samt Festspielen; allerdings eben nicht hier, sondern in Bayreuth.

Die Anti-Wagner-Koalition in München schreckte vor Gemeinheiten nicht zurück. In Anspielung auf die peinliche Affäre des Großvaters mit Lola Montez nannte sie Wagner den *„Lolus"*. Das war schon doppelt fies: Denn erstens suggerierte es Erotisches, was, falls überhaupt sublim vorhanden, zum einen niemanden etwas angeht und zum andren die Beziehung auch nicht annähernd in ihrem ganzen Gehalt umreißt; boshaft war es aber zweitens vor allem deshalb, weil die einstige Verliebtheit des Opas und die aus ihr resultierende Verblendung diesem ja die Revolution und das Ende seiner Regierung beschert hatte. Insofern beinhaltet das böse „Lolus"-Wort eine massive Drohung. Es wurde auf Teufel komm raus gegen den Künstler intrigiert, und Wagner selbst bemühte sich geflissentlich, durch entsprechende Taten keinerlei Zweifel am Wahrheitsgehalt aller Anschuldigungen gegen Lebenswandel und Geldverschwendung aufkommen zu lassen.

Der kreuzbrave Ministerpräsident von der Pfordten hatte schon für Ludwigs Vater zeitweise den politischen Alltag Bayerns weniger gestaltet als mehr gemütlich verwaltet. Der politisch unbegabte Sohn ließ ihn erneut weiterwurschteln. Diesem Regierungschef oblag die sicher nicht angenehme Aufgabe, Ludwig klar zu machen, dass Richard Wagners Münchner Aufenthalt so langsam zu einer ernsten Gefahr wurde. Er informierte seinen König wie folgt: *„Majestät stehen am Scheidewege und haben zu wählen zwischen der Liebe Ihres Volkes und der Freundschaft Richard Wagners."* (Zit. nach Reichlmayr, M., S. 116). Damit setzte v. d. Pfordten, diese Lusche, seinem König jenes Messer an die Brust, welches die Münchner Stadtgesellschaft, die Beamten und übrigens auch die Stadtgeistlichkeit seit längerem emsig gewetzt hatten.

So kam es noch kurz vor der politisch-militärischen Katastrophe von 1866 zur ersten ganz großen Niederlage des jungen Königs, die vielleicht die prägendste, weil erste große Enttäuschung war: Wagner war in München nicht zu halten, er musste die Stadt schon 1865 wieder verlassen. Manche Biographen und Historiker sprechen von einem „Bruch" zwischen König und Künstler. Das ist falsch. Ludwigs Verehrung nahm um keinen Deut ab, und der lebensferne Künstler behielt seine Protektion; und viel, viel Geld auch in späteren Jahren, bis hin zur königlichen Förderung der Bayreuther Projekte.

Es bleibt die Lebensleistung Ludwigs II., das Wagner'sche Werk mit ermöglicht zu haben, und wer je über den Kitsch der weltberühmten Schlösser gespottet hat (auch dieses Urteil ist übrigens nicht über jeden Zweifel erhaben), hat diese Tatsache vielleicht nicht hoch genug in Rechnung gestellt. Beim Tode Wagners ist folgender Spruch des Königs überliefert: *„Den Künstler, um welchen jetzt die ganze Welt trauert, habe ich zuerst erkannt, habe ich der Welt gerettet."* Das ist wahr und es hat Größe (Zit. nach Reiser, Wittelsbacher, S. 235).

Das projektierte Münchner Festspielhaus kann heute als Modell im Stadtmuseum besichtigt werden. Die Konzeption geht auf Gottfried Semper zurück. Die angepeilte Lage wäre am rechten Isar(hoch)ufer in nördlicher Nachbarschaft des Maximilianeums gewesen, also in etwa dort, wo wenige Jahrzehnte später (1896, um genau zu sein) der Friedensengel seinen Platz gefunden hat. Die Parkanlage, die sich dort heute statt des Festspielhauses befindet, gehört verwaltungstechnisch zum Englischen Garten. Sinnigerweise findet man hier das einzige freistehende Denkmal für Ludwig II. in München. Traurig grübelnd blickt er in dieselbe Richtung wie der benachbarte Engel, nach Westen, hinunter in das Innere seiner Residenzstadt. Woran denkt er wohl? Das möchte am Ende nicht allzu schwer zu erraten sein: Warum – so dürfte er sich fragen –, warum nur tun die da unten seit knapp hundert Jahren nichts anderes, als sich mit Händen und Füßen dagegen zu wehren, zu einer Musikstadt allerersten Ranges, vergleichbar nur mit Wien zu werden? Sonst lassen sie doch auch keine Gelegenheit aus, sich irgendwie bemerkbar zu machen oder touristisches Interesse zu wecken, mitunter sogar unter Zuhilfenahme eher zweifelhafter oder schon gar zu knallender Methoden! Mozart? Haben sie eine Lebensanstellung verweigert (geht auf's Schuldenkonto derer von Wittelsbach). Seine hier uraufgeführte Oper Idomeneo? Haben sie durchfallen lassen (geht auf's Schuldenkonto hiesiger Kritiker). Wagner? Haben sie mit kleingeistigem Hass und Neid aus der Stadt gejagt (geht auf's Schuldenkonto der Berufsbeamten und der Münchner Bourgeoisie). Wagner-Festspiele und ein eigenes Opernhaus? Wollten sie nicht, kostete ihnen zu viel, brauch'ma nicht, abgelehnt (geht auf's Schuldenkonto aller damaligen Münchner mit Ausnahme ihres Königs). Was für ein Glück, dass es dem Johann Sebastian Bach nie eingefallen ist, seinen dicken Hintern in die bayerische Residenzstadt zu bewegen. In ihrem Kunsthass wären die Münchner im Stand' gewesen, ihn, den Protestanten, von einem Frauenkirchturm herunterzuwerfen.

Da gibt es nur ein Fazit: sehr traurig und schön blöd! Man kann angesichts dieser vertanen Chancen schon mal pampig werden und Thomas Bernhard zitieren, der das Wetter verantwortlich macht: *„Das Voralpenklima schafft gemütskranke Menschen, die schon sehr früh dem Stumpfsinn anheimfallen und mit der Zeit bösartig werden"* (Bernhard, Der Untergeher, zit. Ed. S. 19).

Die Beziehung zwischen dem enthusiasmierten König und seinem Idol brach nach dem erzwungenen Fortgang Wagners aus München keineswegs ab, sie erkaltete auch kaum, obwohl man es immer mal wieder so liest. Für das Opernhaus der Stadt München sprangen fünf Uraufführungen aus der engen Bindung heraus, das waren: neben einem heute vergessenen Stück titels „Die Feen" „Tristan und Isolde", „Meistersinger" und die zwei ersten Ring-Opern, also „Das Rheingold" und „Die Walküre". Gerade mit der letztgenannten Oper ist Ludwig aufs Engste verbunden, bleiben wir also noch kurz bei ihr (nicht Wenige halten „Die Walküre" sowieso für den gelungensten Teil im ganzen Ring). Zunächst: Der Meister überreichte dem König die Partitur im Jahr 1866 als Geburtstagsgeschenk. Man sieht schon daran, dass die Beziehung ungetrübt fortbestand. Der Schenkende hat seine Gabe allerdings bald bereut, denn nun begab sich folgendes: Ludwig wollte die Oper sofort sehen und hören, doch Richard Wagner war der strikten Überzeugung, dass erst im Rahmen einer Gesamtaufführung der Tetralogie namens „Der Ring des Nibelungen" alle einzelnen Teile uraufgeführt werden dürften. Die Walküre ist zwar die zweite Oper im vieroprigen Ring-Komplex, genannt wird sie allerdings „Erster Tag", denn das Rheingold ist nur ein „Vorabend". Der Meister hatte aber Tag Zwei (Siegfried) und Tag Drei (Götterdämmerung) im Jahr 1866 noch gar nicht fertig. Und das zog sich. Für Ludwig II. dauerte die Ring-Vollendung schließlich schon gar zu lang. Er wollte nicht mehr warten. „Ist ja irgendwie auch meine Oper", mag er sich gedacht haben, und das gar nicht mal so sehr zu Unrecht – schließlich zahlte er ja einen Haufen, und im Walküre-Fall war er sogar der Besitzer der Originalpartitur. Ludwig II. setzte schließlich die Separataufführung im Jahr 1870 durch. Der Meister war stocksauer und infolgedessen bockig. Er kam nicht nach München, um sich den Frevel anzutun. Man sieht, dass der König manchmal auch dazu in der Lage war, his master's voice zu überhören. Übrigens a propos Walküre-Originalpartitur: Wissen Sie, wo die sich heute befindet? Falls ja, haben Sie dieses Wissen exklusiv, denn sie gilt als verschollen. Sie wären in diesem Fall verpflichtet, sich umgehend mit dem rechtmäßigen Besitzer in Verbindung zu setzen. Das wäre heute der Freistaat Bayern. Der ist nämlich Universalerbe des Vorbesitzers der Partitur, der allerdings kein Wittelsbacher war (wie zunächst vermutet werden könnte), nein: Der Freistaat beerbte einst den größten Verbrecher der Weltgeschichte. Und das kam so: Mit dem Tod Ludwigs II. ging die Partitur im Jahr 1886 an seine Familie über. Nach der Revolution von 1918 gelangte sie in den Besitzstand des Wittelsbachischen Ausgleichsfonds. Der Fonds verhökerte sie an die Industrie- und Handelskammer weiter. Und im Jahr 1939 mussten die Blätter dann schon zum zweiten Mal als Geburtstagsgeschenk für einen Staatschef herhalten. Die Handelskammer suchte nämlich nach einem passenden Geschenk für den am 20. April des Jahres anstehenden fünfzigsten Geburtstag des Gröfaz und gleichzeitig ahnungslosesten aller Wagner-Verehrer. Und hier kommt der Freistaat ins Spiel, denn der fungiert als der alleinige Erbe Hitlers. Leider hat nach dessen Selbstmord niemand die Walküre-Partitur gefunden. Sie wird halt den Showdown unter der Reichskanzlei im Frühjahr 1945 nicht überstanden haben. Aber keine Sorge: Wir werden nicht so weit abschweifen, den ganzen Wagner-Hitler-Brei hier ein weiteres Mal aufzuköcheln, und begnügen uns bezüglich dieses lästigen Dauerthemas mit einem ganz hervorragenden Zitat aus einem ebenso hervorragenden Essay Eckhard Henscheids: *„Im Grunde bedient das verhatschte Argument von und mit Wagners Hitlervorgängerei bzw.* [...] *Hitlers Wagnerwiedergängerei* [...] *bloß und ausschließlich antikünstlerische Kunstvorstellungen* [...]."* (E. Henscheid: Wagner und Hitler? S. 149).

4.2.2 EIN WINTERGARTEN FÜR DEN KÖNIG

Und da wäre noch ein Bau Ludwigs II. in München, den wir leider nicht mehr bestaunen können. Im Gegensatz zum Wagner-Semper-Haus rechts der Isar hat es ihn allerdings wirklich gegeben. Er ging also verloren. Die Rede ist vom phantastischen Wintergarten auf dem Dach der Neuen Residenz.

Nun wäre das ganze Dach oder besser gesagt sämtliche Dächer eines der größten Stadtschlösser Kontinentaleuropas selbst für märchenkönigliche Verhältnisse doch arg überdimensioniert. Wer sich in den Kaiserhof begibt und dort die Nordfassade betrachtet, hat die richtige Stelle. Dort überwölbte einst für wenige Jahrzehnte eine hochmoderne Stahl-Glas-Konstruktion jene Wände, die noch aus der Zeit des ersten Kurfürsten stammen (also aus dem mittleren 17. Jahrhundert). Durch die Glasverschalung hindurch leuchtete es zur Nachtzeit bunt. Drinnen befanden sich exotische Pflanzen, maurische Kioske und sogar ein See für Schwäne, die Symboltiere Ludwigs II. Die Pfütze diente allerdings auch ein bisschen zum Umherfahren mit einem Kahn. In seiner Grotte in Schloss Linderhof besaß Ludwig dieses Spielzeug ja ebenfalls. Die Kahnfahrpassion hatte er möglicherweise über seinen Ahnen Max Emanuel im Blut, der als Bayerns dritter Kurfürst im ersten Viertel des 18. Jahrhunderts im Land und eigentlich sogar in ganz Europa sein Unwesen trieb. Auch sonst verbindet diese beiden sonderlichen Herren aus dem Hause Wittelsbach so manches: die Prunksucht etwa, oder die mangelnde Zuneigung zu ihrer Residenzstadt und die daraus resultierende allzu häufige Abwesenheit, auch die Manie, das gesamte Oberland mit einem Netz an aufwändigen Schlössern zu überziehen, sowie die generelle Hoffart. Bei Ludwig fehlt allerdings im Gegensatz zum „Befreier Belgrads" die Lust am Kriege, obwohl seine Regierung gegen jede Neigung ihres Königs gezwungen war, zwei zu führen; und über andere Lüste und Neigungen, die den König von seinem barocken kurfürstlichen Ahn unterschieden, wollen wir uns ausschweigen. Das Unkriegerische, ja fast möchte man sagen das Pazifistische gehört zu den angenehmsten Seiten des Märchenkönigs, und es ist Teil seiner Tragik, dass seine Minister ihm zwei Waffengänge nicht ersparen konnten. Der gewonnene dieser beiden Kriege schmerzte den König nicht weniger als der verlorene, musste er doch gegen das von ihm geliebte Frankreich geführt werden, und hatte obendrein den Verlust der bayerischen Vollsouveränität zur Folge.

Zurück zum Wintergarten in oder besser auf der Neuen Münchner Residenz. Er war ein rechter Ludwigs-Ort. Viel passt hier zu seiner Charakteristik. Da ist die Traumwelt-Inszenierung, die sich auch in allen Schlössern findet. Hier ist allerdings eines zu beachten: Bei der Einrichtung dieser Phantasie-Sphären wurde stets eine ganz bestimmte Illusion angepeilt; es ging also nicht etwa nur darum, durch irgendwelche bunt zusammengewürfelten Historisierungen oder Phantasiebilder aus der Realität zu entkommen;

letzteres war zwar der Zweck, aber das Mittel war immer ein ganz bestimmter, streng fixierter „Fluchtraumzeitpunkt". Manche meinen, es ginge bei den Ludwigs-Bauten immer irgendwie um Bühnenprojektionen der Wagner'schen Opernwelt in Vermischung mit irgendeiner Historisierung. Das ist für den Wintergarten, einem seiner ersten Flucht-Projekte, völlig falsch, für Herrenchiemsee ist es ebenso falsch, und eigentlich stimmt solches Urteil auch nur sehr bedingt für Neuschwanstein. Völlig zutreffend wäre dieses Diktum einzig für Schloss Linderhof, oder noch genauer: für den dortigen Park. In Neuschwanstein geht es primär um das, was Ludwig, seine Architekten und seine Innenausstatter für Mittelalter hielten, und Wagners Opern haben dann und nur dann in Neuschwanstein Platz, wenn sie selbst im Mittelalter spielen, also namentlich der Tannhäuser, der stofflich in die Wende vom 12. zum 13. Jahrhundert gehört. Eine Anekdote aus Ludwigs Leben verdeutlicht sehr schön, was hier gemeint ist: Der König besichtigte eines Tages die Baustelle des Schlosses Herrenchiemsee, dieser Bourbon-Versailles-Traumwelt. Seit seinem letzten Aufenthalt hatten Dekorateure eigenmächtig an die Seiten irgendwelcher Treppen imposante Löwen aufgestellt, die Rautenwappen in den Tatzen hielten (die werden halt ganz ähnlich gewesen sein wie jene in der Residenzstraße an den Eingängen zum Kaiserhof). Was denn das bitte solle, fragte der König indigniert. Man informierte den Traumtänzer darüber, dass „das", also Löwen und Rauten, die Symbole Bayerns seien. Der Bauherr bestimmte jedoch: „Fort damit!", und erklärte sinngemäß: Es gehe in Herrenchiemsee einzig und allein um die Inszenierung der absolutistischen Welt der Bourbonen, also um Versailles; Löwen, Rauten und ähnlicher weiß-blauer Tand hätten da nichts, aber auch gar nichts zu suchen!

Der Fixpunkt, der im Münchner Wintergarten angepeilt wurde, ist nicht mehr zweifelsfrei zu ermitteln, denn es bleiben uns nur einige schwarz-weiße Fotos. Der Begriff „orientalisch" ist zwar etwas schwammig, aber sicher nicht falsch. Er umfasst Indien, aber auch die verehrungswürdigen Anlagen und Parks aus der muslimischen Zeit Andalusiens, namentlich Granadas. Die dortige Alhambra, eine Burgschlossanlage, mit ihren Parklandschaften war zu Ludwigs Zeiten schwerst in Mode, speziell die Gärten wurden als irdisches Paradies gedeutet und verklärt (was übrigens rein historisch gesehen völlig korrekt war, denn es entsprach ganz und gar der Intention der muslimischen Bauherren). Der belesene König Ludwig II. interessierte sich nachweislich für die Burganlage in Granada. Ob er eine Erinnerung an die dortigen Gärten auf dem Residenzdach evozieren wollte, kann nicht eindeutig belegt werden.

Es gibt noch andere Aspekte beim Wintergarten, die typisch für den „Märchenkönig" sind: Da ist zum Beispiel das Abgehobene, das Überhöhte. Hier, in der Residenz, ist es sogar ganz besonders sinnbildlich: In den unteren Stockwerken die profane Welt des politischen Alltags, gewöhnlich, rau, arbeitsam, langsam und langweilig, deprimierend und stets mit Niederlagen drohend; abgehoben darüber die Idealwelt, wenigen Erlesenen zugänglich, phantastisch, un-alltäglich, nächtlich, künstlich; und ohne Arbeit; statt abgehoben könnte man auch sagen: ver-rückt.

Zu seinen abgehobensten Ideen im wahrsten Wortsinn gehörte der Plan eines Fluggerätes, das ihn, befestigt und gesichert durch ein hoch gespanntes Seil, über Schwangau gondeln lassen sollte (man beachte übrigens die technische Aufgeschlossenheit, auch sie ganz Ludwig-typisch, man findet sie in der elektrischen Beleuchtung des Wintergartens wieder, ebenso in den technisch höchst anspruchsvollen Spielzeugen der Parkanlage Linderhofs, vor allem in der Grotte). Dieselbe Fluchtrichtung – über dem Alltag und dem gemeinen Pack – hat auch die Paradies-Inszenierung auf der Neuen Residenz.

Ist schon ein Jammer, dass wir den Wintergarten, der nachts so schön bunt leuchtete, nicht mehr haben. Man könnte ja wähnen, die Konstruktion, die im Wesentlichen aus Glas bestand, habe den Bombenhagel des Zweiten Weltkrieges nicht überstanden, aber weit gefehlt: Schon kurz nach Ludwigs Tod hat man das Ensemble vom Residenzdach abmontiert. Die Stahlträger wurden in Nürnberg eingelagert, denn eine dortige Firma hatte das moderne Skelett einst geliefert. Rein technisch-industriell gesehen war die Frankenmetropole der Residenzstadt damals nämlich weit voraus.

Der Küchenmeister Hierneis, dem wir schon einmal zugehört haben, liefert den entscheidenden Hinweis für die Gründe des Abrisses. Diese lagen nicht etwa in entsprechenden testamentarischen Verfügungen des Königs, sondern erstens im gefährlichen Gewicht der Dachanlage und zweitens in deren marodem Zustand: „[Ein Kollege und ich] *hatten ein Zimmer unter dem Wintergarten der Residenz,* [einem] *rechten Ungetüm von ungeheurem Gewicht, das die Mauern arg belastete. Unsere Betten standen gerade unter dem See, den der König zur Gondelfahrt benutzte. Der musste aber einige lecke Stellen gehabt haben, denn häufig tropfte es stark auf uns herunter.*

129

Nur mit einem aufgespannten Regenschirm konnten wir uns etwas schützen.
(Hierneis, Kg. L II. speist, S. 8f.)

Es stand also zu befürchten, dass der Garten schließlich das ganze Gemäuer unter ihm, stammend aus der Zeit Kurfürst Maximilians I., zerstören würde; offenbar hatten sich die Statiker aus Franken beim Bau der Stahl-Glas-Konstruktion etwas verhauen; was obige These bezüglich der technischen Überlegenheit der Dortigen doch wieder etwas unwahrscheinlicher machen würde.

4.3   EIN NEUES RATHAUS FÜR MÜNCHEN

Der Marienplatz, an welchem das Neue Rathaus steht, ist in vielerlei Hinsicht das Zentrum der Stadt. Er ist es aus historischer Perspektive, denn mit der hiesigen Straßenkreuzung fing um 1158 herum alles an. Eine nicht unbedeutende Weinstraße, kommend aus Italien und führend in den Norden Bayerns, kreuzte hier schon einige Zeit vor der Stadtgründung eine noch wichtigere Handelsroute, die aus dem Salzburger Land kam und ins westlich gelegene Augsburg zielte; das war die Salzstraße. Die Kreuzung selbst war ein Handelszentrum, aus welcher schließlich die Stadt hervorging, als man das dort entstandene Gebäudeensemble ummauerte.

Am Marienplatz schlug ferner für lange Zeit das ökonomische Herz der Stadt, denn hier befand sich seit der Stadtgründung der Markt. Er verschwand erst am Beginn der Königszeit Anfang des 19. Jahrhunderts, als man ihn auf das Gelände des heutigen Viktualienmarktes verlegte.

Auch in religiöser Hinsicht ist der Marienplatz von herausgehobener Bedeutung: Der katholische Teil der Stadtbevölkerung sieht noch heute in der Mariensäule das wichtigste hiesige Heiligtum, und bis in die Zeit der Aufklärung hinein gilt ja, dass die Bezeichnung „katholischer Münchner Bürger" ein weißer Schimmel wäre – denn andere als katholische gab es nicht. Schließlich wurde die Jungfrau auch zur Namensgeberin des Ortes, der zuvor Schrannenplatz, also Marktplatz geheißen hatte.

Last but not least stand hier seit dem 15. Jahrhundert auch jenes Rathaus, welches heute „das Alte" genannt wird. Man könnte also beim Marienplatz auch von einem politischen Zentrum sprechen, aber da sind höchste Vorsicht, einige Einschränkung und viel Differenzierung geboten.

4.3.1 ZUM SELBSTVERSTÄNDNIS UND ZUR BEFINDLICHKEIT DES MÜNCHNER BÜRGERTUMS IM 19. JAHRHUNDERT

Das Neue Münchner Rathaus ist ganz offensichtlich ein Repräsentationsbau. Es sei zunächst eine Abschweifung zu Ludwigs weltberühmten Märchenschlössern gestattet, die etwa in derselben Zeit entstanden (was die Abschweifung gestattet), und hier nur ganz am Rande behandelt werden. Sie stehen ja auch nicht in München. Jetzt ist allerdings auf einen bestimmten Punkt aufmerksam zu machen, denn dieses Kapitel behandelt unter anderem die Repräsentation als potentielle Funktion eines Gebäudes. Die Paläste Ludwigs unterscheiden sich genau darin radikal von allen anderen Regierungs- und Schlossbauten in Europa, aus welcher Epoche jene auch immer stammen mögen: Neuschwanstein, Linderhof, Schachenhaus und Herrenchiemsee repräsentieren eben nicht. Ja, mitunter verstecken sich die Gebäude sogar; nicht gerade in Schwangau, aber doch umso mehr in Ettal und auf Herrenchiemsee. Das ist ganz folgerichtig. In den Worten des Initiators waren die Schlösser schließlich „*poetische Zufluchtsorte*" (s. o.). Also musste Ludwig darauf bedacht sein, sie vor jeder Form von Zudringlichkeit zu schützen. Die extremste Ausprägung erfuhr dieses Schutzbedürfnis in der schon erwähnten Verfügung des Königs, alle Schlösser seien nach seinem Ableben sofort zu zerstören. Auch das beweist, dass es hierbei nicht um Repräsentation ging, denn diese spekuliert immer auch auf den Eindruck bei der Nachwelt.

Was also für Ludwigs Märchenschlösser ganz explizit nicht gilt, trifft auf den riesengroßen Teil aller Schlossbauten durchaus zu: Sie repräsentieren; sie stellen die Macht, das Vermögen und auch den Geschmack ihrer Bauherren offen zur Schau. Das gilt auch dann noch, wenn die Gebäude primär auf die Wohnbedürfnisse eines bestimmten Herrschers zugeschnitten sind. Hier wäre Sanssouci in Potsdam ein hübsches Beispiel: Das Ensemble befriedigt die Privatwünsche Friedrichs II., also des Erbauers und Bewohners, aber wer wollte bezweifeln, dass sich hier Einer auch ganz bewusst vor der Mit- und Nachwelt in Szene setzt; nämlich als roy philosophe, ach so bescheiden (denn Sanssouci ist ja vergleichsweise klein) und mit erlesenem Geschmack.

Um nun so langsam den Bogen zu Rathäusern im Allgemeinen und später dann zum Neuen Münchner Rathaus speziell zu schlagen: Bürgerschaftsgebäude dienen, schon seit dem Mittelalter, ebenfalls nicht nur den Stadträten und Bürgermeistern zum Tagen, Arbeiten und Verwalten, sondern auch zum Repräsentieren; letzteres übrigens in durchaus bewusster Konkurrenz zu den Schlössern des Adels. Die aufwändigen Fassaden solcher Gebäude demonstrieren den Anspruch der jeweiligen Bürgerschaft, die Geschäfte im Stadtbereich möglichst selbst, unbehelligt von Fürst und Adel, zu gestalten. (Die Rede ist gerade von früheren Zeiten, nicht etwa vom 19. Jahrhundert). Hier demonstrierte eine politische Formation, nämlich das (gehobene) Bürgertum, den Willen zur Souveränität in allen Belangen und Interessen der eigenen Stadt. So ist es in den Freien Städten, den Reichsstädten des Mittelalters, die einzig den Kaiser, aber keinen ortsansässigen Grafen, keinen Herzog und keinen Regionalpfaffen (sprich Bischof) als Oberherren anerkennen. Und jener Kaiser ist praktischerweise meist weit weg, hat ganz andere Sorgen und ist obendrein oft auch noch pleite; man könnte ihm jetzt zum Beispiel ein bisschen Geld leihen – das wird ihn der Bürgerschaft verpflichten und bei ihm für ein offenes Ohr bezüglich aller Interessen der Stadt sorgen …

Wenn wir nun aber über München, über Münchens Bürgerschaft und über bürgerlich-öffentliche Gebäude im 19. Jahrhundert sprechen, müssen wir historisch differenzieren. Die oben skizzierte Entwicklung zu einer politisch selbstbewussten Stadtgesellschaft vollzog sich nämlich beileibe nicht in allen Städten des mittelalterlichen Kaiserreiches. Die Skizze des letzten Absatzes wäre etwa zutreffend für Bremen, auch für Frankfurt, Lübeck oder Hamburg und viele andere mehr. Keineswegs gelang es jedoch allen größeren Städten, sich von den regionalen Adelsgewalten zu emanzipieren. In einigen versuchten immer irgendwelche Herzöge oder Bischöfe, ihren Einfluss auf die Stadtgeschicke aufrecht zu erhalten, mit mal mehr und mal weniger Erfolg. Am schwierigsten hatten es die Patrizier in den Residenzstädten, also in jenen, in welchen die adligen Regionalmachthaber selber wohnten, also residierten. Und damit sind wir endgültig in München angekommen, denn kaum ein einzelner Begriff charakterisiert unsere Stadt in ihrer historischen Gewordenheit so treffend wie das Wort „Residenzstadt".

München wurde von einem bayerischen Herzog gegründet, so fängt es schon mal an. Und auch, wenn dieser Adlige die Stadt aus primär wirtschaftlichen Erwägungen gründete und sie zunächst sich selbst überließ – vieles andre war ihm viel wichtiger, ohnehin war jener Herr in erster Linie Sachsenherzog, und Bayernherzog eigentlich mehr so nebenberuflich –, so geriet sie doch unter seinen Nachfolgern sehr schnell unter die herzogliche Fuchtel. Die bayerischen Regionalmachthaber mit dem Titel „Herzog" gingen allmählich dazu über, hier zu residieren und betrachteten München seitdem sehr viel mehr als andere Städte des Herzogtums als ihre eigene Stadt. Freilich, Konflikte mit der Stadtbürgerschaft gab es. Im Spätmittelalter hat einmal ein herzogliches Gericht einen Münchner Bürgermeister zum Tode verurteilt! Dennoch ist es nie zu Szenen gekommen wie etwa in Köln im Jahr 1288. Da gab es in Worringen, einem heutigen Kölner Stadtteil, eine Schlacht, an welcher so ziemlich jede Regionalgewalt Nordwesteuropas irgendwie beteiligt war. Im Rahmen dieses Allgemeingemetzels prügelten die Söldner des Kölner Patriziats derart heftig und am Ende erfolgreich auf jene des eigenen Stadtherren, des Erzbischofs ein, dass sie zu den Siegern und jene zu den Verlierern der Schlacht gehörten. Die Folge: Eine sehr lange Zeit hatte der Erzbischof von Köln gar nicht mehr das Recht, die Mauern „seiner" Stadt zu betreten, und die Residenz wurde verlegt. Die Kölner Patrizier verwalteten die Domstadt fortan selbst, obwohl sie ja gar keine rechte Domstadt war, da erstens die Kirche unfertig herumstand und zweitens der Domchef im Exil weilte. In München ist beides undenkbar, erstens, dass eine Kirche nicht fertig wird – unser heutiger Dom wurde in 20 Jahren Bauzeit errichtet, die Kölner haben 200 Jahre früher als wir begonnen und sind bis auf den heutigen Tag nicht fertig – zweitens aber und im unsrem jetzigen Zusammenhang wichtiger: Die Münchner Bürger haben ihre Söldner nie gegen jene des Herzogs ins Feld geschickt. Und an eine Verbannung des bayerischen Herzogs aus der Residenzstadt hat mit Sicherheit nie irgendjemand irgendwann gedacht – das ist wirklich undenkbar (was Münchens Bürgerschaft betrifft; die Österreicher haben immer wieder mal bayerische Herzöge aus München verjagt, aber das hat mit unsrem jetzigen Thema nichts zu tun).

Mit dieser Vorgeschichte auf dem Buckel kommen wir nun im frühen 19. Jahrhundert an, und damit am Beginn des souveränen Territorialstaates, der gleichbedeutend mit dem Ende jenes Fleckerlteppichs ist, den man das alte Kaiserreich nennt. Das ist gleichzeitig auch das Ende der Freistadtherrlichkeit. Alle Freien Städte des alten Reiches, welche sich, ganz grob, irgendwo zwischen Main und Inn, Württemberg und Böhmen befanden, gehörten fortan zu einem Flächenstaat. Dieser trug seit 1806 den stolzen Namen „Königreich Bayern". Das waren etwa Augsburg, Nürnberg oder Regensburg, um nur einige jener (neu)bayerischen Orte zu nennen, in welchen sich die Stadthonoratioren nun verwundert die Augen rieben. Mit der Autonomie war es vorbei. Alle Städte hatten denselben Rechtsstatus innerhalb der Kommunalverfassung, und die Stadtbewohner waren nicht mehr in erster Linie Stadtbürger, sondern sie waren Staatsbürger des Königreiches Bayern, deren Rechte in der bayerischen Verfassung niedergelegt waren.

Wenn auch alle bayerischen Kommunen nun denselben Rang innerhalb der Staatsverwaltung hatten, so unterschieden sie sich doch sehr in ihrer Geschichte; und, daraus folgend, in ihrem Selbstverständnis oder Selbstbewusstsein. In gewissem Sinne mag den Münchnern der Übergang vom Herzogtum Bayern zum gleichnamigem, territorialstaatlichen Königreich viel leichter gefallen sein als etwa den Augsburgern oder den Nürnbergern, die ja gar nicht zum vormaligen Herzogtum gehört hatten. Für die Münchner änderte sich nicht viel. Der Fürst war meist vor Ort, und nun nannte er sich eben König, wodurch sogar noch ein bisschen Glanz auf die Residenzstadt abfiel. Das Gepräge der Stadt, ihr Aussehen, wurde weiterhin – und jetzt sogar erst recht – von den Fürsten, also den Neukönigen, gestaltet. Der Residenzausbau, die Hofgartenöffnung, die Ludwigstraße, der Königsplatz und die Pinakotheken, all das fällt unter die Rubrik „Repräsentationsbedürfnis der wittelsbachischen Königsfamilie". Und wir wissen bereits, wie enorm ausgeprägt dieses Bedürfnis unter dem zweiten bayerischen König gewesen ist.

Öffentliches, gar repräsentatives bürgerliches Bauen kam dagegen während der ersten 60 Jahre des Königreichs in München nicht vor. Würde man sagen, die Münchner waren entwöhnt, was städtisch-bürgerliches Selbstbewusstsein und daraus resultierendes anspruchsvolles Bauen betraf, so wäre das insofern nicht ganz richtig, als dass man nur entwöhnt von etwas sein kann, das man einst zu tun oder zu haben gewohnt war, und das war, wenn überhaupt, nur in sehr weiter Vergangenheit der Fall gewesen. Im 15. Jahrhundert hatten sie ein Rathaus gebaut, und nicht mal ganz schlecht; aber das war sicher auch mehr so pro forma, weil man halt ab einer gewissen Einwohnerzahl so etwas hat. Andere machen es ja schließlich auch, also warum nicht? Betretungsverbote für Adelige und ähnliches, was man zum Beispiel in Bremen durchaus kannte, gab es in Münchens Altem Rathaus selbstredend nicht. Und wenn der Fürst für die Stadt sorgen und in ihr bauen wollte, nun bitte, so sollte er doch! Für das Münchner Kunst- und Bauhandwerk fiel auch so genug an Aufträgen ab.

„Ungeübt": Das Münchner Bürgertum war ungeübt in politischer Initiative und ebenso ungeübt im Repräsentieren. Nun könnte man einwenden, dass doch Bayerns Monarch in der durchaus bürgerlichen Revolution von 1848 der einzige im deutschsprachigen Raum war, der seinen Thron verloren hatte. Der Einwand wäre aber verfehlt, denn erstens befanden sich die Brennpunkte der politisch motivierten Krawalle im Königreich nicht in München, sondern in Franken und in der damals bayerischen Pfalz. Es gibt viele Korrespondentenberichte, die in großer Übereinstimmung aus München berichten, dass hier 1848 überhaupt nichts passiert wäre, wenn der König sich in der Lola-Affäre nicht so steindumm benommen hätte. Die Lola-Proteste waren aber eigentlich nichts Politisches, und wo doch, waren sie zutiefst reaktionär. Und warum dankte Ludwig I. schließlich ab? Das lag erstens an seinem Stolz: Er wollte keine Einschränkungen der königlichen Souveränität in einer zu seinen Ungunsten abgeänderten Verfassung hinnehmen. Diese Beschneidungen der Königsmacht waren aber ein Erfolg der Franken und der Pfälzer, nicht etwa der Münchner. Zweitens lag es daran, dass er sich außerstande sah, noch weitere Minister aufzutreiben, die bereit gewesen wären, den ganzen Lola-Blödsinn noch länger mitzumachen und abzusegnen. Er fand ganz einfach niemanden mehr für diesen öden Job.

Da wir übrigens gerade mal wieder von König Ludwig I. sprachen: Kaum zu glauben, aber als man 1867 den Grundstein für's Neue Münchner Rathaus legte, war der immer noch am Leben! Gott sei Dank längst ausgesöhnt mit seinen braven Münchner Residenzstädtern. Der alte Mann lebte zwar, doch es regierte bereits sein gleichnamiger Enkel; nun ja, „regierte" ... das ist für den Gesamtstil Ludwigs II. eigentlich ein Verb, welches schon gar zu sehr auf Aktion und Tätigkeit verweist, wie bereits geschildert.

4.3.2 VOM HISTORISMUS IM ALLGEMEINEN UND VON DER NEUGOTIK IM BESONDEREN

Es kamen einige Faktoren zusammen, welche ab etwa 1865 die Planung eines neuen Rathauses für München fast schon zwingend erforderten. Da war erstens und vor allem die rasante Zunahme der Stadtbevölkerung. Das Jahr 1854 war hier epochemachend. Durch einen simplen Verwaltungsakt, nämlich die Eingemeindung der Vorstädte im Osten und Südosten, vergrößerten sich Fläche und Einwohnerzahl enorm (letztere wuchs zwischen dem 3. Dezember 1852, als man etwas über 106.000 Menschen gezählt hatte, und demselben Tag des Jahres 1855 um über 25.000 Personen und hielt nun bei der Zahl 132.112; wir haben diese Zahlen oben schon kennengelernt, aber man vergisst sie ja schnell; dennoch sind sie wirklich wichtig). In den Folgejahren setzte sich das fort, wenn auch nicht mehr gar so exponentiell wie Anfang der 50er Jahre. Das also war der wichtigste Anstoß zum Neubau.

Es kam aber noch Anderes hinzu: Seit einiger Zeit wurde an einer neuen bayerischen Gemeindeverfassung gebastelt. Das war eine Folge der Bevölkerungszuwächse in allen Städten des Königreichs. Diese neuen Richtlinien für die Gemeinden waren zwar 1865 noch nicht fertig, aber man wusste, dass ihr Erlass bevorstand und darüber hinaus, dass auf die Großkommunen ein gewaltiger Batzen neuer Kompetenzen zukommen würde; positiv ausgedrückt: Den Städten stand ein machtpolitischer Bedeutungszuwachs ins Haus. Negativ ausgedrückt: Das würde ein Haufen Arbeit werden.

Ein Haufen Arbeit mehr bedeutet, dass mit der Stadt auch die Zahl der bei dieser Stadt angestellten Personen steigen muss; wohin mit denen, wenn das bisherige Rathaus am Tal-Ende ohnehin so gut wie unbenutzbar ist? In den Tagen vor dem Neubau war ein Großteil der Stadtverwaltung tatsächlich auf verschiedene Häuser rund ums Petersbergl verteilt und nicht etwa im Alten Rathaus – das war zum Stadtregieren wirklich nicht geeignet. Der spätgotische Bau tat das, was er von Anfang an tun sollte: Er stand herum, sah ganz hübsch aus und zeigte, dass es selbst in München ansatzweise so etwas wie bürgerliches Selbstbewusstsein gab.

Und dann mag es vielleicht noch einen Teilaspekt gegeben haben, der Hand in Hand mit dem zuletzt umrissenen geht. Wenn eine Stadt schnell wächst, und die staatliche Verwaltung durchblicken lässt, dass es demnächst sehr viel mehr kommunale Kompetenzen geben werde; wenn gleichzeitig erstmals seit langer, langer Zeit aus der Fürstenfamilie kein rechter Anstoß zu repräsentativem Bauen kommt – oder anders gesagt, wenn der einzige derartige Anstoß, das Opernfestspielhaus, mit einem vorher nie in dieser Stadt gesehenen Oppositionswillen verhindert werden soll und wird; wenn dann noch dazukommt, dass der Monarch sich in Ekel erregt ganz von dieser seiner Residenzstadt abwendet; wenn also derart viele Faktoren zeitlich zusammenfallen, dann drängt sich selbst einem Bürgertum wie jenem Münchens, an sich stinkfaul und politisch „ungeübt", geradezu zwingend der Wunschgedanke auf, nun selbst und möglichst repräsentativ bauträgerisch tätig zu werden. Die Zeit war überreif, in jene Lücke zu treten, die Ludwig II. in München aufmachte. Das gilt vielleicht in diesem Maße noch nicht in den Jahren der Planung (ab 1865) und des ersten Bauabschnitts (ab 1867), ganz sicher aber schon sehr viel mehr mit dem Beginn der zweiten Bauphase (1889); und in der dritten und letzten, als sich das 19. Jahrhundert schon langsam seinem verdienten Ende zuneigte, ließ man es dann so richtig krachen!

Die Frage des Ortes fürs neu zu bauende Rathaus war eigentlich gar keine rechte: Die bayerische Herrscherfamilie hatte sämtliche anderen einigermaßen zentral gelegenen Plätze außer dem Marienplatz bereits komplett mit Beschlag belegt und baulich durchdrungen. Der Königsplatz schied völlig aus. Am Odeonsplatz standen, die Hofkirche eingerechnet (und nichts anderes ist die Theatinerkirche), drei Adelsbauten, und die fassadenfreie Richtung nach Norden ergänzte eine von einem König initiierte und nach ihm benannte Straße. Der Max-Joseph-Platz vielleicht? Dessen Norden und dessen Süden waren vor nicht allzu langer Zeit vom Hofarchitekten Klenze und mit vom Hof gegebenem Geld im höfischen Sinne gestaltet worden: Seine Nordfassade bildete seither der Hof selbst, im Osten stand die Hofoper und im Süden befanden sich erhöhte Arkaden ebenso sinnfrei wie abermals höfischen Charakters – sie waren ein Spleen König Ludwigs I. Bliebe also die Westseite des Platzes ... es schien den Münchner Stadtvätern aber wohl gar zu gewagt, den ganzen Königsbauten hier ein bürgerliches Statement entgegenzusetzen. Wer weiß, wie so etwas aufgenommen werden würde – nein, den Max-Joseph-Platz überließ man besser kampflos der wittelsbachischen Repräsentation. Es galt stattdessen, einem anderen zentralen Stadtplatz ein bürgerliches Gepräge zu geben. Das konnte aus zwei Gründen nur der Marienplatz sein. Erstens: Irgendwie müssen die Wittelsbacher den Ort im Laufe ihrer über 700jährigen Regierungs- und Bautätigkeiten übersehen oder vergessen haben. Selbst die Zeit König Ludwigs I. und seiner Architektenhorde hatte der Platz unbehelligt überstanden (wahrlich ein kleines Wunder!). Zweitens stand hier ja auch schon das Alte Rathaus, und somit war eine gewisse bürgerliche Prägung bereits vorhanden. Da traf es sich hervorragend, dass die Regierung von Oberbayern just in der Planungszeit des Neuen Rathauses dazu verdonnert wurde, umzuziehen. Sie sollte nämlich zukünftig den nordöstlichen Gebäuden der Maximilianstraße mit ihren Prunkfassaden auch im Inneren zu etwas Sinn verhelfen. Dazu musste sie ihren bisherigen Sitz räumen, der sich an der Ecke

Marienplatz und Dienerstraße befunden hatte. Und dieses freigewordene Areal kaufte nun die Stadt.

Damit war die Frage des Ortes endgültig geklärt.

Es blieben noch jene nach Stil und Umfang. Letztere wurde im Laufe der Jahrzehnte völlig unterschiedlich beantwortet. Der Bau des Neuen Rathauses gliedert sich in drei verschiedene Abschnitte, während derer die Sache völlig aus dem zunächst angepeilten Rahmen fiel. Am Marienplatz gehört es zu den Hauptvergnügen jedes Stadtführers, den darob verblüfften Gästen zu demonstrieren, dass sie streng genommen nicht etwa ein einziges, sondern zwei (Rat)Häuser sehen (gemeint ist nur die Nordfassade des Marienplatzes; wenn wir hier rund herumsehen, halten wir schließlich bei drei Rathäusern!). Diese Erkenntnis gewinnt man sehr leicht: Gehen Sie von der Mariensäule Richtung Osten, also Richtung Tal, und bleiben Sie nach etwa dreißig Metern stehen. Wenden Sie sich jetzt nach Norden, also zum Neuen Rathaus. Sie haben nunmehr den Risalit genau vor sich (Risalit nennt man einen hervorspringenden Teil eines Gebäudes, kommend vom italienischen saltare = springen). Die meisten, wenngleich nicht alle Risalite sind Mittelrisalite, das heißt, sie befinden sich in der Mitte ihres Baus. Wie verhält sich das hier? Wie bitte? Sie sagen, der Risalit sei eindeutig nicht in der Mitte? Da liegen Sie falsch.

Betrachten Sie nun ausschließlich jenen Teil der Rathausfassade, der sich vom Reiterstandbild (jetzt zu Ihrer Linken; übrigens Gestatten? Das ist der Herr Prinzregent Luitpold) bis zur Ecke Dienerstraße zu Ihrer Rechten erstreckt. Links und rechts vom Risalit befinden sich ebenerdig jeweils genau drei Arkadeneingänge, und auch in den darüberliegenden Stockwerken sieht man immer drei Fenster zu beiden Seiten des Vorbaus. Schnell wird klar: Das ist ein in sich völlig symmetrisches Haus, und der Risalit ist tatsächlich zentral positioniert. Die Symmetrie wird nur scheinbar dadurch aufgehoben, dass sich die Fassade eines weiteren Hauses im Westen anschließt. In diesem zweiten Haus befindet sich der Glockenspiel-Turm übrigens auch genau dort, wo er eigentlich hingehört: nämlich ebenfalls in der Mitte.

Der Hausteil zwischen dem reitenden Prinzregenten und der Dienerstraße ist der erste Bauabschnitt. In der ursprünglichen Planung wär's das dann eigentlich auch gewesen. Zumal schon dieses Haus Unsummen verschlungen und das Budget um ein Mehrfaches gesprengt hatte. Aber Münchens Wachstum hielt an, und das Stadtsäckel wurde immer praller gefüllt. Daher entschloss man sich zweimal zu umfangreichem Weiterbauen. Der zweite Abschnitt ist vom Marienplatz aus gar nicht zu sehen, denn er betraf die Nordseite. Man ergänzte den Ursprungsbau sozusagen nach hinten hinaus, bis zur Landschaftsstraße. Die Symmetrie der Schaufassade zum Marienplatz hin war dadurch noch nicht tangiert. Das geschah erst im nun folgenden Abschnitt, dem letzten, der zeitlich bereits in die Jahrhundertwende gehört. Jetzt erweiterte man das Neue Rathaus nach Westen hin, bis zur Weinstraße, inklusive Turmbau. Ein Wort noch zum gerade erwähnten Turm: Zwar wollen wir Stilfragen erst weiter unten ausführlicher besprechen, aber schon hier sei erwähnt, dass nicht nur generell auf mittelalterliche Bauideale zurückgegriffen wurde, sondern wenigstens einmal auch ein ganz bestimmtes Haus inspirierend Pate gestanden hat. Das war das Rathaus in Brüssel. Das stammt aus dem frühen 15. Jahrhundert. Der Münchner Rathausturm hat eine schon mehr als frappante Ähnlichkeit mit jenem in Brüssel, angefangen von seiner Platzierung innerhalb der Gesamtfront bis hin zur Spitze, die hier wie dort von einer Figur bekrönt ist. In Brüssel steht der Turm nicht in der Mitte des Gebäudes. Als nun in München im letzten Bauabschnitt des Rathauses der Bau eines Turmes anvisiert wurde, der, da ja bereits ein Trakt errichtet worden war, wohl kaum in der Gebäudemitte stehen konnte, mag man sich in dieser Verlegenheit an Brüssel erinnert haben: Dort hatten sie ein echt gotisches Rathaus mit einem Turm, der nicht mittig hochgezogen worden war. Na bitte! Wenn sie schon im Spätmittelalter ihre Rathaustürme nicht immer zentral gesetzt hatten, dann brauchte man es beim Kopieren ja auch nicht zu tun.

Wer sich weder von den augenscheinlichen Symmetrien innerhalb des rechten Rathausteils einerseits und des linken andererseits, noch von der Autorität eines stadtführenden Taxlers restlos überzeugen lassen möchte, beachte noch folgende Details: Erstens sind die Fensterreihen in der Gesamtfassade nicht auf einer Höhe. Genau beim Reiterstandbild des Prinzregenten gibt es einen kleinen, aber doch klar erkennbaren Niveauunterschied. Im Innern des Rathauses sind der erste und der letzte Bauabschnitt dementsprechend durch kleine Treppchen miteinander verbunden. Offenbar ist es nicht gelungen, die Stockwerkhöhen des neueren Teils jenen des älteren Teils vollkommen anzupassen. Vielleicht ist dies der passende Moment, zu erwähnen, dass der Architekt des Neuen Münchner Rathauses ein gebürtiger Österreicher war (er hieß Georg Hauberrisser).

Das zweite Detail bezieht sich auf das Baumaterial. Rechts vom Reiterstandbild findet man Backstein. Das ist nun gute Münchner Tradition. Mit den Ziegeln aus Haidhausen und Berg am Laim hatten sie im 15. Jahrhundert schon die Frauenkirche errichtet. Der jüngere Teil des Rathauses ist jedoch mit Tuffstein gebaut; speziell am Turm kann man den Materialunterschied deutlich erkennen. Das ist rein finanziell deutlich aufwändiger als Backstein, macht aber auch mehr her. Um die Jahrhundertwende herum, als man zum Turmbau schritt, spielte Geld offenbar keine Rolle mehr, auch wenn das Neue Rathaus bisher schon sehr viel gekostet hatte.

Im Jahr 1905 war das ganze dreiteilige Ensemble inklusive Glockenspiel dann weitgehend fertig, und im darauffolgenden wurde es bezogen. Die Bauzeit betrug also fast 40 Jahre. Man beantworte ganz schnell und ohne großes Nachdenken folgende Frage: Welches Gebäude ist älter, das Neue Münchner Rathaus oder der Pariser Eiffelturm? Jede Wette, auch architekturgeschichtlich durchaus beschlagene Befragte hauen da im Affekt gerne mal daneben. Münchens Rathaus ist etwa 35 Jahre jünger; aber es will halt sehr, sehr viel älter scheinen, als es eigentlich ist.

Womit wir bei der letzten Frage wären, die sich den Stadtvätern und Rathausplanern 1865 gestellt hatte, nämlich jener des Stils.

Beginnen wir die stilistische Beschreibung des Neuen Münchner Rathauses mit einem klassischen Reiseführer-Satz: *Das Neue Münchner Rathaus am Marienplatz ist im neugotischen Stil erreichtet.* Allzu viel gewonnen haben wir mit dieser Phrase allerdings nicht. Neugotik, das ist die Wiederbelebung der Gotik. Und spätestens hier wird's brenzlig: Was ist Gotik – oder, in unserem Zusammenhang viel wichtiger: Wie interpretierten die Menschen im 19. Jahrhundert die Gotik, welche Bedeutung legten sie ihr bei, was repräsentierte dieser Baustil für sie? Vielleicht erhalten wir mit der Beantwortung dieser Fragen etwas mehr Anschaulichkeit für den Begriff „Neogotik".

Das 19. Jahrhundert macht in Historismus, und es ist ja offensichtlich, dass die Neogotik unter diesen Oberbegriff fällt. Man baut nach und kopiert, wie man nur kann und was die Steine hergeben: Klassik oder Renaissance, Barock oder der jüngst erst entschlafene Rokoko, Romanik oder Gotik – all das bekommt jetzt ein „Neo" vorgesetzt, und sie machten es wie damals, „*nur* [eben] *richtiger.*" (G. Ringsgwandl, s. o.)

Nun träte man den Künstlern, Architekten oder Mäzenen dieses Jahrhunderts aber zu nahe, wenn man ihnen unterstellte, sie alle hätten sich mit dem wahl- oder gedankenlosen Kopieren verschiedener vergangener Epochen und ihrer Stile begnügt. Solche gab es zwar freilich auch: Ludwig I.

war diesbezüglich ein rechter Schmetterling, und seine Hofschranze Gärtner kopierte ihm kommentarlos, was er wollte. Ist dem königlichen Bauherrn zum Frühstück nach Antikem, so plant man ihm halt irgendwas mit Säulen; wünscht er beim Souper Byzantinisches, bitte sehr; und zum Kaffee ein wenig Renaissance. Auch das wird prompt erledigt. Leo von Klenze, Ludwigs anderer (und besserer) Baumeister verhält sich zwar letztlich auch nicht sehr viel anders. Er jammert aber wenigstens darüber und ziert sich auch mitunter. Er konzipiert zwar schließlich die Allerheiligenhofkirche im neobyzantinischen Stil, aber nur unter Protest. Er ist sich der Inkonsequenz wohl bewusst. Ginge es nach Klenze und nicht nach seinem königlichen Brotgeber, würde in München nur Klassizismus oder Neorenaissance als Baustil verwendet, und letztere auch nur, weil die Renaissance in der Klassik ihr Vorbild sah.

Dem Historismus frönen sie also fast alle, diese Baumeister im Deutschland des 19. Jahrhunderts, aber fast jeder hat so seine Vorlieben. Historist ist nicht gleich Historist. Es sind nicht nur und nicht einmal primär ästhetische Gesichtspunkte, welche die jeweiligen Präferenzen generieren. Dahinter steckt eine Menge Ideologisches. Jede kopierte Epoche stand für ganz bestimmte Konzeptionen und Ideen. Diese umfassten das Menschenbild, das gesellschaftliche Ideal oder auch die Religiosität. Die (Neo)Klassizisten wie etwa Klenze denken bei ihrem Baustil an Erhabenes: an Plato etwa und Aristoteles, an die Ursprünge des freien Kulturmenschen im antiken Griechenland, und so mancher nicht zuletzt an die attische Demokratie. Kommt jemand daher und baut (Neo)Byzantinisches, rümpft der Klassizist die Nase: Jener Stil steht ihm für Knechtschaft im Glauben und durchtriebene, cäsaristische Willkürherrschaft.

Da das Neue Münchner Rathaus im neugotischen Stil gebaut ist, stellt sich nun die Frage nach dessen ideologischen Konnotationen; ein schwieriges, weites Feld. Da ist zunächst einmal die Top-Verwirrung um den Begriff der Gotik selbst. Ursprünglich war's ein Schimpfwort. Italienische Kunsthistoriker benutzten es seit dem 16. Jahrhundert, um den in ihren Augen gering zu schätzenden mittelalterlichen Kunstgeschmack gegenüber der Renaissance herabzusetzen. Der Hauptvorwurf an die von ihnen so genannte Gotik ging wohl dahin, dass der mittelalterliche Stil irgendwie pfäffisch oder untertänig sei, ferner dahin, dass die gotischen Künstler keinen zutreffenden Begriff von der Würde und der Schönheit des Menschen gehabt hätten, woraus dann auch ihre der Wirklichkeit nicht entsprechenden Abbilder der Menschenkinder in

Statuen in Bildwerken zu erklären sei. Waren derlei Anschuldigungen schon nicht die allerhellsten, so war die im Begriff der Gotik enthaltene Orts- oder Ursprungszuweisung ganz einfach nur dumm. Die „*Goten*", also etwas abfällig für die „*Deutschen*", hätten die Geschmacksverirrung erfunden, es sei ihr Baustil. Das ist Unsinn, denn wenn man schon unbedingt nach einem Ursprungsland der Gotik suchen will, so käme man nach Frankreich. Die Sache ist derart augenfällig, dass es eigentlich schon die Kunstweisen des 16. Jahrhunderts hätten bemerken können; danach käme dann England; und in Deutschland hatten sie den gotischen Baustil, der ja immerhin technisch einigermaßen anspruchsvoll war, erst zu einer Zeit drauf, als er in Frankreich schon perfektioniert war, und die ersten dort allmählich begannen, den ganzen Zierrat samt Spitzbögen wieder satt und über zu haben.

Aber der Unfug von der Gotik als „deutscher Kunst" erwies sich als erstaunlich zählebig. Die vorherrschende Bauweise des Hoch- und Spätmittelalters behielt ihren Namen, und auch die Deutschen selbst begannen zu glauben, das sei dezidiert „ihr" Baustil. Maßgeblichen Anteil an der weiteren Verbreitung dieses Irrtums hatte ein gewisser Herr Johann Wolfgang v. Goethe. Dessen Worte und Urteile galten und gelten hierzulande ja als sakrosankt, nach dem Motto: Das stammt von Goethe – wird also schon seine Richtigkeit damit haben. 1773 ließ der Allgewaltige wissen, das Wort „Gotik" sei rein ortsmäßig schon ganz pfundig, der Fehler liege allein darin, den Begriff in despektierlichem Sinne zu verwenden. Denn sie, die Gotik, sei in Wahrheit doch das wunderbarste, was sich architektonisch nur denken ließe (Goethe: Von deutscher Baukunst, 1773).

Nun war das Jahr 1773 nicht eben das beste in Goethes Leben, es war im Gegenteil sogar ein rechtes Annus horribilis. Noch im Vorjahr hatte er Charlotte Buff kennengelernt und sofort und recht heftig auf die junge Dame eingebalzt, wohl wissend, dass sie sich bereits mit einem anderen verlobt hatte, den sie schließlich in eben diesem Jahr 1773 auch heiratete. Das war für Goethe eine saubere Abfuhr, und die Idee, die ganze Pleite in einem Briefroman zu verarbeiten, in welchem fieserweise die handelnden und schmachtenden Personen für alle Eingeweihten spielend leicht zu identifizieren waren, kam ihm erst im Folgejahr. Das ganze wurde dann unter dem Titel „Die Leiden des jungen Werther" ein Welterfolg und begründete Goethes schon zu Lebzeiten bestehende Berühmtheit (selbst Napoleon war begierig darauf, den Autor des Werther kennenlernen zu dürfen!). Da sollte sich die Laune dann wieder heben, aber im Mistjahr 1773 war sie naturgemäß übel. Auf der Flucht vor Charlotte kam der Liebeskranke nach Strassburg. Dort besuchte er mehrfach das Münster, und vom Eindruck überwältigt schrieb er einen Kurzessay mit dem Titel „Von deutscher Baukunst". In seiner fatalen Gesamtstimmung hackte er da auf den *„Welschen"* herum, die den erhabenen gotischen deutschen Baustil so böse verunglimpften. Das sei gemein von den Romanen, und überhaupt besäßen die im Gegensatz zu den Deutschen ja gar keinen genuin eigenen Baustil, wohingegen die Gotik dem deutschen Volksgeist entwachsen sei, und so weiter, und so fort. Ein Blick nach Paris oder Reims oder Chartres hätte dem sonst so klugen und ja auch gelehrten Mann darüber Klarheit verschaffen können, wie arg er hier daneben haute, aber der Liebende, und der unglückliche zumal, kennt halt nur eine Blick- und Denkrichtung. Es sei also verziehen (zumal gerade der Goethe sonst nicht im Verdacht nationaler Verblendung steht. Es war wahrlich ein Ausrutscher).

Man sieht schon: Die Gotik stand im 19. Jahrhundert ebenso dummer wie unverrückbarer Weise im Ruf, eine genuin „deutsche" Bauweise zu sein.

Dazu kam ein Weiteres: Die deutsch-nationalen Kreise jener Tage verehrten das Mittelalter, weil das damalige Kaiserreich so schön groß gewesen war. Auch in dieser Projektion steckte wenig Richtiges, denn erstens war das mittelalterliche Reich alles andre eher als ein nationales, und zweitens war es zur Blütezeit der Gotik mit der Kaiserherrlichkeit schon weitestgehend wieder vorbei, aber egal: Die Gotik war in falsch verstandener Konzeption ein Kulissenbild deutschnationaler Ideologie und Machträusche.

Zur Vervollständigung des Gotik-Bildes im 19. Jahrhundert müssen wir noch einen weiteren Aspekt berühren: Die Gotik hatte eine dezidiert bürgerliche Konnotation. Das war übrigens wahrscheinlich derjenige Punkt, an dem dieses Mittelalter-enthusiastische Säkulum am pfleglichsten mit der Gotik umging, weil hier noch vergleichsweise wenig ideologische Tönung den Blick auf die Vergangenheit trübte. Es ist ja wahr: Das Aufkommen vor- oder frühbürgerlicher Strukturen, die Entwicklung eines Patriziats als politischem Handlungsträger an einigen Orten zunächst Italiens und dann auch Deutschlands, die Ausweitung des Handels, das Bankwesen, der hansische Städtebund, welcher ein bedeutender Machtfaktor, ja fast schon ein global player wurde – all diese Entwicklungen fallen zeitlich mit der (Spät)Gotik zusammen. Wir sind es gewohnt, bei der Gotik zuerst an Kirchen zu denken. Das wird aber den vielen prachtvollen gotischen Rathäusern speziell Norddeutschlands nicht gerecht. Im 15. Jahrhundert war die Spätgotik ein ausgesprochener Rathausstil. Auch das für München unmittelbar ideengebende Brüsseler Rathaus gehört dieser Epoche an. Von dieser Perspektive her betrachtet bot sich eine Kopie des gotischen Stils, sprich also die Neugotik, für ein Rathaus eher an als etwa ein neobarocker Bau. Weshalb? Einfach deswegen, weil die gotische Epoche gedanklich mit dem Aufstieg der Bürgerschaften in Zusammenhang gebracht werden kann, während der Barock für den Absolutismus steht, und dieser wiederum mit dem Makel des Machtverlustes all jener Schichten, die dem souveränen Fürsten untertan waren, behaftet ist; mit anderen Worten, die barocken Fürsten sekkierten die Kommunen ebenso wie alle anderen Gesellschaftsklassen und innerstaatlichen Machtkonkurrenten, und das meist mit Erfolg.

Die neugotische Option hatte also für viele Planer einen speziellen Reiz, sei es, dass diese mehr aus der deutschnationalen Ecke kamen – in dieser standen damals Unzählige – oder eher aus der bürgerstolzen. Das Wort „Ecke" ist darüber hinaus strenggenommen nicht ganz treffend, weil es eine Unvereinbarkeit beider Richtungen suggeriert, die es so nicht gegeben hat.

Freilich ist unser Wahrzeichen ein überdimensioniert wirkender kitschiger Kasten; kitschig vor allem auch deswegen, weil man im ganzen Bau nicht eine einzige originäre Idee, nicht den Funken eines eigenen Gedankens finden wird. Alles ist Kopie, und selbst die ist noch misslungen. Das Glockenspiel? Gab es längst vorher, in Münchens Rathausturm dauert es halt länger, es gibt mehr Glocken, und jeder Münchner weiß: Es ist trotzdem stinkfad. Der Historismus ist stets der Gefahr ausgesetzt, gar zu einfallslos einen vergangenen Stil zu kopieren, aber so plump und gedankenarm wie am Marienplatz findet man das dann doch eher selten. Ist irgendwie auch wieder ganz schön, denn ins Positive gewendet haben wir hier ein besonders exemplarisches historistisches Gebäude; gleichsam ein Paradebeispiel fürs Misslingen und für die Gefahren, in welche historistische Baumeister geraten konnten.

Andererseits referiert das Neue Münchner Rathaus bei intensiverer Beschäftigung doch eine ganze Menge über die Zeit, in der es geplant und gebaut wurde. Da wird das oft belächelte oder nicht ernstgenommene Haus plötzlich zu einem erstaunlich fesselnden Geschichtenerzähler. Uninteressant ist es also bei allem Kitsch eher nicht, das Neue Rathaus. Es berichtet von der ideologischen Gemengelage zur Zeit des Reichseinigungsvollzugs. Es ist in sich ein Beleg des schnellen Wachstums der Stadt – das sind die Bauphasen –

und des steigenden Reichtums um 1900 – das sind die Tuffsteine am Turm. Und es gibt, das ist der wichtigste Punkt, Aufschluss über die Befindlichkeit des Münchner Bürgertums in der Epoche des Königreichs Bayern. In den Jahren ab 1865 startet das Projekt „bürgerliche Repräsentation". Man erinnert sich vielleicht, dass der vorliegende Abschnitt übers Neue Rathaus mit ein paar Anmerkungen zu dieser Funktion öffentlicher Gebäude anhob, gefolgt von einem Schweinsgalopp durch die Geschichte des Münchner Patriziats. Politisch ungeübt, wie dieses seit Jahrhunderten war, fehlte ihm in der zweiten Hälfte des 19. Jahrhunderts die Kraft zu überzeugender Repräsentation. Und das ist eben alles andere als Zufall, es konnte gar nicht anders sein: Das Münchner Rathaus ist in seinem ästhetischen Scheitern ein Abbild der Geschichte des ortsansässigen Bürgertums. Es ist insofern ein durchaus passendes Symbol. Dieses harte Zeugnis wäre selbst dann auszustellen, wenn die Gestalter sich den gröbsten Fauxpas an der Fassade ihres Repräsentationsversuches gespart hätten. Aber ach, sie ließen halt nichts aus in ihrem Verzierungswahn, den sie für echt gotisch hielten, und gerieten mit folgender Idee an den Rand des Kläglichen: Sie platzierten in allen Nischen und Erkerchen ihres Baus steinerne Manschgerln. Jede Figur stellt entweder einen bayerischen Herzog oder einen König dar. Es handelt sich also durch die Bank um Adlige, um Blaublütler.

Wie konntet ihr nur?! Ihr konntet es, weil ihr residenzstädtische Untertanen ohne einen Funken Bürgerstolzes am Leibe wart.

Unsere These, dass die Stadt München durch und durch eine Residenzstadt sei, wird also auch dadurch gestützt, dass der Versuch eines Gegenbeweises, sprich nämlich der Nachweis einer stilistisch gelungenen und ästhetisch positiv zu bewertenden Durchdringung eines Stadtplatzes durch das Patriziat als Initiator, misslingt. Die völlige Verhunzung des Marienplatzes wurde dann etwa hundert Jahre später konsequent weiterverfolgt: 1972 präsentierte man der konsternierten Öffentlichkeit das Kaufhausgebäude im Südwesten des Platzes. Nun trat Hauberrissers Neugotik in einen anregenden Dialog mit einem der bemerkenswertesten Erzeugnisse jenes Baustils, der seinen Namen wie kein anderer verdientermaßen trägt: der Brutalismus (das Urheberrecht für den Gedanken, am Neuen Rathaus Münchens Residenzstadt-Charakter nachzuweisen, darf hier freilich nicht beansprucht werden – so weit waren andre schon früher; vgl. exemplarisch Reichlmayr, M., S. 129).

4. 4   DAS TRAURIGE ENDE DES „EWIGEN RÄTSELS": LUDWIGS ENTMACHTUNG UND TOD

4.4.1 GRÜNDE DER ENTMACHTUNG

Ludwig II. hatte ein schier unstemmbares genetisches Kreuz zu tragen; zur Erläuterung folgendes:

Es ist fast immer und fast überall dasselbe und wird dann halt schon seinen guten Grund haben: Im Großteil aller bestehenden oder vergangenen menschlichen Gesellschaften, sei es in den entferntesten Winkeln der Erde – zum Beispiel in Europa, wenn man's von Neu-Guinea aus betrachtet, oder auch dort selbst – untersagen die jeweils geltenden Rechtsnormen und Gesetze zu eng miteinander verwandten Partnern den Geschlechtsakt ebenso wie die Eheschließung. Das ist ein mehr oder weniger welt- und geschichtsumspannendes Tabu. (Genau aus diesem Grund hat es übrigens den ollen Tabubrecher Wagner gereizt, das Geschwisterpaar Sigmund und Sieglinde in der Oper „Walküre" zusammenzuführen, und, weil er halt immer gern noch einen draufsetzte, in der Folgeoper „Siegfried" dann den Sohn dieser beiden mit seiner eigenen Tante;) (zur genaueren Erläuterung oder vermutlich doch eher weiterer Verwirrung: Damit ist nicht Siegfrieds Mutter gemeint, die zwar durchaus auch seine Tante war, aber noch weitere Halbschwestern hatte; deren eine namens Brünnhilde wird dann Siegfrieds Frau).

Heute können Genforscher wissenschaftlich untermauern, was den Menschen offenbar immer schon schwante: Das ist ungesund. Die potentiellen Nachkommen solcher Verbindungen sind nämlich der Gefahr von Erbkrankheiten in erhöhtem Maße ausgesetzt. Das kann auch den Bereich des Psychischen betreffen. Womit wir bereits wieder zurück bei König Ludwig II. wären.

Im europäischen Hochadel, der pro Generation immer nur einen vergleichsweise kleinen Personenkreis umfasste, gab es im Wesentlichen zwei Möglichkeiten, das eigene Herrschaftsgebiet zu arrondieren: Krieg oder Heirat. Je unkriegerischer die Geschichte einer Hochadelsfamilie war, desto mehr musste sie sich auf die zweite Option verlegen – und die Geschichte der Wittelsbacher-Gang ist vergleichsweise unbellizistisch. Das wäre an sich ja ganz sympathisch, aber das genetische Familienerbgut hat halt doch arg darunter gelitten – es blieb ja nur das Heiraten im mehr oder weniger engsten und im Laufe der Zeit zwangsläufig immer noch engeren Verwandtenkreis, wenn man machtpolitisch nicht zu sehr ins Abseits geraten wollte.

Ganz generell heirateten aber die Hochadligen untereinander, und da diese Klassen-Sippe zahlenmäßig äußerst überschaubar war, handelte es sich de facto fast immer um innerfamiliäre Hochzeiten. Die genealogische Forschung (nicht zu verwechseln mit der genetischen) ist da auf so manche hübsche Absurdität gekommen. Da wäre zunächst der sogenannte Ahnenverlust. Dabei handelt es sich um folgendes: Jeder Mensch hat 2 Eltern, 4 Großeltern, 8 Urgroßeltern, 16 Ururgroßeltern, 32 Urururgroßeltern und so weiter und so fort. Diese theoretischen Zahlen stimmen aber nur in der allerersten, also der Elterngeneration, immer und zwingend mit der Wirklichkeit überein, denn ohne Erzeuger und Erzeugerin geht es nun mal nicht ab. Schon in der zweiten, der Großelterngeneration kann jedoch die theoretische Zahl von der Wirklichkeit abweichen. Nehmen wir als Beispiel die oben erwähnte Wagner'sche Version der Siegfried-Figur. Siegfried hat anstelle der zwei Opas, die ihm theoretisch zuständen, nur einen, nämlich Wotan, den Vater sowohl seiner Mutter als auch seines Vaters (umso mehr Grund hätte Wagners Lieblingsheld gehabt, den Alten etwas pfleglicher zu behandeln und nicht derart flegelhaft anzuschnauzen: *„Störrischer Wicht, weich von der Stelle [...] zurück, du Prahler, mit dir!"*) (R. W., Siegfried, 3. Aufzug, Z. 2281f. und 2322). Ahnenverlust gibt es aber nicht nur in Wagner-Opern, sondern auch in der Realität. Innerhalb des europäischen Hochadels kommt es durch das Phänomen im Lauf der Generationen zu den absurdesten Zahlen: So besetzt Kaiser Ludwig der Bayer (gest. 1347) in der Stammtafel des Preußenkönigs Friedrich des Großen (gest. 1786) unglaubliche 166 Stellen, die theoretisch von verschiedenen Männern gehalten werden müssten (vgl. v. Brandt, Werkzeug, S. 43). Freilich hat jeder Mensch irgendwann, in chronologisch weiter zurückliegenden Generationen, Ahnenverluste. Aber im europäischen Hochadel war's halt schon sehr schlimm, und wurde im Laufe der Zeit immer noch schlimmer, denn sie gaben die Praxis der Verwandtschaftsehen ja nicht auf.

Mit einem weiteren Beispiel sind wir in der wittelsbachisch-habsburgischen Realität im 19. Jahrhundert zurück: der österreichische Kronprinz Rudolf, Sohn der Wittelsbacherin Elisabeth (Sisi) und des Habsburgers Franz Josef, sollte theoretisch wie jeder vier Urgroßväter haben, aber das hat er nicht.

Eine Person besetzt diese Stelle doppelt, und das ist Bayerns erster König, Max I. Josef, der sowohl der Opa Sisis als auch Franz Josefs war. Nun muss man sich deswegen nicht gleich totschießen. Aber wenn sich das über viele Generationen immer weiter anhäuft, kann es schließlich zu argen Auffälligkeiten auch im psychischen Bereich kommen – tatsächlich hatte es sich im Umfeld Wittelsbach / Habsburg enorm angehäuft (und besagter Rudolf hat sich totgeschossen).

Es kommt also zu Erbkrankheiten und zu Auffälligkeiten.

In der bayerischen Königszeit machte sich diese Jahrhunderte alte Praxis speziell im Hause Wittelsbach sehr deutlich bemerkbar. Nicht etwa, dass sie durch die Bank alle doof gewesen wären, eher sogar im Gegenteil ... aber das Wort „exzentrisch" wäre für einige Vertreter aus dem wittelsbachisch-habsburgischen Großverbund schon arg untertrieben. Vom Selbstmörder Rudolf war gerade die Rede, und mit seiner wittelsbachischen und weltberühmten Mutter Sisi, einer Cousine unsres Ludwigs II., war es auch nicht ganz richtig. Sie war fraglos hochbegabt, aber sie konnte es halt keine zwei Minuten an einem Ort und mit einer Person aushalten, musste immer weiter, weiter und weiter; sie war stets auf rasender Flucht und übrigens darüber hinaus die historisch erste nachweisbare Anorektikerin. Man ahnt schon: Die Wittelsbacher stehen Mitte, Ende des 19. Jahrhunderts so ziemlich alle am Rande des Psychopathologischen, und irgendwie muss das erblich bedingt gewesen sein. Ludwigs Bruder Otto war noch viel verrückter als er selber und daher in seiner zweiten Lebenshälfte in völliger Umnachtung weggesperrt. Auch an Alexandra Amalie, eine Tante König Ludwigs II., muss in diesem Zusammenhang erinnert werden. Genau wie bei ihren zwei Neffen, genau wie bei Sisi und genau wie bei deren unglücklichem Sohn darf bei ihrer Beschreibung das Adjektivpaar „hochbegabt und sensibel" nicht fehlen. Sie übersetzte Werke aus dem Französischen und dem Englischen und schrieb selbst Bücher. Sie war ihrem Vater eine hingebungsvolle Tochter (er und Stieler nahmen Alexandra Amalie übrigens in ihre Schönheitengalerie auf). Da gab's nur ein Problem: Sie bildete sich ein, in ihrer Jugend ein Klavier verschluckt zu haben; aparterweise ein gläsernes. Sie war partout nicht davon abzubringen. Dazu hatte sie einen Waschzwang, der zu täglichen mehrstündigen Reinigungsexzessen führte. Ihre Bediensteten kamen irgendwann auf den wirklich begnadeten Gedanken, ein kleines gläsernes Klavier – extra zu diesem Zweck angefertigt – in ihre Exkremente zu legen, dieses ganze Ensemble der Prinzessin zu zeigen und ihr zu bedeuten, nun sei das Klavier ausgeschieden und diesbezüglich doch wohl alles palletti. Allein es half nichts. Die Arme musste immer wieder Monate in entsprechenden medizinischen Einrichtungen verbringen.

Bei derartiger Verwandtschaft wäre es fast schon bemerkenswert gewesen, wenn Ludwig II. einen ganz normalen Durchschnittsmonarchen abgegeben hätte. Davon konnte wahrlich keine Rede sein. Die Münchner Ministerialbürokratie hatte es irgendwann aufgegeben, den ruhelos im Oberland Umherschweifenden auf den Boden der Tatsachen zurückzuholen – vom Münchner Boden ganz zu schweigen. In gewissem Sinne war es für sie ja auch ganz bequem: Der tagsüber schlafende, nachts besoffene und stets abwesende König redete ihnen nicht allzu sehr drein. Er störte nicht weiter, und die Münchner Minister konnten sich beruhigt sagen, dass die Kollegen in Wien und Berlin mit ihren jeweiligen Monarchen, also den Kaisern Franz Josef und Wilhelm, bedeutend mehr Mühe hatten. Da ließen sich die periodisch wiederkehrenden Wutanfälle Ludwigs gegen sein *„Ministerpack"* leicht verschmerzen.

Wenn da bloß nicht die Sache mit dem Schlösserbauen gewesen wäre. Die Kosten für Neuschwanstein, Linderhof und Herrenchiemsee wuchsen ins Unüberschaubare. Geldsummenangaben sind in historischen Büchern meist etwas problematisch, denn die Lesenden können sich die Dimension schwer übersetzen. Auch herrscht bezüglich Ludwigs Schuldenberg gar nicht immer Einigkeit. Albrecht spricht von *„8,25 Millionen Mark Anfang 1884"* (Handb. Bay. Gesch., 1. TB., S. 338), Heißerer von *„umgerechnet 7,5 Millionen im Frühjahr 1884"* (Heißerer, L. II., S. 109), man findet auch viele andere Zahlen. Ludwig wird halt mit irgendwas um die 8 Millionen Mark in der Kreide gestanden haben, als sein vorletztes Regierungsjahr begann. Aus dieser Klemme befreite ihn ein letztes Mal sein Berliner Kumpel Bismarck. Der König hatte sich mit der Bitte um Hilfe an ihn gewandt und der Reichskanzler zahlte. Das ist auch so eine Seltsamkeit im Leben des völlig unpolitischen Schlösserbauers: Preußen hat er verabscheut (wahrscheinlich, weil seine Mutter, die er ebenfalls verabscheute, Preußin war), die Reichseinigung empfand er zeitlebens als Schmach (*„die Folgen von 70 u. 71 verbittern mir die Existenz"*, so er an Wagner), aber Bismarck, der ihm das preußische Joch ja eingebrockt hatte, ausgerechnet diesen Kerl also mochte er irgendwie. Man kann das anhand des Briefwechsels der beiden Herren rekonstruieren. Klar: Der durchtriebene Berliner Regierungschef wusste, wie man den Wittelsbacher ködern konnte, nämlich mit schleimigen Schmeicheleien und vor allem mit Geld, Geld und nochmals Geld. Seit 1871 ließen sich die Preußen Ludwigs öffentliches Schweigen über die Schmach des Souveränitätsverlustes so manches kosten – privat mochte er darüber greinen, das schadete ja nicht.

Mit preußischer Hilfe liefen die Bauten 1884 also zunächst weiter, aber schon bald überschlugen sich die Ereignisse: Im Sommer des Folgejahres standen erneut 6 Millionen zur Zahlung an – über diese Summe herrscht in der Literatur übrigens weitgehend Einigkeit –, die Preußen verweigerten weitere Hilfen, und die Minister in Bayern sahen sich außerstande, den weiteren Fortgang der Bauten sicherzustellen. Und was der Gipfel war: Der bayerische König, nun ganz offensichtlich völlig im Bau-Delirium, plante den Schlossbau Nummer vier. Dass nur ja keiner glaube, es habe sich diesmal um etwas Bescheideneres gehandelt. Neben dem vierten Palast hätte sich Linderhof als kleines Sommerhäuschen ausgemacht (zufällig war der anvisierte Bauplatz ziemlich in der Nähe).

Es kam zu üblen Szenen zwischen dem Wirklichkeits-Entrücktem und seinen Ministern in der Residenzstadt: Ludwig ließ wissen, das Schlossbauen sei seine „*Hauptlebensfreude*" und er werde sich umbringen, wenn man ihn am Weiterbauen hindere (vgl. z. B. Tauber, L. II., S. 311). Die Regierungsmitglieder verwiesen darauf, dass man in der Öffentlichkeit bereits die Schulden diskutiere, und zwar meistenteils alles andere als wohlwollend. Sie warnten davor, dass die Schuldner den zahlungsunfähigen Monarchen sogar vor Gericht zerren könnten – die Gefahr einer gerichtlich verordneten Enteignung des Bausüchtigen war 1885 durchaus real. Ludwig verharrte desungeachtet in umnachteter Sturheit: „*Wenn* [die Beschlagnahmung, MW] *nicht verhindert wird, werde ich mich entweder sofort töten oder jedenfalls das verfluchte Land, in welchem so Schauderhaftes geschah, sofort* […] *verlassen.*" (zit. nach Heißerer, L. II., S. 111).

Mit dem Mann war nicht mehr ernsthaft zu reden.

Er musste weg. So königstreu kann auch heute keiner fühlen, um das zu verkennen. In München suchten sie nach einer Lösung. Da das monarchische Prinzip keinesfalls geopfert werden konnte – jedenfalls sah die Regierung das so, und auch die parlamentarische Mehrheit – musste zunächst das Einverständnis jener Person eingeholt werden, die anstelle Ludwigs II. dann den Monarchenjob, und sei es nur als Stellvertreter, auszuführen hätte; mit anderen Worten jener Nächstverwandte des Königs, der wenigstens einigermaßen zurechnungsfähig war. Königssöhne oder Töchter gab es nicht. Daher war

Ludwigs jüngerer Bruder Otto der „Nächste am Thron". Aber ach ... der saß komplett absent in ein paar Gummizellen im Schloss Fürstenried; da hätte man gleich den Schlösserbauer behalten können. Weil auch dieser erste Thronfolger ohne Kinder war, war die nächste Person in der Rangfolge der älteste Onkel Ludwigs II. namens Luitpold. Der war tatsächlich im Vollbesitz seiner geistigen Kräfte, aber er hatte zunächst nicht wenig Skrupel, seinen Neffen zu entmachten. Luitpold zierte sich. Er wurde aber schließlich von der absoluten Notwendigkeit eines derartigen Schrittes überzeugt. Die Konstruktion sah folgendes vor: Ludwig II. sollte nicht etwa für abgesetzt, sondern für „regierungsunfähig" erklärt werden. Demnach behielt er den Königstitel, seine Geschäfte jedoch sollte Luitpold als „Verweser des Königreiches" führen.

Die bayerische Verfassung gab das her, wenn man sie ein bisschen dehnte. Es hieß dort, dass ein regierungsunfähiger Monarch ein Jahr nach dem Erweis seiner medizinisch zu begründeten Untauglichkeit seiner Pflichten enthoben werden könne. Wenn man die rasende Schuldenmacherei und des Königs völlige Unzugänglichkeit rationalen Argumenten gegenüber, beides gegeben seit aller-allerspätestens 1884, in Rechnung stellte, war diese Verfassungsvorgabe erfüllt, denn zum Zeitpunkt der Entmachtung im Juni 1886 war die Regierungsunfähigkeit seit weit über einem Jahr völlig offensichtlich. Man hatte allerdings kein entsprechendes offizielles Verfahren, welches ein Jahr lang gedauert hätte, eingeleitet. Insofern war's tatsächlich *„etwas außerhalb der Legalität"*, wie bayerische Politiker solche und ähnlich gelagerte Fälle gerne abtun (das Zitat aus dem Jahr 1962 stammt vom damaligen Innenminister Höcherl [CSU] und bezog sich auf eine der vielen vogelwilden Aktionen des ewigen Ober-Raufboldes seiner Partei).

Nun musste ein Gutachten her, welches Ludwigs Untauglichkeit bewies. Das konnte nur von einem Psychiater kommen, denn rein physisch war der König bumperlg'sund (wenngleich viel zu fett – in späteren Jahren konnte von einem „schönen König" nicht mehr die Rede sein). Professor Bernhard v. Gudden leitete damals die oberbayerische Kreisirrenanstalt. Er war königlicher Obermedizinalrat, einer der prominentesten Vertreter seines Fachs in der Ära vor Sigmund Freud und von daher der gegebene Mann. Außerdem war er in den persönlichen Adelsstand erhoben worden; der Verleihungsakt elf Jahre zuvor war übrigens der einzige Moment gewesen, in welchem er den König persönlich getroffen hatte, und genau hierin lag das Problem: V. Gudden stützte sein Gutachten lediglich auf Zeugenaussagen. Und auch die stammten zum Großteil aus den Mündern eher zweifelhafter Personen. Als er schließlich in Neuschwanstein vor seinen König trat, um diesem mitzuteilen, er sei aufgrund des Gutachtens entmündigt, antwortete dieser (obwohl natürlich wieder besoffen) erstaunlich helle sinngemäß in etwa: *„Wie können Sie mich für amtsunfähig erklären, da Sie mich doch nicht ein einziges Mal einer medizinischen Untersuchung unterzogen haben?"* Nein, dumm war Ludwig keineswegs! Dennoch hatte es mit v. Guddens Gutachten weitgehend seine Richtigkeit. Man muss dem Arzt zugutehalten, dass die Psychiatrie in der Zeit vor dem berühmten *„Wiener Medizinmann"* (Nabokov, Lolita, zit. Ed. S. 385) noch keine sehr entwickelte Wissenschaft war; sie steckte (da wir gerade aus Lolita zitierten) sozusagen noch in den Kinderschuhen. Außer ein paar Totschlagvokabeln, die er prompt benutzte, stand dem Arzt kein umfangreiches Begriffsareal zur Verfügung. Die Regierungsunfähigkeit König Ludwigs II. aufgrund psychischer Gebrechen war ja doch über jeden Zweifel erhaben. Im Großen und Ganzen passte das schon so.

Jetzt galt es, Seiner habhaft zu werden. Er befand sich aktuell, wir schreiben den 9. Juni 1886, in Neuschwanstein. Eine erste dorthin entsandte „Fangkommission" blamierte sich bis auf die Knochen, und die Beteiligten konnten von Glück sagen, mit dem Leben davongekommen zu sein. Sie waren unbewaffnet nach Neuschwanstein gereist, wurden dort von Königsdienern gefangengesetzt und schwebten momentan in ernster Gefahr. In gewohnt besonnener Manier ordnete Ludwig an, den Fangermanderln erst die Augen auszustechen, um sie alle sodann möglichst grausam hinzurichten. Außer derart herumzubrüllen tat er allerdings nichts; weder kontaktierte er Getreue in München – solche hätte es potentiell wohl durchaus gegeben – noch floh er ins sehr nahegelegene, damals noch nicht Kotelett-förmige, befreundete Ausland. Schließlich ließ er sogar die Fangkommission unbehelligt wieder abziehen.

Der zweite Fangversuch klappte dann. Am 11. Juni nachts näherte sich dem Schloss Neuschwanstein erneut ein Trupp im Gewaltmarsch. An dessen Spitze stand der Nervenarzt v. Gudden. Dieser war es auch, der den König über seine Entmündigung informierte. Tags zuvor hatte sein Onkel, der *„Prinzrebell"* (so Ludwig II.), die Regentschaft übernommen. Morgens um vier Uhr früh, gemäß Ludwigs Lebensgewohnheiten also eher am späten Nachmittag, begann die Verschleppung des Gefangenen nach Schloss Berg. Das Domizil, das man am 12. Juni 1886 gegen Mittag erreichte, lag am Starnberger See, der damals noch Würmsee hieß. Die letzten schlimmen 36 Stunden im Leben des Königs hatten begonnen.

4.4.2 TODESURSACHE(N): SIND ES WIRKLICH „UNGEKLÄRTE UMSTÄNDE"?

Da hat sich also schon in die Überschrift jenes Begriffspaar eingeschlichen, ohne welches keine, aber auch wirklich keine einzige Schilderung der Ereignisse auf Schloss Berg auskommt. Das ist insofern verblüffend, als dass bis zum letzten Spaziergang des Königs mit seinem Arzt v. Gudden jede auf Schloss Berg verbrachte Lebenssekunde genauestens dokumentiert ist; freilich, der Spaziergang selbst samt seinem Ausgang wurde nicht protokolliert, denn die einzigen beiden möglichen Protokollanten waren hinterher tot.

Jedes bayerische Schulkind weiß: Der König und sein Arzt unternahmen am 13. Juni einen Spaziergang; diesmal, anders als noch am Vormittag, ohne begleitendes Pflegepersonal; bei strömendem Regen; und vor dem Abendessen, das auf 20.00 Uhr angesetzt war (die Ärzte wollten den König an einen geregelten Tagesablauf gewöhnen, daher die völlig Ludwig-untypische, „normale" Festsetzung des Soupers). Sie kehrten von diesem Ausflug nicht zurück, was schon kurz nach 20.00 Uhr zu besorgter Verwunderung im Schloss führte, vor allem angesichts des Sauwetters. Suchtrupps schwärmten aus. Gegen zehn Uhr nachts wurden die Leichen der beiden Spaziergänger im See gefunden und geborgen.

„Ungeklärte Umstände"? Die offizielle Version ist simpel und lautet in etwa so: Der König hat Selbstmord begangen. Um dies tun zu können, hat er den ihn begleitenden v. Gudden getötet – um das Wort „ermordet" zu vermeiden, denn die exakte Todesursache des Arztes ist in der Tat nicht restlos zu klären. In dieser Version will Ludwig mit Suizidabsicht in den kalten Würmsee. Der Arzt versucht selbstverständlich, ihn davon abzuhalten. Die beiden rangeln, wahrscheinlich schon knietief im See stehend. Der Arzt hat gegen den 1,93 großen und sehr schweren Gegner keine Chance. Er könnte übrigens auch, infolge der Wassertemperatur, einen Schock bekommen haben und in Ohnmacht gefallen sein. Das würde Ludwig wenigstens vom Mordvorwurf

reinigen. Nun steht der entmündigte König also im See – mit dem Schlösserbauen, nach dem er süchtig ist, ist es ein für alle Mal vorbei. Das enorm aus-
geprägte *„Königsgefühl"* ist durch die Entmündigung aufs Tiefste verletzt.
Schließlich schwimmt vor ihm noch der tote Körper, woran man ihm unweigerlich die Schuld geben wird. Und in dieser Situation soll einer, der immer
und immer wieder und bereits als junger Mann vom Suizid gesprochen hat,
keinen Selbstmord begehen? Das ist kaum vorstellbar.

„Falsch!", raunen da viele, „Unfug!" brüllen die Königstreuen, *umgebracht*
haben „*sie"* ihn, den König, *ermordet* nach der völlig illegalen Entmachtung,
nach ihrem *Staatsstreich* – so sei das nämlich und nicht anders! Das hält sich
hartnäckig bis auf den heutigen Tag und muss daher kurz unter die Lupe genommen werden.

Bertold Brecht schrieb einmal: *„Es gibt viele Arten zu töten. Man kann*
einem ein Messer in den Bauch stechen, einem das Brot entziehen, einen
von einer Krankheit nicht heilen, einen in eine schlechte Wohnung stecken,
einen durch Arbeit zu Tode schinden, einen zum Suizid treiben, einen in
den Krieg führen, usw." (Me-Ti. Buch der Wendungen). In diesem, jedoch
wirklich nur in diesem Sinne wollen wir eine gewisse Mitbeteiligung der Ent-
mündigenden nicht ganz abtun; aber dann sollte sofort auch hinzugefügt
werden, dass man auch intentionslos an der Ursächlichkeit schlimmer Ereignisse Anteil haben oder einfacher gesagt „unschuldig schuldig" werden kann.
Die Entmündigung Ludwigs war sehr notwendig und eo ipso legitim; sie war
darüber hinaus bei etwas dehnender Verfassungsinterpretation auch legal;
und ihre medizinische Begründung war angesichts des damals gegebenen
Reservoirs an psychologischem Fachsprech gar nicht mal so schlecht. Von
einem „Staatsstreich" kann nicht ernsthaft die Rede sein. Die Entmachtung
trieb Ludwig in den Selbstmord, gewiss – aber das ändert weder etwas an
ihrer offensichtlichen Legitimität noch etwas an ihrer cum grano salis zuzu-
gestehenden Legalität. Eine andere Sache ist es mit Brechts Mordvorschlag,
„einen von einer Krankheit nicht [zu] *heilen."* Da hätte der eine oder andere
in Münchens hohem Regierungsapparat sicher sehr viel früher mal genauer
hinsehen und dann die Notbremse ziehen können. Sie lebten mit dem offensichtlich durchgeknallten Abwesenden ganz gut, denn der tobte zwar ab und
zu und Gott sei Dank von fern, aber er mischte sich weiter nicht in ihre Tagesangelegenheiten. Auch Onkel Luitpold, das Thron-nächste zurechnungs-
fähige Mitglied der Herrscherfamilie, mag da nicht wach genug beobachtet

haben – ihm deswegen aber gleich eigene Ambitionen zu unterstellen, geht viel zu weit.

Dann: Wer sollen „*sie*" eigentlich sein, die Mörder also, und was wären ihre Motive? An dieser Stelle hat der Paradebayer, um sich als solcher zu erweisen, pflichtschuldigst zu plärren: „*de Preißn!*" Dem ist zu entgegnen, dass man den derart beschuldigten Stamm ja zwar gewiss nicht mögen muss, dass aber das Thema „Ludwig II. und die Preußen" gerade für Bayern ein sehr glitschiges ist. Stellen wir uns zur Verdeutlichung einen Einheimischen und seinen preußischen Gast auf der Marienbrücke hinter dem Schloss Neuschwanstein vor. Der Bayer sagt zum Landfremden: „*Da schau hin, was wir in Bayern alles können!*" Der repliziert: „*Ja freilich. Solange wir es bezahlen.*" Und damit hätte er's leider getroffen. Ernsthaft: Es gab für Preußens Regierung und namentlich für Bismarck kein einziges Motiv, sich da einzumischen – und noch dazu mordend. Ludwig II. blieb, solange Berliner Geld (oder genauer: von den Berlinern zuvor geklautes welfisches Geld) in seine Schlossbauten floss, ruhig und begnügte sich mit der Rolle als „Filialleiter Süd", welche ihm die Reichsverfassung zubilligte. Es wäre purer Wahnsinn gewesen, ihn im Würmsee ersäufen zu lassen, wo doch der bayerische Exzentriker so leicht zu handhaben war. Die Münchner Akteure hatten sich übrigens an die Reichsregierung gewandt, bevor sie zur Tat schritten. Sie fürchteten ein bisschen, dass der Überkanzler Bismarck für Ludwig intervenieren werde, und waren dann recht erleichtert, als man dort oben Andeutungen zur geplanten Entmachtung mit achselzuckendem Desinteresse quittierte. Summa: Bei den preußischen Tatverdächtigen fehlt schlichtweg jedes Motiv.

Und die bayerische Regierung samt Prinzregent? Könnte sich da nicht mancher gefragt haben, ob von einem lebenden Exkönig nicht allzu große Gefahr ausgehe? Dazu muss man sagen, dass Ludwig II. damals lange nicht so beliebt gewesen ist wie heute; auf dem Land in der Nähe der Schlösser vielleicht, das mag sein. In den Städten Bayerns jedoch, bei allen politisch maßgeblichen Schichten war man von dem pseudoabsolutistischen Geldverschwender ziemlich genervt. Übrigens waren die Münchner auch wegen der Hintanstellung beleidigt. Der Kerl war ja nie in seiner Residenzstadt. Er hasste sie, und man ahnte das. Wenn er dann schon mal hier war, setzte es Seperatvorstellungen in der Oper – nein, mit so etwas erlangt man keine Beliebtheit. Ferner beachte man folgendes: Der bayerische Staat lebte nach Ludwigs Tod mit genau derselben Verfassungskonstruktion weiter, wie in jenen 36 Stunden vor seinem

Tod. Soll heißen: Ein Regierungsunfähiger hatte den Königstitel, die Amtsgeschäfte führte jedoch sein Onkel als Prinzregent. Nur hieß der Verrückte nach dem 13. Juni 1886 nicht mehr König Ludwig, sondern jetzt halt König Otto. Auch hier fehlt's also am rechten Motiv ...

Für die Geschichtsschreibung egal welcher Regionen und Epochen gilt eigentlich immer der Satz: Sie ist auch so schon spannend genug. Es ist nicht nötig, ihr auf Biegen und Brechen noch etwas hinzuzudichten. Also: kein Königsmord im Jahr 1886 – wäre da nicht ...

Ja, wäre da nicht die vermaledeite Sache mit den Uhren. Es ist ja klar: Eine im 19. Jahrhundert fabrizierte Taschenuhr bleibt stehen, sobald Wasser in sie eindringt. Wenn die hier favorisierte, i. e. die offizielle Version stimmt, dann stirbt erst der Arzt v. Gudden im See und danach der König. Folgerichtig müsste dann auch erst die Uhr des Arztes stehen geblieben sein und danach jene des Königs. Man hat beide Uhren gefunden. Und es verhält sich genau umgekehrt!

Also doch ein Mord? Mit Herrn v. Gudden als Täter, Bismarck als Auftraggeber und alles mit stillschweigender Billigung Luitpolds sowie der bayerischen Regierung? Aber gewiss doch – so sicher, wie es feststeht, dass Elvis Presley schon bald ein Konzert im Olympiastadion geben wird.

Der Sarkophag des armen Königs steht in der Kirche St. Michael in der Neuhauser Straße – das ist nicht ganz selbstverständlich. Die offizielle Beisetzungskirche der wittelsbachischen Herrscher war seit dem späten 17. Jahrhundert St. Kajetan am Odeonsplatz. Dieser Bau, besser unter dem Namen Theatinerkirche bekannt, hatte damals St. Michael in der Neuhauser Straße in jener Funktion abgelöst, und so verhielt es sich im Frühjahr 1886 noch immer. Ludwig II. liegt aber nicht dort. Weshalb nicht?

Ausnahmen hatte es zuvor durchaus auch schon gegeben. Ludwigs gleichnamiger Großvater etwa liegt ebenfalls nicht in St. Kajetan, sondern in St. Bonifaz nahe dem Königsplatz. Dafür gibt es die ganz simple Begründung, dass Ludwig I. diese Kirche selber hatte bauen lassen und auch verfügt hatte, dass es so sein solle (wahrscheinlich graute ihm bei dem Gedanken, bis zum Jüngsten Gericht neben seinem Vater Max Josef liegen zu müssen). Bei Ludwig II. lagen die Dinge dagegen wesentlich komplizierter. Das hatte sittliche und theologische Gründe.

Grundsätzlich galt im katholischen Teil der Welt, dass Suizid Sünde war und deshalb ein Selbstmörder noch weniger als ein Mörder an geweihter

Stätte beigesetzt werden durfte. Ein Mörder hatte immerhin die theoretische Chance, nach seiner Tat die Absolution durch einen Priester zu erlangen. Die Voraussetzungen dafür waren erstens ein Geständnis und zweitens echte Reue. Unter dem transzendenten Aspekt war danach für den Täter, sofern er katholisch war, alles paletti – von dieser Seite war ihm vergeben, denn was der Geistliche „*auf Erden löst*", ist gemäß Neuem Testament, genauer Mt 16, 19 und vor allem Mt 18, 18 „*im Himmel gelöst.*" Der Eintritt ins Paradies war also auch dann nicht versperrt, wenn die weltlichen Behörden nun zur Exekution schritten. Unter demselben transzendenten Aspekt galt das Hängen früher als viel schrecklicher im Vergleich zum Köpfen, denn der Geköpfte konnte in geweihter Erde, also auf einem normalen Friedhof, bestattet werden; dies zum Zeichen seiner immerhin möglichen Versöhnung mit Gott. Der Gehängte dagegen wurde nicht bestattet, sondern verweste am Galgen. Zwar überließ man auch hier generös Gott dem Herrn das allerletzte Wort, aber man nahm das als Symbol dafür, dass die Sünde auch im Himmel nicht vergeben war. Man nennt diese katholische Art zu Denken das „präsentische Denken". Der Selbstmord ist nun deswegen so fatal, weil die Erlangung einer Vergebung, oder in katholischer Terminologie einer Absolution durch einen Priester, nach der begangenen Sünde nicht mehr möglich ist. Daher weigerten sich Geistliche, Selbstmörder in geweihter Erde zu begraben. Goethe übte an dieser Praxis berühmte Kritik: „*Kein Geistlicher hat ihn begleitet*", ist der letzte und anklagend gemeinte Satz im Werther-Roman – der junge Werther ist ja wohl der berühmteste Selbstmörder der Literaturgeschichte; Ludwig II. dagegen dürfte der berühmteste unter den abendländischen Königen sein, wenn nicht gar der Einzige, von irgendwelchen antiken Römern mal abgesehen (im alten Rom galt, anders als im Christentum, der Suizid unter bestimmten Voraussetzungen sogar als ehrenvoll) (Zitat: v. Goethe, Werther, zit. Ed. S. 151).

Ein König, der nicht nur einen andren Menschen, sondern auch sich selbst umgebracht hatte, stellte die Bestattenden vor ein ziemlich ernstes Problem: wohin mit seinem Leichnam? An sich dürfte der nun gar nicht an einen geweihten Ort. Andererseits geht es natürlich nicht an, so mit einem Königskörper zu verfahren! Man einigte sich schließlich auf folgenden Kompromiss: Die eigentliche Grablege der Wittelsbacher, also die Theatinerkirche, schied in diesem Todesfall aus, denn der war etwas anrüchig. Da aber die Kirche St. Michael früher einmal als herrscherliche Gruft gedient hatte, platzierte man Ludwigs Sarkophag eben einfach dort. Bei allem Respekt vor der Theatinerkirche kann man zu dieser wunderschönen Grablege nur sagen: Glück gehabt! Und damit präzise das, was man dem armen König Ludwig II. zu seinen Lebzeiten niemals hätte bescheinigen können.

5. DIE PRINZREGENTENZEIT

Sollen wir uns wirklich heranwagen an dieses bappsüße Monstrum mit den acht Biskuitböden, genannt „Prinzregententorte"?

Ihren Namen verdankt sie dem Titel jenes Luitpolds, der eben als „Prinzregent" für zwei Könige die Monarchengeschäfte führte, zunächst etwa 36 Stunden lang für Ludwig II. und danach 26 Jahre lang für Otto I., *„denn der König war schwermütig"* (Georg Lohmeier). Luitpold war eines der acht Kinder jener Therese, welche durch ihre Hochzeit mit Kronprinz Ludwig im Jahr 1810 die Wiesn begründete. Einige sagen, dass die Torte den acht Kindern Thereses ihre Bodenzahl verdanke, aber das ist erstens etwas weit hergeholt, und zweitens ist zwar sicher, dass Königin Therese acht Kinder hatte, aber es darf bezweifelt werden (und wird auch), dass dasselbe auch für ihren Gatten gilt. Den einen oder andren Halbbruder, nicht nur in Bayern, sondern auch in Italien, könnte Luitpold durchaus gehabt haben – nun, was geht uns das an?! Wahrscheinlicher ist ohnehin die andere Acht-Böden-Theorie, wonach jeder Teigboden für einen bayerischen Regierungsbezirk stehe; denn in jener Zeit, die seit Georg Lohmeiers Intro für die Fernsehserie übers Königlich-bayerische Amtsgericht unvermeidlich die *„gute alte"* genannt zu werden hat, verfügte Bayern noch über seine rheinischen Besitzungen und deshalb nicht wie heute über sieben, sondern eben über acht Regierungsbezirke.

So oder so ist das Zeug schwer verdaulich. Man muss schon eine kampferprobte Kuchenoma sein, um wirklich ungetrübte Freude an dieser Torte zu haben. A propos Großmutter: Haben die Ihrigen auch jene Marotte gehabt, einen Schwank aus ihrem Leben derart oft zu erzählen, dass man irgendwann glaubte, bei dem Histörchen selbst dabei gewesen zu sein (wobei diese Schwänke sich nie, nie und nochmals nie auf die Zeit zwischen 1933 und 1945 bezogen – diese Periode schienen die Großmütter irgendwie gar nicht so recht mitbekommen zu haben)? Die meinige jedenfalls, Jahrgang 1900, verbrachte Kindheit und Jugend in Nürnberg, und aus diesen Tagen stammte ihre wöchentlich berichtete Story: Sie hatte sich den Arm gebrochen, der dann einige Zeit eingegipst war. Nach der Entfernung des Gipses war das Gelenk über Wochen hinaus nicht zu bewegen. Da kam eines Tages der Monarch in die Frankenmetropole, und alles Nürnberger Volk strömte zusammen und rief Hurra, und Oma strömte auch und rief auch Hurra, und alle warfen die Arme begeistert in die Luft und Oma auch, und war also in diesem Moment endgültig von der Armgelenksstarre geheilt (von enthusiastischen Armbewegungen im Angesicht von Potentaten in der Zeit nach Januar 1933 war allerdings auch in unsrer Familie nie die Rede).

Warum nun diese Geschichte an diesem Ort? Der Monarch, Omas Wunderheiler, war gar nicht der, auf den man zunächst verfallen könnte, also nicht etwa der Prinzregent – es war stattdessen der Kaiser des Reiches, Wilhelm II. Es sei meiner Großmutter verziehen, dass sie sich als kleines Mädchen für diesen Erzblödian begeisterte; aber in Bayern gab es seit dem Eintritt ins Reich von 1871 eben vieles doppelt; auch die Loyalität. Das fing schon im Kleinen und Symbolischen an: Welche Beflaggung war im Königreich Bayern angezeigt, wenn der Kaiser Geburtstag hatte, welche, wenn der wittelsbachische Monarch zu feiern war? Man lebte in einem Kaiserreich (Deutschland) und gleichzeitig in einem Königreich (Bayern). Man hatte zwei Dynastien (Hohenzollern und Wittelsbach) und demgemäß zwei Monarchen (den Kaiser und den Prinzregenten). Es gab zwei christliche Konfessionen, zwei Armeen und zwei Flaggen (schwarz-weiß-rot und weiß-blau); und schließlich gab es zwei Hauptstädte, Berlin und München.

Für München als Haupt- und Residenzstadt hatten die Ereignisse vom Januar 1871 ganz sicher die Bedeutung einer Herabsetzung. Hauptstadt eines eigenständigen Staates und Residenzort eines souveränen Fürsten – damit war es nun vorbei. Dieser Effekt wurde durch die permanente Absenz und die unverhohlene Abneigung Ludwigs II., also des ersten nicht-souveränen Königs, der Stadt gegenüber noch verschärft. In seiner Zeit hatte sich die chronische wittelsbachische Bauwut thematisch ausschließlich aufs Private und räumlich exklusiv aufs Oberland bezogen. Nun, in der Prinzregentenzeit, wurde die Herausforderung, die von der anderen und eigentlichen Haupt- und Residenzstadt, also Berlin, ausging, erkannt und angenommen. Das kann man exemplarisch an zwei Projekten nachweisen, einmal am Justizpalast und dann am Friedensengel.

5.1 DER JUSTIZPALAST

Bleiben wir doch noch einen Moment bei unsrer Prinzregententorte sitzen, stochern wir ein wenig lustlos-melancholisch in ihr herum und halten uns lieber an starken Kaffee, bevor wir zum Justizpalast hinüberschlendern ... es gibt da etwas, über das wir uns zu verständigen haben: Der Tonfall des Vorliegenden wird sich nämlich zunehmend verändern müssen. Er wird sich sozusagen „ver-ernsten", und je weiter wir voranschreiten, desto intensiver. Manche mögen sagen, das hätte schon viel früher geschehen sollen. Nun ist hier aber nichts Wissenschaftliches intendiert. Wir haben uns plaudernd durch die Geschichte dieser Stadt bewegt und konnten es guten Gewissens unterlassen, uns bei Heinrich dem Löwen, Ludwig dem Bayern oder dem Blauen Kurfürsten nach Traditionslinien zu fragen, die eventuell zu Hitler führen könnten. Beim ersten bayerischen König ging das auch noch mal so eben an, wiewohl zugestanden sei, dass Einige mit einigem Recht darauf pochen, die unselige Geschichte der Ideologie des deutschen Nationalismus habe in der Zeit Napoleons (und eo ipso Maximilians I. Joseph) seine historischen Wurzeln. Dann kam die Zeit und die Bauwut des zweiten Königs. Spätestens jetzt mussten wir uns bereits ein wenig durchmogeln. Die Schummelei wurde uns wesentlich durch den Umstand erleichtert, dass der Mann und seine vielen Mitgestalter gar zu angenehm unmilitärisch, gar zu arglos, politisch gutmütig und bedeutungslos waren. Konkreter: Über den Verdacht des plumpen Nationalismus oder gar des Antisemitismus sind Ludwig I. und seine Entourage derart erhaben, dass wir es uns sparen konnten, sie für das zur Verantwortung zu ziehen, was die Nazis mit und aus ihren Odeons- Karolinen- und Königsplätzen gemacht haben. Lakonisch wurde das zu einer gigantischen Fehlinterpretation der Intentionen der Bauschaffenden des 19. Jahrhunderts erklärt.

Bei Wagner war der Nationalsozialismus als Thema dann nicht mehr herauszuhalten. Aber hier war die Stellungnahme eindeutig. So, wie sie ausfiel, sprachen wir Wagner von jeder Hitlerschuld frei – ein persönlicher Standpunkt, freilich, einer, der nicht unwidersprochen bleibt, weshalb wir starke Verbündete suchten und fanden (vor allem den großen Henscheid).

Je weiter wir nun voranschreiten, je mehr wir uns also München als „Hauptstadt der Bewegung", „Hauptstadt der Kunst" und ähnlichem Unflat nähern, desto weniger können und wollen wir dieses Thema umgehen. Der

Plauderton, der das bisherige dominierte, wird dieser Tatsache allerdings zum Opfer fallen, denn alle wissen, wie wenig dieser dem Sujet angemessen ist.

Und weshalb nun diese seufzende Einlassung ausgerechnet anlässlich des Justizpalastes, der doch von fast allen Beurteilenden mit vielen guten Gründen Noten in der engen Spanne zwischen mindestens Zwei Plus bis hin zu Eins mit Stern bekommt? Gewiss ist doch Architekt Friedrich von Thiersch, der den Riesenbau in der Prinzregentenzeit an den Karlsplatz wuchtete, keinen Deut mehr an Hitler schuld als der alte Klenze mit seinem Königsplatz oder Gärtner mit der Feldherrnhalle? Natürlich nicht; bei letzteren beiden mussten die Nazis allerdings hineinpfuschen, um die Orte für ihre Zwecke zu verhunzen. Den Justizplast haben sie, so wie er war, hergenommen, um die Justiz darin zu vergewaltigen. Da kann das oft gelobte Gebäude freilich nichts dafür. Aber es geht eben nicht an, geht einfach partout nicht an, wenn das Bayerische Justizministerium im Jahr 2004 eine aufwändige Broschüre zu „Hundert Jahren Justizpalast" herausgibt, in welcher auf 48 Seiten viel über „*Mittelrisalite*", „*Ostfassaden*" und „*Treppenhäuser*" referiert wird, aber nicht ein einziges Wort über den 22. Februar 1943 zu finden ist (vgl. Falkenhagen, Justizpalast M.). Es ist zwar nicht die Schuld des Architekten Thiersch und seines Gebäudes, dass das so nicht geht, aber der Befund bleibt davon unberührt.

Zum Lobe des Justizpalastes also gleich; vorab ein paar Worte zum 22. Februar 1943.

Fünf Tage zuvor waren Sophie Scholl und ihr Bruder Hans im Hauptgebäude der Universität verhaftet worden. Die Festnahme Christoph Probsts erfolgte einige Stunden später. Die „Schuld" der Gefangenen, dito die Herstellung und Verbreitung von sechs Flugblättern gegen das Regime sowie die Beschriftung von Häuserwänden mit antifaschistischen Parolen, lag kriminaltechnisch bald auf der Hand. Den drei jungen Menschen war völlig klar, dass das ihren Tod bedeutete. Es ist erwiesen, dass insbesondere die beiden Geschwister Scholl sich seit Monaten als „Tote auf Urlaub" betrachteten.

Etwa hundert Stunden nach der Verhaftung fand gegen die Drei im Münchner Justizpalast etwas statt, das den Namen „Prozess" nicht verdient und mit „Justiz" eben nur insofern zu tun hat, als dass das Stattgefundene deren rigorose Verneinung darstellte. Die Ankläger waren die Schuldigen, der Richter war ein Erzverbrecher und die drei Angeklagten die dreimal personifizierte Unschuld. Eine Urteilsfindung gab es nicht, denn der Spruch stand von vorneherein fest.

Roland Freisler war der Chef des Volksgerichtshofs, und er war eigens aus Berlin angereist, um den Vorsitz bei der trost- und würdelosen Veranstaltung zu übernehmen. Es gibt zwar keine Aufnahmen und auch kein offiziöses Protokoll über den 22. Februar 1943, aber es ist leicht, sich über Freislers Art der Verhandlungsführung in Kenntnis zu setzen. Als einige Monate später die Todesurteile gegen die Mitglieder der Gruppe des „20. Juli" rund um Stauffenberg herausgebrüllt werden mussten, filmte man Freisler dabei, denn man gedachte, seine Prozessführung zu Propagandazwecken zu benutzen. Allein: Das unterblieb. Selbst die Nazi-Propagandisten mussten sich sagen, dass die so entstandenen Filmdokumente viel eher dazu angetan waren, bei den Zusehenden Mitleid mit den Angeklagten und Abscheu für den „Richter" zu evozieren. In der Nazizeit sahen die Deutschen die Bilder also nicht, aber sie sind erhalten und jederzeit leicht im Internet abrufbar (ein Warnhinweis: Das ist nichts für eher zartbesaitete Charaktere).

Beim „Volksgerichtshof" handelte es sich um eine Sonderinstanz der nationalsozialistischen (Un)Rechtspolitik. Die Errichtung von Parallelinstanzen, parallelen und konkurrierenden Regierungsebenen und Institutionen war eine Spezialität des Regimes, und nichts wäre falscher als die Perzeption eines geordneten nationalsozialistischen Regierungshandelns. Die Kompetenz des Volksgerichtshofes umfasste die Verfolgung aller gegen das Regime gerichteten Tätigkeiten. Seine Richter waren von Hitler persönlich ernannt, und der Chef der Bande, eben jener Roland Freisler, bezeichnete sich als „Hitlers Soldaten". Alles, was eine Justiz ausmacht, welche diesen Namen irgend verdient, also schlicht gesagt, irgendwelche Formen der politischen Unabhängigkeit, war bei dieser Instanz ganz bewusst und expressis verbis außer Kraft gesetzt. Wer vor den Volksgerichtshof und namentlich vor Roland Freisler kam, war in der Regel schon tot. Er musste allerdings vor der Hinrichtung noch dessen Gebrüll über sich ergehen lassen.

Leo Samberger war damals, am 22. Februar 1943, ein junger Gerichtsreferendar, und wir sind über die Vorgänge im Justizpalast hauptsächlich durch seinen Bericht informiert. Freislers Versuch einer Zermürbung der Beschuldigten respektive sein Versuch, ihnen die Würde zu rauben, misslang. Die Drei blieben gefasst und in stoischer Haltung, ebenso wie bei ihrer Hinrichtung, die nur wenige Stunden später im Münchner Gefängnis Stadelheim erfolgte.

Im Justizpalast gibt es heute einen Gedenkraum für Sophie Scholl, Hans Scholl, Christoph Probst und alle anderen Mitglieder der Weißen Rose. Es ist allerdings nicht derselbe Raum, in welchem Roland Freisler ihnen das vorgefasste Urteil verlas.

Ein etwas verquerer Gedanke leitet uns nun direkt zum Justizpalast über: Das, was die Nazis und namentlich Roland Freisler dort drinnen vergewaltigten, war genau dasselbe wie das, wodurch der Bau einst ermöglicht und sogar zwingend erforderlich geworden war. Das ist aber nun nicht einfach nur „Justiz" oder „Rechtsprechung". Es handelt sich näher betrachtet um die größte Errungenschaft all derer, die sich seit 1789 und dann durchs ganze 19. Jahrhundert hindurch und quer durchs so ziemlich ganze europäische Festland in kritische und teilweise sogar revolutionäre Position gegenüber ihren Regierungen gestellt hatten. Diese Errungenschaft liegt in der Gewaltenteilung, genauer: in einer von der Regierung weitgehend unabhängigen Justiz, also in einer Rechtsprechung, die von der Regierung (möglichst) unabhängig ist. Das war eine wichtige Forderung aller Revolutionsbewegungen seit der Großen Französischen. Und hierin hatten sie fast alle auf lange Sicht gesehen Erfolg. Mögen die französischen Revolutionäre 1789 ihr Ziel *fraternité* auf Robespierres Guillotine geopfert und ihre deutschen Kollegen 1848 aus lauter Ehrfurcht vor den angestammten Kronen den aufrechten Gang verlernt haben, in einem drangen sie erfolg- und segensreich durch: in der Abkoppelung der Justiz von der Exekutive als einem (nicht dem einzigen) Bestandteil der Gewaltenteilung.

Die Etablierung dieser dritten Gewalt brachte einen gesteigerten Verwaltungsaufwand mit sich. Die Gesetzessammlungen der Staaten wurden nicht nur immer demokratischer, sondern auch immer dicker und dicker. Spezialisierung und Demokratisierung der Justiz, das hieß dann auch: Immer mehr Menschen tummelten sich in diesem Wesen. Und ein weiteres Resultat war das gestiegene Selbstbewusstsein der Justizsphäre, was natürlich zu gesteigertem Repräsentationsbedürfnis führte.

Man sieht schon, worauf das in ganz Europa hinauslaufen musste: auf Justizpaläste nämlich. In der zweiten Hälfte des 19. Jahrhunderts war der Justizpalastbau auf dem Kontinent ähnlich intensiv wie etwa der Fußballstadionbau in unsrer Zeit (dieser Vergleich verführt zu diversen Rückschlüssen, wir widerstehen der Versuchung …). Paris ging voran; das ist der französischen Hauptstadt nun mal so eigen. In Brüssel entstand ein Justizpalast, der zum Vorbild für viele europäische werden sollte, auch für den in München. Im neugegründeten Deutschen Reich wurde das Oberste Reichsgericht nach Leipzig verlegt. Das war ein kleiner Stich für die Isarmetropole, manch einer hätte sich diese wichtige Institution hierher gewünscht. In Wien schließlich entstand ein Justizpalast an der Ringstraße. Auch er sollte Thierschs Münchner Bau nicht wenig beeinflussen, das gilt allein schon für die Lage: Die Ringstraße ist ja ganz genau wie der (Münchner) Karlsplatz eine Anlage, die auf dem Grund der ehemaligen Stadtbefestigung, also der alten Stadtmauer errichtet worden ist. Die Baugeschichte und die Stilistik der Wiener Ringstraße und des Münchner Altstadtrings gerade im Bereich Maximiliansplatz / Karlsplatz sind sehr ähnlich und gut vergleichbar.

In der Prinzregentenzeit wurde der Ruf nach einem Justizpalast für München immer lauter. Es gab Petitionen an die Parlamentsabgeordneten und entsprechende Zeitungsartikel. In den „Münchner Neuesten Nachrichten" – der Vorläuferzeitung der heutigen „Süddeutschen" – hieß es: *„Gerade die Justiz verlangt eine gewisse äußere Form [...] In München wäre der Ausdruck Justizhütte entsprechender als die Bezeichnung Justizpalast."* Diese Kritik bezog sich auf die Unterbringung des Justizwesens im ehemaligen Augustinerkloster, die allgemein als unzureichend empfunden wurde. Die erwähnte Landtagspetition verwies darauf, dass „*Wien, Stuttgart, Hamburg und Leipzig*" über entsprechende repräsentative Justizpaläste bereits verfügten, und schloss: *„Das Königreich Bayern kann unmöglich zurückbleiben, wenn es gilt, auch in dieser Hinsicht die Würde des Landes zu vertreten."* (alle Zitate nach Falkenhagen, Justizpalast M., S. 9).

Mit anderen Worten: Schon aus Prestigegründen musste ein entsprechender Bau her. München war eh schon ein bisserl spät dran, und fast möchte man sagen: So wie Paris notorisch vorangeht, hinkt München nicht selten ein wenig hinterher. Das hat aber übrigens auch seine Vorteile: Man kann nämlich von den anderen lernen und es dann sogar besser machen; siehe Wasserversorgung: War München bis zu ihrer späten Initiierung durch Pettenkofer ein ausgewiesenes Schmutz- und Seuchennest, setzte sich die Stadt, nachkommend, an die Spitze der europäischen Metropolen in Sachen Kanalisation, Wasserzulauf und somit Hygiene.

Und Thierschs Justizpalast hat auch nicht darunter gelitten, dass auf verschiedene Vorlagen, namentlich in Brüssel und Wien, zurückgegriffen werden konnte. Zunächst ging der Baumeister auf Studienreise. Nach einigen deutschen Städten kam er nach Brüssel und Paris, wo sich, so Thiersch, *„bekanntermaßen die weitaus bedeutendsten Justizgebäude des Kontinents"* befanden (zit. nach Falkenhagen, Justizpalast M., S. 13). Er trat auch mit den Baumeistern anderer zeitgenössischer Großbauprojekte in persönlichen Kontakt, u. a. mit Paul Wallot. Dieser war just vor drei Jahren mit dem Berliner Reichstag fertig geworden. Den ersten Preis im Wettbewerb um den Reichstag hatte er sich einst mit Friedrich Thiersch teilen müssen. Im Zusammenhang mit diesem so berühmten öffentlichen Gebäude Berlins steht ein äußerst witziges Detail des Alten Münchner Justizpalastes: Seine Hauptfassade wird nämlich allgemein mit 138 Metern angegeben, während Wallots Reichstag auf offizielle 137 Meter und 40 Zentimeter kommt. Sie dürfen solche Kleinigkeiten gerne für Zufall halten, wenn es Ihnen beliebt. Wahrscheinlicher ist aber wohl doch, dass mit derartigen ans Alberne grenzenden Absurditäten Regionalkonkurrenzen ausgetragen wurden, wie sie eben innerhalb des neuen Reiches bestanden. Das wird unter einem anderen Aspekt schon deutlicher, nämlich jenem der Stilwahl. Dass es irgendein „Neo" sein musste, war im 19. Jahrhundert klar. So mutig wie der Turmbauer Gustave Eiffel waren damals eben nur Wenige. Ursprünglich hatte Thiersch ein Gebäude im Stil der Neorenaissance anvisiert. Er änderte seine Meinung jedoch und schwenkte zum Neobarock über. Der Barock: Er evozierte halt doch mehr die Gedanken an Heimatlich-Süddeutsch-Katholisches, übrigens durchaus auch an Österreichisches, also an jenes Nachbarland, dem sich immer noch viele Bayern verwandter fühlten als jenem norddeutschen, aus welchem jetzt ein rauer Kommandoton wehte. Ein berühmtes Wiener Haus, das Schwarzenberg-Palais, wird im Münchner Justizpalast ebenso zitiert wie der dortige Justizpalast. Darüber hinaus finden sich „unübersehbar" Anklänge an die „Südfassade der Würzburger Residenz, hinter welcher auch [...] das Geburtszimmer des Prinzregenten lag". (J. Erichsen, Selbstbehauptung i. Symbolen, S. 137).

5.2   DIE PRINZREGENTENSTRASSE

Man hört oft von den drei Prachtstraßen Münchens, mit welchen dann die Ludwigs- die Maximilians- und die Prinzregentenstraße gemeint sind. So ganz richtig ist das eigentlich nicht. Die beiden erstgenannten Straßen haben von der baulichen Intention her mit der Prinzregentenstraße nicht allzu viel gemein, und wenn man die Zahl drei in Verbindung mit den Prachtstraßen schon unbedingt retten will, wäre es korrekter, die Briennerstraße an die Stelle der Prinzregentenstraße zu setzen, denn diese ist keine Prachtstraße im eigentlichen Sinn und schon gar keine fürstliche. Nicht, dass es hier nicht auch staatliches Bauen, das dann naturgemäß immer auch repräsentatives Gepräge trägt, gebe. Da ist zuallererst Gabriel von Seidls Bayerisches Nationalmuseum. An diesem vielgelobten Bau wird aber gleich deutlich, warum der Prinzregentenstraße der Charakter einer fürstlichen oder auch staatlichen Repräsentationsachse abzusprechen ist: Man beachte, wie er sich selbst gleichsam zurücknimmt. Seine Fassade gliedert sich nicht in den Straßenzug ein. Davor befindet sich ein Platz, so dass das Gebäude – ganz anders etwa als alle Häuser in der Ludwigsstraße außer der Universität – nur dann sichtbar wird, wenn man direkt vor ihm steht.

Der Bau der Prinzregentenstraße geht auf einen Landtagsbeschluss zurück, nicht etwa, wie bei der Ludwigsstraße, auf einen persönlichen Wunsch des Regenten. Schon die Namensgebung verdeutlicht den Unterschied, denn wenn Prinzregent Luitpold geplant hätte, hier eine persönlich geprägte Prachtstraße wie sein Vater Ludwig oder sein Bruder Maximilian anzulegen, hieße sie wohl eher Luitpoldstraße. Nebenbei: Der Neubau der Isarbrücke im Jahr 1901 wurde vom Prinzregenten sowohl inspiriert als auch finanziert; ihr Name ist folgerichtig Luitpoldbrücke. Die Bebauung der Prinzregentenstraße war uneinheitlich. Übrigens ist sie auch viel, viel länger als die beiden älteren und wirklichen Prachtstraßen. Sie endet ja nicht etwa schon beim Friedensengel und auch nicht am Prinzregentenplatz, sondern zieht sich sehr weit nach Osten bis zum Beginn der Autobahn A 94 am Vogelweideplatz (wobei einzuräumen ist, dass sie erst in späteren Zeiten so weit hinausgezogen wurde; das ursprüngliche Ende war tatsächlich der Prinzregentenplatz).

Später allerdings blieb der Prinzregentenstraße staatlich-repräsentatives Bauen nicht erspart. Hitler selbst lebte am Prinzregentenplatz und ließ die Straße in seinem Sinne umgestalten. Dazu muss man sich vergegenwärtigen, dass sie den Flughafen Riem im Osten der Stadt quasi direkt mit dem Königsplatz verband, also mit jenem Ort, der für die Nationalsozialisten eine hohe Bedeutung im Zusammenhang mit ihrer Konzeption bezüglich der „Hauptstadt der Bewegung" besaß. Was lag da näher, als der Prinzregentenstraße deutlich den Stempel einer Prachtstraße des Tausendjährigen Reiches aufzudrücken, zumal ja auch dessen Gründer hier wohnte? Die Besuchenden, die sich der Stadt vom Flughafen kommend näherten, sollten gleich darüber Bescheid erhalten, womit sie es hier zu tun hatten.

Der prominenteste Nazi-Schinken in der Prinzregentenstraße ist das „Haus der Kunst", ursprünglich „Haus der deutschen Kunst", Anschrift Prinzregentenstraße 1. Wie so viele Nazibauten der Stadt wurde das Haus nach der Befreiung von der amerikanischen Armee genutzt. In den gigantischen Ausstellungshallen ließ sich sehr gut Basketball spielen. Im westlichen Haustrakt befand sich ein Offizierscasino. Wenn ein amerikanischer Soldat sich von einem Chauffeur dorthin fahren ließ, dann brach er sich bei der Beschreibung des Fahrziels „Prinzregentenstraße" mindestens einmal die Zunge, und sofern auch der Chauffeur Amerikaner war, bestand für diesen dieselbe Gefahr. Die Lösung des Problems bestand in einer radikalen Abkürzung: „Drive me to the P one". Daher also kommt der Name „P 1" der legendären Nobeldiskothek im Haus der Kunst.

Das Kunsthaus ist aber bei weitem nicht die einzige nationalsozialistische Inszenierung auf der Achse zwischen ehemaligem Flughafen und Königsplatz. Etwas weiter östlich befindet sich an der südlichen Straßenseite ein wahrer Finsterling, der heute das Bayerische Wirtschaftsministerium beherbergt. Kalt, klotzig und mit Stahlhelmen in den Fenstergiebeln wird hier die Leichtigkeit und Zurückhaltung der Architektur der Jahrhundertwende – ursprünglich die Eigenheit der Prinzregentenstraße – völlig konterkariert. Drinnen befand sich ein „Kommando" (was sonst), genauer das „Luftgaukommando Süd".

Wie dumm das Pack mitunter war (leider ja keineswegs immer)! Merkten sie denn nicht den himmelschreienden Kontrast zwischen ihrem eigenen Koloss und dem Nationalmuseum gegenüber, diesem höchst zweckmäßigen, sympathisch-bescheidenen Bau? Ahnten sie denn nicht, dass das ästhetische Empfinden eines oder einer Vierjährigen vollauf genügt, um sich je nach Charakter angewidert abzuwenden oder in schallendes Gelächter auszubrechen?

Wer beim Anblick der Frontseite immer noch nicht angeekelt genug ist, biegt Richtung Süden in die Oettingenstraße ab und betrachtet die Öffnungen der Ummauerung des Gebäudekomplexes ... Deren Gitterverzierungen bestehen aus gewundenen Hakenkreuzen. Kann es wirklich mit geschichtsbewahrendem Interesse begründet werden, dass man heute noch an Gebäuden der Stadt jenes Grauenssymbol findet? Und falls ja, müssen solche Häuser ausgerechnet Bayerischen Staatsministerien als Unterkunft dienen?

Gewiss, Denkmalschutz bezieht sich nicht immer nur auf das Ästhetische und Schöne. Auch Bau- und andre Sünden sollen mitunter als zeittypisch erhalten und gleichsam im Stadtbild dokumentiert werden. Aber es gibt doch auch gute Argumente dafür, den ganzen Nazibauunfug in der Prinzregentenstraße zu entsorgen. Zu beginnen wäre mit besagten Hakenkreuzen in der Oettingenstraße. Und es ist ja beileibe nicht etwa so, dass man nach erfolgter Entnazifizierung der Prinzregentenstraße ohne Beispiele für das Bauen im Dritten Reich in München dastünde – das Zeug gibt es hier noch massenweise. Folgt man dem Lauf der Prinzregentenstraße auf dem Altstadtring Richtung Westen weiter, dauert es keine zwei Minuten zu Fuß, bis man an der Ecke Ludwig- und Von-der-Tann Straße den nächsten brutalen Eingriff der NS-Architektur ins Münchner Stadtbild betrauern kann. Der heutige Sitz des Bayerischen Landwirtschaftsministeriums an dieser Straßenecke ist ein Nazibau ebenso wie das schräg gegenüberliegende Haus, welchem das Geburtshaus der späteren österreichischen Kaiserin Elisabeth weichen musste.

Das Luftgaukommando Süd wurde dann ab April 1945 auch kurz von den Befreiern genutzt, bevor das bayerische Wirtschaftsministerium einzog. Dazu eine kleine Anekdote: Die Alexandrastraße durchquert das Riesenareal des Nazikolosses. Gleich bei der Einmündung in die Prinzregentenstraße finden Sie einen Taxistand samt Säule fürs Taxitelefon, und diese Säule hat als Beschriftung nur zwei Buchstaben: „PX". So heißt der Taxistand tatsächlich, also nicht etwa „Alexandrastraße" und auch nicht „Wirtschaftsministerium" oder „Nationalmuseum", sondern kurz und schlicht „PX", gesprochen „Pi-Ex". Ein PX ist eine Art Supermarkt für Angehörige der US-Army. Das betreibende Unternehmen namens AAFES darf keinen Gewinn machen, denn es wird vom amerikanischen Verteidigungsministerium unterstützt, damit Soldaten, die im Ausland dienen, mit amerikanischen Waren versorgt werden können. Alkohol und Tabak sind steuerlich begünstigt. Nicht-US-Bürger haben nur dann Zutritt, wenn sie in engem Kontakt zur Armee stehen, das heißt also, für sie arbeiten. Die Abkürzung steht für **„Post Exchange"**, denn so heißen die Läden der Betreiberfirma. Der PX im Nazibau an der Prinzregentenstraße bestand nur wenige Jahre. Später gab es eine Filiale in der amerikanischen Siedlung im Süden Giesings. Der Taxistand jedoch hat seinen Namen beibehalten, auch wenn heute kaum noch ein Münchner Fiaker weiß, woher der absonderliche Name „PX" kommt.

Zurück zu Heitererem. Wenden wir uns vom Luftgaukommando und seinen Hakenkreuzen ab und lenken den Blick auf eins der Münchner Wahrzeichen, das sich an der Prinzregentenstraße befindet: den Friedensengel.

5.3 DER FRIEDENSENGEL

Aufgemerkt, Herrschaften: Es gibt in München drei ganz üble Namensverwechslungen. Man hört sie leider immer wieder; Ihnen wird das in Zukunft aber nicht mehr passieren, denn ab jetzt wissen Sie es besser. Erstens und am wichtigsten: Es gibt in dieser Stadt kein „Sechzgerstadion"; es mag ja sein, dass der Turnverein aus Giesing irgendwann einmal die Besitzrechte am „Städtischen Stadion an der Grünwalder Straße" – so die korrekte Bezeichnung – gehabt hat, allein er hat sie wie so vieles und wie so oft verloren. Es mag ferner sein, dass irgendein Scheich denen in Riem oder sonstwo dereinst ein Stadion samt Löwengehege baut, und dann sollen sie es meinetwegen „Sechzgerstadion" nennen – das Fußballstadion in Giesing heißt nicht so und damit basta!

Zweitens (und nicht ganz so wichtig): Die Isarbrücke zwischen der Tivoli- und der Montgelasstraße heißt Max-Joseph-Brücke, und nicht etwa „Tivolibrücke", wie man es leider in den seligen Tagen, als es noch einen Taxifunk gab, selbst dort mitunter hören musste.

Drittens schließlich, wir sagten es schon (denn man kann's nicht oft genug sagen), heißt die Brücke, welche die Prinzregentenstraße unterbricht, eben nicht Prinzregentenbrücke, sondern sie trägt den Namen des Prinzregenten. Sie heißt also Luitpoldbrücke. Bewegt man sich auf ihr Richtung Osten, hat man den Friedensengel vor sich.

Das Monument befindet sich auf einem Parkareal namens Maximiliansanlagen, welches sich am östlichen Isarhochufer etwa vom Hofbräukeller bis weit in den Norden ausdehnt. Verwaltungstechnisch gehören die Maximiliansanlagen zum Englischen Garten. In diesen Anlagen wäre das Wagner-Festspielhaus gebaut worden, hätten sich die Münchner nicht dagegen gesperrt.

Den Grundstein für das Denkmal legte man am 10. Mai 1896. Und das führt uns gleich zu der Frage, wie friedfertig unser Friedensengel eigentlich daherkommt. Denn auf den Tag genau 25 Jahre zuvor war in Frankfurt der Friede zwischen Frankreich und Deutschland geschlossen worden, der den Krieg von 1870/71 beendete. Diesem Ereignis ist das Denkmal auch gewidmet, genau wie die Siegessäule in Berlin. Ein Friedensschluss als Anlass, nun gut, das hört sich doch zunächst ganz versöhnlich an. Allerdings war besagter Friede ein rechter Diktatfriede gewesen. Jenseits des Rheins (also von uns aus gesehen) betrachtete man ihn als Schmach. Er war eine Last, denn Frankreich sann auf Revanche. *„Nie davon reden, immer daran denken“*, war dort die Parole. Frankreich hatte westliche Gebiete abtreten müssen und bezahlte Unsummen ans neugegründete Reich; ein Teil dieser Unsummen waren in den letzten 25 Jahren hier ganz in der Nähe, nämlich in Haidhausen, verbaut worden.

Die Frage, die sich stellt, ist folgende: Feiert das Monument einen Frieden oder doch eher einen Sieg im Krieg? Im Fall der Berliner Siegessäule ist die Antwort klar, sie wird im Namen schon gegeben und die gestalterische Ausführung lässt Niemanden im Zweifel. In München ist die Interpretation erheblich schwieriger. Da wäre zunächst einmal die Figur, die wir „Engel" nennen. Sie ist aber gar keiner, sondern es handelt sich um die griechische Göttin Nike. Die alten Griechen und ihnen folgend die nicht ganz so alten Römer wiesen jeder Gottheit ein bestimmtes Geschäftsfeld oder einen Zuständigkeitsbereich zu (der noch jüngere Katholizismus verfährt ganz ähnlich mit seinen Heiligen). Das konnten örtliche Kompetenzen sein wie zum Beispiel der Schutz einer Stadt oder Sachkompetenzen wie Kriegsgott, Wettergott, Erntegott, etc. Die geflügelte Göttin Nike in den Maximiliansanlagen ist nun eine Art Kriegs-Sieg-Göttin. Sie gilt daher schon auch als Friedensallegorie, denn auf den Sieg im Krieg folgt, klar, der Friede (wenigstens eine Zeitlang). Die Römer kopierten gewöhnlich die griechischen Götter und tauften sie um. Aus Zeus wurde Jupiter, aus Poseidon Neptun, aus Ares der Mars – und was wurde aus Nike? Sie wurde zur Viktoria, eben jener, die die Berliner Siegessäule bekrönt! Viktoria ist in der römischen Sprache auch das Wort für Sieg. Die Säulen in Berlin und München verdanken ihren Bau also nicht nur demselben Anlass, sondern sie tragen cum grano salis auch dieselbe Göttin – dort die römische und im Namen etwas knalligere Version, hier die etwas ältere griechische.

Gar so unschuldig-friedlich ist sie also nicht, unsre Nike, auch wenn sie als geflügelt-transzendentes Wesen selbstverständlich auf einer korinthischen

Säule steht. (Die ganz aufmerksamen Leser des ersten Bandes werden sich erinnern: Die Christen begannen irgendwann, die drei klassischen griechischen Säulen mit Attributen zu assoziieren. Demnach stand die dorische Säule fürs Männliche, die ionische fürs Weibliche und die korinthischen Säulen symbolisierten das Kindliche und das Unschuldige. Keine Marienfigur und kein Engel kann daher auf einer anderen als auf einer korinthischen Säule stehen – siehe Marienplatz). Was übrigens hält Nike in ihren Händen? In der rechten den Palmzweig, das Friedenssymbol schlechthin; soweit ist also wieder alles in Ordnung, und unser Friedensdenkmal weit weniger bellizistisch als das Berliner Pendent … wäre da nicht die linke Hand: In dieser hält sie ein Figürchen, das für den Betrachter von der Straße mit bloßem Auge kaum zu erkennen ist. Es handelt sich um eine griechische Schutzgottheit. Man nennt so etwas ein Palladion. Das Figürchen oder eben Palladion ist schwer bewaffnet, mit Schild und Speer, denn die Schutzgottheit verteidigt die Stadt vor dem Feind … wieder sehen wir: Gar so pazifistisch, wie der Name „Friedensengel" suggeriert, ist die ganze Anlage dann eben doch nicht.

Manche wenden ein, die Göttin blicke doch bekanntlich direkt ins Amtszimmer des bayerischen Kriegsministers, diesen warnend, keinen Krieg anzuordnen. Besagter Raum befand sich in der Ludwigsstraße, die Sache könnte also rein richtungsmäßig hinhauen („Kriegsminister" – so heißen die heute nimmer. Sie heißen jetzt „Verteidigungsminister". In George Orwells Roman „1984" wird das konsequent weitergedacht: Dort heiß das Kriegsministerium „Ministerium für Frieden", in der fiktiven neuerfundenen Sprache „Neusprech": „Minipax"). Der Blick des Friedensengels ins Amtszimmer des Kriegsministers ist ein hartnäckig sich haltendes Stadtgerücht mit gewissem Wahrheitspotential. Aber auch hier könnte man auf eine etwas weniger harmlose Interpretation verfallen: Nike blickt unzweifelhaft nach Westen. Freilich, wohin sollte sie auch sonst schauen? Wäre sie orientiert, dann wendete sie der Innenstadt ihren Allerwertesten zu, und auch eine nach Norden oder Süden gerichtete Nike wäre recht sinnfrei, denn der Betrachtungspunkt für die ganze Anlage liegt ganz offensichtlich im westlich gelegenen Teil der Prinzregentenstraße oder auf der Luitpoldbrücke. Es ist aber immerhin denkbar, dass man seitens der Denkmalsplaner gar nicht so unglücklich über diese zwangsläufig sich ergebende Westausrichtung war, und dass man sich genau aus diesem Grund auch dazu entschloss, der Nike ein schwerbewaffnetes Palladion in die linke Hand zu geben. Im Westen lauerte das politisch Bedrohliche, der Feind, ja der „*Erbfeind*", wie man Frankreich damals betitelte. Im christlichen Kontext lauert das Böse übrigens auch stets im Westen, man assoziierte diese Himmelsrichtung von jeher mit dem Teufel; dort geht die Sonne unter, womit der Westen für die Dunkelheit steht – und diese wiederum symbolisiert den Fürst der Finsternis. Rein richtungsmäßig mussten sich die Deutschen also nicht groß umgewöhnen, als eine weltlichere Glücksverheißung – nämlich die Vergötterung der Nation – mehr und mehr die christliche ablöste und neue Feindbilder an die Stelle des Teufels setzte. Nike und das Waffen-strotzende Palladium in ihrer linken Hand blicken also kampfbereit Richtung Erbfeind Frankreich – auch diese Interpretation hat einiges für sich.

Und schließlich geht es auch in den Darstellungen im Sockel des Denkmals nicht immer heiter-pazifistisch zu. Einen breiten Raum nehmen da die Heldentaten des Herkules ein. Jener antike Halbgott und Testosteronbolzen steht gewiss nicht für einen sanften Charakter noch ist er dafür bekannt, dass er Konfliktsituationen auf dem Wege der Diplomatie und der gegenseitigen Rücksichtnahme zu entschärfen suchte. Ferner findet man Zeitgenossen: so die drei Kaiser des neugegründeten Reiches, deren letzter (und dümmster) zur Erbauungszeit in Berlin regierte. Dann ist da Bayerns König Ludwig II., dem seine Minister und die Zeitumstände zwar zwei Kriege aufgezwungen hatten, der aber dennoch und als einziger der ganzen Schar auf ein Friedensmonument passt. Man darf ihn bei all seinen Fehlern getrost für einen Pazifisten halten, wenn auch für einen gescheiterten. Wir finden natürlich Luitpold den Prinzregenten, denn der amtierte ja 1896, als man den Friedensengel einweihte. Die anderen Medaillons im Denkmalsockel stellen bayerische und preußische Generäle dar, die sich im Feldzug gegen Frankreich 1870/71 ausgezeichnet hatten, und wer fehlt nun noch in der Aufzählung und darf aber nicht fehlen? Otto von Bismarck natürlich, der säbelrasselnde Reichsgründer. Insgesamt: eine saubere G'sellschaft, und in ihrem größten Teil über den Verdacht des Pazifismus völlig erhaben.

Wie haben wir dieses Wahrzeichen der Stadt mit seinem erwärmenden Namen „Friedensengel" nun abschließend zu bewerten? Das Monument enthält zweifelsfrei Spurenelemente von Frankophobie. Es ist eher dem Sieg über als dem Frieden mit Frankreich gewidmet. Bei genauem Hinsehen auf den Friedensengel erweist sich der Engel als Kriegsgöttin und der Friede als Sieg.

Vielleicht soll man in einigen wenigen Fällen halt einfach gar nicht so genau hinschauen; sonst droht Entzauberung. Halten wir aber auch dieses fest: Im

Vergleich zu seinem Berliner Geschwistermonument schwebt unser Friedens-engel dann doch schon viel friedsamer daher. Imperialistisches Geprotze wird man dem Monument in den Maximiliansanlagen nicht gut vorwerfen kön-nen, anders als der „Goldelse" im Tiergarten der deutschen Hauptstadt. Beim Münchner Friedensengel handelt es sich insgesamt also um eine abgespeckte, pazifizierte, leisere und sympathischere Version der Berliner Siegessäule.

5.4 DIE JAHRHUNDERTWENDE IN MÜNCHEN

Das berühmteste Zitat über München haben Sie doch sicher auch schon ge-hört? *„München leuchtet"* ...

Na, hat's geklingelt?

Reingelegt!

Das Zitat ist nämlich falsch (auch wenn es mittlerweile eine Verdienst-medaille gibt, die tatsächlich ganz genau so heißt). Richtig zitiert steht das Verb allerdings im Imperfekt. Die zwei Worte umrahmen sozusagen eine li-terarische Beschreibung der Stadt München, indem sie diese sowohl einleiten als auch abschließen. Der Text zwischen den beiden *„München leuchtete"* bezieht sich auf die allerersten Jahre des 20. Jahrhunderts und somit auf die hier zu behandelnde Epoche, stammt von Thomas Mann, findet sich in dessen Novelle „Gladius Dei" und umfasst etwa zweieinhalb Taschenbuch-seiten.

Thomas Mann hat sich ja gerne als einen „Unpolitischen" bezeichnet, aber das war zumindest zum Teil bewusste Koketterie – die ist übrigens nicht eben selten bei ihm. In der Novelle „Gladius Dei" jedenfalls erweist sich Thomas Mann als fast schon begnadeter politischer Seher; ein düstrer Seher aller-dings, mit ebenso schwarzen wie leider wahren Visionen.

Ob diejenigen Stadtoberen, die 1961 einen Orden mit dem Namen „Mün-chen leuchtet" stifteten, um ihn denjenigen zu verleihen, die sich Verdienste um die Stadt erworben haben, Manns Novelle wirklich ganz genau gelesen, respektive begriffen haben ...? Bei den oben erwähnten zweieinhalb Taschen-buchseiten handelt es sich nicht um ein völlig einwandfreies Loblied; schon in dieser Passage liest man mitunter Einsprengsel, die in eine Hymne nicht recht passen wollen, und was schon für diese Passage gilt, trifft auf den Rest der Novelle erst recht zu. Wenn es da heißt: „[...] *die Kunst streckt ihr* [...] *Zepter über die Stadt* [München, MW} *hin und lächelt"*, dann ist erstens daran zu denken, wie problematisch-verzwickt das Verhältnis war, in welches sich Thomas Mann zum Künstler generell sowie zur Kunst stellte; zweitens aber ist das spezielle Kunstverständnis, welches in „Gladius Dei" der Stadt München zugeschrieben wird, nicht nur das Hassobjekt des Antihelden, sondern auch das Ziel zahlreicher vergifteter Pfeilchen des Autors. Beschrieben wird nämlich eine durch und durch reproduzierende Kunst ohne jegliche Originalität und bedacht lediglich auf die Ergötzung der Sinne. Die Novelle beschreibt eine kalmierende, fleischliche, ideenlose Kunst.

Und an ihrem Ende muss wie so oft in der Literatur ein Gewitter dafür herhalten, Unheil zu prophezeien. Gerade Thomas Mann liebte Gewitter als böse Omen, im „Tod in Venedig" kündet eines, das aus der Blickrichtung Aumeister / Englischer Garten *„über Föhring drohte"*, den Tod des Helden an, in „Gladius Dei" kommt es eher aus südlicher Richtung.

Das von Thomas Mann antizipierte Unheil über München besteht im Aufstand der finstersten Reaktion, besteht in einem Aufschrei absolut perverser Hypermoral gegen die derzeit herrschende moralische Laxheit und Sinnlichkeit. Da steht: „[Hieronymus , (i. e. der Antiheld, MW)] *sah gegen die gelbliche Wolkenwand, die von der Theatinerstraße heraufgezogen war* [...]"; und der junge verstörte Fanatiker sieht *„ein breites Feuerschwert"* im *„Schwefellicht"*. Und er sieht ihm verhasste Schriften *„in Flammen aufgehen"*. Diese grauenvolle Vision, niedergeschrieben 1902, wurde 31 Jahre später Wirklichkeit, als die Nazis ihre erste Bücherverbrennung am Königsplatz inszenierten, also etwa einen Kilometer westlich vom Odeonsplatz, dem Schauplatz der Novelle. Und da sage noch einer, das Bürgerssöhnchen Thomas Mann sei politisch unterbelichtet gewesen!

München zur Jahrhundertwende: Das hübsche Wort „Kindergarten", das protzige „Fahrvergnügen" und der schauerliche „Blitzkrieg" gehören zu den eher wenigen Begriffen unsrer schönen schweren Sprache, die es zu Lehnwörtern in anderen gebracht haben. Das gilt auch für ein vermutlich im München der Prinzregentenzeit erfundenes Substantiv: der „Kitsch". Ganz genau weiß man's leider nicht – aber es ist ziemlich sicher davon auszugehen, dass das Wort im Dunstkreis jener Schwabinger Kunsthändler, die in „Gladius Dei" verrissen werden, und die sich fast ausschließlich auf den Vertrieb von Reproduktionen verlegt hatten, in Umlauf kam.

München zur Jahrhundertwende: Der „Zauberer" artikulierte wie gesehen Zweifel daran, ob es wirklich das zentraleuropäische Kunstzentrum gewesen sei. Dennoch gilt die Prinzregentenzeit diesbezüglich als große Epoche. Dazu wiederum hat Thomas Mann selbst eine Menge beigetragen. Die „Budden-brooks", der „Zauberberg", „Tod in Venedig", all das sind Werke, die in München entstanden sind, und zumindest die Handlung der letztgenann-ten Novelle beginnt ja auch hier. Dennoch gilt für Thomas Mann und sein Schaffen dasselbe wie für viele Kunstwerke, die in den ersten Jahrzehnten des neuen Jahrhunderts in München entstanden: Genuin „Münchnerisch" wird man nur Weniges nennen können. Thomas Mann blieb jeder Zoll ein Hanseat, mochte er auch das bayerische Oberland samt der Metropole mit Villen überziehen. Stefan George war als Rheinländer wohl hauptsächlich wegen des damals noch berühmten Münchner Faschings hier – er konnte sich da als Dante verkleiden, darunter machte er es nicht. Rainer Maria Rilke ver-breitete seinen blasierten Dunst nicht nur im schönen Paris und im werweiß noch schöneren Ronda, sondern gern halt auch bei den Schwabinger Damen.

Lion Feuchtwanger war in diesen Tagen an der Herausgabe einer Zeit-schrift beteiligt. Sein berühmtes literarisches Schaffen fällt jedoch nicht in diese Zeit. Und Oskar Maria Graf, der nun wirklich „genuin Münchnerisch" oder wenigstens „oberländisch" genannt werden kann, war ein literarischer Spätzünder. In der Zeit vor dem ersten Weltkrieg soff und prügelte er sich zwar schon durch München, aber schriftstellerisch betätigte er sich damals noch nicht.

Bleibt der große Valentin – aber ist er Literat? Sein Einfluss auf die Literatur ist unbestritten, er übte ihn auf so unterschiedliche Künstler wie Bert Brecht oder Samuel Beckett aus. Aber was ist Karl Valentin – Schauspieler, Literat, wandelndes Gesamtkunstwerk …? Ohne sich an dieses Rätsel näher heran-zuwagen, wird man es „genuin Müchnerisch" schon nennen dürfen.

Was die bildende Kunst betrifft, so war's die Zeit der Abspaltungen ver-schiedener Malergruppen, „Secessionen" genannt. Es gab derer derart viele, dass nur ausgewiesenen, professionellen Kunstkennerinnen der Überblick nicht verloren geht. Die erste Secession erfolgte noch im alten Jahrhundert und war ein Protest gegen den omnipräsenten Fürstenpinsler Franz Seraph (Ritter von) Lenbach. Dieser hatte es im Laufe seines Lebens auf sage und schreibe 80 – in Worten achtzig – Bismarck-Portraits gebracht, er dominier-te das Münchner Kunstgeschehen im Einvernehmen mit dem Prinzregenten höchst selbst und ging mit seiner Allmacht und seinem stockreaktionären Kunstverständnis nicht wenigen Kollegen gewaltig auf die Nerven. Das führte 1892 zur „Münchner Secession". Von da ab gab's kein Halten mehr: Die „Phalanx", die „Neue Münchner Secession", die „Neue Künstlervereinigung München" ... In diesen Abspaltungsreigen gehört auch der „Blaue Reiter", zweifelsohne die bekannteste der Münchner Sezessionen. Die Ausstellungen dieser Gruppe um Franz Marc und Wassily Kandinsky fallen in die Jahre vor dem ersten Weltkrieg. Paul Klee und Alexey v. Jawlensky gehörten ebenfalls zum Umfeld der übrigens eher losen Vereinigung. Der „Blaue Reiter" weist in die Moderne. Die Gruppe bereitete den Weg zur abstrakten Kunst und zum späteren Expressionismus. Insofern steht sie einzigartig in der Münchner Kunstgeschichte, die, von Richard Wagners Schaffen abgesehen, eigentlich meist zum Traditionellen, zum Überlieferten und eben nicht zum Neuen neigte. Das gilt ja auch für die gesamte Architektur der Stadt von 1158 bis 1969 und dann seit 1972 wieder.

München zur Jahrhundertwende: Die Atmosphäre und der Ruf der Stadt müssen damals jedenfalls attraktiv gewesen sein. München zog an. Zu den Manns, den Rilkes und Georges, zu den abstrakten Malern und den traditionellen, die hierher strömten, gesellten sich weitere Suchende, Schweifende, seltsame Existenzen mit kruden Ideen. Und es entsteht nicht nur schöne Literatur, die Epoche macht. Auch eine Schrift aus dem eher journalistischen und noch eher dem politischen Gebiet wird hier 1902 in die Welt gestemmt, um gewaltig zu ihrer Veränderung beizutragen. Ihr Autor kommt aus Russland und nennt sich deckend „Lenin". Das einzige, was dem Berufsrevolutionär und späterem Gründer der Sowjetunion hier gefällt, ist das Hofbräuhaus. Dort sieht er nämlich, mit wieviel Recht ist zweifelhaft, seine Idee einer klassenlosen Gesellschaft im Kleinen verwirklicht. Ob Lenin hier nicht städtischer Touristenpropaganda auf den Leim gegangen ist?

Die Schrift hieß „Was tun?". Darin entwirft Lenin sein Organisationsprogramm einer revolutionären kommunistischen Partei. Das ist dann auch ziemlich genau so, wie hier konzipiert, umgesetzt worden. Natürlich kann man es als Zufall bezeichnen, dass dieses welthistorisch bedeutsame Pamphlet in einer Stadt entstand, mit der ihr Autor nach eigener Aussage nicht viel am Hut hatte und die er deswegen auch bald wieder verließ. Aber es muss eine Art Attraktion von München auf derart fanatische, entwurzelte, besessene und überpolitisierte Menschen gegeben haben. Der Allerschlimmste kam ja auch nicht recht viel später – man schrieb das Jahr 1913, und Lenin war da schon wieder fort.

Adolf Hitler verlegte also im Jahr vor dem Ausbruch des Ersten Weltkrieges seinen Wohnort nach München, und bis zu seinem Tod wird er in den offiziellen Papieren keine andre Stadt mehr als Wohnort ausweisen. Die erste Adresse war die Schleissheimer Straße und die letzte der Prinzregentenplatz. Der Eintritt ins aktive politische Leben erfolgte aber erst nach dem großen Krieg.

Es ist mithin eine Tatsache, dass die Lebensläufe jener zwei Männer, die für die Gründung der beiden schlimmsten Terrorregime, die es jemals gegeben hat, verantwortlich sind, in gewisser Weise mit der Stadt München verknüpft sind. Nun mag es seine Berechtigung haben, dies unter dem Verweis auf Lenins tatsächlich ja nur sehr kurzen Aufenthalt als reinen Zufall abzutun. Das ist legitim, und man mag dann die sehr, sehr viel engere Bindung Hitlers an die Stadt gesondert betrachten (was auch erfolgen soll). Wenn man aber für ein paar Minuten den gut begründeten Verdacht, dies sei nichts weiter als eine skurrile Randnotiz in den Annalen der Stadt, beiseitelegt, und sei es nur deswegen, weil man eine grundsätzliche Abneigung, einen inneren Vorbehalt gegen Begriff „Zufall" hegte, dann wäre zunächst einmal zu fragen, ob denn außer der unabweisbaren Tatsache, dass beide Terrorregime gründeten, Lenin und Hitler überhaupt über ausreichend Gemeinsamkeiten verfügen, die es dann erst erlaubten, nach vergleichbaren Motiven für ihre (zeitweise) Wohnorts-Wahl zu fahnden. Was spricht dagegen? Da wäre zunächst Lenins Intellektualität und Bildung. Der Mann weiß wirklich viel, im Gegensatz zu Hitler, der so gut wie nichts weiß, sich nie bildet, sondern stets nur das liest oder eigentlich eher überfliegt, was in sein ebenso brutales wie simples Weltbild passt (über seine Bibliotheksbesuche in Wien schreibt H. in „Mein Kampf": *„Ich habe zu dem, was ich mir so einst schuf, nur Weniges hinzulernen müssen. Zu ändern brauchte ich Nichts."* So spricht ein Autodidakt, der nur zur Kenntnis nimmt, was er eh schon zu wissen glaubt, um sich bestätigt zu sehen – das ist das genaue Gegenteil von Bildung). Da wäre ferner Lenins zäher Fleiß – Hitler war zeitlebens ein Herumtreiber und Arbeitsverweigerer; wenn er tatsächlich in Wahlkämpfen ackerte und viel Zeit investierte, so war das Nichts andres als die Suche nach permanenter Berauschung durch die Begegnung mit der fanatisierten Masse. Und da wäre sicher noch viel mehr Unterschiedliches; aber gibt es nicht auch Vergleichbarkeiten zwischen dem Russen und dem Braunauer? Hierzu gehört sicher die Stringenz, das einmal erworbene Weltbild mit äußerster Brutalität Millionen von Menschen, ja im Idealfall wirklich der ganzen Welt aufzwingen zu wollen; die absolute Bereitschaft, über unzählige Leichen dafür zu gehen. Ian Kershaw, einer der profiliertesten Hitler-Biographen überhaupt, schrieb einmal, den Untersuchten charakterisierend, von der *„emptiness oft the private person"* (Kershaw, Hubris, p. XXX; an andrer Stelle schreibt er: *„Poitics consumed […] his entire existence"* ((p. 157)); übrigens sehr ähnlich Haffner, AzH., S. 7ff.). Nun hatte Lenin im Gegensatz zu Hitler eine Art Familienleben und eine angetraute Dulderin an seiner Seite, aber man wird doch auch über ihn sagen dürfen: Sein Leben bestand aus Politik, Politik und nochmals Politik. Darüber hinaus war nichts, und beiden Männern ist eigen, dass sie auch von allen anderen Menschen erwarteten, dass die politische Ideologie den absoluten Lebensmittelpunkt und Sinn darstelle. Dieser Typus ist ausschließlich Politiker und er weist der Politik einen Raum zu, welchen sonst, resp. früher die Religion beanspruchte. Da sind sich Lenin und Hitler schon sehr ähnlich (den Vergleich zu Lenin zog auch Sebastian Haffner; vgl. Haffner, AzH., S. 12).

Was bietet nun die Stadt München der Prinzregentenzeit Menschen, die man in dieser Art vergleichend und „zusammen-fassend" charakterisieren kann? Es ist der Raum. München bietet Politikfanatikern Raum. Denn dort, wo solche Menschen Raum greifen wollen – also im Bereich des Politischen – genau dort ist diese Stadt leer wie wohl nur wenige andre Orte (auch wenn es natürlich vergleichbare gegeben hat, gerade in Deutschland). Man könnte München politisch hohl nennen; ein aufnahmebereites Fass.

Wir greifen für diese These unser Leitmotiv von der Residenzstadt wieder auf. Aber allerspätestens jetzt müssen wir es modellieren: Das Tongeschlecht des Folgenden sei Moll. Mit dem Wort „Residenzstadt" wurde im ersten Band und auch noch im hier vorliegenden, soweit er sich auf die ersten Jahrzehnte der Königszeit erstreckte, eine Absenz politischen Interesses, politischer Bildung und politischen Engagements mit umrissen, die sich auf alle Kreise jenseits des höfischen erstreckte und bis in den Vormärz hinein keine große Belastung darstellte. Kein Herrscherhaus in Europa regierte so lange wie das wittelsbachische, und schon seit dem 13. Jahrhundert tat es das von München aus. Nur: Seit 1871 konnte von „regieren" nicht mehr gut und vollumfänglich gesprochen werden. Die Reservatrechte wie Königlich-bayerische Amtsgerichte, Eisenbahnen und Biersteuern waren ja recht herzeigbar, aber die eigentliche Politik wurde doch in Berlin erledigt. Und das – viel wichtiger als der Ort – nun in ganz anderer, nämlich öffentlicherer Art. Die Politik im Kaiserreich war viel mehr ins Zentrum der Öffentlichkeit gerückt, als das vormals in Bayern der Fall gewesen war. Um das zu konstatieren, braucht man diesem neuen Reich gar nicht unbedingt starke demokratische Tendenzen zu unterstellen. Aber es gab nun in viel höherer Intensität als zuvor eine öffentliche Diskussion über Politik. Das geschah in Zeitungen und im Reichstag, auch wenn dessen Kompetenzen reichlich ungeklärt waren. Die Prinzregentenzeit ist ja gleichzeitig die wilhelminische! Und wenn der Kaiser mal wieder argen und sogar brandgefährlichen Blödsinn über England, über China oder über sonst was von sich gegeben hatte – begierig abgedruckt von den Zeitungen – dann war Kritik daran keinesfalls verboten und sie erfolgte mitunter harsch.

Kurz: Die politischen Anforderungen ans Bürgertum waren gestiegen. Und das Münchner Bürgertum zeigte sich diesen Anforderungen von Anfang an nicht gewachsen. Das lag wohl hauptsächlich an der jahrhundertealten Benachtwächterung durch die ortsansässigen Wittelsbacher. Natürlich waren in ganz Deutschland die vielen regierenden Fürstenhäuser näher und damit bedrängender am Bürgertum dran als der französische König in seinem vergleichsweise viel größeren Gebiet. Aber in München waren Dauer und Intensität doch besonders luftraubend für die politische Eigeninitiative. Der politische Raum in München war gleichsam leer: Damit stand er kapernden Piraten grundsätzlich offen. Und deren Allerschlimmster sollte das instinktiv erahnen und für sich nutzen.

So weit sind wir aber noch nicht. Die Schilderung der Prinzregentenzeit und ihrer Kunst- und Kitschblüte sollte aber doch dazu dienen, das grundsätzlich unpolitische Flair der Stadt zu charakterisieren. Übrigens hatte ja auch die Industrialisierung hier in vergleichsweise geringem Umfang Raum gegriffen. Eine Arbeiterschaft wie in anderen Metropolen gab es hier nur sehr begrenzt. Unter einem Münchner Arbeiter um 1900 stellt man sich ja doch meistens einen Bierkutscher vor, der dann auch mit dem Produkt, welches er tagsüber herumfährt, abends selbst leicht zu beruhigen und zu entpolitisieren ist, ungeachtet des harm- und fruchtlosen Geschimpfes auf Die da Oben und den Föhn und die Preußen und überhaupt das Alles.

Wir haben diese These schon im Zusammenhang mit dem Bau des Neuen Rathauses vorgestellt. Noch einmal: Was die Stadt München von anderen deutschen Städten unterschied, war die vergleichsweise noch engere Bindung ans gar zu lang angestammte Herrscherhaus bei gleichzeitig eher geringerer Intensität der Modernisierung, namentlich der Industrialisierung. Unser aktueller Bezug (dies zur Erinnerung) war die Frage, was überpolitisierte Figuren wie Hitler und Lenin – denn in dieser einen Eigenschaft ähneln sie sich ja durchaus – an der Atmosphäre Münchens anziehend gefunden haben mögen. Das könnte jenes politische Vakuum gewesen sein, von welchem die Ideologen sich versprochen haben mögen, dass es dereinst recht widerstandslos mit dem eigenen Unflat zu füllen wäre.

Was ja dann auch geschah.

In die von uns beschriebene Zeit fällt auch die Gründung des heute weltweit größten Technikmuseums, also des „Deutschen Museums von Meisterwerken der Naturwissenschaft und Technik". Die ersten zwei Worte tun's als Name aber durchaus auch, denn als „Deutsches Museum" kennt das Haus nun wirklich alles, was Kindheit und Jugend hier verbracht hat, und wohl auch fast jeder und jede Besuchende der Stadt. Der Riesenbau auf der Museumsinsel wurde zwar erst nach dem Weltkrieg fertig, aber als Gründungsjahr gilt das Jahr 1903. Bis zur Fertigstellung des Haupthauses wurden die Exponate hauptsächlich im ursprünglichen Bayerischen Nationalmuseum untergebracht, also in der Maximiliansstraße im heutigen „Museum Fünf Kontinente". Oskar von Miller ist der alleinige Initiator des Deutschen Museums. Diese v. Millers sind schon rechte Tausendsassas. Oskars Vater Ferdinand hatte einst die Bavaria gegossen, eine Meisterleistung der Erzgießerei. Das Werk hatte ihn so berühmt gemacht, dass er fortan sogar für Amerika arbeitete: In Kolumbien findet sich von ihm Gegossenes, und die Riesentüren des Kapitols in Washington sind ebenfalls von Ferdinand v. Miller. Sohn Oskar war ganz Techniker. Er war Bauingenieur, Wasserkraftexperte und eben auch begeisterter Didakt. Als solcher gab er keinen Frieden, bis er 1903 das Kuratorium fürs Museum beisammen hatte. Er stand dem Museum dann bis 1933 vor. Drei Jahre nach der Kuratoriumsgründung kam der dauerschwadronierende Kaiser aus Berlin angerauscht, um persönlich den Grundstein für das Haupthaus auf der Isarinsel zu legen. Wahrscheinlich wird er auch bei dieser Gelegenheit wieder recht viel nationalen Stuss von sich gegeben haben, das konnte bei Auftritten Wilhelms II. nun mal nicht ausbleiben. Es steht zu hoffen, dass er an diesem Tag wenigstens nicht in absoluter Topform war. Denn obwohl der Name „Deutsches Museum" scheinbar auf eine nationale Ausrichtung der Institution hindeutet, war genau das eben nicht im

Sinne Oskar von Millers und daher auch nicht der Fall. Er wollte technische Meisterleistungen präsentieren und es war ihm in angenehm zeituntypischer Weise völlig Wurscht, aus welchem Land die jeweils kamen. Der Gründer des „Deutschen Museums" stand sogar stets im leichten Verdacht der nationalen Unzuverlässigkeit. Eine extrem misslungene Bismarck-Statue, die ursprünglich ins Foyer des Haupthauses gehört hätte, verbannte er auf die Erhardtstraße, wo der Eiserne Kanzler noch heute – Gott sei Dank recht schwer zu finden – düster, ja bedrohlich vor sich hinstiert. Aufmerksam Lesende haben vielleicht schon oben, bei der Nennung des Jahres, an welchem Oskar von Miller die Leitung des Museums aufgab, aufgehorcht. Es war das Jahr des Schreckens 1933, und tatsächlich: Die neuen Machthaber konnten weder mit der Museumskonzeption noch mit dem Museumsgründer viel anfangen. Ersterer wollten sie ein neues „Museum für deutsche Technik" gegenüberstellen und Oskar v. Miller ekelten sie aus dem Amt. Zu von Millers schlechtem Ruf bei den Nazis hatte übrigens auch seine Teilnahme bei den Friedensverhandlungen von Versailles beigetragen.

Ach, unzählige verdiente Leute haben in diesem scheußlichen Jahr 1933, jenem der „Machtergreifung" Hitlers und seines Packs, ihre Posten verloren oder selbst hingeschmissen, entnervt, entmutigt und entkräftet. In München gehörte zu jenen auch ein gewisser Kurt Landauer. Und damit sind wir bei einer weiteren Episode des Kapitels „München zur Jahrhundertwende": Auf dem Gebiet des Sports wurde am 27. Februar 1900 nicht weniger als Weltgeschichte geschrieben! Und das kam so: Es gab damals hier wie überall im neuen Deutschen Reich einen Haufen Turnvereine, nicht nur jenen, der ein Jahr nach anno 1859 gegründet wurde, sondern zum Beispiel auch den in Schwabing beheimateten Münchner Turnverein MTV. Das Turnen in Deutschland ist aber ein heikles Thema. Als sein Begründer gilt der gebürtige Brandenburger Friedrich Ludwig Jahn. Das war ein Mundgeruch-Typ aus dem 19. Jahrhundert und er wurde meist „Turnvater Jahn" genannt. Der Mann wird nicht einmal dadurch sympathischer, dass Caspar David Friedrich ihn irgendwann gemalt hat. Dieser Herr Jahn vereinigte in sich alle schlechten Eigenschaften des deutschnationalen Bürgers in der Zeit nach den sogenannten Befreiungskriegen. Er war frankophob, prä-völkisch und – wie könnt' es anders sein? – Antisemit bis auf die Knochen. Er wollte die deutsche Jugend mit seinen Sport-Ideen ertüchtigen. Die ganze von ihm initiierte Bewegungs-Bewegung hatte ihr Zentrum zunächst im nordostdeutschen Raum, also in Brandenburg und Sachsen; im späteren 19. Jahrhundert erstreckte sich ihr Erfolg aber aufs ganze Reich, also auch auf Bayern. Die Jahn-Bewegung war uniformistisch, sie basierte auf Drill, war von Feindbildern inspiriert, paramilitärisch, spießig und stinkfad. Damit passte sie ideal ins neue Kaiserreich, insbesondere seit Wilhelm II. an dessen Spitze stand. Die Turnvereine sprossen aus dem Boden, nicht wenige benannten sich sogar nach Jahn (und heißen mitunter heute noch so, wie zum Beispiel in Regensburg). Juden waren in diesen Clubs zwar nicht generell ausgeschlossen, aber nicht gerne gesehen. „Bewegungen" in Deutschland sind fast immer problematisch, und für Jahns Turnerbewegung gilt das durchaus auch.

In England etablierte sich derweil eine neue Sportart, und zwar eine, die so gar nicht zu den Idealen der deutschen Turnbewegung passen wollte. Dieser Sport war anarchistisch im Vergleich zu den monotonen Bewegungsübungen der Jahn-Apostel. Keine synchronen, gedrillten, gleichzeitig ausgeführten Körperaktionen prägten ihn, er war alles andre als paramilitärisch. Dieser Sport war vergleichsweise wild und er war spannend. Die Rede ist natürlich vom Fußball. In der deutschen Turnerbewegung hatte diese neue englische Sportart zu Anfang einen schweren Stand. Fußball-Begeisterte in der Jahrhundertwende standen im Ruch der Aufmüpfigkeit. Man könnte sie sich ein bisserl vorstellen wie die Rapper-Bewegung in ihrer Frühzeit. In vielen deutschen Turnvereinen entstanden jetzt massive Konflikte: Einige Mitglieder wollten eine Fußball-Abteilung gründen, andere – nicht selten die Mehrheit – stellten sich quer.

Auch dem Schwabinger MTV blieb der Zank nicht erspart, denn auch in diesem Club gab es so eine Clique, die von dem chaotischen englischen Zeugs angetan war. Mehrheitsfähig war die Fussball-Gang allerdings nicht. Am 27. Februar des Jahres 1900 war dann MTV-Vereinssitzung. Und wieder sorgte die kleine Gruppe für Zores (das Wort aus dem Jiddischen passt sehr schön, denn es waren nicht wenige Juden unter den Fußball-Befürwortern). Ob man denn nicht endlich eine Fußballabteilung im MTV etablieren könne? Antwort der Vereinsleitung: Nein das könne man nicht, da könnt' ja jeder kommen, brauchen wir nicht, dieses anarchistisch-sittenlose Ballgetrete, das überdies englisch ist und damit verdächtig vom nationalen Standpunkt aus; also Antrag abgelehnt. Jetzt langte es den Fußballern endgültig. Sie verließen den Tagungsort und begaben sich ins nahe gelegene Café Gisela in der Fürstenstraße (allerdings in jenem Teil der Straße, der heute Kardinal-Döpfner-

Straße heißt). Dort gründeten sie noch am Abend des 27. Februars 1900 einen Fußballverein. Sie nannten ihn FC Bayern München. Die Initiative war ganz wesentlich von Franz John ausgegangen, der dann folgerichtig die erste Präsidentschaft des FC Bayern übernahm. Das war zu einer Zeit, als die Giesinger noch nach Turnvater Jahns Vorgaben herumhopsten und nicht wussten, dass der Ball rund ist und ins Eckige gehört. Der neugegründete FC Bayern München war bis in die Nazizeit stark jüdisch geprägt. Unter der Präsidentschaft Kurt Landauers gelang am 12. Juni 1932 der erste Gewinn der deutschen Meisterschaft. Trainer der Mannschaft war Richard Kohn, wie sein Präsident ein Jude. Landauers so prägende Präsidentschaft endete 1933. Ihm und auch dem Meistertrainer gelang später die Flucht in die Schweiz, Kurt Landauer allerdings erst nach einer Inhaftierung im KZ Dachau, aus welchem er 1939 entlassen wurde.

Richard Kohn war übrigens vor seiner Zeit bei den Bayern unter anderem auch Trainer des FC Barcelona gewesen. Man sieht schon: Die Professionalisierung und der internationale Flair des Vereins sind keine reinen Erfindungen der Ära Uli Hoeneß. Kurt Landauer hatte bereits sehr früh eine ähnliche Richtung eingeschlagen.

Schau an: Da hat sich also auch hier jener Verklärungs-Ton eingeschlichen, ohne den eine Beschreibung Münchens zur Prinzregentenzeit offenbar partout nicht auskommt (*„es war eine liebe Zeit, die gute alte Zeit vor anno ´14 …“*, die Älteren unter den Süddeutschen erinnern sich bestimmt ans schon erwähnte Intro des „Königlich-Bayerischen Amtsgerichtes"). Aber diese Tonart wird der Zeit nicht gerecht, nicht in München und schon gar nicht im deutschen Kaiserreich. Es gab Massenarmut. Münchens Problemviertel waren das Westend und Haidhausen (das sich heute nur noch Sehrgutverdiener leisten können). Die Arbeiterschaft war in Bayern nicht besser ins politische Leben integriert als in anderen Reichsteilen. Der joviale alte Landesvater, der den Königstitel verschmähte, hatte von sozialen Fragen und Problemen keinen blassen Schimmer und hätte nicht im Traum daran gedacht, hier Reformbedarf zu sehen und eine entsprechend eingestellte Regierung zu bestellen (anders übrigens als sein Bruder Max II., der vor Jahrzehnten König gewesen war und sehr viel Interesse für soziale Fragen gezeigt hatte). Das rasante Anwachsen der Stadt vergrößerte das Armutsproblem, denn die meisten Neumünchner kamen ja, ganz im Gegensatz zu den heutigen Zugereisten, aus sozialer Not. Um das Jahr 1910 zählte man weit über eine halbe Million

Einwohner. Das waren dreimal mehr als 30 Jahre zuvor. Freilich erklärt sich dieser Zuwachs auch durch weitere Eingemeindungen, aber zum großen Teil kam er durch Oberländer, Reichsdeutsche und Osteuropäer zustande.

Das von Bismarck gegründete Reich war eines unter ständigem Dampf, unter dauerndem Druck. Permanent wähnte es sich bedroht und zum Kampf berufen, sei es von außen oder von innen. Bismarck selbst initiierte nach seinen äußeren Kriegen innere Kämpfe; gegen die Sozialisten etwa, die er verbieten und verfolgen ließ; oder gegen die Katholiken, denen er mangelnde Reichsloyalität unterstellte. Das war der „Kulturkampf", eingeleitet vom Eisernen Kanzler selbst in einer donnernden Reichstagsrede: *„Seien Sie außer Sorge: Nach Canossa gehen wir nicht. Weder körperlich noch geistig"* (in einer Reichstagsrede vom 14. Mai 1872, also schon kurz nach der Kaiserausrufung). Es war weiß Gott ein Reich der Schwadroneure. Wilhelm II., der dritte und verdientermaßen letzte Kaiser dieses Staates, lärmte am lautesten. Mehrfach hatten seine Reden und Interviews Europa in den ersten Jahren des neuen Jahrhunderts an den Rand eines Krieges geführt. Dessen ungeachtet wuchs auch in Bayerns Mittel- und Oberschicht, mithin also in jenem Klassen, die ab und zu ein bisserl mittun durften, die Zustimmung zum Reich. Als der Reichskaiser in gefährlicher Selbstüberschätzung die Flottenpolitik in den Mittelpunkt seiner politischen Bestrebungen stellte, das heißt also den massiven Ausbau der deutschen Marine, da liefen auch die Münchner Kinder massenweise in Matrosenoutfits herum. So gesehen – und das soll heißen: nach innen gesehen – funktionierte die kaiserliche Flottenpolitik also ganz gut. Selbst die Münchner wurden jetzt zu großen Seebären, weil der Kaiser es so wollte. Was aber als innenpolitischer Kitt angelegt war, um soziale Differenzen mit einer Ideologie zu überkleistern, war mit großem außenpolitischem Schaden erkauft. Die Spannungen mit England wuchsen bedrohlich.

Mit dem Imperialismus war das nicht anders. Der Kaiser forderte einen *„Platz an der Sonne"*, während in der vorangegangen, von Bismarck geprägten Zeit die deutsche Politik noch klug Abstand von Engagements in Afrika oder anderen Weltteilen genommen hatte. Auch der neue deutsche Imperialismus stand in Konkurrenz zu England und Frankreich, und auch er hatte eine innenpolitische Stoßrichtung. Plötzlich hatte der politisch gesinnte Reichsbürger keine andere Sorge mehr als die Vermehrung deutscher Kolonien in Afrika; das verband nach Innen, indem es half, real gegebene Gegensätze zu übertünchen; und das erhöhte die äußeren Spannungen massiv.

Kaum eine Zeit wird derart widersprüchlich betrachtet wie das zweite deutsche Kaiserreich. Die Debatte um die Bewertung dieses Staatenkonstrukts ist so alt wie das Reich selbst. Man stelle die Romane gegenüber, welche die Mann-Brüder über das Kaiserreich geschrieben haben, also Heinrichs „Untertan" und Thomas' „Buddenbrooks" (hier freilich nur die letzten Kapitel): Schreiben beide Brüder wirklich über dasselbe Land?! Und nun lese man parallel, was die beiden Historiker und Antipoden Thomas Nipperdey und Hans-Ulrich Wehler in den 1980ern und 90ern über das Kaiserreich geschrieben haben: Es stellt sich dieselbe Frage (vgl. Wehler, D. Kaiserreich und Nipperdey, Machtstaat). Nur eines lässt sich sagen, nämlich: Je politisch linker der oder die Schreibende sich verortet und wahrgenommen werden will, desto mehr steigt die Lust, dieses Reich ordentlich in die Pfanne zu hauen; während eher Konservative Demokratisierungstendenzen erkennen wollen, und überhaupt: Woanders war es auch nicht besser; so diese Fraktion. In unsren Tagen ist die Debatte rund ums Bismarckreich erneut aufgeflammt. Auslöser ist der runde Geburtstag, denn im Januar 2021 jährte sich die Kaiserkrönung in Versailles, also der eigentliche Gründungsakt, zum 150. Male. Joachim Käppner nahm das zum Anlass, dem Reich und seinen Hauptprotagonisten, allen voran dem dritten und letzten Kaiser, in der „Süddeutschen Zeitung" ein paar kräftige Watsch'n zu verpassen. En passant fielen dabei auch einige Backpfeifen für jene ab, die das Reich vor *„linken Geschichtsbetrachter*[innen]" in Schutz nehmen, namentlich für Birgit Aschmann. Käppners Fazit: *„Dieses System […] verstand sich als Gegenentwurf zur Freiheit."* Zu demokratischen Reformen sei es *„nicht fähig"* gewesen (SZ Nr. 63, Jg. 2021, S. 9).

Am Ende des Kaiserreiches steht jedenfalls der Weltkrieg als völliger moralischer Bankrott und als Ursache des eigenen Zusammenbruchs. Das ist nicht wegzudiskutieren.

Ferner ist da obendrein noch ein ungemein schwieriges Problem der Geschichtsschreibung übers Kaiserreich: Das ist die Bewertung des Charakters und der Intensität des deutschen Antisemitismus im Vergleich zu anderen europäischen Staatsgebilden dieser Zeit. Die Aufgabe ist deshalb so schwierig, weil man verschiedene Phänomene unter einen Hut bekommen muss, die partout nicht zusammenpassen wollen. Die Problemstellung ist die folgende: Nur knapp fünfundzwanzig Jahre nach dem Ende des Kaiserreiches begann die deutsche Regierung, tatkräftig unterstützt von mindestens mehreren zehntausend aktiv beteiligten Staatsbürgern und unbehelligt von Millionen weiteren mit dem größten Verbrechen der Menschheitsgeschichte, also dem industriell organisiertem Massenmord an den europäischen Juden. Die Bande, die dies initiierte, war schon Jahre vorher an die Macht gekommen. Der Vorgang ihrer Machtergreifung war zwar nicht mehr in demokratischen Bahnen verlaufen, und sie hatte es auch nie ganz geschafft, in demokratischen Wahlen eine reichsweite absolute Mehrheit zu erlangen – aber immerhin eben fast. Und das, obwohl die Köpfe dieser Bande nie einen Hehl aus dem gemacht hatten, was sie mit der jüdischen Bevölkerung des Kontinentes vorhatten. Dies wissend, stellt sich der Geschichtsschreibung des Kaiserreiches die Aufgabe der Ursachenforschung für dieses Verbrechen; denn es kann nicht sein, ja es ist wirklich völlig undenkbar, dass diese Ursachen ausschließlich in den Jahren nach dem Reichszusammenbruch 1918 zu finden wären.

Nun ist vollkommen unbestritten, dass es im Kaiserreich Antisemitismus gegeben hat, und ebenso ist unbestritten, dass in der imperialistisch-chauvinistischen Luft dieses Staates der Antisemitismus stärker, intensiver und schlimmer gewesen ist als in den vorangegangenen Jahrzehnten, um vom 18. Jahrhundert zu schweigen. Gerne verweist man in diesem Zusammenhang auf den Schwachsinn, den Richard Wagner diesbezüglich leider von sich gegeben hat. Aber hier beginnt eben das kaum zu lösende Vergleichs-Problem: Um zunächst bei einzelnen Köpfen zu bleiben, so muss jenen, die Wagner aufgrund seiner antisemitischen Äußerungen ablehnen, gesagt werden, dass sie bei konsequenter Anwendung dieses Ausschlusskriteriums halt auch keinen Dostojewski und keinen Tolstoi mehr lesen sollten. Und um von hieraus ins Gesellschaftliche überzugehen, so sind der preußische Militarismus und der deutsche Chauvinismus ganz gewiss besonders unangenehm und bedrückend, aber exklusiv hatte das Kaiserreich diese Phänomene eben keineswegs. Französischer Militarismus prägte die Jahrhundertwende, britischer Imperialismus ebenso, und der Chauvinismus war, wenn er sich hier auch besonders abstoßend gebärdete, so doch keine rein deutsche Erfindung.

Scheinbar gilt dasselbe für den Antisemitismus; aber eben wirklich nur scheinbar. Denn, noch einmal sei es gesagt: Es muss historisch-faktische und geistige Ursachen für den völligen moralischen Bankrott Deutschlands in der Nazizeit geben, und diese können nicht oder nicht ausschließlich in der Weimarer Epoche zu finden sein.

Im Frankreich der Jahrhundertwende gab es eine eklige Affäre um ein jüdisches Mitglied des Generalstabs namens Alfred Dreyfus. Man jagte ihn mit Schimpf und Schande aus der Armee und inhaftierte ihn auf der Grundlage der Anschuldigung, er sei Spion im Dienste Deutschlands. Alles war erstunken und von französischen Antisemiten erlogen gewesen, aber selbst als Dreyfus' Unschuld klar zutage lag, ließen seine Feinde nicht locker. Es dauerte noch viele Monate bis zu seiner Rehabilitierung. Die ganze Affäre ging auf antisemitische Agitation zurück.

Das hatte zur Folge, dass sich viele deutsche und österreichische Jüdinnen und Juden in ihren Heimatländern vergleichsweise geborgen und integriert fühlten, denn so etwas wie die Dreyfus-Affäre hatte es hier nicht gegeben. Bestand dieses Geborgenheitsgefühl aber zu Recht? Wohl kaum – denn ein paar wichtige Kleinigkeiten übersahen jene Optimistischen: Erstens, Dreyfus wurde in Frankreich am Ende eben doch rehabilitiert. Zweitens und wichtiger: Im deutschen Generalstab dieser Tage gab es keine Juden, die man zu Unrecht hätte beschuldigen können und sie wären dort wohl auch gar nicht denkbar gewesen, denn, und das ist der wichtigste Punkt: Der deutsche Nationalismus, deren Ausgeburt die preußische Armee der Jahrhundertwende war, basierte auf dem Konstrukt des Blutes. Und darin unterschied sich der deutsche fundamental vom französischen Nationalismus. Die Idee der französischen Nation basiert auf der Zivilisation, also der Bürger-Werdung (und übrigens auch auf der Idee der Republik). Wer sich zu Freiheit, Gleichheit und Brüderlichkeit bekannte, war im Prinzip Franzose. Franzose ist, wer Staatsbürger ist. Und man kann das werden. Man kann durch geistige, respektive staatsbürgerliche Leistung zum Franzosen werden. Und genau diese „Werdung" ließ der deutsche Nationalismus nicht zu. Der sieht sich in teilweise sogar bewusster Zurückweisung der Rationalität im Blut begründet. Die Vorstellung, dass jemand, der dieser deutschen Blutsverwandtschaft nicht angehört, dennoch Deutscher werden kann, ist ihm völlig fremd. Die Tatsache, dass die Konstruktion einer derartigen Blutsverwandtschaft völlig absurd, irrational, um nicht zu sagen blödsinnig ist, ändert nichts an ihrer Wirkmächtigkeit. Der deutsche Nationalismus war sozusagen strukturell rassistisch. Genau darin lag die Riesengefahr für die Jüdinnen und Juden im deutschen Reich, auch wenn hundertmal darauf verwiesen worden ist, wie gut sie sich mehrheitlich dort integriert fühlten. Es wurde in durchaus ernstzunehmenden diesbezüglichen Arbeiten die These aufgestellt, dass ein nicht geringer Teil der europäischen jüdischen Bevölkerung im Weltkrieg einen Sieg Deutschlands und Österreichs favorisierte, da man die Integration in diesen Ländern als vergleichsweise weiter vorangekommen beurteilte. Selbst wenn diese These noch besser begründet werden sollte, als sie es derzeit ist, ändert das nichts daran, dass die so Empfindenden einem Trugschluss erlegen sind.

Der französische Chauvinismus unterscheidet sich um 1900 graduell, sprich also in seiner Intensität, kaum vom deutschen; sehr wohl aber in seiner Begründung. Somit gibt es auch – siehe Dreyfus – französischen Antisemitismus, aber auch der hat andere gedankliche Wurzeln als der deutsche. Flapsig formuliert: Der französische Antisemit wirft dem Juden vor, dass dieser nicht voll in der zivilisierten Nation und ihren Idealen aufgeht, wo er doch, wie jeder Mensch, so herzlich dazu eingeladen ist, und wo es doch auf der Welt nichts schöneres geben kann, als eben Franzose und Staatsbürger zu sein. Prinzipiell könnte er diesen Vorwurf auch an einen überzeugten Katholiken richten, und er tut das auch. „Aber so werdet doch endlich Franzosen!", das ist sein Aufruf. Der deutsche Antisemit hingegen wird eine solche Aufforderung niemals aussprechen. Mag ein Jude auch keinen einzigen Schritt zu seiner Assimilierung auslassen, nicht einmal jenen zum Taufbecken – immer wird der deutsche Antisemit ihn anschnauzen: „Und wenn du es auch noch so sehr wünscht – du kannst und du wirst niemals zum Deutschen werden!".

Das ist der Fundamentalunterschied.

Man wird die Shoah niemals ursächlich völlig erfassen und schon gar nicht monokausal. Der Verdacht bleibt bestehen, dass vieles im Kaiserreich seine Wurzeln hat. Wo genau und in welcher Intensität – das wird die Forschung noch Jahrzehnte, wo nicht Jahrhunderte beschäftigen. Ein winziges Bausteinchen auf dem „deutschen Sonderweg" in die moralische Vollkatastrophe ist mit der oben umrissenen These von der unterschiedlichen Begründung von Nationalismus und Antisemitismus immerhin geboten (ein Anspruch auf Urheberschaft wird selbstredend nicht erhoben; in der Forschung hat sich für den oben skizzierten, spezifisch deutschen Antisemitismus der Begriff des „eliminatorischen Antisemitismus" durchgesetzt. Eine Buchempfehlung wäre Daniel J. Goldhagens „Hitlers willige Vollstrecker" aus dem Jahr 1996, auch wenn das Werk nicht unumstritten ist).

Um unser Kapitel über München um die Jahrhundertwende abzuschließen: Für eine verschmuste und von einem Hobby-Monarchisten erdachte Fernsehserie mag es angehen, die Zeit vor 1914 als *„die gute alte"* zu bezeichnen. Mit der deutschen Realität hat das fast nichts zu tun, auch nicht im Oberland und nicht in München, wohin wir nun zurückkehren, und wo sich kurz vor dem

Ausbruch des Weltkrieges auf verfassungsrechtlichem Gebiet Bedenkliches ereignete.

5.5   DER LETZTE WITTELSBACHER TRITT ZUR REGIERUNG AN

Am 12. Dezember 1912 starb der Prinzregent Luitpold von Bayern, mit immerhin 91 Jahren und nach langer Regierungszeit. Wer allerdings durchaus noch lebte, das war – der König. Längst von fast allen vergessen, verbrachte Otto I., der Bruder und Nachfolger Ludwigs II., seine Tage in geistiger Absenz in den Gummizellen, die man in Schloss Fürstenried bei München für ihn eingerichtet hatte. Die Verfassungskonstruktion, die man nach Ludwigs Tod im Würmsee 1886 angewandt hatte, lautete in etwa so: Wir haben einen König, nämlich Otto, den Bruder Ludwigs; der ist aber derart umnachtet, dass er die Regierungsgeschäfte nicht führen kann; daher benötigt er und benötigen wir eine Art Stellvertreter – diesen nennen wir dann „Prinzregent" und nehmen dafür den in der Rangfolge nächsten männlichen Thronanwärter, der einigermaßen zurechnungsfähig ist. Und das war eben Luitpold, der Onkel der Könige Ludwig und Otto, die beide keine Nachkommen hatten.

Diese Verfassungskonstruktion mochte angehen. Es wäre freilich sauberer gewesen, den regierungsunfähigen König Otto des Amtes zu entheben und Luitpold „König" zu nennen. Daran traute man sich 1886 aber aus zwei Gründen nicht heran: Grund Nummer eins war die politisch-psychologische Situation nach Ludwigs Selbstmord – pardon, nach seinem Tod. Nicht wenige Bayern wähnten ihren König ermordet und zählten dessen Onkel Luitpold zu den ersten Tatverdächtigen. Da hieß es nun, nicht noch durch die Anmaßung des Königstitels unnötig Öl ins Feuer zu gießen. Luitpold war zu Beginn seiner prinzregentlichen Amtszeit ausgesprochen unbeliebt. Das sollte sich zwar bald abschwächen und später sogar ins Gegenteil verkehren, aber man beließ es bei der einmal angewandten Konstruktion; Luitpold war da bescheiden. Und dann gab es noch einen Grund: Wer hätte denn die Amtsenthebung Ottos betreiben sollen? Der Prinzregent etwa und eine Art Thronrat? Das Ministerkabinett? Beide Gremien zusammen, eventuell sogar unter Einbeziehung des

Parlamentes? Das kam alles nicht recht infrage, letzteres vor allem deshalb nicht, weil Bayern zwar einerseits und schon seit langem eine konstitutionelle Monarchie war, andrerseits jedoch die Konstruktion vom Gottesgnadentum noch nicht aufgegeben war. Ein König von Gottes Gnaden, abgesetzt vom Landtag oder auch nur unter dessen Mitwirkung – die maßgeblichen konservativen Kreise im Königreich wären gegen eine derartige Ausweitung der Landtagskompetenzen Sturm gelaufen. Das ging also auf keinen Fall. Schon die Amtsenthebung Ludwigs, so legitim sie auch gewesen sein mochte, hatte sich doch etwas außerhalb der Legalität und unter ungeklärten Kompetenzverhältnissen bewegt. An so einen Braten wollte man sich nicht gleich nochmal heranwagen. So ließ man's lieber ganz.

Als Ende 1912 mit Luitpold auch dessen Bescheidenheit ins Grab sank, wurde das Problem erneut akut. König Otto lebte. Luitpolds Nachfolger war sein Erstgeborener namens Ludwig. Auch der begnügte sich zunächst mit dem Prinzregenten-Titel; aber eben nur zunächst.

Es ist der Forschung nicht ganz gelungen, klar herauszuarbeiten, wer denn nun eigentlich die entscheidende Initiative ergriff, um Ludwig den Königstitel zuzuschanzen. War er es selbst – möglicherweise sogar schon zu Lebzeiten seines Vaters – oder waren es maßgebliche Mitglieder des Ministeriums? Die einen sagen so, die andren so. Klar ist: Ludwig selbst musste der Sache prinzipiell gewogen sein, wenn schon nicht aus Prestigegründen, so doch mindestens aufgrund finanzieller Erwägungen. Einem König standen ganz andre Summen zur persönlichen Verfügung zu als einem Prinzregenten. Die Sache nutzte ihm also, und falls er selbst initiativ war, wird er logischerweise alles daran gesetzt haben, dass genau das nicht herauskam – es sieht so unbescheiden aus.

Das Hauptproblem, das sich den Konservativen, die in Bayern das politische Geschehen dominierten, stellte, war folgendes: Die bisherige Verfassung gab eine saubere Absetzung des amtsunfähigen Königs nicht her, aber eine Änderung der Verfassung war ohne den Landtag nicht denkbar. Nun durfte aber keinesfalls der Eindruck entstehen, der Landtag habe die Kompetenz, einen König abzuberufen und einen anderen an seine Stelle zu setzen. Das widersprach dem monarchischen Prinzip. Das Königreich Bayern war zwar seit 1808 eine konstitutionelle Monarchie, aber beileibe keine parlamentarische. Zu all dem gesellte sich folgende Skurrilität: Die Landtagsmehrheit war selber dermaßen stockreaktionär, dass sie sich einer Aufwertung des eigenen

Hauses entgegenstellte. Entsprechende erste Sondierungen der Regierung bei der Zentrums-Partei ergaben, dass sie eine Einbindung des Parlaments in den Prozess der Absetzung König Ottos I. nicht wünschte.

Die Preußen signalisierten, dass ihnen die ganze Angelegenheit völlig gleichgültig sei. So viel mal wieder zum Gewicht, das man Bayern in Berlin noch zumaß. Hatte die Reichsverfassung von 1871 noch einen gewissen Spielraum gelassen, was die Rolle und die Eigenständigkeit der einzelnen Fürstentümer anbelangte, so hatte die bayerische Politik in der Prinzregentenzeit offenbar sämtliche diesbezüglichen Möglichkeiten verpennt. Das Reich war zum Nationalstaat geworden, in München liefen die Kinder im Seemannsoutfit herum, und alle maßgebliche Politik wurde in Berlin gemacht.

In der Angelegenheit des Königstitels wurschtelte man sich in München dann folgendermaßen durch: Bei der notwendig gewordenen Verfassungsänderung durfte das Parlament ein bisserl mittun, insofern man dem Haus den entsprechenden Gesetzestext vorlegte. Darin hieß es, der Regent könne den *„Thron als erledigt erklären"*, falls der König, an dessen Stelle er agierte, sich für eine Dauer von über zehn Jahren als regierungsunfähig erweisen habe und falls es keinerlei Aussicht auf Besserung gebe. Damit war der Landtag von Berufung und Abberufung des Königs suspendiert, denn die diesbezügliche Erklärung erfolgte seitens der Regierung.

Der *„Thron als erledigt erklärt"* ... eine richtige Absetzung ist das eigentlich nicht. Somit gab es seit dem 5. November 1913, also dem Tag, an welchem Ludwig III. zum König ausgerufen wurde, und bis zum 11. Oktober 1916, dem Sterbetag Ottos, gleichzeitig zwei bayerische Könige. Und wen kümmerte dieser Zustand? Niemanden so recht ... Jetzt könnte man einwenden, dass es uns hier dann ja auch kalt lassen könnte – aber dem soll widersprochen werden: Es wirft nämlich ein Schlaglicht auf die Bedeutung der Regierung des bayerischen Königreiches, wenn es fast jedermann äußerst gleichgültig ist, ob die Legalität des Staatsoberhauptes völlig über jeden Zweifel erhaben ist, oder ob dem eher nicht so ist. Diese Bedeutung, so unsere aus den geschilderten Vorgängen abgeleitete These, ging am Vorabend des Weltkrieges gegen Null. Und ferner: Auch hier sieht man wieder diese eigentümliche politische Unbedarftheit, die diesbezügliche Laschheit und Indifferenz, welche in München seit dem Eintritt ins Kaiserreich so offen zutage traten.

6. MÜNCHEN IM ERSTEN WELTKRIEG, DIE REVOLUTION UND DAS ENDE DER WITTELSBACHER

Liebe Lesende: Sie können in einem Literaturozean fischen, wenn Sie sich darüber zu informieren wünschen, wie es zu jenem Wahnsinn kam, der in unserer Sprache „Erster Weltkrieg" genannt wird. Tun Sie aber bitte sich selbst und mir den Gefallen, beim Angeln in besagtem Ozean nicht auf einen Stiefel namens „Die Schlafwandler" zu stoßen, also auf die jüngste prominente Einlassung des Historikers Christopher Clark zum Thema. Dieser Herr Clark ist so eine Art australische Version von Guido Knopp, spricht ausgezeichnet Deutsch, kann ein bisschen schreiben und hat ein äußerst telegenes Lächeln. Aus all dem hat er ein prima Geschäftsmodell gemixt: Die armen Deutschen, so sagt er sich, müssen so viel Arges über ihre jüngere Geschichte hören, dass es ihnen sicher mal gut tut, wenn ein Angelsachse kommt, sie in den Arm nimmt und ein wenig tröstet, indem er ihnen schmusend zuraunt, dass doch alles gar nicht so schlimm gewesen sei. So liest sich ein Clark'scher Schmöker über Preußen wie die Schilderung eines irdischen Paradieses, konzipiert von Immanuel Kant und realisiert von König Friedrich II.; und wenn er sich in „Die Schlafwandler" dem Ausbruch des Ersten Weltkrieges zuwendet, dann ist, passend zum Geschäftsmodell, das Fazit natürlich eines, das die damalige deutsche Reichregierung von jeglicher besonderen Schuld am Grauen freispricht. *„Man merkt die Absicht, und man ist verstimmt"*, lautet ein leicht abgewandeltes Zitat aus Goethes „Torquato Tasso", das hier passt (ibid., 2. Aufz., 1. Auftritt, Z. 969). Die Kriegsschuldfrage ist so alt wie der Krieg selbst, und die Sieger diktierten im Versailler Vertrag, der ihn beenden sollte, den Deutschen, sie trügen diese Schuld exklusiv. Das stimmte in dieser Zuspitzung sicher ebenso wenig wie Clarks Gegenthese und trug zur Vergiftung der europäischen Stimmung in den folgenden Jahren bei.

Der oben erwähnte Ozean wird nicht nur durch historische Fachliteratur gespeist. Man kann Thomas Manns „Zauberberg" als eine perspektivisch verengte Vorgeschichte des Weltkrieges lesen. Der Romanheld Hans C. erreicht den Berg im Sommer 1907, um sieben Jahre („*Jährchen*") dort oben zu bleiben. Erst die welthistorischen Vorgänge des Sommers 1914 zwingen den Hans ins Flachland zurück, heraus aus der Verzauberung und hinein ins eigentliche Leben, das dann allerdings nicht mehr lange dauern wird; denn der Träumer Hans geht als Soldat an die Front. Der „Zauberberg" ist übrigens insofern „münchnerisch", als dass er in weiten Teilen hier geschrieben wurde. Joseph Roths anrührender „Radetzkymarsch" ist aus österreichischer Perspektive ebenfalls eine Weltkriegs-Vorgeschichte. Um ein Werk aber kommt niemand herum, der sich ernsthaft mit dem Weltkrieg auseinandersetzen will: Das sind „Die letzten Tage der Menschheit" von Karl Kraus. Dieses Monumentalwerk, dieses „*restlose Schuldbekenntnis, dieser Menschheit anzugehören*" (s. u.), besteht aus mehreren hundert Theaterszenen, die aus dem Weltkrieg stammen und entzieht sich, wie ihr Autor selbst, weiterer Beschreibung. Zur Aufführung eignen sich „Die letzten Tage der Menschheit" nicht. Das Buch muss gelesen oder gehört werden. Einzelne vom Autor selbst gelesene Szenen finden sich ebenso im Internet wie eine etwa zweistündige Lesung Helmut Qualtingers. „*Die unwahrscheinlichsten Taten, die hier gemeldet werden, sind wirklich geschehen; ich habe gemalt, was sie nur taten. [...] Die grellsten Erfindungen sind Zitate.*" (Zitate Kraus, DldM, zit. Ed. S. 9ff.).

Oskar Maria Graf gehört ebenfalls zur Pflichtlektüre all jener, die etwas über die Endphase des Weltkrieges und die anschließende Revolution lernen möchten. Graf erlebte diese Epoche in München und gewährt tiefe Einblicke in die Stimmung unserer Stadt speziell in der Zeit zwischen November 1918 und dem Sieg der Reaktion im darauffolgenden Sommer. Besonders zu empfehlen sind diesbezüglich die Kapitel 17 und folgende im Roman „Wir sind Gefangene – ein Bekenntnis" sowie das Kapitel „Der große Irrtum" in Grafs unbestrittenem Hauptwerk, dem Roman „Das Leben meiner Mutter".

Die Stimmung erst beim Ausbruch und dann beim weiteren Verlauf des Krieges ist einem Drogenrausch sehr vergleichbar. Dessen Euphorie ist so kurz wie künstlich. Dann folgen Klarsicht und Depression. Das Reichsoberhaupt posaunte im August ´14 heraus, er kenne nun keine Parteien mehr, er kenne nur noch Deutsche. Aber das war nur das trügerische Versprechen einer Gemeinschaft. Vom Deutschsein wird man nicht satt. Und es hilft einem nicht im Grauen des Schützengrabens, es beschützt keinen Soldaten vor

Verwundung und Tod und es tröstet keine und keinen einzigen der Millionen Hinterbliebenen. Das war die entsetzliche Realität – aber dass der Krieg die tiefe innere Spaltung des Reiches in einer Burgfriedens-Volksgemeinschaft aufheben werde, das war ebenso Illusion wie jenes berühmte „Weihnachten sind wir wieder daheim". Dieser Slogan sollte suggerieren, das Bevorstehende werde ein Spaziergang und ein kurzer dazu; eine entsetzliche Fehleinschätzung der militärischen Ausgangslage. Der angebliche „heilige Verteidigungskrieg" war ein höchst unheiliger Verteilungskrieg; Millionen hungerten, litten und starben, während einige wenige Kriegsgewinnler sich dumm und dämlich verdienten. Einer von ihnen erleidet in den „Letzten Tagen der Menschheit" einen Nervenzusammenbruch, weil ihm just in dem Moment, als er sich mit Aktien der Waffenschmiede Skoda eingedeckt hat, Friedensgerüchte zu Ohren kommen (V. Akt, 25. Szene, zit. Ed. S. 607ff.).

Auch in München bejubelte man fast ausnahmslos den Kriegsausbruch. Es gibt da ein Foto vom Odeonsplatz, auf dem die Massen enthusiasmiert einer Rede lauschen, in welcher König Ludwig III. den Kriegseintritt Bayerns bekanntgibt. Unter den Feiernden ist deutlich ein in Braunau geborener Postkartenmaler zu erkennen, der sich tatsächlich wenige Tage später als Freiwilliger beim bayerischen Heer melden sollte und dort trotz seiner österreichischen Staatsbürgerschaft auch genommen wurde. Das Foto ist allerdings mit etwas Skepsis zu betrachten: Es wäre möglich, dass es sich um eine Fotomontage aus der Nazizeit handelt. An einer begeisterten Volkszusammenkunft am Odeonsplatz gibt es allerdings ebenso wenig Zweifel wie daran, dass Hitler die allgemeine Euphorie im August 1914 teilte. Es wäre also durchaus möglich, dass es sich um ein ungefälschtes Foto handelt.

Der anfängliche Rausch führte wie jeder zu Verblendung und Verblödung. Im Berliner Reichstag stimmte die sozialdemokratische Fraktion geschlossen für die ersten Kriegskredite; sie war auf des Kaisers Schmarrn von der parteilosen Gesellschaft hereingefallen. In München diskutierte man zwar nicht die Frage, ob der Sieg denn wirklich schon an Weihnachten eingefahren sein würde – das war ja völlig unzweifelhaft – dafür stand aber folgendes dringendes Thema auf der Tagesordnung: Ob es denn nicht an der Zeit sei, den „Englischen Garten" umzubenennen, am besten gleich in „Deutscher Garten" oder ähnliches. Die Gartenväter Rumford und Schkell rotierten vermutlich in ihren Gräbern, namentlich ersterer. Das waren so die Sorgen, die man sich in München beim Kriegsausbruch machte. Die Begeisterungsphase

195

war ebenso dumm wie kurz. Schon sehr bald bestimmten ernste, weil reale Probleme den Alltag der Menschen und die Stimmung in der Stadt.

Spätestens im Jahr 1916 waren weite Teile der deutschen Bevölkerung ausgenüchtert. Es kam zu Streiks, insbesondere in den Munitionsfabriken, und es kam zu Friedenskundgebungen. Die Berliner Regierung lärmte unterdessen nach wie vor von einem „Siegfrieden", von Annexionen und vom „Durchhalten". Die bayerische Administration König Ludwigs III. tat dabei fleißig mit. Hier träumte man von einer Vergrößerung des Reichsglieds Bayern. Abwechselnd war die Rede von linksrheinischen französischen Gebieten, die dem Königreich nach dem Krieg zugeschlagen werden sollten, dann fabulierte man wieder von belgischen Landstrichen – die allerverrücktesten weiß-blauen Annexionisten träumten gar von einem bayerischen Antwerpen, mithin also von einem bayerischen Zugang zum Meer. Eine Seemacht Bayern als Folge des Sieges der Mittelmächte – das hatte Europa weiß Gott gerade noch gefehlt!

Die Menschen hatten unter dessen völlig andere Sorgen. Kaum gab es mehr Familien ohne Gefallene, und es war offensichtlich, dass die unteren Klassen den höchsten Blutzoll zu zahlen hatten. An der Front stand der Feind nicht nur vor den einfachen Soldaten, sondern auch hinter ihnen: Wer einen befohlenen Sturmangriff fürchtete, musste sich vergegenwärtigen, dass hinter seinem Rücken die eigenen Offiziere mit gezückter Waffe standen, um Zaudernde sofort zu erschießen. Die Kriegswirtschaft versagte. Das führte an der „Heimatfront" zu Hunger und Kälte in den Wohnungen, denn es fehlte an Heizmitteln.

Nun gab es eine Partei in Deutschland, deren Aufgabe es gewesen wäre, all diese Millionen Verzweifelter zu repräsentieren und den Protest gegen den Krieg und seine Folgekatastrophen bündelnd zu artikulieren sowie einen möglichst schnellen Ausweg zu weisen. Das war die SPD. Die Sozialdemokratie versagte jedoch komplett. Diejenigen Parteimitglieder, welche die oben umrissene Aufgabe der Solidarität mit den Leidenden erkannten, wandten sich schon bald mit Grausen von der SPD ab. Die verbliebenen Sozialdemokraten hielten sturheil an der einmal eingeschlagenen Linie fest. Sie bewilligten die Kriegskredite, stützten den Kurs der Regierung und gingen am Abend vom Reichstag heim in ihre Wohnungen, um dort nicht nur vor Kälte, sondern auch aus Angst vor der sozialistischen Revolution zu schlottern. Du liebe Zeit, was waren das für Genossen und Republikaner! Ebert, der führende Kopf dieser Gruppe, sollte noch nach erfolgter Abdankung Kaiser

Wilhelms II. versuchen, die Hohenzollerndynastie durch politische Taschenspielertricks zu retten – Gott sei Dank versagte er auch hier wie beinahe stets.

Diejenigen Sozialdemokraten, welche die Kriegsfinanzierung nicht mehr mittragen wollten, gründeten eine neue Partei. Das war die USPD, wobei das U für „unabhängig" stand. In ihr fanden sich entschiedene Befürworter einer sozialistischen Revolution ebenso wie radikale Pazifisten. Auch dieser neuen Formation mangelte es an Geschlossenheit, was die Zukunft betraf, aber im Moment wurden die Gegensätze durch die gemeinsame Ablehnung des Krieges verdeckt. Nun hatten Streikwillige und Kriegsmüde endlich eine Stimme, welche sie repräsentierte.

In München und in Altbayern unterschied sich der immer stärker werdende Protest gegen Regierung und Krieg in einem wichtigen Punkt vom Rest des Reiches. Hier wurden nämlich antipreußische Ressentiments immer bedeutender. Protestbewegungen, so gerechtfertigt sie auch sein mögen (wie in diesem Fall), artikulieren ja so gut wie immer Schuldzuweisungen und suchen nach Sündenböcken. Die bayerischen Kriegsmüden sahen in Preußen und im zu engen Gleichschritt der eigenen Regierung mit der aggressiven Reichsregierung mehr und mehr eine Ursache des Übels. Erstmals seit 1871, also seit dem Eintritt Bayerns ins deutsche Kaiserreich, gab es eine ernstzunehmende Stimmung gegen das Reich und gegen den Verbleib Bayerns in diesem Konstrukt. Der Kaiser mit seinem schnarrenden Gewäsch eignete sich freilich ebenso wie die wichtigen Kriegsherren Ludendorff oder Hindenburg als Zielscheibe dezidiert bayerischer Kritik am Krieg. Sehr fair war das alles allerdings trotzdem nicht. Denn erstens hatte es spätestens seit der Prinzregentenzeit keinerlei ernsthafte Kritik an Bayerns Verbleib im Reich mehr gegeben, und zweitens tat auch die bayerische Administration bis weit in den Sommer 1918 absolut nichts, um dem Krieg Einhalt zu gebieten. Auch hier phantasierte man nach wie vor von Sieg und Annexion. Die Massenbegeisterung beim Kriegsausbruch hatte sich in München nicht von jener im Rest des Reiches unterschieden. Antipreußisch wurden sie hier erst, nachdem sie zu spüren bekamen, was dieser Wahnsinn für jede und jeden Einzelnen bedeutete.

Um dies vorwegzunehmen: Die antipreußische Stimmung überdauerte in Bayern den Weltkrieg. Die Weimarer Verfassung kassierte viele der Reservatrechte, welche das Konstrukt von 1871 dem bayerischen Staat noch zugestanden hatte. In der Dauerkrise der ersten deutschen Republik gab es auch deswegen in Bayern eine durchaus wirkmächtige separatistische Strömung.

Die Desillusionierung der Bevölkerung begann mit jenen Nachrichten von der Front, welche den allerersten folgten. Im Herbst 1914 konnte nicht mehr verschwiegen werden, dass es mit dem „Weihnachten sind wir wieder daheim" weder dieses noch nächstes Jahr etwas werden würde. Und die Hellsichtigeren konnten auch mit noch so vielen Propagandalügen über Fronterfolge nicht darüber getäuscht werden, dass eine siegreiche Heimkehr der eigenen Soldaten sehr schnell sehr unwahrscheinlich geworden war. Die deutsche Kriegsstrategie war auf einem raschen Durchbruch der eigenen Streitkräfte bis Paris gegründet, ganz so, wie es 1870 /71 funktioniert hatte. Die entsprechenden Pläne scheiterten und es bildeten sich Fronten heraus. Diese verliefen die meiste Zeit über starr, obwohl die grauenhafteste Aktivität auf beiden Seiten herrschte. Für unbedeutende Raumgewinne waren Tausende zu opfern; und die maßgeblichen Militärs aller Kriegsteilnehmer waren zu diesen Menschenopfern, zu welchen sie selber freilich nicht zählten, durchaus bereit.

Das war der zweite Schub der Desillusionierung. Das Massensterben an der Front führte zu allgemeiner Depression im Hinterland.

Der dritte Schub, welcher endgültig zu allgemeiner Kriegsmüdigkeit führte, war dann der Hunger. Was mit „Steckrübenwinter" allzu euphemistisch beschrieben ist, war die Hungerperiode im Winter 1916 / 17. Schätzungen besagen, dass im Reich eine knappe Million Menschen an den Folgen der Unterernährung während des Weltkrieges starb.

In allen Teilen Deutschlands begann die USPD, ihre Anhänger zu Streiks aufzurufen. Diese Streiks trafen das deutsche Militär recht empfindlich, denn sie brachten die Kriegsproduktion teilweise zum Erliegen. Die SPD, die noch immer über eine größere Anhängerschaft als ihre verfeindete Schwesterpartei verfügte, verhielt sich bei diesen Streikwellen so, wie sie sich auch bei der folgenden Revolution verhalten sollte: Sie setzte sich zum Schein an die Spitze, um die Sache im Zaum zu behalten und schließlich möglichst schnell zu beenden. Innerhalb der königlich-bayerischen Regierung betrachtete man Erhard Auer, den wichtigsten hiesigen Vertreter der MSPD, also der alten SPD, als einen wichtigen Partner, wenn es um die Aufrechterhaltung der Kriegsmoral bei der Arbeiterschaft ging. Das beweisen regierungsinterne Lagebeurteilungen (vgl. Handbuch d. bayr. Gesch. im 19. und 20. Jht., Erster Teilband, S. 384).

Die bayerische USPD verfügte im Unterschied zum Rest des Reiches über einen führenden Kopf, der Einfluss auf die Massen nehmen konnte. Das war Kurt Eisner. Er hatte zu Beginn des letzten Kriegsjahres in München zu Streiks in Munitionsfabriken aufgerufen. Daraufhin wurde er in Stadelheim inhaftiert, und es drohte ihm ein Hochverratsprozess. Vielleicht trug diese Episode zu seinem Nimbus bei. Noch heute geraten Historikerinnen etwas in Verlegenheit, wenn sie erklären sollen, wie ausgerechnet Eisner zum Held der Münchner Massen in der Revolutionszeit werden konnte. Ein Großbürger, aus Berlin und jüdischer Abstammung, durch und durch ein Intellektuellentypus ... freilich scheint das auf den ersten Blick nicht recht zu München zu passen, aber andererseits gelten diese Beschreibungen, abgesehen von den zwei Herkunftsbestimmungen, ja auch für Lenin. Dieser hatte 1917 als Kopf einer radikalen Abspaltung der russischen Sozialdemokratie die Revolution angeführt und war dabei ebenfalls zeitweise von kriegsmüden Massen unterstützt worden. Was Eisner von Lenin allerdings unterschied, war etwas mehr politische Romantik und etwas weniger sozialistische Konsequenz. Man könnt´ es auch so sagen: Eisner war sehr viel menschlicher.

Im Herbst 1918 war das alte politische System in Deutschland und damit auch in Bayern erledigt. Es war schon tot. Das wusste es nur noch nicht. Der Krieg, von seinem ersten Tag an eine moralische Bankrotterklärung, war nun ganz offensichtlich auch aus militärischer Perspektive ein Desaster. Die Oberste Heeresleitung machte sich Ende Oktober ´18 höchst geschickt, ja diabolisch aus dem Staub, indem sie die Verantwortung für die Niederlage weiterreichte. Sie eröffnete der zivilen Reichsregierung, welche mittlerweile vollkommen von ihr abhängig war, der Krieg sei verloren. Das war für weite Kreise der politischen Klasse eine schockartige Eröffnung, denn die Militärs hatten die Lage bis dato immer wieder verschleiert. Es sei nunmehr unumgänglich, die Feinde um Waffenstillstand zu bitten. Und daher schlage man seitens der Militärführung vor, die Regierung zu demokratisieren. Sollten doch Demokraten und Zivilisten jene scheußliche Suppe auslöffeln, die niemand andres als sie selbst, die Militärs, angerührt hatten.

Die ersten revolutionären Unruhen innerhalb des deutschen Reiches gab es in Kiel. Hier war der Großteil der deutschen Flotte stationiert. Anfang November planten die verantwortlichen Admiräle allen Ernstes, und obwohl bereits ein Friedensgesuch an den amerikanischen Präsidenten abgegangen war, den Großteil der Flotte gegen die hoffnungslos überlegene britische Marine in eine Entscheidungsschlacht zu befehlen. Man musste weiß Gott kein Militärexperte sein, um vorauszusehen, dass das speziell für die deutschen

Seemänner ein furchtbares Gemetzel werden würde; ein Massensterben, welches, um kurz vom moralischen Standpunkt abzusehen, auch jedes militärischen Sinnes komplett entbehrte. Es zeigt dies nochmals die Kaltblütigkeit, mit welcher die Militärkommandanten des Ersten Weltkrieges bereit waren, tausende Menschenleben für nichts und abernichts zu opfern. Anno ´14 hätten sich gewiss noch genügend Matrosen in einen solchen Befehl gefügt, ohne groß nach dessen Sinn oder ihrem persönlichen Schicksal zu fragen. Aber das war längst vorbei. Der Schleier des nationalen Rausches und der inneren Schicksalsgemeinschaft war gefallen, und die brutalisierte Interessenpolitik, die sich hinter den Phrasen zu verbergen gesucht hatte, als solche enttarnt. Die Matrosen taten nicht mit. Und als man dann einige Dutzend von ihnen verhaften ließ, weil sie den Befehl verweigert hatten, brach der Aufstand los. Die Matrosen vereinten sich mit den Fabrikarbeitern, heimgekehrte Frontsoldaten schlossen sich den Zügen an; man demonstrierte, suchte, die inhaftierten Kameraden zu befreien und bildete Räte.

Die sofortige Einstellung aller Kampfhandlungen gehörte ebenso zu den Hauptforderungen der Rebellen wie die Abdankung der Hohenzollerndynastie; Kiel befand sich damals auf preußischem Territorium. Diese Hauptforderungen zeigen allerdings auch folgendes: Vereint war man eher in dem, was man nicht mehr wollte, also Krieg und Kaiser. Einen gemeinsamen Zukunftsplan gab es ebenso wenig wie eine organisierte Revolutionsgruppe, die, vergleichbar der leninistischen, gezielt nach der Macht gegriffen hätte.

Das alles geschah dort oben im Norden in den ersten Novembertagen. Der 3. November gilt gemeinhin als der Höhepunkt des Kieler Matrosenaufstandes. Danach gelang es den dorthin beorderten Berliner Mehrheitssozialisten, namentlich dem Genossen Gustav Noske, dem Aufstand jegliches revolutionäre Gepräge zu nehmen. Aber der Funke sprang über. München sollte zum nächsten Brennpunkt der Revolution von 1918 werden.

Schon im Herbst war Kurt Eisner aus der Haft entlassen worden. Er war Anführer der USPD und deren bayerischer Spitzenkandidat für die anstehenden Reichstagswahlen. Die Trennung der SPD in eine linke USPD und eine gemäßigte MSPD – das „M" stand für „Mehrheit" – hatte sich im Königreich Bayern analog zu jener im ganzen Reich vollzogen. Die MSPD war bestrebt, das alte System ein bisserl zu reformieren und zu modernisieren, und ansonsten alle revolutionären Tendenzen im Keim zu ersticken. Das äußerste, was jene Genossen sich vorstellen konnten, war eine parlamentarisch-konstitutionelle Monarchie – alles darüber Hinausgehende war ihnen bereits zu radikal.

Eisner dagegen forderte nicht nur das sofortige Kriegsende, sondern auch die komplette Überwindung des bestehenden Systems. Das bedeutete nicht nur die Abdankung des Hohenzollerschen Reichskaisers, sondern auch die des bayerischen Königs. Diese Forderungen artikulierte er in den Wahlkampfreden, die er seit Oktober 1918 öffentlich hielt.

Es kam der 7. November. Vor vier Tagen hatte es in Kiel, siehe oben, revolutionsähnliche Aktivitäten gegeben. Die dortigen Matrosen waren dann in verschiedene Metropolen des Reiches gereist, um die Fackel weiterzutragen. Auch in München befanden sich bereits einige dieser Seeleute, und sie agitierten fleißig. Der 7. November war ein Donnerstag, angenehm warm; für die zweite Tageshälfte waren verschiedene Kundgebungen auf der Theresienwiese geplant. Erst hatte sich Eisner angekündigt. Erhard Auer, der Chef der bayerischen Mehrheitssozialdemokraten, hatte daraufhin beschlossen, auf dem Riesenplatz eine Konkurrenzveranstaltung abzuhalten, um den Unabhängigen möglichst viele Zuhörer abspenstig zu machen. Am Vortag hatten sich Polizei und Innenminister etwas, wenn auch nicht sehr beunruhigt gegeben. Eisner werde, so wurde gemunkelt, zum großen Schlag ausholen. Auer wiegelte ab. Noch in der Frühe des 7. 11. versicherte er dem Innenminister, heute werde gar nichts Besonderes geschehen. Er selbst werde sich dem Eisner auf der Wiesn stellen, ihm dort die Schau stehlen, ja ihn sogar *„an die Wand drücken"*, so versicherte er (zit. nach Grasberger, Rev., S. 71); und dann gelte es halt, mit den Arbeitern ein bisserl pro forma zu demonstrieren, das sei nun mal so üblich. Am frühen Abend werde er, Auer, die Demonstrierenden dann ganz friedlich nach Hause schicken. Der Auer-Zug peilte den Friedensengel an.

Am Nachmittag des 7. Novembers begannen die Politpredigten auf der Theresienwiese. Auer hatte den Ort direkt unter der Bavaria gewählt, um seinen Zuhörern den üblichen sozialdemokratischen Brei aufzutischen; ein wenig Reförmchen hier, ein bisschen Modernisierung dort und auch bald das endgültige Kriegsende; vielleicht; sogar recht wahrscheinlich; möglicherweise. Und ja, man werde heute auch noch einen richtigen, echten Demonstrationszug abhalten! Freilich werde der gemäßigt, gesittet, zivilisiert und friedlich verlaufen; so recht nach sozialdemokratischer Art eben.

Etwas weiter nördlich, mehr so in Richtung Paulskirche, fand die Versammlung der Unabhängigen statt. Hier bekam man andere Töne zu hören;

radikalere und revolutionsähnliche. Kurt Eisner schwor die Menge auf den Umsturz des Bestehenden ein. Das Wort „Revolution" selbst wurde dabei übrigens anscheinend noch vermieden. Auch hier wurde eine Demonstration, anschließend an die Kundgebung, angekündigt.

Etwa zur selben Zeit verließen die zwei verschiedenen Demonstrationszüge die Wiesn und machten sich auf ihre Wege. Auers Schmuser trotteten gen Friedensengel. Eisners Draufgänger, unter ihnen Oskar Maria Graf, begaben sich erst nach Sendling und dann – und das war das Entscheidende – marschierten sie über die Hackerbrücke in Richtung der Kasernen, die sich nördlich der Bahntrasse befanden. Eisners Leute waren ursprünglich nicht so sehr viele gewesen, aber nun schwoll die Menge an, denn die kasernierten Soldaten solidarisierten sich. Nach der Verbrüderung bei den Militärunterkünften hatte Eisner weit mehr als tausend Menschen hinter sich. Und: Viele waren bewaffnet.

Nun ging es Richtung Innenstadt. Dort residierte König Ludwig III. Auf den haben wir bisher ja ganz vergessen! Wie mag er wohl den letzten jener knapp 270.000 Tage verbracht haben, welche die Wittelsbacher in Bayern regierten? Unspektakulär und ohne Sorge; nach dem Mittagessen machte er den üblichen Spaziergang im Englischen Garten (der den Weltkrieg schließlich doch ohne Umbenennung überstanden hatte). Die Legende will, dass sich ihm dort zwei Arbeiter mit gezogener Mütze und auch sonst recht demütig näherten, um ihm zu sagen: „Genga´S hoam, Majestät, es is' Revolution." Der Mann begab sich jedenfalls wieder in die Neue Residenz, um zu Abend zu essen. Etwa um diese Zeit erreichte Eisners Zug das Stadtschloss. Dort war nicht mal mehr die Palastwache bereit, sich in irgendeiner Form für den Hauptbewohner zu engagieren. Die Wächter desertierten oder ließen sich widerstandslos entwaffnen. Bayerns letzter König türmte unbehelligt Richtung Österreich. Die Revolution hatte ohne einen einzigen Schuss Pulver gesiegt. Denn, wie schon gesagt: Das alte System war bereits tot. Und nun endlich wusste es das auch.

Der Abend des 7. Novembers verging mit der Besetzung strategisch wichtiger Orte in der Stadt. Lenins einstiges Witzwort erwies sich nun als unwahr: Bei der Einnahme des Münchner Hauptbahnhofes lösten die Revolutionäre eben nicht zuerst eine Bahnsteigkarte. Man etablierte einen Regierungsrat, dem Eisner vorstand. Und wer war jetzt plötzlich wieder mit von der Partie? Die SPD. Wer sonst? „If you can't beat them, join them", wird Erhard Auer sich gedacht haben, und hockte schon in der Nacht auf den 8. November als Mitglied in jenem provisorischem Regierungsrat, der nun die Macht für sich beanspruchte, und dem Eisner als Ratsvorsitzender vorstand.

Wie viele Münchner Männer und Frauen mögen sich am Morgen des 8. November ungläubig die Augen gerieben haben …? Sie waren doch gestern Nacht noch als Untertanen König Ludwigs III. zu Bett gegangen. Und nun wehte auf den Türmen der Frauenkirche doch tatsächlich die Rote Fahne! Und an den Wänden hingen Plakate mit den ersten Bekanntmachungen der neuen Regierung. So stand auf einem: *„[…] Generalkommando und Polizeidirektion stehen unter unserem Befehl. Die Dynastie Wittelsbach ist abgesetzt. Hoch die Republik! [gez.] Der Arbeiter- und Soldatenrat. Kurt Eisner.“* Ein andres Plakat war im Ton euphorischer: *„An die Bevölkerung Münchens! Ein provisorischer […] Rat hat sich in der Nacht konstituiert. Bayern [sic!] ist fortan ein Freistaat. […] Eine neue Zeit hebt an. […] Es lebe die bayerische [sic!] Republik! Es lebe der Friede! [gez.] Der Rat der Arbeiter, Soldaten und Bauern; erster Vorsitzender: Kurt Eisner.“* Auch in den „Münchner Neuesten Nachrichten“, dem Vorläuferblatt der Süddeutschen Zeitung, erschienen diese Proklamationen (zitiert nach Thun, Dynastie Wittelsbach, o. S.)

Guten Morgen, liebe Münchnerinnen und guten Morgen, liebe Münchner! Ihr habt die Revolution verschlafen. Oh das ist wieder so typisch für Euch … !

Übrigens seien die Freundinnen und Freunde der winzigen Details hier auf ein solches hingewiesen: In den Verlautbarungen der Eisner'schen Regierung hieß es tatsächlich noch „Bayern“ und „bayerisch“ mit Ypsilon. Erst in einer späteren Phase der Revolution – Eisner war da schon tot – merkten die orthographischen Bilderstürmer, dass dieser Buchstabe einem monarchischen Spleen entstammte: Handelte es sich doch um eine persönliche Marotte des bedeutendsten und besten Mannes, den jene Dynastie hervorgebracht hat, deren Absetzung sie nunmehr erreicht hatten.

Die Bezeichnung „Freistaat“ hat sich im Gegensatz zur Streichung des Ypsilons bis heute gehalten. Sie geht aufs Konto der allerersten Phase der Münchner Revolution.

7. DIE REVOLUTIONSREGIERUNGEN, DIE REAKTION UND DER WEISSE TERROR

München war der Reichshauptstadt um einen Tag vorangegangen. In Berlin begann die Revolution erst am 8. November, und das formale Ende der Hohenzollerndynastie durch die Abdankung Wilhelms II. ereignete sich zwei Tage nach der Flucht des letzten bayerischen Königs, also am 9. November.

Auch die ersten Revolutionsergebnisse unterschieden sich in den beiden Städten. Es ist nur eine scheinbare Parallelität, wenn hier wie dort ein „Rat" die oberste Regierungsgewalt für sich reklamierte, und wenn beide Räte paritätisch mit Vertretern aus USPD und MSPD besetzt waren. In München stand mit Kurt Eisner ein Unabhängiger an der Spitze der neugeschaffenen Institution, und damit ein Mann, der diese Form der Revolutionsregierung ausdrücklich begrüßte. Das war in Berlin anders: Dort amtierte der Mehrheitssozialist Friedrich Ebert als Chef des „Rats der Volksbeauftragten", und diesem Herrn war das Gremium ganz entschieden ein Graus. Er saß und präsidierte hier ausschließlich, um das Instrument so schnell wie möglich wieder liquidieren zu können. In den ersten Stunden der Berliner Revolution hatte Ebert den bisherigen Reichskanzler, Prinz Max v. Baden, zum Rücktritt gedrängt und selber dessen Amtsgeschäfte übernommen. Damit hoffte er, einen möglichst geräuschlosen Übergang entweder zu einer konstitutionellen Monarchie oder zu einer parlamentarischen Republik hinbekommen zu können. Sobald er erfuhr, dass den rebellierenden Massen in der Hauptstadt dieser Regierungswechsel keineswegs genügte, und dass die revolutionäre Dynamik unweigerlich zur Ausrufung einer paritätisch besetzten Rats-Regierung führen würde, setzte er sich an die Spitze dieser Bewegung und ließ sich auf einer Versammlung zum Vorsitzenden des „Rats der Volksbeauftragten" wählen. Den Reichskanzler-Titel führte er indessen weiter. Den Rat und die darin sitzenden Unabhängigen wollte er so schnell wie möglich loswerden.

Die Revolution in München war sehr viel mehr von Linkssozialisten dominiert. Von diesen wollten viele, wenn auch wieder nicht alle, ein Rätesystem. Diese Räte sollten aus Arbeitern, Bauern und Soldaten zusammengesetzt werden und ein Parlament entweder völlig ersetzen oder doch wenigstens kompetenzmäßig überragen. Rätesystem oder Parlamentarismus: Das war die entscheidende Trennlinie zwischen den Linken und den Rechten innerhalb der alten sozialdemokratischen Bewegung. Parallel dazu gab es noch die weitere Trennlinie des anzustrebenden Wirtschaftssystems: Sollte es schnelle und umfassende Enteignungen und Sozialisierungen geben, wie von den Linken gefordert, oder war ein System anzustreben, das erst Jahrzehnte später das Etikett „soziale Marktwirtschaft" bekommen sollte? Letzteres war das Ziel der Mehrheits-SPD um Friedrich Ebert in Berlin und Erhard Auer in München.

Dass niemand diese Trennlinie unterschätze! Sie schied zwei Gruppen, die imstande waren, in bürgerkriegsähnlichen Aktionen aufeinander loszugehen; diese Trennlinie, die quer durch die sozialistische Bewegung lief, sie war in Wahrheit eine Front!

Im Auftrag des Kanzlers und reichsdeutschen MSPD-Chefs Ebert stellte sich der fürs Militärpolitische zuständige Volksbeauftragten-Rat Gustav Noske befehlend an die Spitze derer, die linke Aufstände in Berlin mit Waffengewalt unterdrückten. Bei Frühlingsbeginn hatten in Berlin mehr als eineinhalbtausend Menschen, die sich für ein Weitertreiben der Revolution eingesetzt hatten, das Leben verloren. Für diese Liquidierungen verbündete sich der Sozialdemokrat Noske mit brutalisierten Reaktionären, die der Reichswehr entstammten. Diese paramilitärischen Einheiten nannte man „Freikorps". Noskes Kommentar zum Massenmord an den verfeindeten Brüdern lautete: „*Meinetwegen. Einer muss der Bluthund werden.*" (zit. nach Winkler, Weimar, S. 58). Das ist schon äußerst brechreizerregend, und es fällt schwer, die Mehrheitssozialdemokraten der Nach-Weltkriegskriegszeit ruhigen Blutes zu beurteilen. Auch in diese Zeilen hat sich mitunter der Zorn eingeschlichen, was es erforderlich macht, die Gewichte doch noch einmal nachzujustieren. Es ist doch so: Die Morde an Rosa Luxemburg und Karl Liebknecht verdienen das Etikett „barbarisch", und sie wurden zweifelsohne mit Noskes Billigung durchgeführt. Das schreiende Unrecht führte verständlicher Weise zur Glorifizierung der beiden Ermordeten. Dies wiederum ließ in den Hintergrund treten, dass ein politischer Erfolg Luxemburgs und

Liebknechts mit sehr großer Wahrscheinlichkeit zu einem der Sowjetunion recht ähnlichen Deutschland geführt hätte. Die beiden waren führende Personen der am 1. Januar 1919 gegründeten KPD, die sich von ihrem ersten Tag an eng an Lenins Staat orientierte. Beim Gründungsakt der KPD war Karl Radek anwesend, so eine Art „Deutschlandbeauftragter" der Sowjets – ist es den Mehrheitssozialdemokraten zu verdenken, dass sie in Rosa Luxemburg und Karl Liebknecht politische Feinde sahen? Es verhielt sich ja ganz objektiv so. Die beiden strebten ein System an, vor welchem es Ebert und Noske graute – und so ganz Unrecht hatten die beiden da ja nicht.

An der Schuld der MSPDler, sich mit den Mordbuben der Freikorps eingelassen zu haben, ändert das nichts. Aber: Die Empörung über die Brutalität und das Unrecht, welche Unabhängige, Kommunisten und Kommunistinnen in den Monaten nach der Revolution zu erleiden hatten, sollte nicht zu einer moralischen Überhöhung ihrer politischen Ziele führen. Teile der USPD und die geschlossene KPD wollten ein Rätesystem. Das russische Wort für einen solchen „Rat" lautet „Sowjet". Man strebte also nach einer deutschen Sowjetrepublik. Und im Süden nach einer bayerischen. Das musste und muss man nicht mögen.

Auch das ist wahr: Die MSPD stritt damals für ein System, das demjenigen der heutigen Bundesrepublik schon ziemlich nahe kommt; und das halten ja nun die Allermeisten für erhaltens- und zustimmenswert (den Autor durchaus inbegriffen, der allerdings befürchtet, dass der Rückhalt zu System und Grundgesetz derzeit spürbar schwindet).

So – damit ist der Partei Willy Brandts, Otto Wels', Hans-Jochen Vogels und letztlich doch auch Kurt Eisners hoffentlich jene Gerechtigkeit widerfahren, die sie verdient (Eisner war knapp zwanzig Jahre lang Mitglied der SPD gewesen, ehe er sich 1917 der neugegründeten USPD anschloss).

Welches waren eigentlich Eisners konkrete politische Zielvorstellungen? Welches System strebte er an, welches Ziel steckte er der Revolution und wie stellte er sich Bayerns Zukunft vor? Zu Letzterem ist schon mal kurios, dass er sich auch den Titel des Außenministers zulegte. Ende November 1918 unterbrach er sogar die Kontakte zur rechtssozialistischen Berliner Regierung. Er wusste wohl, dass er seinen Erfolg seit dem 7. November zum Großteil seinem Engagement gegen den Krieg verdankte. Und wir sahen schon, dass die Kriegsmüdigkeit in Bayern zu heftigen antipreußischen Affekten geführt hatte – beides ging Hand in Hand. Daraus nun aber zu folgern, Eisner sei

Separatist gewesen, geht möglicherweise zu weit. Er peilte wahrscheinlich einen lockeren Bundesstaat der deutschen Länder unter Einbeziehung Österreichs an (vgl. Grasberger, Rev., S. 79). Bezüglich seiner Systemvorstellungen fällt eine Definition etwas schwer. Eisner war halt eher politischer Romantiker als stringenter Theoretiker. Ein lupenreiner Räterepublikaner war er sicher nicht. Andererseits wollte er einem zu wählendem bayerischen Parlament auch nicht das alleinige Repräsentationsrecht zugestehen. Die Räte sollten neben dem Parlament bestehen bleiben ... eine Realisierung all dessen ist etwas schwer vorstellbar.

Eisner stellte sich der Neuwahl eines bayerischen Parlamentes also nicht entgegen. Sie fand im Januar statt. Die Niederlage seiner USPD war mit 2,5% der Stimmen desaströs und schier unfassbar. „Unfassbar" deswegen, weil ihr Frontmann Kurt Eisner doch ohne Zweifel bei weiten Bevölkerungskreisen sehr beliebt war, ungeachtet des Hasses, der ihm seitens der Reaktionäre und der oberen Schichten entgegenschlug. Bei seiner Beerdigung waren in München weit über hunderttausend Menschen auf den Beinen, ihm das Geleit zu geben. Zum Vergleich: Als es Gott dem Herrn viele Jahrzehnte später, nämlich am 3. Oktober 1988, erneut gefiel, einen eben noch mopsfidel vor sich hin polternden Ministerpräsidenten des Freistaats höchst jäh zu sich zu berufen, waren offiziellen Angaben zufolge etwa 15.000 Schlachtenbummler, mithin grad mal ein Zehntel, anlässlich der Grablege am Straßenrand (Fußnote hierzu: Freilich soll und darf man Seinen Ratschluss nicht hinterfragen, aber ein gutes Jährchen hätte Er in Seiner Gnade schon noch drauflegen können – denn das Erleben des 9. Novembers 1989 hätten dem Strauß sogar seine ärgsten irdischen Gegner doch irgendwie vergönnt; und sei´s nur deshalb, die Kommentare des Stiernackigen zum Ereignis mithören zu dürfen).

In jenem Januar 1919 erwies sich durch viele Anzeichen, dass die Revolution nur sehr an der Oberfläche gesiegt hatte. Bis auf die Flucht des Monarchen waren eigentlich die meisten Institutionen weitgehend unangetastet geblieben. Und es war keineswegs gelungen, eine sehr breite oder auch nur knapp mehrheitliche Bevölkerungsschicht auf die Seite der Revolution zu ziehen. Die Bourgeoisie war ablehnend; die Landbevölkerung in Bayern war sehr gespalten. Das galt auch fürs Münchner Kleinbürgertum. In Teilen unterstützte es Eisner, andere neigten zur Reaktion oder gar zur äußersten Rechten: Völlig unbehelligt von den Revolutionären trafen sich zum Beispiel am 5. Januar 1919 einige Völkische im Lokal Fürstenfelder Hof. Ein

Handwerker namens Anton Drexler hatte zur Parteigründung geladen. Die DAP, die Deutsche Arbeiter Partei, sollte ausgerufen werden. Zum kleinen Kreis gehörte auch Alfred Rosenberg, der später einer der Chefideologen der (mittlerweile umbenannten) Partei werden sollte. Die an diesem Abend gegründete Partei war im Kern rassistisch. Der Antisemitismus war ihr Bindeglied. Dazu kam noch die Ablehnung des Versailler Friedensvertrages. Dieser Programmpunkt fehlte allerdings bei keiner damaligen Partei, egal, welchem politischen Spektrum sie angehörte. Man könnte sich sogar kurz fragen, weshalb diese gesellschaftsübergreifende Position nicht zu einer Art „Weimarer Grundkonsens" werden konnte, also nicht zu einer Überwindung der tiefen politischen Gräben im Deutschland zwischen Weltkrieg und Machtergreifung führte. Die Antwort ist allerdings schnell gefunden: Die Rechte gab der Linken die Schuld am Zustandekommen des Versailler Vertrages. Das war ihre Lüge vom Dolchstoß, den dieser Erzählung gemäß die Republikaner dem an sich unbesiegten deutschen Heer im Herbst 1918 von hinten zugefügt haben; kompletter Unfug! Klassische *fake news* – aber höchst wirksam! Der Rassisten-Clan um den Vorsitzenden Drexler blieb in seinem Entstehungsjahr auch in München völlig unbedeutend. Das sollte sich ändern, als Adolf Hitler in die Partei eintrat. Aber so weit sind wir chronologisch noch nicht.

Ein paar Wochen nach der Wahlniederlage seiner USPD versuchte Eisner, sich trotzdem mithilfe der Räte an der Macht zu halten. Er wird aber wohl die ganze Zeit über gewusst haben, dass diese Niederlage das Ende seiner Regierung bedeuten musste. Am 21. Februar 1919 zog er die Konsequenz. Er verfasste seine Rücktrittsrede in jenem Palais am Promenadeplatz, das seit Montgelas' Zeiten dem Ministerpräsidenten als Amtssitz diente. Dann machte er sich zu Fuß auf den Weg in den Landtag, der damals nicht im Maximilianeum, sondern in einem Saal in der Prannerstraße tagte. Dort wollte er seine Demission verkünden. Er musste also nur kurz durch die Promenadegasse, die heute Kardinal-Faulhaber-Straße heißt. Und wieder schlug die grausam entfesselte deutsche Reaktion zu: Kurt Eisner wurde hier durch Schüsse ermordet, in eben jenem Moment, als er auf dem Weg zu seiner öffentlichen Rücktrittserklärung war. Man schrieb wie erwähnt den 21. Februar 1919 – dieses Datum darf man schon mal wiederholen, denn es stellt einen absoluten Wendepunkt in der Geschichte Bayerns und der bayerischen Hauptstadt dar. Der Mörder, ein Sprössling der berühmten Arco-Familie, war dann der erste Rechtsradikale, der die Privilegiertenhaft auf der Festung

Landsberg genießen durfte. Häufiger Freigang, die Benutzung mehrerer Wohntrakte, eine zuvorkommende Behandlung sowie kürzester Strafvollzug – das war alles im Urteilspaket inklusive. Für Hitler galt dann später, nach seinem Aufstandsversuch im November 1923, dasselbe. Der hat sich in Landsberg ausgesprochen wohl gefühlt. Auch der Richter war in den Fällen Arco und Hitler derselbe: Georg Neithardt. Offiziell verurteilte er den Arco im Januar 1920 zwar zum Tode; er stellte jedoch in der Urteilsbegründung die *„glühende Liebe"* des Mörders *„zu Volk und Vaterland"* derart plakativ in den Mittelpunkt seiner Ausführungen, dass der bayerische Justizminister schon einen Tag später die Begnadigung verkünden konnte – genauso war dieses Spiel über Bande auch gedacht. Man sieht an diesem Urteil, dass ein Jahr nach der Ermordung Kurt Eisners die Reaktion in Bayern schon wieder fest im Sattel saß, wie fast immer fleißig unterstützt von den Liberalen; denn der begnadigende Innenminister gehörte zur DDP.

In den unmittelbar auf den Mord folgenden Stunden zeigte sich die tiefe Feindschaft, welche die beiden sozialistischen Parteien, die aus der SPD hervorgegangen waren, mittlerweile trennte. Ein USPD-Anhänger stürmte, als er die Nachricht von Eisners Ermordung erhielt, in den Landtag und schoss auf Erhard Auer, den Chef der Mehrheitssozialisten; in diesem vermutete er den Hintermann des Attentats. Auer überlebte knapp, erholte sich aber nicht endgültig und überließ Johannes Hoffmann die Führung der MSPD. Diesen wählte der Landtag mit der absoluten Mehrheit einer breit angelegten Koalition am 17. März 1919 zum Ministerpräsidenten des neuen Freistaats. Hoffmann führte somit die erste parlamentarisch legitimierte Regierung Bayerns. In München hatte diese Regierung allerdings zunächst keine Macht. Nach Eisners Tod setzten sich in der Stadt jene durch, die entschlossen waren, die Revolution auf der Basis der Arbeiter-Räte, die ja fortbestanden, weiterzutreiben. So kam es in kurzer Abfolge zu zwei weiteren Kapiteln der Revolution in München. Während dieser zwei Phasen spielte die aus dem Parlament hervorgegangene Koalitionsregierung Hoffmann tatsächlich keine Rolle in der Stadt. Sie verließ sie bald und begab sich nach Bamberg. Schon König Ludwig I. hatte den Münchnern bei Unbotmäßigkeit ja immer wieder mit dem Umzug nach Bamberg gedroht. Das wurde nun also unter völlig anderen Vorzeichen wahr, wenn auch nur für kurze Zeit.

In der ersten Phase nach Eisners Tod regierten in München noch romantischere Linke, als der Ermordete es gewesen war. Ernst Toller stand an der

Spitze einer Räterepublik, die Anfang April im Wittelsbacher Palais ausgerufen wurde und sich kaum einen Monat lang hielt. Man könnte es eine Schwabinger Bohème-Diktatur nennen. Das war schon ein illustrer Haufen, der da unter Tollers Vorsitz regierte – das Verb geht aufs Konto der Literaten-Räte, nicht auf unseres. Es handelte sich eher um ein romantisierendes Vor-sich-Hinschwärmen denn um konkretes Regierungshandeln. Sympathisch, gewiss! Zum Teil äußerst interessant, was da an gesellschaftspolitischen Thesen rausgehauen wurde und an Zielvorgaben formuliert ... Als Finanzminister fungierte Silvio Gesell, ein Wirtschafts- und Sozialwissenschaftler, dessen Thesen zum Geldkreislauf in unsren Tagen eine beachtliche Renaissance erleben. Da war Erich Mühsam, Literat und Anarchist, der die Losung ausgegeben hatte: *„Verbrecher, Landstreicher, Huren und Künstler – das ist die Bohème, die einer neuen Kultur die Wege weist.“* Das alles ist höchst originell, aber ob sich Bayern so regieren lässt ... ? Oh pardon – jetzt sollte es wirklich wieder Baiern heißen, denn bei der Proklamation der Räterepublik tilgten unsere Schwabinger Literaten König Ludwigs Ypsilon. Erich Mühsam überlebte die Niederschlagung der Münchner Revolution knapp und wurde 1934 von den Nazis ermordet. Und da war Gustav Landauer, der aufrechte Pazifist, der den Wahnsinn des Weltkrieges von dessen erstem Tag an mit Karl-Kraus'schem Furor publizistisch bekämpft hatte. Er wandte sich in jenem Moment von der Revolution ab, als linientreue Kommunisten für kurze Zeit das Zepter in München übernahmen. Er wurde mitunter als „Antimarxist" bezeichnet. Gustav Landauer wurde sofort nach der Niederschlagung der Münchner Räterepublik(en) von Angehörigen der Freikorps ermordet. Einer dieser Mörder erhielt später vor einem deutschen Gericht ein Urteil über fünf Wochen Gefängnis. Ein anderer erhielt eine Geldstrafe: 500 Mark.

Die Geschichte der politischen Prozesse in Deutschland, die Geschichte ihrer Richter und Staatsanwälte, sie ist wirklich die jammervollste. Dies gilt, weiß der Himmel, nicht nur für die Zeit der Nazis und für Figuren wie Roland Freisler oder Hans Filbinger. Es gilt für zahllose Prozesse in der Weimarer Republik, als rechte Mordbuben von Staatsanwälten hofiert und von Richtern selten verurteilt wurden; und geschah dies einmal doch, erfolgte prompt die Begnadigung durch den zuständigen Justizminister. Der niederschmetternde Befund gilt für die spätere DDR und leider auch für die Bundesrepublik; zwar wird es besser, doch es ist längst nicht alles gut: Ein Angeklagter aus dem Umfeld der NSU, ein bekennender Nationalsozialist, verließ jüngst einen

Münchner Gerichtssaal als freier Mann. Im Urteil gegen B. Zschäpe und ihre Kumpanen wurden die Angehörigen der Opfer dieser Verbrecher mit keinem Wort erwähnt. In der Süddeutschen Zeitung des Wochenendes vom 17. und 18. Juli 2021 (Nr. 162) werden im Artikel „Von Rechts wegen" nicht weniger als elf Fälle referiert, in welchen bundesdeutsche Gerichte unfassbar milde Urteile gegen rechte Gewalttäter fällten. Der Artikel bezieht sich auf die vergangenen zwanzig Jahre (S. 11ff.).

Zurück zu unsrem Thema: Nach dem Sieg der Konterrevolution in München im Mai 1919 stellte sich die bayerische Justiz vorbehaltlos in deren Dienst: Summiert man die Jahre an Gefängnisstrafen, die in der unmittelbaren Folge gegen Linke verhängt wurden, kommt man auf die absurde Zahl von etwa 6.000 (vgl. Kershaw, Hubris, p. 114).

Irgendwann im Frühling 1919 war es dann so weit, dass sich in München buchstäblich kein Mensch mehr auskennen konnte. Wer regierte denn nun eigentlich mit wem und zu welchem Ziel? In der Zeit der von Toller geführten Räterepublik mischten auch die Mehrheitssozialdemokraten wieder an irgendwelchen Stellen und irgendwie mit, obwohl doch eine von einem der ihren geführte „offizielle" bayerische Regierung in Bamberg residierte. Die Kommunisten moserten: Eine von Literaten inszenierte und von Sozialdemokraten mitgetragene Räterepublik sei ja doch gar keine echte. Sie sprachen von der „Scheinräterepublik", die es zu überwinden galt!

Es kam zu einem ersten Versuch der Regierung Hoffmann, also der Bamberger Exilregierung, die Vorgänge in München militärisch zu unterbinden. Das schlug fehl, der Angriff wurde zurückgeschlagen. Allerdings führten diese Kämpfe zu einer Kräfteverschiebung innerhalb der Revolution in München. Toller und die seinen mussten die Macht an Vertreter einer kommunistischen Konzeption der Räterepublik abgeben. Man bezeichnet diese ebenfalls nur sehr kurze Phase als die „Zweite Münchner Räterepublik". In dieser Periode standen Eugen Leviné und Max Levien an der Spitze. Beide waren linientreue Mitglieder der jüngst gegründeten KPD. Nun standen Sozialisierungen und der komplette Austausch des Beamtenapparates auf der Tagesordnung, mit anderen Worten: das konsequente Weitertreiben der Revolution. Das Fernziel war mit Sicherheit ein eng an Lenins Sowjetunion orientiertes Bayern. Auch die beiden Hauptprotagonisten der Zweiten Räterepublik sollten ihr politisches Engagement mit dem Leben bezahlen. Eugene Leviné wurde im Juni 1919 von einem jener Gerichte, die für rechte Mörder gemeinhin ein paar Monate Privilegiertenhaft übrig hatten, zum Tode verurteilt und kurz darauf exekutiert. Max Levien dagegen ereilte ein sehr anderes, aber auch nicht untypisches Schicksal europäischer Kommunistinnen und Kommunisten in den Zwischenkriegsjahren. Ihm gelang nach der Niederschlagung der Münchner Revolution zunächst die Flucht nach Österreich. Hier wurde er zwar inhaftiert, aber die österreichischen Behörden besaßen die Menschlichkeit, ein bayerisches Auslieferungsgesuch zu ignorieren – das wäre Leviens Todesurteil gewesen. Schließlich erreichte der Revolutionär die Sowjetunion. Dort geriet er dann wie so Viele ins Visier der Stalinistischen Säuberungen, die er nicht überleben sollte: Seine Exekution erfolgte am 16. Juni 1937.

Die zweite, kommunistisch dirigierte Phase der Münchner Räterepublik unterschied sich von der vorangegangenen Literatenveranstaltung schon sehr erheblich. Für das, was Levien und Leviné politisch vorhatten, gab es ja durchaus eine erfolgreiche Blaupause in Russland. Die Republik der Tollers, Mühsams und des „Antimarxisten" Landauer dagegen – ganz gleich, ob er dieses Etikett nun zurecht trägt oder nicht – war beispiellos und wohl schon in der verschwommenen Konzeption völlig undurchführbar. Ein Hauch nostalgischer Sympathie haftet diesem echt utopischen Ausflug einiger Revolutionäre in München ohne Zweifel an. Sie waren im Gegensatz zu den später dominierenden Kommunisten herrlich unorthodox und wahrhaft frei. Gefolgschaft dürften jedoch auch sie außerhalb Schwabings eher selten genossen haben.

Aus der Sicht der Feinde der Revolution gab es freilich keinerlei Unterschiede. Und diese holten nun zum fürchterlichen Schlag aus. Der Sozialdemokrat Hoffmann wandte sich in seiner Eigenschaft als Ministerpräsident an den Sozialdemokraten Ebert, den Reichskanzler, mit der Bitte um Hilfe gegen die Münchner Räterepubliken. Dieser wiederum beauftragte den Sozialdemokraten Noske, den selbsternannten „Bluthund", mit der militärischen Säuberung Münchens. Das besorgten in seinem Auftrag die Freikorps Anfang Mai 1919. In München hatte sich – wirklich kaum zu glauben – derweil eine „Rote Armee" gebildet. Sie sollte die Revolution verteidigen, wozu ihr gut 10.000 Bewaffnete zur Verfügung standen. Die von den Sozialdemokraten organisierte Soldateska der Reaktion verfügte über etwa 30.000 Mann. Sie waren durch die Bank kriegserfahren und vollkommen enthemmt.

Bereits am 2. Mai war die Münchner Räterepublik besiegt. „Weiße" Truppen hatten unter der Führung Franz Ritters von Epp die bayerische Hauptstadt erobert – zu den Männern um den feinen Ritter zählte zum Beispiel der spätere SA-Boss Ernst Röhm. Das sei erwähnt, damit sich die Lesenden ein Bild von der moralischen Beschaffenheit der Freikorps machen können. Auch v. Epp ist später ein Nazi-Parteibonze geworden.

Was nun einsetzte, kann man schon als Massenmorden bezeichnen. Schätzungen zufolge kamen an die tausend Münchnerinnen und Münchner ums Leben. Dabei waren die Kämpfe wohlgemerkt längst entschieden. Es handelte sich um Racheaktionen, Erschießungen ohne jedes Urteil, um das wahllose Aufgreifen und Ermorden irgendwie Verdächtiger.

Am 2. Mai, sofort nach der Einnahme der Stadt, wurden 38 Mitglieder der Münchner „Roten Armee" standrechtlich erschossen; weitere 52 Männer in Gräfelfing.

Am 5. Mai 1919 wurden in Haidhausen zwölf unbewaffnete und an den Kämpfen unbeteiligte Bürger aus Perlach von den „Weißen" erschossen. Eine Gedenktafel am Wiener Platz erinnert an sie.

Am 6. Mai 1919 wurden einundzwanzig junge Männer nach einer Denunziation im Prinz-Georg-Palais erschossen.

Insgesamt fielen etwa eintausend Menschen dem von den „Weißen" verhängten Standrecht in München zum Opfer.

Und am 8. Mai 1919 dankte der sozialdemokratische Ministerpräsident Hoffmann den Freikorps für die „[...] *umsichtige Durchführung [...] der Befreiung Münchens aus der Hand der Bolschewisten.* [...]" (zit. nach Grasberger, Rev., S. 95).

(Zu allen Zahlenangaben dieses Abschnitts vgl. u. a. Dollinger, M / 20. Jht., S. 76)

8. MÜNCHEN NACH DEN ERSCHÜTTERUNGEN: BETRACHTUNG EINER UNPOLITISCHEN

„Man hat soviel Ungeahntes hinnehmen, so krasse Dinge über sich er-
gehen lassen müssen.“
(Th. Mann, Ok. Erl., zit. Ed. S. 132)

Dieser Seufzer eines Münchner Bürgers aus dem Jahr 1922 umschreibt ganz
gut die Gefühlslage der Stadtbevölkerung nach den Ereignissen, welche seit
dem Sommer 1914 unaufhörlich auf sie eingeprasselt waren. Nun ja, mit dem
„Münchner Bürger“ ist's nicht völlig richtig: Thomas Mann (der dies seufzte) war gebürtiger Lübecker und einerseits Vollbluthanseat; andererseits war
er aber seit seinem zwanzigsten Lebensjahr in München ansässig. Er nahm
rege am hiesigen Gesellschaftsleben teil und engagierte sich in den späten
Zwanzigern und den frühen Dreißigern für die Verteidigung der Freiheit und
der Würde der Stadt, ebenso leidenschaftlich wie letztlich vergebens. Nichts
deutet darauf hin, dass er München ohne Not und Zwang je wieder verlassen
hätte. Das einleitende Zitat steht in folgendem Zusammenhang: Vor dem
Weltkrieg hatte ein Abkömmling eines Münchner Patriziergeschlechts den
ersten Band eines Werkes veröffentlicht, in welchem den Lesenden allerlei
Okkultes und Spiritistisches präsentiert wurde. Zum Autor gleich mehr; der
Schinken hieß „Materialisations-Phänomene“ und fiel in der „guten alten
Zeit vor anno´14“ komplett durch. *„Das Publikum hielt sich den Bauch vor*
Lachen.“ (Th. Mann, wie oben).
   Nach dem Weltkrieg und der Revolution präsentierte der Okulist den zwei-
ten Band seiner „Materialisations-Phänomene“. Und siehe: Diesmal hatte er
den Zeitgeist voll getroffen. Die Verkaufszahlen schossen durch die Decke.
Man las den esoterischen Stuss und man glaubte ihn auch. Zur Erklärung
eben dieser völlig veränderten Rezeption einer und derselben Plörre vor 1914
und nach 1919 dienten dem Thomas Mann die oben zitierten Zeilen, die

sich tatsächlich auf Dr. Albert Freiherr von Schrenck-Notzing, den Autor der „Materialisations-Phänomene" bezogen.

Das ist exakt das, worauf wir in diesem kurzen Kapitel hinauswollen. Durch den Krieg, die Revolution, die Konterrevolution und schließlich durch die Inflation waren sämtliche moralischen und politischen Überzeugungen und Standpunkte sturmreif geschossen worden. Jetzt ging buchstäblich wirklich alles. Alles war denkbar. Alles war sagbar. Nicht das Dümmste, nicht das Verlogenste, nicht das Erbärmlichste unterlag einem generellen Tabu. Das Publikum, dessen einstige Gewissheiten und Überzeugungen völlig über den Haufen geschmissen worden waren, fand das alles hörenswert. Die einstigen Autoritäten, denen man so grundtief vertraut hatte, hatten das Land Bayern und seine Hauptstadt ins moralische Chaos des Krieges mit seinen Millionen Toten geführt. Die früheren Überzeugungen gab es nicht mehr. Es gab überhaupt keine mehr – alles war denkbar und alles war sagbar.

Freilich mag diese stimmungsmäßige Bestandsaufnahme für ganz Deutschland und in gewissem Sinn sogar für den ganzen europäischen Kontinent zutreffen. Aber München war da aus mindestens zwei Gründen schon ein Brennpunkt. Erstens: Die Münchner Revolution(en) sind extremer als jene in Deutschland gewesen; und auch etwas näher an einem möglichen Erfolg. Man war hier knapper an einer Räterepublik sowjetischen Zuschnitts vorbeigeschrammt als etwa in Hamburg oder in Berlin. Erst der Ministerpräsident Eisner, den die Kriegsmüdigkeit nach oben gespült hatte, mit dessen Staatskonzeption jedoch die meisten nichts rechtes anzufangen wussten; das beweist ja sein Parlamentswahlergebnis von nicht ganz drei Prozent. Dann das dreiwöchige Schwabinger Literatenregime, darauf dann das kommunistische und schließlich das Blutbad der Gegenrevolution ... Da hätte es eigentlich zu einer völligen moralischen Entwurzelung gar keiner Superinflation mehr bedurft. Sie kam aber Anfang der Zwanziger und erschütterte die allerletzten, gerade noch vorhandenen Gewissheiten.

Und zweitens: Man war hier halt politisch ungeübt. Da nehmen wir unsren roten Faden vom residenzstädtischem Charakter Münchens wieder auf. Zweihundertsiebzigtausend Tage Wittelsbacher-Herrschaft, meist direkt vor Ort ausgeübt: Das prägt. Man duselt da gewissermaßen ein. Lion Feuchtwanger sprach von der *„ungewöhnlich erkenntnislosen Stadt"* (Feuchtwanger, Erfolg, zit. Ed. S. 129). Wenn es von der einen Seite aus betrachtet scheinen will, als kämen die Stadt München und das Land Bayern zu einem

Ministerpräsidenten Eisner und später zu einer Literaten-Räte-Republik wie die Jungfrau zum Kinde, weil beide halt so gar nicht zur Stadt und zum Land passen wollen, so ist doch von der andren Seite her einzuwenden, dass man hier eben vieles machen kann, weil vergleichsweise wenig Bürgerüberzeugung sich entgegenstellt. Schon richtig: eine große oder auch nur erwähnenswerte Zustimmung seitens der Stadtbevölkerung dürften weder Eisner noch die Revolutionäre je genossen haben. Andererseits aber ist das, was sich der Revolution seitens der Bürgergesellschaft entgegenstemmt, ein kräftig-zünftiges „Ja mei." Da konnte man halt nix machen. Und das Bier werden uns die Roten schon nicht verbieten. Dann marschierten die aus Berlin beorderten Konterrevolutionäre in München ein. So mancher dieser Waffenbrüder trug bereits ein Hakenkreuz am Helm, denn es gab zwar noch keine NSDAP, wohl aber die rassistische Thule-Gesellschaft, als deren Logo das Kreuz mit den Haken bereits diente; Ernst Röhm zum Beispiel trug einen solchen Helm. Die Konterrevolution, die in München noch ärger wütete als in den meisten anderen deutschen Städten, musste im Verein mit den Kriegs- und Fronterlebnissen Vieler zu einer totalen moralischen Enthemmung führen – das war fast schon zwangsläufig. Für die derart Geprägten zählte ein Menschenleben nicht viel. Sie sagten das auch ganz offen. Und sie handelten nach ihren Worten.

Die Stadt war also unpolitisch. Sie war das in einem so hohen Grade, dass es zu ihr passt, wenn in ihr (noch zu Zeiten des Weltkrieges) die Schriftensammlung „Betrachtungen eines Unpolitischen" entstand. Die Texte sind von boshafter Originalität. Im gut geheizten Stübchen, fernab vom Frontgrauen, befeuert der Autor Thomas Mann den Kampfgeist der deutschen Truppen im Krieg (und rupft nebenbei ein Hühnchen mit seinem Bruder Heinrich, der offen Sympathien für die Entente-Mächte geäußert hatte). Er spielt Deutschlands Kultur gegen Frankreichs Zivilisation aus, Friedrich Schiller gegen Emile Zola und die Musik gegen die republikanische Politik (kaum zu fassen, aber wahr – die letztere Gegensatzkonstruktion hat ihn sogar dermaßen fasziniert, dass er auch im „Zauberberg" nicht ganz von ihr lassen mochte!). Und dann wäre da noch das Gegensatzpaar „Literat" hier und „Künstler" dort: Ersterer hat in Paris seine eigentliche Hauptstadt und findet in der politisch korrekten Positionierung im Dreyfus-Skandal seine eigentliche Berufung; letzterer dagegen ist echt deutsch, und anstatt sich groß um politische Skandale zu kümmern, steht er morgens mit Goethe auf, seinen Nachmittag widmet er Schopenhauer und der Abend wird dem Wagner geweiht. Aus all dem schöpft er dann seine künstlerische, nicht-literarische Inspiration. In den „Betrachtungen" steht: *„Die Stadt München ist völlig unliterarisch* [...]. *Aber so wenig der Münchner Bürger weiß, was ein Literat ist – er hat tatsächlich keine Ahnung davon* [...] *– so gut weiß er, was ein Künstler ist* [...]" (Mann, Th., BeU, zit. Ed. S. 141). Hier ist anlässlich des Wortes „*Literat*" – gerne und oft auch „*Zivilisationsliterat*" – das Wort „*Politiker*" mitzudenken (und gefälligst auch der böse Bruder Heinrich). Nun wäre zwar sehr zu hinterfragen, ob die Münchner Bürgergesellschaft tatsächlich derart mit dem Studium Schopenhauers und der Weihe Wagners belegt war, dass ihr zur Positionierung in politischen Tagesangelegenheiten schlicht die Zeit fehlte, aber die These von der hiesigen politischen Unlust hat viel für sich.

Es sei gestattet, ganz ausnahmsweise das Gebiet des Fiktiven zu betreten, um das in diesem Kapitel Gemeinte aus einem anderen Blickwinkel heraus nochmals besser verdeutlichen zu können. Wobei im Folgenden nur sehr wenig Fiktiv sein wird; eigentlich nur die flüchtige Begegnung zweier Männer, die aber ganz sicher so stattgefunden haben könnte und aller Wahrscheinlichkeit nach sogar auch stattgefunden hat. Alles andere ist quellenmäßig gut bezeugt. Auf geht's also kurz ins Fiktive:

An irgendeinem späten Nachmittag des Jahres 1922 verlässt ein berühmter Schriftsteller das Haus seiner Schwiegereltern – wir vernahmen gerade seinen Seufzer aus demselben Jahr und hörten eine kurze Passage aus seinen angeblich unpolitischen „Betrachtungen". Es ist also Thomas Mann. Das Anwesen, aus dem der eben tritt, ist das Palais Pringsheim in der Arcisstraße, damals Nummer 12. Die Gesellschaft bei den Eltern seiner Frau Katja war eine eher kleine gewesen, die gereichten Speisen spärlich, denn den Alten geht es finanziell nicht mehr so gut – sie leben von „der Wand in dem Mund", wie Schwiegervater Alfred Pringsheim in Anspielung auf die immer wieder nötig gewordenen Bilderverkäufe in bitterem Scherz sagt. Er hatte im patriotischen Wahn einfach zu viel Kriegsanleihe gezeichnet, und nun fraß die Hyperinflation die restlichen Vermögensbestände grausam auf. Da lebt es sich bei Schriftstellers unten in der Poschingerstraße, also in Bogenhausen, schon gediegener! Demnächst kommt sogar ein eigenes Auto vors Haus Thomas Manns! Und da wird er dann spitzen, der Konkurrenzschriftsteller Brecht, dieser kommunistische Lausebengel, der sich jetzt auch in München rumtreibt. Wo dem doch Automobile so gut gefallen; das weiß ja die ganze Stadt. Thomas Mann hat also die Gesellschaft seiner angeheirateten und verarmten Verwandtschaft etwas früher als die anderen Gäste verlassen, denn er hat heut' noch was vor; und nicht nur irgendetwas ... oh nein, heute steht weiß Gott höchst Apartes auf dem Stundenplan des Abends! Dazu muss er in ein weiteres Stadtpalais, zu Fuß keine fünf Minuten von hier. Er geht nun ein paar Schritte auf der Arcisstraße nach Norden, dann will er rechts in die Brienner Straße Richtung Karolinenplatz einbiegen. Dort wird er schon fast am Ziel sein. Eigentlich ist Thomas Mann in einer angenehm gespannt-neugierigen Stimmung, fast wie *„junge Leute, die sich zu ihrem ersten Besuch bei Mädchen anschicken"* – so gibt er es später selbst zu Protokoll (Mann, Th., Ok. Erl., zit. Ed. S. 135).

Doch an der Kreuzung von Arcis- und Briennerstraße hält er jäh inne. Seine Stimmung verdüstert sich kurz. Er sieht nämlich eine Gruppe von vier Männern vom Norden her auf dieselbe Kreuzung zustampfen. Einer geht den anderen drei Herrschaften voraus; es ist der, der Manns Missfallen erregt. Ist das nicht dieser widerliche proletarische Schreihals mit dem komischen Bart, zu dessen Veranstaltungen die Münchner in ihrer chronischen politischen Unterbelichtung neuerdings rennen, als gäbe es nichts Schöneres? Erst vorgestern waren wieder viele Tausende bei ihm im Zirkus Krone zum quasiorgiastischem gemeinsamen Gebrülle ... Na, weit wird er's nicht bringen, denkt Thomas Mann, da ist mein liebes armes Deutschland davor, das lässt sich mit solchen Typen bestimmt niemals ein. Und schon klärt sich seine Stimmung wieder auf. Er hat an der Ecke eine Zigarette geraucht und die Gruppe beim Einschwenken in die Brienner Straße beobachtet. Er geht nun auf der anderen Straßenseite knapp hinter den Vieren. Alle Herren sind beim Westteil des Karolinenplatzes schon fast am Ziel ihrer Gänge. Sowohl Thomas Mann als auch die Stampfenden frönen an diesem Abend einer Münchner Tradition. Man besucht Salon-Abende. Diese Salon-Abende werden meist in Palais' abgehalten, und diese wiederum befinden sich in ihrer Mehrzahl eben genau hier, in den Straßen rund um den Königs- und den Karolinenplatz. Die vier Politgangster steuern auf das Prinz-Georg-Palais direkt am Platz zu, wo in einem Stockwerk das Ehepaar Bruckmann wohnt und für heute Abend zur Soiree geladen hat. Der Schriftsteller biegt noch kurz in die Max-Joseph-Straße ein. Das zweite Haus rechts ist sein Ziel-Palais; es ist das der Schrenck-Notzings.

H. läutet also an der Bruckmann'schen Tür. Die Salon-Abende der Bruckmanns haben eine lange Tradition. Früher, vor dem Krieg, verkehrten dort Künstler, Intellektuelle, Industrielle. Die kommen zum Teil auch immer noch, aber seit etwa einem Jahr hat Gastgeberin Elsa Bruckmann einen neuen Spleen. Sie hat sich in diesen österreichischen Schreihals vergafft. Und sie will ihn ein bisschen unter ihre Fittiche nehmen. Der Mann kann ja kaum richtig mit Messer und Gabel umgehen. Er wäscht sich nicht gescheit. Man muss ihn etwas erziehen. Aber keine Frage: Mordsmäßig schick ist das schon, wie der H. und die Seinen da bei den Soireen immer etwas abseits herumstehen, linkisch, grimmig, in Ledermänteln, unter welchen sich richtige, echte und auch noch geladene Brownings befinden. „Wollen Madame mal fühlen? Ja sehen Sie: Das ist eben nötig im politischen Kampf!" In der Zeit vor dem Krieg hätten Hugo und Elsa Bruckmann angesichts solchen Gesockses noch die feinen Näschen gerümpft. Jetzt, in der Alles-geht-Stimmung der Nachkriegszeit, ist es Mode, so etwas auf den Gesellschaftsabenden herzuzeigen. Und H. profitiert davon nicht wenig. Abgesehen von den hier erlernten Mainieren – man darf nicht vergessen, dass er vor dem Krieg nichts anderes als ein Gammler, ein Landstreicher war – bringen ihm die Bruckmann-Abende neue Kontakte; reiche Kontakte; die Bruckmanns waren die Türöffner des Anstreichers zur Sphäre der industriellen High-Society, die später seine sauteuren Wahlkampftouren finanzieren sollte. Es hatte etwas spukhaftes. Hitler bei den Soireen der oberen Zehntausend dieser Stadt, wo er mit leichtem Gruseln herumgereicht und bestaunt wurde – das traf den Nerv der Zeit.

Spukhaft geht es zur selben Stunde allerdings auch gleich um die Ecke zu. Thomas Mann ist inzwischen ins Palais an der Max-Joseph-Straße eingetreten. Die Begrüßung erfolgt durch den Hausherrn, Dr. Albert Freiherr von Schrenck-Notzing. Was für ein Name! Es darf spekuliert werden, dass der Schriftsteller nicht zuletzt durch diesen historischen Wohlklang die letzte Scheu davor überwand, sich auf das, weswegen man hier zusammentraf, einzulassen. Denn etwas geschämt hat er sich eingestandenermaßen schon.

Von Schrencks oder später Schrenck-Notzings lärmen seit Jahrhunderten in dieser Stadt herum. Mal wohltuend, mal – wie in unsren Tagen – höchst lästig (der derzeitige Ahnherr etwa ist ein Neurechtsextremer, er hat diesen Tick von seinem Vater, der keinen Deut besser war). Die größte verdienstvolle Tat der Familie war die Stiftung des Schrenck-Altars in der Peterskirche. Das war im späten Mittelalter und steht im ersten Buch für diejenigen, die´s nachlesen wollen. Die Schrenck-Notzings sind also ein Münchner Patriziergeschlecht, und das hat dem Hanseaten Thomas Mann sicher sehr imponiert. Zurück zu Dr. Albert, dem amtierenden Ahnherrn des Jahres 1922: Der war eine durch und durch skurrile Figur. Er ist der Verfasser des oben erwähnten esoterischen Werkes, dessen erster Band vor dem Weltkrieg glatt durchgefallen war, während der nun vorgelegte zweite Band begeisterte Aufnahme erfuhr. Derzeit ging eben wirklich und wörtlich alles! Der Herr Baron begnügte sich jedoch keineswegs mit dem Schreiben. Er ließ es auch vor seinen geladenen Gästen im Salon in der Max-Josef-Straße spuken. Schrenck-Notzing hatte da ein Medium, einen jungen Oberbayern, der es offensichtlich ganz hervorragend verstand, vor Publikum in Trance zu verfallen. Diese Darbietung erinnerte die Zusehenden *„auffallend, unzweideutig und entscheidend an den Gebärakt"* (Mann, Th., Ok. Erl., S. 145). Ist der junge Oberbayer dann endgültig in Trance, geschieht ebenso simples wie erstaunliches: Ein paar Gegenstände fliegen im stark gedimmten Licht durch die Luft. Andere wechseln ihre Lageposition im Zimmer. Geisterhände produzieren Handabdrücke in eigens dazu bereitgestelltem Mehl. Erstaunlich triviales Zeugs also, bemerkenswert lediglich durch die scheinbare Unerklärbarkeit.

Aber Thomas Mann, dieses Abbild von Intellektualität, gepaart mit bürgerstolzer Aufrichtigkeit – der wird diesen Mummenschanz doch nicht etwa geglaubt haben? Doch, das hat er. Wie denn – der sollte nicht durchschaut haben, dass diese Unerklärbarkeiten keine anscheinenden, sondern nur scheinbare waren, und dass hier im bewusst herbei geführten Dreivierteldämmer höchst profane Taschenspielertricks dargeboten wurden? Nein, er hat es nicht durchschaut.

Oder sollte man besser sagen: Er wollte es nicht durchschauen? Weil es eben in den Jahren um 1922 herum schick war, sich gruselnd auf Derartiges einzulassen, und allemal angesagter, als mit der trocknen Stimme der Vernunft laut und vernehmlich „Unfug!" zu raunzen?

Freilich genierte er sich ein bisschen, aber doch nicht so sehr, als dass er mit seiner Teilnahme an Schrenck-Notzings Séancen hinterm Berg gehalten hätte. In einem kleinen Aufsatz, „Okkulte Erlebnisse" betitelt, bekannte er sich dazu. Alle bisher in diesem Abschnitt *kursiv* und in Anführungszeichen gesetzten Zitate stammen aus dieser kleinen Schrift (die einzige Ausnahme ist das extra gekennzeichnete Zitat aus den „Betrachtungen eines Unpolitischen"); auch der einleitende Seufzer von wegen der vielen Erschütterungen, welche man seit acht Jahren zu überstehen hatte. Damit war er ja eigentlich nah am Kern der Sache dran – verkaufte aber dessen ungeachtet sturheil und unbeirrt des Freiherrn esoterisch-spiritistischen Klamauk als wirklich vor seinen eigenen Augen geschehen. Später flossen diese Erlebnisse dann in den Abschnitt „Fragwürdigstes" im „Zauberberg" ein – also war das Ganze wenigstens doch zu etwas Nutze (zwei Motive aus der Schrift „Okkulte Erlebnisse" wurden dort sogar identisch übernommen: Einmal jenes, dass man sich vor so einer Sitzung fühle wie vor einem erstem Bordellbesuch; ferner jenes, dass das Medium einen Geburtsakt nachahme; die Übernahmen gehen mitunter ins Wörtliche, wenn es etwa in den Okkulten Erlebnissen heißt: „ ‚Trance!' meldete meine kundige Assistentin" [Ok. Erl., zit. Ed. S. 142] und im Zauberberg: „ ;Trance!' meldete kundig die Kleefeld" [vgl. Mann, Th., Zauberberg, zit. Ed. S. 932, S. 937 und S. 940ff.]).

Noch einmal: Fiktiv war hier lediglich die flüchtige Begegnung Manns und Hitlers an der Kreuzung Brienner- und Arcisstraße; alle anderen Begebenheiten sind verbürgt, inklusive der abschätzigen Gedanken Manns über Brecht (zu Berühmtheit gelangte Thomas Manns Ausspruch, das „Scheusal" Brecht sei „begabt. Leider."). Wir bedienten uns dieser Szenen, um zu verdeutlichen, dass München mehr als andere Orte Europas in den Nachkriegswirren gewissermaßen benebelt war; benebelt, gefährdet und nur äußerst schlecht gewappnet vor Angriffen aus der Finsternis.

Alles war denkbar, alles war sagbar, alles war planbar. Und anstelle protestierender Vernunft, die hier ein Veto eingelegt hätte, schallte es all dem aus München entgegen: „Ah gä'? Ja mei.".

Man mag dieses Stimmungsgebräu, diese Gesamtatmosphäre, diese generelle moralische Indifferenz, man mag das alles also geistig anregend finden. Gerade im Politischen ist es aber brandgefährlich. Was zu beweisen sein würde. Ein Jahr nach Thomas Manns „okkulten Erlebnissen" zeigte das Tier erstmals seine Krallen. Die bare Antivernunft versuchte in unserer Stadt den Griff nach der Macht.

9. HITLER IN DER STADT

Es gibt kein Thema unserer Stadtgeschichte, dem auch nur annähernd so viele Schriften gewidmet wurden wie dem Komplex „München und der Nationalsozialismus". Von daher besteht eine kleine Gefahr, dass dem nun vorzutragendem entgegengehalten wird: *Es ist zwar schon alles gesagt, aber noch nicht von jedem* ... An keiner Stelle wurde hier intendiert, grundsätzlich Neues zu Münchens Geschichte beizutragen; es handelt sich beim Vorliegenden um ein bewusst subjektives Zusammentragen bestimmter Aspekte, die uns von Interesse schienen. Anspruch auf Wissenschaftlichkeit wurde nicht erhoben, ebenso wenig wie jener auf Originalität, zumindest nicht in dem Sinne, als dass bisher nicht dagewesene Erkenntnisse präsentiert werden würden. Wir wollten nicht belehren, sondern informierend unterhalten, erinnern und zur Beschäftigung mit dem Sujet anregen.

Und wenn schon ... – und wenn es also schon wahr sein sollte, dass es selbst akribischen Wissenschaftlerinnen auf absehbare Zeit nicht gelingen dürfte, bahnbrechend neue Erkenntnisse zum Themenkomplex „Hitler, NS und München" beizusteuern, ganz einfach, weil eben wirklich schon alles vorgetragen wurde und geschrieben steht: Seit wann bitte bedarf ein Beitrag zum Regime des Grauens einer Rechtfertigung? Herrschaften, wir leben in Zeiten, in welchen ein Abgeordneter des Deutschen Bundestages den Nationalsozialismus ungestraft einen „*Vogelschiss der Geschichte*" nennen darf. Vor 25 Jahren wäre die politische Karriere eines solchen Herrn damit beendet gewesen; heute bringt sowas weitere Wählerstimmen.

Nehmen wir getrost an, dass sich einige Lesende mit dem, was hier zum NS-Thema angeboten wird, nicht einverstanden erklären werden; sie werden etwa die Akzentuierung falsch gesetzt finden (denn allzu umfassend wird der Beitrag naturgemäß nicht ausfallen), die Begründungen unzureichend oder nicht überzeugend – gut so! Dann hätte das Buch einen Beitrag dazu geleistet, dass erneut Welche sich mit der Geschichte des Nationalsozialismus auseinandergesetzt haben. Und dem kann nie genug sein; gerade jetzt wieder.

Hitlers Aufstieg zu einem politischen Lokalmatador vollzog sich in der Atmosphäre der sogenannten „Ordnungszelle Bayern". Dieses politische

Gebräu muss kurz umrissen werden. Auf den Sieg der Konterrevolution im Mai 1919 folgte schon bald das Ende der sozialdemokratischen Hoffmann-Regierung. Der neue Ministerpräsident war eine Gallionsfigur der Reaktion; ein „Vonerl" (so Karl Kraus über den Adel in der Nachkriegszeit): Gustav von Kahr. Er prägte den Begriff der „Ordnungszelle". Seine Regierung war rechtsextrem, antisemitisch und ignorierte nicht selten Anordnungen aus der Hauptstadt Berlin. Insofern wurzelte sie einerseits in jenen antipreußischen Gefühlen, die während des Weltkrieges immer relevanter geworden waren, andererseits strebte sie aber keine Loslösung Bayerns vom Reich an. Die Generallinie der Freistaatsregierung lautete: Zunächst wird in Bayern ein rechtes Regime dauerhaft etabliert, und von dort aus wird dann das Reich „kuriert". Dabei dachten v. Kahr und die Seinen durchaus auch an Gewalt, etwa nach dem Vorbild der Machtergreifung Mussolinis in Italien. Der anvisierte „Marsch auf Berlin", der Mussolinis Mythos vom „Marsch auf Rom" abgekupfert war, ist also keine reine Erfindung Hitlers. Die Regierung v. Kahrs war schon bald nicht mehr parlamentarisch legitimiert; sie stützte sich auf den Ausnahmezustand.

Die „Ordnungszelle" wurde zum Sammelbecken der deutschen Rechten. Wilhelm Hoegner, Bayerns erster Ministerpräsident nach der Nazidiktatur, beschrieb das einmal so: „[*Die bayerische Sonderpolitik* (unter v. Kahr, MW)] *hat zum Sturz der deutschen Republik beigetragen. Bayern wurde zum Ordnungsstaat, auf den die ganze deutsche Reaktion mit Neid blickte,* [*Bayern war*] *das gelobte Land der Deutschnationalen und der Vorhimmel des Dritten Reiches* (Herv. MW)" (Zit. nach Gelberg/Latzin, o. S.). Der Brennpunkt der Ordnungszelle Bayern war natürlich München. In Lion Feuchtwangers „Erfolg" fragt sich Anfang der Zwanziger eine Romanfigur: „*Früher hatte die schöne, behagliche Stadt die besten Köpfe des Reiches angezogen. Wie kam es, dass die jetzt fort waren,* [und] *dass an ihrer Stelle alles, was faul und schlecht war im Reich* […] *magisch angezogen nach München flüchtete?*" (Feuchtwanger, Erfolg, zit. Ed. S. 35).

Zu den weiteren Rahmenbedingungen für Hitlers politischen Aufstieg in München gehört aber auch ein Kuriosum, auf das Sebastian Haffner einst aufmerksam gemacht hat: Der Mann mochte noch so viel über die Veränderungen vom November 1918 pöbeln, hetzen und schreien, und er mochte die Verändernden dreimal täglich als „Novemberverbrecher" denunzieren – es bleibt doch wahr, dass sein Erfolg durch sie erst möglich geworden ist.

Ohne November 1918 kein Hitler. Das ist klar. Oder kann sich jemand den Brüllaffen in der von Honoratioren geprägten Ära des Prinzregenten vorstellen? Doch wohl kaum, denn dies ist unvorstellbar (vgl. ebenso z. B. Haffner, AzH., S. 19ff.).

Wie fing nun alles an? Aus dem Krieg nach München heimgekehrt, verblieb Hitler als einer der eher Wenigen in der Reichswehr. Diese wurde ja gemäß Versailler Vertrag auf 100.000 Mann heruntergerüstet, unter welchen sich H. zu seinem Glück noch befand, denn was hätte er sonst tun sollen? Er konnte nichts, hatte nichts und wusste nichts (obwohl er bezüglich des Letzteren fest ans Gegenteil glaubte). Seine Vorgesetzten in der Münchner Kaserne gaben ihm einen besonderen Job. Er sollte sich ein bisserl in den politischen Parteien umhören, sowohl in den länger bestehenden als auch in jenen zahllosen, die sich in der Folge des Monarchiezusammenbruchs neu gegründet hatten. Die Reichswehr verstand sich als ein innenpolitischer Faktor. Das war für die Weimarer Republik eine permanente Belastung. Hitler sollte seine Vorgesetzten mit Material versorgen, damit sie sich ein Bild der politischen Stimmung(en) in München machen konnten. Er besuchte daher fleißig (ein Adjektiv, das zu dem chronisch Faulen eigentlich nicht passt) politische Veranstaltungen. Und so kam er eines Abends auch zur DAP. Wir haben das von Anton Drexler im Jahr 1919 gegründete, in jeder Beziehung erbärmliche Häuflein schon kennengelernt. Hitler verstieß an jenem Abend klar gegen seine Befehle, denn jenen gemäß hätte er sich Notizen machen sollen und ansonsten die Klappe zu halten gehabt. Er hielt sie aber nicht, sondern beteiligte sich an der Diskussion. Das veränderte in diesen Minuten den Lauf der Weltgeschichte, denn nun wurde er gleichsam entdeckt. Der Parteivorsitzende Drexler war vom Beitrag des Spitzels schwer beeindruckt und raunte seinem Sitznachbarn zu: *„Der hat a Gosch'n! So Einen könnten wir brauchen."* Hitler selbst erinnerte sich an jenen Abend so: *„Und dort entdeckte ich: Ich konnte Reden halten."* (beide Zitate nach Kershaw, Hubris, p. 107). Man warb also den Brüller an, als er sich mal für zwei Minuten unterbrach, und er trat der Sippschaft schließlich bei. Rasch änderte sich in der Folge der Charakter der DAP-Veranstaltungen. Anstatt in Hinterzimmern versteckt über blödsinnige Themen zu diskutieren – etwa, ob Bayern sich von der „Berliner Judenrepublik" separieren solle oder ob man trotz allem für den Verbleib im Reich einzutreten habe – ließ man nun den Neuen aus Braunau dieselben blödsinnigen Themen vor einer größeren Zuhörerschaft hinaustrompeten (Hitler war, dies nebenbei, für den Verbleib Bayerns im Reich, im Gegensatz zu etwa der Hälfte der Mitglieder der DAP). Das Publikum wuchs. Bald reichten kleine Säle nicht mehr aus. Schon nach wenigen Monaten mietete die DAP für eine Rede ihres nun schon prominenten Hauptmatadors den Circus Krone an. Freilich mit Kopfschmerzen – würde man das Gebäude füllen können? Man konnte: Hitler war bereits eine bekannte Attraktion. Dieser kontinuierliche Aufstieg dauerte von etwa Mitte 1919 bis etwa Mitte 1923. Er war räumlich total auf München bezogen. Selbst im angrenzenden Oberland dauerte es bis zu Hitlers Durchbruch noch relativ lang. Anton Drexler, der Parteigründer, übergab dem ungleich Bekannteren schon relativ bald den Parteivorsitz. Drei wichtige Ereignisse fallen noch in diese Frühzeit der Partei. Erstens: Im Zuge ihres Wachstums etablierte sie eine Schlägertruppe, also eine paramilitärische Kampfeinheit, aus welcher später die SA hervorging; ferner nahm man eine Namensänderung vor: Die einstige „DAP" schimpfte sich fortan „NSDAP", sprich „Nationalsozialistische Deutsche Arbeiterpartei". Und schließlich erfolgte am selben Februartag des Jahres 1920, also dem Termin der Umbenennung, im Hofbräuhaus die Verkündung eines Parteiprogramms, der berüchtigten „25 Punkte". Müssen wir die im Einzelnen durchgehen?

Nein, das schenken wir uns. Sehr viel dringlicher wäre schon die Beantwortung der Frage, worin denn der Wesenskern der Ideologie Hitlers bestand? Worum kreiste sein politisches Denken und Wollen, was war der Nukleus? Es war der Rassismus. Hitler interpretierte die Weltgeschichte und alle Politik als einen steten Kampf zwischen menschlichen Rassen; das war die ordinärste Form des Darwinismus, der sogenannte Sozialdarwinismus (welchem übrigens auch Charles Darwin selbst in seinen späten Jahren nicht ganz abgeneigt gewesen sein soll). Wir wissen heute noch besser als man damals wusste, dass die Perzeption der Existenz verschiedener menschlicher Rassen völlig absurd ist und nicht die allerkleinste wissenschaftliche Begründung für sich in Anspruch nehmen darf; es gibt schlechterdings keine. Aber der Rassismus war speziell nach den Exzessen des Weltkrieges damals virulent. Und der Antisemitismus reichte sogar bis nach links. Hitler war extrem, aber exklusiv hatten er und seine Partei den Rassismus keinesfalls. Das reicht weit in die Ideengeschichte zurück. So antiaufklärerisch der Rassismus auch ist – selbst die größten Aufklärer des 18. Jahrhunderts waren nicht durchweg unbefleckt von ihm. Ein strahlendes, aber recht einsames Gegenbeispiel wäre Georg Christoph Lichtenberg (1742 – 1799), Tischgenosse unseres

Stadtreformers Benjamin Thompson (siehe erster Band). Er steht jedoch recht allein mit seiner Kritik an der Sklaverei, der man im Aufklärungsjahrhundert abertausende Männer und Frauen nichteuropäischer Provenienz bedenkenlos unterwarf. Beim Anblick eines afrikanischen Embryos, aufbewahrt in einem Spiritus-Behältnis im Labor der Göttinger Universität, notierte der kleine Bucklige, der doch so übergroß war: *„Kind wie glücklich bist du, schon so früh an dem Ziel, das Tausende deiner Brüder unter blutigen Striemen, unter Leiden ohne Zahl erst erreichen. […] Nichts, nichts hast du an dieser Welt verloren, wo deine Rechte verkauft sind, und wo dein Herr ein Krämer gewesen wäre."* (Lichtenberg, Sudelbücher, D 319, zit. Ed. S. 153). Braver, großer Lichtenberg! Wohingegen Zeitgenosse Immanuel Kant, also der Parade-Aufklärer schlechthin, die Menschheit nicht nur in Rassen unterteilte, sondern auch derjenigen, welcher er gemäß der Pseudotheorie selbst angehörte, ungeniert die Krone aufsetzte: Die „weiße" sei nämlich arbeitsamer, in den Leidenschaften gemäßigter und überdies auch viel schöner als alle anderen Rassen. Was doch auch ein ungemein kluger Mann mitunter für Stuss von sich geben kann!

Aber selbst eine so genuin brutale Theorie wie der Rassismus kann noch weiter brutalisiert werden. Und das tat Hitler. Der Rassenwahn bestimmte seine ganze „Weltanschauung", und die Theorie ist der Nukleus des ganzen Nationalsozialismus – so die hier vertretene (aber nicht etwa selbst erarbeitete) Interpretations-These. Summa: *„Man kann sich mit dem Nationalsozialismus geistig nicht auseinandersetzen, weil er ungeistig ist"* (aus dem zweiten Flugblatt der Weißen Rose).

Freilich, in der Tagespolitik konnte man allein mit extremem Antisemitismus nicht allzu viel Jubel erzeugen. Er war schon ganz hilfreich, weil er für die Nachkriegsmisere Schuldige markierte, auf die die Zuhörenden der Hitler-Reden ihren Frust konzentrieren konnten. Der wichtigste Parteiprogrammpunkt in den ersten Jahren war zweifellos die Ablehnung des Versailler Vertrages. Auch das hatte Hitler keineswegs exklusiv; es war dies im Gegenteil so eine Art Weimarer Grundkonsens. Aber Hitler trieb es auch hier auf die Spitze, und abermals präsentierte er Schuldige: das waren die „Novemberverbrecher", also jene Demokraten (hinter welchen natürlich die Juden standen), die das Dokument unterschrieben hatten. Diese Legende, die Dolchstoßlegende, ist wohl die bis dato verlogenste Erzählung der deutschen Geschichte. Ihr Erfinder Erich Ludendorff befand sich damals noch unter

Hitlers Spießgesellen. Es war bis 1924 sogar nicht mal ganz klar, wer von den beiden denn nun eigentlich die Nummer Eins der Nazigrößen zu sein hatte. Ludendorff war im Gegensatz zu Hitler reichsweit bekannt. Es war dieser selbe Erich Ludendorff, der im September 1918 als führender General und als einer der damals mächtigsten Männer des Reiches mit der Erkenntnis herausrückte, dass der Krieg militärisch verloren sei. Er eröffnete dem Kaiser und der Reichsregierung, dass die Feindarmeen in nicht allzu ferner Zeit in Berlin einmarschieren würden, wenn der Krieg nicht umgehend beendet werden würde. Ein Waffenstillstandsgesuch sei also völlig unvermeidlich. Und es war dieser selbe Ludendorff, der auf den Trick verfiel, die Reichsregierung dafür schleunigst zu demokratisieren. SPD-Männer sollten als Minister beteiligt werden und wurden das auch. Als dann Demokraten die Verhandlungen in Versailles führten und das Abschlussdokument schließlich unterzeichneten, waren es Leute wie eben dieser selbe Ludendorff, die dem Publikum die platte Lüge auftischten, die Demokraten trügen die Schuld an der ganzen Misere. Das Heer sei doch, so die Legende, im Felde unbesiegt gewesen und hätte ohne den Dolchstoß „von hinten" den Krieg glatt gewonnen! Die Dolchstoßlüge fand begeisterte und massenhafte Aufnahme. Was half es den Liberalen und den Sozialdemokraten, dass auch sie gegen den Versailler Vertrag agitierten – die Rechte hatte den entscheidenden Vorteil, Schuldige präsentieren zu können, auch wenn der Wahrheitsgehalt dieser Zuweisung gegen Null tendierte; es war, wir sagten es schon, lupenreine fake news.

Wenn oben konstatiert wurde: „Ohne November 1918 kein Hitler", so hat ein anderer Satz ebenso große Gültigkeit: „Ohne Krise kein Hitler" (wir werden uns später übrigens noch der Frage nach der Gültigkeit des folgenden Satzes zu widmen haben: „Ohne München kein Hitler"). Krisen waren das politische Lebenselixier des Anstreichers. Das lässt sich sowohl in der Phase seines ersten Aufstiegs zwischen 1919 und 1923 belegen als auch in der Phase seines endgültigen Durchbruchs in ganz Deutschland (1929 bis Januar 1933); beide Perioden waren von Krisen geprägt. Zwischen 1924 und 1929 war es dagegen ziemlich still um die Hitler-Gang (wobei „still" natürlich ein Adjektiv ist, das so gar nicht zu denen passen will). Das war die Zeit, in welcher sich das erste parlamentarische System Deutschlands zu konsolidieren schien – vor allem die wirtschaftliche Situation des Reiches hatte sich verbessert. Nun ist uns mit dem Wort „System" eines herausgerutscht, das eigentlich ins Arsenal der rechten Agitation gegen die Republik gehört. Andererseits ist es nicht unproblematisch, das Weimarer Konstrukt unreflektiert als „Demokratie" zu bezeichnen. Was die Verfassung selbst anbelangt, so war sie zweifelsohne demokratisch, wenn sie auch ihre Webfehler hatte. Aber eine Verfassung ist zunächst nicht mehr als ein Text. Zu einer Demokratie gehören Demokratinnen und Demokraten. Und an diesen mangelte es der jungen Republik doch arg. Der Justizapparat kam aus der Kaiserzeit und hatte einen politischen Standpunkt: den antirepublikanischen und reaktionären. Für die Armee galt präzise dasselbe. Die Wählenden waren in ihrer Mehrheit Schönwetterdemokraten. Lief es ökonomisch einigermaßen glatt, wie eben in der Periode zwischen 1924 und 1929, so verschlossen diese Teilzeitrepublikaner ihre Ohren vor antirepublikanischen Tiraden und wählten demokratische Parteien. Sie machten diese Ohren aber gleich wieder sperrangelweit auf, sobald es mal schlechter lief.

Die Krise nach dem Weltkrieg haben wir atmosphärisch schon behandelt. Sie umfasste das geistige Leben wie das ökonomische. Das war schon eine Massenpsychose. Im Jahr 1923 gesellte sich zu den schon bestehenden Übeln die Hyperinflation. Das Ersparte der Mehrheitsgesellschaft war von heute auf morgen weg. Das war eine weitere Entwurzelung, eine furchtbare Erschütterung, und mit dem Geld waren die allerletzten noch bestehenden Überzeugungen entwertet. Die haltlose Gesellschaft wurde komplett hysterisch. Und was wäre eine Hitler-Veranstaltung anderes als eine ausgelebte, ja sogar zelebrierte Hysterie?

Hitlers Talent, die zuhörenden Massen in einen Zustand hysterischer Euphorie zu versetzen, war exzeptionell. Dieses Talent war der Ausgangspunkt seines Erfolges. Der „Trommler" – so nannten sie ihn in München, und er hörte es gern und übernahm den Ausdruck auch. Es waren rauschhafte Ereignisse, die sich da fast schon allabendlich in München – und in den ersten Jahren wirklich nur hier – abspielten. Der Zirkus Krone, das Hofbräuhaus und all die andren großen Schwemmen wie der Löwenbräukeller oder der Bürgerbräu, den es heute nicht mehr gibt: All diese Orte verwandelten sich in den Stunden, in welchen der Trommler sie beschrie, in Stadien, und die Schlachtenbummler kamen, um sich in Euphorie und Ekstase versetzen zu lassen. Es ist einem Berufserpresser und Hochstapler namens Kurt Lüdecke gelungen, recht anschauliche Worte für dieses Phänomen zu finden. Der Weltenbummler kam Anfang der 20er nach München, unter anderem um hier, wie er sich ausdrückte, einen *„Führer"* und einen *„Sinn"* (*„cause"*) zu finden

(L[u]decke, p. 17). Eines Abends geriet er in eine Nazi-Versammlung, und hier ist seine Beschreibung dieses Erlebnisses: „*Als der Mann die Bühne betrat, gab es noch kaum Applaus. Er war einen Moment lang still. Dann begann er zu sprechen; zuerst ruhig und sanft. Im späteren Verlauf war seine Stimme dann nur mehr ein heiseres Schreien […]. Auf einmal war meine Fähigkeit zu kritischer Reflexion wie weggeblasen. Er hielt die Masse und mich mit ihr in hypnotischem Bann […]. ‚Deutschland muss frei sein! Deutschland erwache‘, waren seine letzten Slogans. Es ist wirklich schwer, die Gefühle zu beschreiben, die mich überwältigten, als ich diesen Mann reden hörte. Das war der neue Luther. Ich war bereit, auf jeden Feind loszugehen. Meine Suche war am Ziel: Ich hatte zu mir selbst gefunden, zu meinem Führer und zu meinem Sinn.*“ (Wie oben, p. 22f.; [Übersetzung MW]). Es dürfte damals in München Tausenden und später in Deutschland Millionen recht ähnlich ergangen sein; man sieht: Auch ein Schuft kann mal ins Schwarze treffen, besonders dann, wenn es sich, wie bei Lüdecke, um einen hellen Kopf handelt. Besonders markant ist jene Stelle, als der Hörende sich bereit erklärt, sofort gegen jeden „*Feind*“ loszugehen. Denn: Hass zu schüren und Feinde zu markieren bildete den Kern der Hitler-Reden. Feindeshass war also die intensivste Emotion, die er hervorrief. Das geschah übrigens ganz bewusst – Hitler selbst bemerkte einst sinngemäß, im Politischen sei der Hass auf den Feind die effektivste, profundeste Emotion. Der Staatsrechtler Carl Schmitt, dessen affektiert-verschwurbelte Essays so etwas wie den intellektuellen Unterbau der Nazidiktatur abgaben, schrieb einmal: „*Die spezifisch politische Unterscheidung […] ist die Unterscheidung von Freund und Feind […]. Jeder religiöse, moralische, ökonomische, ethnische oder andere Gegensatz verwandelt sich in einen politischen Gegensatz, wenn er stark genug ist, die Menschen nach Freund und Feind effektiv zu gruppieren.*“ (Schmitt, BdP, zit. Ed. S. 26 u. S. 37).

Etwa Mitte 1923 geriet Hitler in seinen Münchner Reden in eine gefährliche Klimax. Der rechte Sumpf der Stadt träumte von irgendeiner Form des gewaltsamen Vorgehens gegen die Weimarer Republik. Das hatten die Nazis, wie erwähnt, nicht exklusiv, sondern es erstreckte sich auf die gesamte antirepublikanische Rechte bis in Teile der BVP, also der bayerischen Volkspartei. Gemäß dem Gesetz, unter welchem er angetreten war, musste Hitler aber zwingend immer den radikalsten Schreihals geben. Die Inflationskrise intensivierte die Erwartungshaltung eines bevorstehenden Umsturzes zusätzlich.

Nun ist es aber kaum möglich, über Monate und Monate hinweg von einer Revolte oder einem Staatsstreich zu blöken, ohne dann auch mal wirklich irgendwas in dieser Richtung zu unternehmen. Gegen Herbst des Jahres wurde die Sache allmählich kritisch für das Hitler'sche Pack. So langsam drohte die Lächerlichkeit. Der Trommler hatte die gewaltsame Aktion derart oft und mit solcher Intensität angekündigt, dass er als alberner Papiertiger enttarnt gewesen wäre, wenn nicht recht bald etwas Aufsehenerregendes geschah. Hitler saß also gleichsam in der Falle seiner eigenen düsteren Prophetie; im Herbst 1923 war er ein von sich selbst Getriebener. Damit waren die Ereignisse des 8. und des 9. Novembers vorgezeichnet. Man kennt sie unter verschiedenen Namen wie etwa „Hitler-Putsch", „Hitler-Ludendorff-Putsch" oder „Bürgerbräu-Putsch". Auch diese Episode der Nazigeschichte ist eine rein Münchnerische Angelegenheit.

9.1 DER PUTSCH

Antisemitismus, Hass auf die Berliner Regierung, auf den Parlamentarismus sowie undeutlich formulierte Putschpläne – all das teilten die Nazis also mit weiten Kreisen der extremen Rechten in Bayern. Oder sagen wir besser: Sie mussten das teilen, denn Konkurrenz störte die Braunen und vor allem ihren Boss. Der Mann ließ sich nur ungern überbrüllen. Der Hauptkonkurrent war momentan Gustav Ritter v. Kahr. Der war nach kurzer Unterbrechung nun wieder Regierungschef in Bayern, und nicht nur das: Er hatte eine Art Separatdiktatur im Freistaat ausgerufen. Er ließ sich „Generalstaatskommissar" nennen, erklärte den Ausnahmezustand, eignete sich völlig widerrechtlich Kompetenzen der Reichsregierung an, ließ Juden aus Bayern ausweisen und drohte ganz unverhohlen mit militärischen Schritten gegen „Berlin". Das Ganze war nicht unbedingt separatistisch. Diese Politik richtete sich nicht gegen den Reichsgedanken. Sie richtete sich gegen den Republikgedanken. Die in Bayern Regierenden provozierten und bedrohten die Reichsregierung in Berlin ganz offen und ungeniert. *„Da die Reichswehr nicht bereit war, gegen […] Bayern vorzugehen, hatte das Reich keine Mittel, um den Freistaat zum Gehorsam zu zwingen."* (Das Zitat stammt aus H. A. Winklers Standartwerk über die Weimarer Republik [Winkler, Weimar, S. 211]).

Der Regierungschef Ritter v. Kahr war demnach so eine Art Nazi-light, hatte aber mit der Partei und deren Form des Extremismus nichts am Hut (was aber nicht heißen soll, er sei vom Extremismus an sich unbefleckt gewesen!). Für den 8. November 1923 hatte der Schmalspurdiktator ein paar Hundert ideologische Spießgesellen in den Bürgerbräu an der Rosenheimer Straße einberufen. Auf der Tagesordnung stand wohl die Ankündigung der nächsten ins Auge gefassten Gaunereien gegen die rechtmäßige Reichsregierung. Der derzeitige Kanzler war Gustav Stresemann (in der Weimarer Zeit wechselten die Regierungen ja häufiger als heutzutage in Italien), und das Reichspräsidentenamt hatte Friedrich Ebert inne (die Stellung des Reichspräsidenten in der Weimarer Verfassung übertraf an Bedeutung jene des heutigen deutschen Bundespräsidenten erheblich – er wurde übrigens direkt gewählt). Diese Versammlung im Bürgerbräukeller war nun der Ausgangspunkt des Putschversuches. Hitler platzte herein. Er schoss in die Decke. Er brüllte etwas in der Art, dass seine Anhänger das Lokal umstellt hätten – das traf zu – und dass nunmehr die *„nationale Revolution ausgebrochen"* sei. Daraufhin beorderte er den bayerischen Regierungschef und dessen engere Mitarbeiter mit gezücktem Browning ins Nebenzimmer. Herrmann Göring blieb in der Schwemme, hielt eine Rede und vertröstete die Anwesenden: Das könne nun zwar alles etwas dauern, aber es sei genug Bier vorhanden, und die Partei übernehme gerne die Zeche. Derweil presste Hitler dem Generalstaatskommissar v. Kahr die Zusage zum Mittun beim Putsch gegen Berlin ab. Gemeinsam kehrte man in die Versammlung zurück und gab die Zusammensetzung der neuen Regierung bekannt, ohne dass man dabei auch die Ämterverteilung konkretisiert hätte. Hitler selbst wurde nur als Regierungsmitglied benannt; Regierungschef wäre wohl Erich Ludendorff geworden.

Die im Bürgerbräukeller Versammelten hatten sich inzwischen auf Görings Kosten volllaufen lassen und nahmen die Proklamationen entsprechend enthusiastisch auf. Das schien ja alles glatt zu laufen. Nun erwies es sich aber, dass das weitere Vorgehen eigentlich gar nicht geplant war, oder doch zumindest nicht hinreichend detailliert. Hitler verließ die Versammlung; Ludendorff blieb. Herr Ritter v. Kahr bat um die Erlaubnis, sich entfernen zu dürfen, und die Putschisten waren tatsächlich dämlich genug, sich auf sein abgepresstes Wort zu verlassen. Noch in derselben Nacht verkündete v. Kahr, dass von seiner Seite an einer Mitwirkung am Putsch gar nicht die Rede sein könne. Die Nazis empfanden das als „Verrat", wobei sie vergaßen, dass Hitler das Versprechen mit gezogenem Revolver erzwungen hatte (ein abschließendes Wort zu Gustav Ritter v. Kahr, denn wir sind seiner Ehre im Text mitunter recht nahe getreten: Das hat der Mann grosso modo schon auch verdient. Aber: Die Reste seiner Ehre seien gerettet. Freilich war er schwerstkonservativ – dennoch war er nie ein Nazi; er war diktatorisch veranlagt, aber eine Diktatur ist noch lange kein NS-Staat. Von Kahr hat sein Verhalten beim Putschversuch in der „Nacht der langen Messer" mit dem Leben bezahlt. Johlende Schergen empfingen den Verhafteten am 30. Juni 1934 im Konzentrationslager Dachau. Nun war der Tag der Rache da – das Wort „Rache" passt zum Nationalsozialismus wie wenige andre Substantive. Der einstige Repräsentant bayerischer Eigenständigkeit und veralteter Monarchiegedanken wurde schwer misshandelt und schließlich ermordet).

Zurück zum Hitler'schen Rebellionsversuch: Mittlerweile waren die mehreren hundert Festgehaltenen im Hauptsaal sternhagelvoll. Die meisten dösten oder schliefen. Die bewaffneten Nazis rund um das Wirtshaus harrten aus, ohne einen Schimmer vom weiteren Vorgehen zu haben. Es war bereits der Morgen des 9. Novembers angebrochen, als sich die Putschleitung zum Weiterputschen entschloss, obwohl die Staatsregierung bereits zu Gegenmaßnahmen aufrief. Die Aufständigen verfielen auf einen Marsch durch die Stadt mit dem Ziel Ludwigstraße – dort befanden sich wichtige Regierungsgebäude, sprich Ministerien, die man zu besetzen gedachte. Erst gegen Mittag schickten sich die Nazis endgültig an, Haidhausen zu verlassen und die Maxvorstadt anzupeilen. Den direkten Weg vom Gasteig, also dem Bürgerbräukeller, in die Ludwigsstraße packten sie wohl nicht mehr so recht – sie schlugen zunächst am Marienplatz auf und lungerten dort eine Zeitlang herum. Dann ging es zunächst via Weinstraße Richtung Norden, aber da die Theatinerstraße bereits von den Einsatzkräften der Staatsregierung besetzt war, schwenkte man um und wählte den Weg über die parallel verlaufende Residenzstraße. Untergehakt marschierten in der vordersten Reihe Hitler und Ludendorff mit einigen anderen Umstürzlern. Als der gespenstische Zug Lieder grölend die Ostflanke der Feldherrnhalle erreicht hatte, begann ein Schusswechsel mit der Polizei. Dabei starben vier Polizisten, ein Unbeteiligter und dreizehn Putschisten. Zwei weitere Nazis starben in der Schönfeldstraße, wo Ernst Röhm mit einigen SA-Männern ein staatliches Gebäude besetzt hatte, das die Polizei schließlich erstürmte. Ein Leibwächter des Nazichefs, der sich in dessen unmittelbarer Nähe aufgehalten hatte, wurde von einer Kugel tödlich getroffen. Hermann Göring, der bei der Feldherrnhalle ebenfalls in er ersten Reihe marschiert war, wurde zweimal getroffen.

Hitler selbst jedoch überstand den Putschversuch unversehrt.

Verdammtes Pech!

9.2 DIE FOLGEN: PROZESS, WACHSENDE BEKANNTHEIT UND SPÄTERE INSTRUMENTALISIERUNG

Mit den Schüssen war der Spuk beendet. Hitler floh und wurde einige Tage später im Oberland aufgegriffen. Eingeliefert in die Landsberger Strafanstalt bezog er dort jene Zelle, in welcher bis dato der Mörder Kurt Eisners gesessen hatte. Diesen hatte der Richter Georg Neithardt einst mit Samthandschuhen angefasst und ihn vor der verdienten Strafe bewahrt. Derselbe Unjurist präsidierte nun auch im Prozess gegen die Putschisten. Sie durften sich ihrer Sache sicher sein.

Das „bayerische Volksgericht", welchem Neithardt vorsaß, war eigentlich nicht nur nicht zuständig für diesen speziellen Fall, sondern sogar eine Rechtsinstitution, die es gemäß der Weimarer Verfassung gar nicht mehr hätte geben dürfen. Aber in der Regierungszeit v. Kahrs wurden die Kompetenzen des Reiches im Freistaat Bayern dermaßen unterhöhlt, dass solche institutionellen Wucherungen keine besondere Bedeutung mehr besaßen. Bayern war zwischen 1919 und 1924 wirklich nur mehr sehr lose ans Deutsche Reich angebunden. Es fehlte der Berliner Regierung schlicht die Macht, gegen das kryptoseparatistische Gebaren der bayerischen Reaktion vorzugehen. Man nahm das hin, weil es nur mit bürgerkriegsähnlicher Gewalt zu bremsen gewesen wäre.

Dasselbe Schauspiel vollzog sich nun mit der Kompetenzklärung im Falle der Putschisten. Die bayerische Regierung wollte vermeiden, dass das undurchsichtige Treiben v. Kahrs in der Nacht vom 8. auf den 9. November vor einem Reichsgericht offengelegt werden würde. Es galt daher, das zuständige Gericht auszubremsen; dies wäre das Reichsgericht mit Sitz in Leipzig gewesen. Die Reichsregierung drängte auch auf einen solchen Prozess. Die bayerische Landesregierung setzte jedoch in Berlin eine Verhandlung vor dem „bayerischen Volksgericht" durch. Das war vollkommen rechtswidrig. Berlin musste aber auch diese Demütigung hinnehmen.

Der Text, der die Verfehlungen der Putschistenbande um Hitler sanktionierte, war das „Gesetz zum Schutze der Republik" vom 21. Juli 1922. Auch um dieses Reichsgesetz hatte v. Kahr in seiner Zeit als bayerischer Regierungschef mit dem Reich gezankt. Da der Freistaat aber nicht offiziell aus dem Reichsverband ausgeschieden war – soweit wollte v. Kahr nicht gehen –, hatte das Republikschutzgesetz selbstverständlich auch hier seine Gültigkeit. Das barg für Hitler zwei ernste Gefahren. Zum einen bedrohte dieses Gesetz jeden Putschisten dann mit dem Tode oder wenigstens mit ersatzweiser lebenslanger Haft, wenn es beim in Rede stehenden Aufstand Tote gegeben hatte. Das war beim Hitlerputsch zweifelsfrei der Fall. Zweitens besagte § 9 der Strafbestimmungen dieses Gesetzes, dass ein verurteilter ausländischer Putschist des Landes zu verweisen sei („[…] *gegen Ausländer ist auf Ausweisung aus dem Reichsgebiete zu erkennen* […]") (Gesetz z. Schutze d. Rep., Abschnitt I, § 9, Absatz 2). Hitler war *Ausländer*, denn seit den Tagen Kaiser Josephs II. gehörte seine Geburtsstadt Braunau nicht mehr zu Bayern, sondern zu Österreich. Die Rechtslage war also derart beschaffen, dass man H. im strengsten Fall zum Tode verurteilen, im etwas weniger strengen Fall lebenslang wegsperren hätte müssen; mindestens hätte er aber aus Deutschland herausgeschmissen gehört. Das war selbst für einen geübten Rechtsverdreher wie Richter Neithardt kein ganz leichter Brocken – aber er würde seine Schützlinge, die angeklagten Putschisten, schon irgendwie heraushauen. Das hatte beim Grafen Arco, dem Mörder Kurt Eisners, ja auch schon hervorragend geklappt.

Hitlers Formkurve fiel unmittelbar nach der Putschpleite zwar etwas ab – einige wollen sogar von Selbstmordabsichten wissen, die jedoch bedauerlicherweise nicht in die Tat umgesetzt wurden – aber spätestens zum Prozessbeginn war er wieder in Höchstaktivität. Schnell war klar, dass vom Richter keinerlei Gefahr für die Angeklagten ausging. Auch der Hauptstaatsanwalt Ludwig Stenglein sah seine wesentliche Aufgabe darin, die edlen Motive der Putschisten hervorzuheben. Lediglich ein Hilfsstaatsanwalt namens Hans Ehard schien auf eine strenge Verurteilung der Hitler-Ludendorff-Bande hinzuarbeiten. Seine in diese Richtung zielenden Anträge wurden jedoch vom Richter durchweg abgeschmettert (dieser Ehard wurde dann übrigens nach der Nazidiktatur für eine Weile bayerischer Ministerpräsident). Ludendorff war schnell ganz aus dem Schneider. Man bescheinigte ihm wider allen Augenschein Unwissenheit über den Umsturzversuch und sprach ihn frei. Hitler wurde gestattet, den Prozess in eine Propagandaschlacht umzufunktionieren. Der Gerichtssaal wurde zum Bierkeller und somit zum Heimstadion für den Hauptangeklagten. Richter Neithardt griff nicht in die Tiraden des Trommlers ein. Am Ende verurteilte er ihn zu ein paar Jahren Festungshaft in Landsberg, verbunden mit der ausdrücklichen Zusage, bei guter Führung sei eine sehr, sehr vorzeitige Haftentlassung möglich.

„Festungshaft" – das klingt etwas martialisch, es bedeutet jedoch das Gegenteil hiervon. Der Häftling H. bewohnte in Landsberg mehrere Zimmer, er hielt dort geradezu Hof, empfing Besuch, soviel er nur wollte, er wurde von den Justizvollzugsbeamten des Öfteren mit dem Faschistengruß geehrt und fraß sich eine regelrechte Plauze an. Und nach ein paar Monaten ließ ihn der bayerische Justizapparat auch schon wieder raus.

Zu den Putsch- und Prozessfolgen gehörte auch, dass Hitler über Nacht zum deutschlandweit bekannten Star der rechten Szene avancierte. Bisher war das Phänomen auf die Hauptstadt des Freistaates beschränkt gewesen – nun kannte man den Kerl im ganzen Reich. Seine im Prozessverlauf gehaltenen Reden wurden in den Medien verbreitet. Dies ermöglicht zu haben, stellt eine weitere große Schuld des Richters dar. Ludendorffs Stern dagegen verblasste. Bald überließ er dem Anstreicher die führende Rolle in der völkischen Bewegung allein.

In der Zeit ihrer Diktatur instrumentalisierten die Nazis den Putschversuch von 1923 zu Propagandazwecken, ungeachtet der Tatsache, dass er ja doch eine Vollpleite gewesen war. In München entstanden zwei Weihestätten. Das Wort „Weihe" kommt aus der religiösen Sphäre und verweist auf einen wichtigen Punkt bei der Selbstinszenierung des Nationalsozialismus: Er wollte sich als quasi-religiös verstanden wissen. Auch der eklige Kitsch rund um das Wort „Blut" gehört hierzu. Eine Fahne, welche einer der Putschisten am 9. November mit sich geschleppt hatte, wurde zur „Blutfahne" erhoben (übrigens sieht man auf den Fotos vom Putsch keine Fahne, möglicherweise war die ganze Sache also wieder mal zusammengelogen). Mit der Blutfahne wurden dann auf den späteren Parteitagen alle anderen Parteifahnen „geweiht", indem man jene mit ihr berührte. Die sechzehn Toten des 9. Novembers nannte man die „Blutzeugen der Bewegung" (auch diese Zahl war wieder geschwindelt: Es sind nur fünfzehn Nazis beim Putsch gestorben. Blutzeuge Nummer sechzehn war völlig unbeteiligt. Er war Kellner eines Kaffeehauses am Odeonsplatz, der die Vorgänge beobachtete und diese Neugier mit dem Leben bezahlte. Hinterher wurde ihm eine Parteimitgliedschaft angedichtet). Die Blutzeugen bekamen – ja was denn sonst? – Tempel, genauer geschrieben zwei „Ehrentempel", welche im Zuge der Totalverschandelung des Königsplatzes an dessen Ostseite hingebaut wurden. In jeden Ehrentempel stellte man acht Särge hinein, und damit diese Gleichmäßigkeit herauskam, brauchte man halt eine durch zwei teilbare Zahl an „Blutzeugen" – daher die Lüge von dem Kellner. Nach der Befreiung sprengten die Befreier den schwulstigen Architekturmüll in die Luft, aber die Fundamente sieht man heute noch (an jener Ecke der Brienner- und der Arcisstraße, an welcher wir vorhin fiktiv einen Schriftsteller mit einigen Politverbrechern zusammentreffen ließen). Es entstand aber noch eine weitere Weihestätte für die Blutzeugen. Sie befand sich an jener Stelle der Residenzstraße, an welcher die Feldherrnhalle steht, und an welcher der Putschistenzug von den Einsatzkräften am 9. November aufgehalten worden war. In Friedrich v. Gärtners Halle platzierte man eine große, vorne und hinten beschriftete Steintafel. Da standen die Namen der Blutzeugen der Bewegung, umrahmt von Phrasen wie etwa *„Und sie haben doch gesiegt"*. Auf der Straße darunter achteten zwei Uniformierte darauf, dass jeder Passant an dieser Stelle das Geschäft des Hitlergrußes verrichtete. Da München bekanntlich ein einziges Nest von Widerstandskämpfern gewesen ist, gingen die aus der Innenstadt Kommenden, die das Ziel Maxvorstadt oder Schwabing anpeilten, entweder gleich über die Theatinerstraße an der Feldherrnhalle vorbei – dort brauchte man nicht zu grüßen – oder sie bogen von der Residenzstraße ganz kurz vor den Wachmännern ins Viscardigasserl ein, um auf diesem Weg die Theatinerstraße zu erreichen. Die kleine Straße heißt daher noch heute inoffiziell „Drückebergergasse". Heute findet man auf ihrem Boden eine geschwungene Bronzespur, mit welcher der Künstler Bruno Wank an die Münchner Passivwiderständler und Drückeberginnen erinnert und diese ehrt. Es steht allerdings zu befürchten, dass es derer damals denn doch nicht allzu viele gegeben hat.

Auch die Erinnerungsveranstaltungen, welche die Nazis alljährlich am 8. und am 9. November in München zelebrierten, trugen quasi-religiöses Gepräge. Für den Vorabend galt das nicht so sehr, da begnügte man sich mit dem Brüllen von Reden im Bürgerbräukeller, in welchem 1923 alles begonnen hatte. Am 9. November folgte dann eine Prozession. Man pilgerte zunächst auf den Spuren der Putschisten von Haidhausen zum Odeonsplatz. Hier war alles düster: schwarze Fahnen, Trommelwirbel, Trauermusik. Man machte in Ergriffenheit. Danach änderte sich die Stimmungsinszenierung: Ein Triumphmarsch vom Odeons- zum Königsplatz (welchen sie so um 1936 herum architektonisch restlos versaut hatten) sollte die Auferstehung der Nazibewegung nach 1923 symbolisieren. „Blutopfer", „Prozession", „Auferstehung": Das sind alles Begriffe, die ganz bewusst aus der christlichen Sphäre entnommen wurden. Der totalitäre Staat bot sich selbst den Bürgerinnen und Bürgern als Religionssurrogat an. Das nationalsozialistisch regierte Deutschland steht damit nicht allein, aber in der Perfidie an der Spitze. Wie stets.

Immer und immer wieder diese achten und neunten November in der deutschen Geschichte ... Manchmal, wie etwa beim Mauerfall 1989, ist es wirklich der pure Zufall. Manchmal aber auch nicht: Die verhinderten Umstürzler des Jahres 1923 hatten den 9. November auch deshalb zum Putschen gewählt, weil an diesem Tag vor fünf Jahren die Revolution, die sie so hassten, ausgebrochen war.

Damit waren der 8. und der 9. November wichtige Tage im nationalsozialistischen Jahreszyklus, besonders nach der Machtergreifung. Und die beiden Tage wurden stets in München begangen. Hitler und die gesamte Naziprominenz waren also mit Bestimmtheit zu diesen Terminen hier anzutreffen. Sowohl im Jahr 1938 als auch im darauffolgenden war deshalb wiederum München in der ersten Novemberwoche Ausgangspunkt erschütternder Ereignisse.

Am 7. November 1938 hatte in Paris ein polnischer Jude auf einen Nazi geschossen, der Mitglied der deutschen Botschaft war und zwei Tage später seinen Verletzungen erlag. Schon am Tag seiner Agonie hatte die Reichsregierung den antisemitischen Mob auf jüdische Einrichtungen, Tempel und Wohnhäuser gehetzt. Die Nachricht vom Tod einer der Ihren erreichte die Nazibosse bei den Abschlussveranstaltungen im Gedenken an den Spuk, den sie 1923 in München veranstaltet hatten. Hitler und Goebbels waren bei einem Abendessen im Festsaal des Alten Rathauses. Letzterer warf noch vor Ort seine Propagandamaschinerie an. Die Regierungszeitungen – andere gab es längst nicht mehr – fabulierten von der jüdischen Weltverschwörung und drohten unverhohlen mit einer neuen, abermals verschärften Gangart in jenem, was sie *„die Judenfrage"* nannten. Goebbels war innerhalb des

237

Machtapparates offenbar die treibende Kraft der Aktionen. Unter Berufung auf den Wunsch Hitlers ordnete er an, dass die Feuerwehren bei Bränden von Synagogen nur dann eingreifen sollten, wenn Gefahr für benachbarte Gebäude bestünde. Der Chef der Geheimen Staatspolizei Müller telegraphierte am 9. November kurz vor Mitternacht an alle untergeordneten Dienststellen die Anweisung, dass *„20 – 30.000 Juden in ganz Deutschland"* festzunehmen seien; in einem weiteren Telegramm präzisierte er: man solle dabei das Augenmerk *„insbesondere auf wohlhabende"* Juden richten (Zitate Goll, Empörung, S. 50f.).

Menschen wurden zu Hunderten in den Tod gehetzt. Mehrere Zehntausend verschleppte man in die Konzentrationslager, wo viele von ihnen starben. Synagogen brannten. Geschäfte wurden zerstört. Feuerwehr und Polizei richteten sich nach dem Wunsch des Führers: Sie griffen nicht ein.

Das staatlich organisierte Pogrom dauerte mehrere Tage. Über die Reaktion derer, die im Parteijargon als *„Volksgenossen"* galten, gibt es widersprüchliche und wohl kaum mehr verifizierbare Angaben. Die Angehörigen ausländischer Botschaften und andere Beobachter gaben sich einander vollkommen widersprechende Schilderungen über das Verhalten der nichtjüdischen Deutschen: Diese erstreckten sich über das ganze Spektrum zwischen aktivem Mitwirken und Sympathiebekundungen seitens der Bevölkerung auf der einen Seite bis hin zu Ablehnung und Scham auf der anderen. Einige Momentaufnahmen scheinen gesichert: Erstens gab es, von ruhmreichen Einzelfällen abgesehen, kaum je aktiven Widerstand gegen das Schandtreiben der SA. Zweitens wiederum war die Reichsleitung etwas enttäuscht über das Verhalten jener ehemaligen Staatsbürger, die sich nun *„Volksgenossen"* schimpfen lassen mussten. Sie fanden die allgemeine Reaktion zu lau und hätten sich mehr Begeisterung beim Plündern und Morden gewünscht. Drittens war die Ablehnung in den großen Städten eher zu spüren, während in Kleinstädten und auf dem Land nicht selten ein wütender Mob der SA sogar noch zu Hilfe kam; viertens schließlich verbuchte die Partei die Tatsache als Erfolg, dass die Jugend eher zur Zustimmung zum Pogrom neigte als die älteren Generationen. Die von klein auf einsetzende Infiltrierung mit den Parteidoktrinen schien also zu funktionieren.

Grauenvollerweise.

An der Außenwand des Alten Münchner Rathauses erinnert eine Gedenktafel daran, dass das Reichspogrom durch die hier im „Tanzsaal" erlassenen

Ordres ausgelöst wurde. Die Ereignisse des Novembers 1938 werden im Ta-feltext als *„Vorstufe der Vernichtung des europäischen Judentums"* bezeich-net.

Ein Mann zog aus all diesen Scheußlichkeiten jene Konsequenz, die Karl Kraus in seiner „Dritten Walpurgisnacht" schon 1933 herbeigesehnt hatte; er sagte also: *„Schluss! Weg! Hinaus aus dem Planeten."* (Kraus, Dritte W., zit. Ed. S. 186). Dieser Mann hieß Georg Elser. Er erkannte das aktuelle Grauen, und noch viel Ärgeres sah er kommen. Er sagte sich, dass eine Be-seitigung Hitlers alleine nicht hinreichend sein mochte, um dieses Kommende zu bannen. Sein Plan ging dahin, Deutschland und die Welt wenigstens auch von Göring und Goebbels, idealer Weise aber von möglichst viel Naziprominenz zu befreien. Er wollte eine zureichende Zahl jener Parteiprominenten beseitigen, welchen er völlig zu Recht die Planung eines Krieges unterstellte. Aber dazu musste er prognostizieren, wann und wo sie sich zuverlässig an bestimmtem Ort und zu bestimmter Zeit versammeln würden. Da kamen nicht allzu viele Raum-Zeit-Konstellationen infrage, aber eines stand fest: Um den 8. und den 9. November herum würden sie die Stadt München in großer Geschlossenheit heimsuchen. Speziell der 8. November rückte ins Zentrum Georg Elsers Aufmerksamkeit: Denn am Abend dieses Tages würden sie sich alle in einem voraussagbaren und geschlossenen Raum zusammenrotten, nämlich im Bürgerbräukeller. Da Elser ein Bombenattentat plante, war ein geschlossener Raum besonders wichtig. Und was noch hinzukam: Der Ort, an welchem Hitler zu dieser Zeit sein würde, war noch präziser zu bestimmen. Das war die Rednertribüne. So wollte es an jedem 8. November der Brauch. Für jenen des Jahres 1939 plante Georg Elser einen Anschlag.

Zunächst musste Sprengstoff her. Dazu heuerte Elser in einem Steinbruch im Schwäbischen an und schaffte es dort tatsächlich, sämtliche für den Bau einer Zeitbombe nötigen Utensilien an sich zu bringen. Dann zog der Held nach München um. Mittlerweile war es Hochsommer geworden. Abend für Abend ging Georg Elser in den Bürgerbräukeller. Vor Schankschluss ver-steckte er sich jedes Mal. Und dann bearbeitete er Nacht für Nacht jene Säule des nun leeren Saales, welche der Rednertribüne am nächsten stand. Er kratz-te dort einen Hohlraum aus, groß genug, um eine Zeitbombenkonstruktion darin unterbringen zu können. Die hatte er zuvor gebaut. Den bei diesen Aushöhlungsarbeiten anfallenden Schutt packte er in einen Koffer, welchen er Morgen für Morgen in der Isar entlud.

Was für ein merkwürdiger, in sich gekehrter, akribischer Weltenretter! Anfang November, nach zweieinhalb Monaten durchwachter Nächte, platzierte Georg Elser seine Waffe im Säulenhohlraum und programmierte ihn auf den Abend des 8. Novembers um zwanzig nach neun. In der Nacht vor der Explosion ließ er sich ein letztes Mal heimlich im Saal einsperren, um das Funktionieren der Bombe überprüfen zu können. Elser horchte – und seine Bombe tickte!

So hätte jener Zeitpunkt, also der 8. November 1939 um Punkt 21.20 Uhr, zu einer Weltsekunde werden können. Wäre da nicht der Nebel gewesen; und hätten die Nazis da nicht den Krieg, den Elser kommen gesehen und um jeden Preis verhindern hatte wollen, schon einen Monat zuvor begonnen. Der „größte Feldherr aller Zeiten" wähnte sich genau deswegen in der Hauptstadt Berlin eigentlich für unabkömmlich. Ganz unbegangen wollte er sein Putschgedenken in München aber dennoch nicht verstreichen lassen. Also entschloss er sich zu einer Stippvisite in seiner Lieblingsstadt und zu einer Kurztirade im Bürgerbräukeller anstelle des sonst üblichen ausführlichen Krakeels. Das anschließende „ungezwungene Beisammensein" mit den alten Kämpen der Partei wurde ebenso ersatzlos vom Spielplan gestrichen wie Hitlers Beteiligung an der Prozession des folgenden Tages. Hätte er den Ratsch mit seinen damaligen Mitputschisten wenigstens noch durchgezogen, dann wäre noch alles gut gegangen. Dafür hätte er allerdings spät nachts nach Berlin fliegen müssen. Das ging aber nicht, weil Nebel angesagt worden war. Also peilte Hitler den regulären Nachtzug in die Reichshauptstadt an, der den Münchner Hauptbahnhof planmäßig um 21.31 Uhr verlassen sollte. Um ihn erreichen zu können, beendete er seine Rede bereits um kurz nach neun Uhr und verließ dann sofort und ohne Smalltalk den Saal. Um 21.20 Uhr explodierte pünktlich die Bombe; aber der Diktator war halt schon fort. Auch der Plan, möglichst viel nationalsozialistische Politprominenz mit in den Tod zu reißen, misslang völlig. Die Nazigrößen waren diesmal entweder aufgrund der abgespeckten Putschgedenkversion gar nicht angereist, oder sie waren, sofern vor Ort, ihrem Boss zu früh nach draußen gefolgt. Unter den Toten des 8. Novembers 1939 befand sich nicht ein einziger führender Nazi.

Georg Elser unternahm noch in derselben Nacht einen Fluchtversuch in Richtung Schweiz. An der Grenze fing man ihn ab. Er wurde interniert. Man plante, nach dem „*Endsieg*" einen großen Schauprozess gegen ihn zu inszenieren. Seine letzten Jahre musste Georg Elser im Konzentrationslager

Dachau als *„Sonderhäftling des Führers"* verbringen. Seine Ermordung erfolgte aufgrund eines der letzten ausgeführten persönlichen Führerbefehle im April 1945, rund zwanzig Tage, bevor die amerikanische Armee das Konzentrationslager erreichte und die überlebenden Häftlinge befreite.

9.3   OHNE MÜNCHEN KEIN HITLER?

Wir haben uns, verführt vom so oft so wichtigen Datum „9. November", zu chronologischen Abschweifungen hinreißen lassen und sind unversehens in die späten Dreißiger des 20. Jahrhunderts geraten. Es sei die persönliche Bemerkung gestattet, dass der 9. November längst schon zum nationalen Gedenkfeiertag ausgerufen gehörte – man mag den vergleichsweise läppischen 3. Oktober dafür opfern (zumal da ausschließlich an jenes des Jahres 1990 erinnert wird; den Todestag zweier deutscher Riesenstaatsmänner 1929 [siehe unten] und 1988 [siehe oben] unterschlägt man ja meist). Ein ungetrübter Freudentag dürfte das, Mauerfall hin und Republikausrufung her, zwar auf gar keinen Fall sein; aber spätestens seit dem Jahr 1968 zählt es zu den bewundernswerten Aspekten der Bundesrepublik Deutschland, dass sie sich der eigenen problematischen Geschichte wie kaum ein anderes Land gestellt hat – so schmerzvoll dieser Prozess auch stets gewesen sein wird.

Nun aber zurück zur Karriere des „Trommlers" am Beginn der Zwanziger, die in München startete. Es ist die Geschichte eines düsteren Erfolges. *„Erfolg"* – so lautet auch der Titel eines bekannten Romans, der diese Episode behandelt. Lion Feuchtwanger hat ihn geschrieben. Darin wird der Aufstieg der nationalsozialistischen Politikschufterei im München und im Oberbayern der Nachkriegszeit geschildert, eben ihr *„Erfolg"*. Viele in den Frühzwanzigern prominente Figuren aus Politik und Kultur treten dort unter verschlüsselten Namen auf. Aus der Politik etwa H. und Ludendorff, aus dem Kulturbereich u. a. Bert Brecht, Karl Valentin, der Autor selbst und noch weitere Literaten wie der damals hochbe- und gerühmte Ludwig Ganghofer; ihren großen Auftritt haben aber eben auch die Stadt München und *„das Land Altbayern"* in einem eignen, so überschriebenem Kapitel. Um es etwas überspitzt zu resümieren: Feuchtwanger unternimmt im Roman eine Schuldzuweisung in dem Sinne, dass in der Dumpfheit, im reaktionären Sumpf und in der schauerlichen Atmosphäre dieser Örtlichkeit(en) die ursächlichen Vorbedingungen für den Aufstieg des NS zu sehen seien. Ein paar Beispielzitate: „[Das bayerische] *Volk wünscht doch seine schmutzige Unlogik, fühlt sich wohl in seiner qualligen Verworrenheit. Gott hat* [ihm] *ein stumpfes Herz gegeben* […]". „[So wurde das Hakenkreuz …] *neben den haubenförmigen Kuppen des* […] *Doms und dem* […] *Mönch* […] *das populärste Wahrzeichen Münchens* […]. *Die geistig Regeren wanderten ab.*" „*Die* […] *ungewöhnlich erkenntnislose* […] *Stadt will das letzte Jahr*[fünft] *einfach nicht wahrhaben, die* […] *‚Befreiung'* […], *die barbarische Komik des Putsches*[:] *Sie hat es vergessen, sie gibt sich treuherzig, hält sich die Augen zu und will es nicht gewesen sein. Sie glaubt, dann vergessen es auch die andern. Aber da irrt sie.*" (Feuchtwanger, Erfolg, zit. Ed. S. 129, 552, 578 u. 837)

Starker Tobak … Die „*erkenntnislose*" Stadt München „*will es nicht gewesen sein.*" … Ja ist sie es denn gewesen? Ist sie es alleine gewesen, ist sie es in dem Sinne gewesen, dass ohne sie der ganze nationalsozialistische Politsondermüll gar nicht erst hochgekommen und somit also Deutschland und dem Rest der gequälten Welt erspart geblieben wäre? So abgeschmackt und an der Realität vorbei nun einerseits die Behauptung wäre, Hitler stünde in der Stadt München wie der Pontius im Credo, so zweifelhaft ist dann aber doch auch die obige These in dieser Zuspitzung. Nach zuverlässigen Quellen gab es spätestens ab 1929 auch im Rest des Reiches, und nicht nur in Bayern, die eine oder den anderen Nazi. Und es gab darüber hinaus zig-Millionen Menschen, die diese (wählend) unterstützten. Wenn es zu einer absoluten Stimmenmehrheit reichsweit bis 1933 auch nicht ganz reichte, so war die NSDAP doch in den letzten Jahren mit freien Wahlen die stärkste Partei, und in den ersten Jahren, als es keine solchen mehr gab, also ab 1933, existierte mit an Sicherheit grenzender Wahrscheinlichkeit eine breite Unterstützung für das Regime. Mit andren Worten: Gar so sehr verschieden vom Münchner Milieu waren die geistig-politischen Vorbedingungen im Rest des Reiches dann doch wieder nicht.

Und noch ein Weiteres: Bei all den Wahlen in den frühen Dreißiger Jahren, die der NSDAP den reichsweiten Durchbruch bescherten, lag die Partei in Bayern stets unterm Reichsdurchschnitt. Bei den beiden letzten freien Reichstagswahlen im Jahr 1932 wählten jeweils etwa 3% weniger Bayerinnen und Bayern die Hitlerpartei als andere Deutsche.

Die spezifischen Münchner Eigenheiten, die den Aufstieg Hitlers zweifellos besonders begünstigten, wurden hier schon dargelegt; wir erinnern an oben gefallene Stichworte wie „Residenzstadt-Tradition", „politisch hohl" oder „aufnahmebereites Fass". Aber: Autoritätsanbetung und Republikskepsis, Konservativismus reaktionärsten Gepräges und völkisches (Nicht)Denken sind nun sicher keine exklusiv oberländischen Phänomene während der Weimarer Zeit. Das sind schon gesamtdeutsche Erscheinungen gewesen. Es gäbe sogar eine hiesige politische Tradition, von der sich sagen ließe, dass sie dem Aufstieg Hitlers tendenziell eher entgegenstand (und tatsächlich hatte er gegen sie zu kämpfen): Die Rede ist vom Separatismus, der in der Zeit nach dem Weltkrieg durchaus Sympathien bei vielen Altkonservativen genoss. Die politische Rechte Bayerns erfuhr durch den Separatismus eine Spaltung, die es sonst in Deutschland so nicht gab. Hitler schaffte es zwar, diese zu überwinden, aber begünstigt hat der bei Konservativen verbreitete Wunsch nach bayerischer Eigenstaatlichkeit seine Karriere eher nicht.

Freilich kommt man nicht darum herum: Feuchtwangers Bemerkungen zu München und Altbayern sind polemisch, aber es steckt doch viel Wahres in ihnen. Die politische Atmosphäre hier machte Hitlers Aufstieg möglich. Aber der „Erfolg" ist durchaus auch in anderen Orten Deutschlands unter nicht arg veränderten Vorzeichen denkbar, die grundlegenden Vorbedingungen fehlten auch dort nicht, und eine auf München beschränkte Hitler-Begeisterung hätte ja nicht annähernd das anrichten können, was die reichsweite Begeisterung schließlich angerichtet hat.

9.4   DIE JAHRE UNMITTELBAR NACH DER HAFT IN LANDSBERG

Jene Karikatur eines Prozesses, die der Putschpleite folgte, wusste Hitler für sich zu nutzen; denn dumm war er ja leider keineswegs. Es war dieser Prozess, der zum Ausgangspunkt seiner deutschlandweiten Berühmtheit wurde. Man kannte ihn nun überall; zwar als vorerst mal Gescheiterten, aber man kannte ihn. Was nun, mit der Landsberger Festungshaft, folgte, waren so etwas wie des Anstreichers „Rheinsberger Tage". Die Anspielung bezieht sich auf eine Episode im Leben Friedrichs des Großen, der übrigens ein Idol Hitlers war. Der berühmte Preußenkönig hatte es als Kronprinz zunächst auch ordentlich krachen lassen und sich deutschlandweit berühmt gemacht, als er nämlich mit einer grotesk verunglückten Fluchtaktion dem Hofe seines Vaters scheinbar entkommen wollte; dabei hatte es sogar Tote gegeben, denn der alte König ließ einen Helfer seines Sohnes köpfen. Dann versöhnte sich Friedrich mit dem Vater und gab danach eine Zeit lang tatsächlich einigermaßen Ruhe, bis er schließlich mit seiner Thronbesteigung a. d. 1740 voll durchstartete, um jahrzehntelang furiengleich herumzutoben und ganz Europa zu terrorisieren. Die „Rheinsberger Tage" fielen in die kurze Zeit der Ruhe vor dem endgültigen take-off. Friedrich schrieb damals verlogene Bücher, hielt in Schloss Rheinsberg Hof – daher der Name „Rheinsberger Tage" – und bezeichnete diese Zeit später als die *„glücklichste"* seines Lebens. Das sind schon einige Parallelen, zumal es Hitler im Landsberger Knast ja keineswegs an Annehmlichkeiten fehlte. Ansonsten ist der Alte Fritz selbstverständlich vor weiteren Parallelitätssuchen energisch in Schutz zu nehmen. Das hat er wirklich nicht verdient! Die Nazis bemühten sich übrigens tatsächlich darum, ihren Obergangster mit König Friedrich II. in eine Linie zu stellen. Das taten sie posthum einem Mann an, in dessen Staate nach eigener Aussage *„jeder nach seiner eigenen Façon selig"* werden durfte. Und das ist ja wohl so ziemlich das un*hitler*ischste, was einer sagen kann.

Es wurde schon darauf verwiesen, dass die nationalsozialistische Bewegung für ihren Zulauf Krisen benötigte. Ihre Propagandakunst bestand im Erzeugen von Hass. Das greift immer dann besonders gut, wenn es viele Malträtierte gibt oder wenigstens viele Menschen, die sich als solche fühlen. Dann konnten die Nazis scheinbar Schuldige bezichtigen und dem Hass preisgeben. Je besser es den Menschen jedoch ging, desto schlechter verfing diese Technik. Insofern wurde Hitler, als man ihn nicht nur viel zu schnell, sondern überhaupt unbegründet begnadigte, in eine rechte Sauregurkenzeit entlassen.

In einer kurzen Zeitspanne, beginnend mit Hitlers Entlassungsjahr 1924, tat sich krisenmäßig ausnahmsweise mal eher Wenig in der Weimarer Republik. Sie schien bis zum Jahr 1929 auf dem Wege der Konsolidierung. Die Superinflation war gebannt. Eine amerikanische Initiative milderte die Folgen der Reparationszahlungen spürbar ab. Das Reich bekam hohe und gar nicht mal ungünstige Kredite. Die Situation stabilisierte sich anscheinend (bei genauerem Hinsehen müsste man allerdings eher von „scheinbar" schreiben). Die Menschen arrangierten sich nun auch mit der neuen Staatsform.

Republikfreundliche Parteien konnten in den Parlamenten des Reichs und der Länder Koalitionsmehrheiten organisieren. Vielen Deutschen ging es zwischen 1924 und 1929 immer besser. Und folgerichtig erreichte die NSDAP bei Wahlen im Reichsgebiet kaum mehr als 2%.

Dennoch waren diese Jahre für Hitler weder unfruchtbar noch ereignislos. Zunächst gelang es ihm nach seiner Haftentlassung, seinen Status innerhalb der extremen deutschen Rechten entscheidend zu verändern. Aus dem Trommler wurde nun der Führer. Bis 1923 hatte H. sich selbst eher als den Trommler beschrieben, sogar noch im Prozess. Er sah sich selbst zu dieser Zeit noch nicht unbedingt als die Nummer Eins. Er gab den Propheten, ohne sich explizit auf einen kommenden Heiland festgelegt zu haben. Da er allerdings schon seit Längerem Chef der NSDAP gewesen war, bedeutete das, dass auch keine echte Konzeption der zukünftigen Diktatur bestanden hatte – eine Parteidiktatur war bis 1923 offensichtlich nicht angestrebt. Wer mochte denn jener gewesen sein, auf den der Trommler seine Zuhörer da einstimmte? Man weiß es nicht genau. Am ehesten käme wohl Erich Ludendorff, der Weltkriegsverlierer, in Frage. Allerdings gibt es keine Beweise dafür, dass Hitler den derart verehrte, dass er ihm das, was er für die Rettung Deutschlands hielt, wirklich zutraute.

Als die Putschisten am 8. November im Hauptsaal des Bürgerbräukellers den schon ziemlich zusammengesoffenen und daher wohl nicht mehr recht aufnahmefähigen Anwesenden die angepeilte Regierungsliste verkündeten, war Hitler zwar dabei; aber nicht an oberster Stelle; die war damals wohl tatsächlich Ludendorff zugedacht. Aber auch dies mag mehr so übergangsweise gedacht gewesen sein – das ist nicht mehr recht zu eruieren. Im Knast, während er einem Kumpan seinen „Kampf" diktierte, muss ein Umschwung in der Selbstwahrnehmung eingetreten sein. Er selbst war der Mann, der Vorherbestimmte, der Retter und Führer. Nun galt es, die NSDAP nach diesem neuen Prinzip, also dem Führerprinzip, auszurichten. Das Ziel, das in den Monaten nach der Haftentlassung auch recht schnell erreicht wurde, lautete: In der Partei solle es nur eine entscheidende Stimme, nur eine Meinung, nur eine Ideologie geben: seine. Die Partei sollte in Deutschland nicht mehr nur irgendeine rechte, sondern ihre Diktatur durchsetzen, und der Führer der Partei sollte der Diktator und Führer der ganzen Nation sein. Das war schon eine deutliche Positionsveränderung im Vergleich zur Zeit vor 1923.

Was dem da wohl derart zu Kopf gestiegen sein mag? Ein präzises Damaskus-Erlebnis hat noch niemand herausfinden können, nicht einmal der Historiker Ian Kershaw – und dieser Mann kennt nun wirklich jede belegbare Minute im Leben Adolf Hitlers. Der wiederum hatte irgendwann in den Mitzwanzigern seine neue Konzeption durchgesetzt: Innerhalb der Partei war sein Wort absolut sakrosankt, und in der rechten Szene Deutschlands wurde er als der „Führer" anerkannt. Die Wahlergebnisse blieben zwar vorerst äußerst mau. Aber da hieß es nun eben, zu warten. Denn soviel hatten Hitler und die Seinen mittlerweile heraus: Nur in einer Krise würden ihre Parolen auf breites Gehör stoßen.

Im Oktober 1929 endete die Konsolidierungsphase der ersten deutschen Republik abrupt. Sie wurde von zwei Ereignissen derart erschüttert, dass sie sich nie wieder davon erholte. Die Krise, auf welche die Nazis gewartet hatten, war da. Und sie war derart grundstürzend, dass sie das Pack ganz nach oben trug. Von diesen Ereignissen war das erste stark symbolischer Natur, und das zweite ruinierte die Wirtschaft, also das Republikfundament, vollkommen.

Zunächst starb am 3. Oktober dieses Jahres der Reichsaußenminister Gustav Stresemann. Er hatte seine berufsbedingte und betriebsnudelige Herumreiserei in letzter Zeit wohl doch schon übertrieben: Ihn traf der Schlag. Gustav Stresemann war viel mehr als ein erfolgreicher Reichsdiplomat. Er repräsentierte die junge Republik stärker als die vielen wechselnden Kanzler. Und das Reichsoberhaupt, Präsident Hindenburg, dieser greise Reaktionär, taugte schon gar nicht zur Integrationsfigur. Die Kanzler wechselten so oft, dass man sich ihre Namen nimmer merkte – aber Außenminister Stresemann blieb und blieb. Er bekleidete sein Amt von 1923 an bis zu seinem Tod ohne Unterbrechung. Und er hatte große Erfolge. Er war der erste deutsche Politiker, der mit dem Riesenblödsinn der „Erbfeindschaft" zwischen Frankreich und Deutschland aufhörte. Gemeinsam mit seinem französischen Amtskollegen und Saufkumpan Aristide Briand näherte er beide Staaten aneinander an. Das trug den beiden Chefdiplomaten den Friedensnobelpreis ein, wenn auch nicht die ungeteilten Sympathien in beiden Ländern; die Menschen waren damals oft noch nicht so weit, weder links noch rechts des Rheins. Stresemann führte Deutschland aus der Nachkriegsisolation heraus und in den Völkerbund hinein. Dabei waren ihm am Beginn seiner politischen Karriere – sie fiel noch in die Kaiserzeit – beide Rollen nicht auf den Leib geschrieben gewesen:

weder jene als Republikrepräsentant, noch jene als Friedenspolitiker. Stresemann war eher Vernunftrepublikaner als Vollblutdemokrat. Er ist nach 1918 zum Republikaner geworden. Aber gerade das machte ihn zum Aushängeschild des jungen Staates, denn namentlich im Bürgertum, dem er entstammte, ging es ja sehr Vielen so. Und einen späteren Aussöhnungspolitiker würde man in Gustav Stresemann ebenfalls nicht vermuten, wenn man seine Einlassungen während des Weltkrieges nachliest. Damals war er ein scharfer Hund, der nach Annexionen und Siegfrieden schrie; selbst aus Gesundheitsgründen vom Kriegsdienst freigestellt, war er bereit, dafür viele Soldatenleben zu opfern. Das ist ziemlich ungustiös, aber genug davon. Stresemann hatte gelernt. Die erste Aussöhnung zwischen Frankreich und Deutschland ist sein großes Vermächtnis.

Viele Menschen waren erschüttert. Nicht nur in Berlin und auch nicht nur im Reich; selbst französische Blätter druckten bestürzte Nachrufe. Stresemanns Tod sorgte für böse Vorahnungen. Er war ein Menetekel par excellence.

Drei Wochen später kam dann der nächste Schock: Die Börse in New York krachte zusammen. Das ist der „Schwarze Freitag", eine Bezeichnung, die es allerdings in zweierlei Hinsicht nicht ganz trifft. Erstens war es überm Teich noch Donnerstag, als die Kurse einbrachen. Daher spricht man in den Staaten auch vom „Schwarzen Donnerstag" (in Europa war es allerdings bereits nach Mitternacht). Zweitens dauerte der Börsenschock mehrere Tage.

Die Auswirkungen dieses Schocks betrafen zwar die gesamte Weltwirtschaft, aber Deutschland war ganz besonders betroffen. Denn zum einen fiel ein wichtiger Absatzmarkt jetzt annähernd völlig weg, und zum anderen – und das war das Schlimmste – wurden aus Amerika nun sofort die Kredite abgerufen. Das Aufblühen der Weimarer Wirtschaft basierte auf amerikanischen Krediten, die seit 1924 geflossen waren. Blieben diese nun nicht nur aus, sondern wurden eingetrieben, war ein Zusammenbruch der deutschen Wirtschaft nicht mehr abzuwenden. Das Geld wanderte ab. Es wurde knapp. Die Deutschen, die gerade erst die Folgen einer Superinflation zu bestehen gehabt hatten, gerieten nun in die Deflation. Die Produktion stand annähernd still. Das führte zur Massenarbeitslosigkeit.

Hatte die junge Republik dieses Problem nie so recht bewältigt – auch nicht in der Phase ihrer Konsolidierung – so waren, als es mit ihr zu Ende ging, um die sechs Millionen Menschen arbeitslos. Rechnet man all die

Familienmitglieder dazu, die von den Arbeitslosen nun nicht mehr ernährt werden konnten, dann ergibt sich, dass Deutschland Anfang der Dreißiger in den Pauperismus zurückgefallen war.

Und Hitler? Während Millionen für sich die Sonne untergehen sahen und es also langsam Nacht wurde in Deutschland, wähnte er seinen Stern in dieser kommenden Dunkelheit aufgehen. Stern?! Nein – das Wort weckt zu stille und zu liebliche Assoziationen, als dass es zur Metapher für den Aufstieg des Dauerbrüllers taugte. Die NSDAP legte nun von Reichstagswahl zu Reichstagswahl zu und war 1932 die stärkste politische Kraft in einem politisch extrem gespaltenen Land.

Der Machtpoker zu Anfang des Jahres 1933, der die Nazis ganz nach oben und ihren Führer am 30. Januar ins Reichskanzleramt brachte, ist unzählige Male beschrieben worden und obendrein keine besonders Münchnerische Geschichte. Also sparen wir uns das hier. Schon kurze Zeit nach der Berliner „Machtergreifung" folgte, gemeinsam mit den übrigen Ländern, die de-facto-Gleichschaltung des Freistaates Bayern.

10. MÜNCHEN UND BAYERN UNTERM HAKENKREUZ

10.1 GLEICHSCHALTUNG

Es wäre aus zwei Gründen unkorrekt zu sagen, der nationalsozialistische Terror habe am 30. Januar mit der Ernennung Hitlers zum Reichskanzler begonnen. Zunächst: „Terrorisiert" hatten die Nazis seit dem ersten Tag ihrer Parteigeschichte; sie hatten erst gebrüllt und dann schon bald auch gemordet, hatten gedroht, erpresst, verleumdet und was nicht alles mehr. Zweitens: Gewiss war Hitler mit dem 30. Januar Reichskanzler, aber das macht alleine noch keine Diktatur. Die kam dann zwar rasend schnell. Aber das Reichskanzleramt war nur ein Schritt dorthin – ein riesiger – aber eben nur einer. Zur Errichtung einer Diktatur braucht man die uneingeschränkte Polizeigewalt; man muss sich von der Verfassung und dem Parlament lösen; und man muss, sofern es sich um ein föderales Staatsgebilde handelt, die verschiedenen föderalen Gewalten beseitigen. Man muss, mit anderen Worten, die einzelnen Länder zu machtpolitisch unbedeutenden Verwaltungseinheiten degradieren.

Am 30. Januar 1933 stand der frischerkorene Reichskanzler Hitler noch in doppelter Abhängigkeit. Einmal brauchte er eine Parlamentsmehrheit, die ihn stützte, und zum anderen hatte der Reichspräsident gemäß der Verfassung jederzeit das Recht, den Kanzler wieder abzuberufen. Nun, das war das kleinste Problem und würde sich finden. Der Erztrottel Hindenburg war ja schon höchstbetagt, und notfalls half man halt beim Sterben ein bisserl nach … Vorerst inszenierte man für den Alten den „Tag von Potsdam". Man steckte ihn in eine Uniform, und er durfte das repräsentieren, was die Rechten für „Preußen" hielten. Hitler schlüpfte in einen Frack und verbeugte sich öffentlich tief vor dem Tattergreis – dies immerhin dürfte dem *böhmischen Gefreiten*" (so Hindenburg) arg schwergefallen sein, und es war mit Sicherheit das letzte Mal in seinem verruchten Leben. Er wird sich mit dem Wissen getröstet haben, dass in Wahrheit ja an diesem Tag das alte Preußen vor ihm in die Knie ging.

Die Selbstentmannung des deutschen Parlaments ging dann in einer Schnelligkeit und Leichtigkeit vor sich, die heute noch erschüttert. Sie ist nicht unser spezielles Thema. Die Kommunistische Partei war bereits verboten und ihre Abgeordneten eingesperrt; alle bürgerlichen Parteien besiegelten den Antrag auf ihre eigene Entmachtung am 23. März 1933 mit „*Ja*"; einzig die SPD hielt ihre und des Parlamentes Würde hoch. Ihr Abgeordneter Otto Wels rief in der Debatte aus: „*Freiheit und Leben kann man uns nehmen; die Ehre nicht!*". Einen Tag später trat das „Gesetz zur Behebung der Not von Volk und Reich" dann in Kraft – nun waren „Volk" und „Reich" tatsächlich in tiefster „Not"!

Wie sah es nun um die Entmachtung der Länder aus? Sie funktionierte unter dem euphemistischen Schlagwort „Gleichschaltung" und basierte auf zwei Reichsgesetzen, die der Weimarer Verfassung zwar diametral entgegenstanden – aber wen kümmerte das noch groß?! Das oben beschriebene „Ermächtigungsgesetz", dessen Ablehnung seitens der SPD deren Abgeordneter Otto Wels so heroisch begründet hatte, gab der Regierung Hitlers quasidiktatorische Vollmachten. Sie konnte nun erlassen, was sie wollte, und das tat sie auch. Die zwei Gleichschaltungsgesetze wären ohne das vorangegangene Ermächtigungsgesetz nicht möglich gewesen. Nun wurde dekretiert: Erstens hatten die Länderparlamente, ohne dass sie neu gewählt werden würden, dieselbe Zusammensetzung wie der zuletzt gewählte Reichstag. Das bedeutete in den Länderkammern den Ausschluss der bereits verbotenen KPD und eine absolute Mehrheit jener beiden Parteien, die die Reichsregierung bildeten, also der DNVP und der Nazis. Das zweite Gesetz führte für jedes Land sogenannte „Reichsstatthalter" ein. Diese wurden von der Reichsregierung ernannt und durften ihrerseits die Länderregierungen entlassen und einsetzen. Das bedeutete zwar nicht die Abschaffung, wohl aber die totale Entmachtung der jeweiligen Ministerpräsidenten.

Es ist generell davor zu warnen, das Funktionieren des nationalsozialistischen Staates aus seiner Organisation heraus begreifen zu wollen. Man kennt doch jene Graphiken, die sich in historischen Sammelwerken finden – etwa dem dtv-Atlas zur Geschichte –, und die ein politisches System erklären sollen. Da gibt es dann verschiedene Kästchen, die mit Pfeilen verbunden werden. Für die Bundesrepublik zum Beispiel sähe das in etwa so aus: Im untersten und breitesten Kästchen stünde das Wort „*Volk*"; davon würde jeweils ein Pfeil zu „*Bundestag*" und zu „*Landtagen*" führen; diese Pfeile bedeuten „*wählt*". Entsprechende Pfeile führten dann von „*Bundestag*" zu „*Kanzler*" und von den *„Landtagen"* zu den einzelnen *„Ministerpräsidenten"*, denn die Regierungschefs werden in der Bundesrepublik ja alle von den Parlamentsmehrheiten gewählt, und nicht etwa direkt vom *„Volk"*. Andere mit Pfeilen verbundene Kasterln ergänzen dann das Bild (da steht dann etwa *„Bundespräsident"* drin, *„Bundesrat"* oder *„Verfassungsgericht"*, usw., usf.).

Das soll doch bitteschön mal jemand mit dem NS-Staat versuchen! Fast nicht möglich ... Das Kästchen *„Volk"* könnte man sich gänzlich sparen. Die Graphik hätte wohl kreisrund zu sein, und in der Mitte stünde *„Hitler"*. Um diesen herum, weil von diesem ernannt, gruppierten sich dann verschiedene Personen, Institutionen und auch Gesetze – wohl eher Erlasse oder Befehle – weil alle irgendwie von ihm ausgehen, ernannt oder erlassen werden. Und es käme erschwerend hinzu, dass sich die Institutionen kompetenz- und hierarchiemäßig überlagerten. Das ist fast nicht darstellbar, weil es in der Tat keine festgelegten Hierarchien gab. Es herrschte im NS-Staat ein permanenter Kampf konkurrierender Personen und Institutionen, die sich alle einzig aus ihrer jeweiligen Nähe zum *„Führer"* legitimierten. Das war ein einziger Institutionenwust. Bezogen auf die Länder heißt das: Es gab die Ministerpräsidenten; daneben gab es die Reichsstatthalter; und dann gab es noch die örtlichen Parteibonzen, meist mit engem persönlichen Kontakt zu H.; und, nicht zu vergessen, es gab auch noch die Gauleiter: Auch sie erhoben *„Mitregierungsansprüche"* (L. Volk, in: HB zur bayr. Gesch., S. 524). Der Hitler-Biograph Ian Kershaw spricht recht anschaulich vom *„internal war of the regime."* Es war mitunter das reine Chaos (Kershaw, Nemesis, p. 314).

In Bayern und speziell in München war die Situation am allerunübersichtlichsten. Denn hier gesellten sich zu all den neuen Postenträgern auch noch die alten Kämpen der Partei. München war ja der Geburtsort der Bewegung. Hier war Röhm, dessen SA mordend und prügelnd mitgeholfen hatte, den Parteichef in die Reichskanzlei zu hieven. Hier war Himmler, der seinen eigenen SS-Staat aufbaute, in totaler Konkurrenz zu Röhms SA. Himmler war für eine Weile „Polizeichef von München", und als solcher dem bayerischen Innenminister A. Wagner unterstellt, welcher allerdings als Mitglied der SA wiederum Röhm unterstand ... Kein Mensch blickte da durch. Und es sollte wohl auch keiner durchblicken können. Der Kampf der Institutionen entsprach voll und ganz der Hitler'schen Konzeption vom ganzen Leben als Kampf. Der NS-Staat war eine Abwandlung des Sozialdarwinismus, er war „Institutionsdarwinismus". Im Münchner Raum setzte sich schließlich

Himmler durch – allein durch seine persönliche Nähe zu Hitler. Der zeitweilige Münchner Polizeichef avancierte zum zweitmächtigsten Mann im ganzen Terrorreich. Ernst Röhm dagegen bezahlte seine Niederlage in diesem Machtkampf mit dem Leben. In den anderen Reichsländern gab es von ganz oben ernannte „Reichsstatthalter". In Bayern nicht; hier trieb ein gewisser Ritter von Epp als (ebenso von ganz oben ernannter) „Reichskommissar" sein Unwesen. Man sieht wieder: Gar so genau nahmen es die Nazis mit den Institutionen und Kompetenzen nicht. „Reichskommissar", „Reichsstatthalter" – es war schon gleich. Wer näher am *„Führer"* dran war, setzte sich durch und regierte mit. Dem Schurken v. Epp sind wir übrigens 1919 schon mal begegnet: Er hatte eine führende Rolle bei der Niederschlagung der Münchner Räterepublik gehabt. Er befehligte damals eine jener Mörderbanden, die man „Freicorps" nannte.Die Gleichschaltung der Länder war 1934 endgültig vollzogen. Eine abschließende Verordnung, das sogenannte „Neuaufbaugesetz", beseitigte pünktlich am 30. Januar 1934, dem ersten Jahrtag der „Machtergreifung", alle eventuell noch bestehenden *„Hoheitsrechte* [...] *der deutschen Einzelstaaten. Bayern* [war] *auch des letzten Attributs seiner Eigenstaatlichkeit beraubt."* (L. Volk, in: HB zur bayr. Gesch., S. 525). Das ist schon der gegebene Moment, um das altehrwürdige „Handbuch zur bayerischen Geschichte" mal wieder zu zitieren.

10.2 DAS KONZENTRATIONSLAGER DACHAU

Die (hoffentlich noch geneigten) Lesenden werden sich erinnern: Es war so um die Prinzregentenzeit herum, als wir den bis dato hier vorherrschenden Kaffeeklatsch- und Sahnetortenton aufkündigen mussten. Der ging nun nicht mehr an, obwohl doch grad ihm, dem Prinzregenten, eine Torte gewidmet ist. Die dunklen Wolken hatten sich da schon gar zu bedrohlich über dem Oberland aufgetürmt. Und jetzt – jetzt wird es endgültig nur mehr grauenvoll.

Einem, der das Schreibzeug auspackte, um von Heinrich dem Löwen zu erzählen, von Michaelskirchen und vom Königsplatz, vom Englischen Garten und von Bierseligkeit, vom verschlafenen Zauber einer zentraleuropäischen Mittelmacht und von Residenzstadtherrlichkeit – so Einem also widerstrebt es, von Hoffnungslosigkeit und Auspeitschung, von organisierter

Entwürdigung und staatlich initiiertem Massenmord, sprich also: von den Höllen auf Erden zu sprechen (und Gott, wem widerspräche es nicht?!).

Das Konzentrationslager Dachau wurde unter federführender Mitwirkung des Münchner Polizeichefs eingerichtet. Das war seit dem 9. März 1933 Heinrich Himmler (damit bekleidete dieser Verbrecher ein Amt, als dessen erster Inhaber ausgerechnet und akkurat Benjamin Thompson geführt wird, jener rührige und rührende Menschenfreund und Erfinder des Englischen Gartens, der sich später Graf Rumford nennen durfte. Man sieht: Es gibt kein einziges noch so kleines Detail in der Geschichte des NS, das nicht irgendwie zum Heulen wäre …). Himmler kündigte am 20. März 1933 die Einrichtung des Lagers an, als dessen Gründungsdatum der 22. März gilt. Das war also knapp zwei Monate nach der Ernennung Hitlers zum Reichskanzler. Mit der Errichtung des Konzentrationslagers war die Etablierung der Terrordiktatur endgültig vollzogen – ein unfassbares Tempo! Führen wir uns die konkreten Schritte in diesen Abgrund kalendarisch nochmals vor Augen:

- 30. Januar 1933: Hitler wird vom Reichspräsidenten zum Kanzler ernannt
- 27. Februar 1933: Der Berliner Reichstag brennt ab.
- 28. Februar 1933: Die offizielle Reaktion der Regierung auf die Flammen ist die sog. Reichstagsbrandverordnung, genauer die „Verordnung zum Schutz von Volk und Staat". Die demokratischen Grundrechte werden kassiert. Der Terror gegen politische Feinde, insbesondere gegen die Kommunisten, beginnt mit willkürlichen Verhaftungen und Prügelorgien durch SA und SS; die ersten „wilden" Konzentrationslager entstehen.
- 22. März 1933: Entstehungsdatum des Konzentrationslagers Dachau, das ursprünglich ein „politisches" Gefängnis war.
- 24. März 1933: Das Ermächtigungsgesetz, genauer das „Gesetz zur Behebung der Not von Volk und Reich", tritt in Kraft. Das ist die „gesetzliche" Grundlage der Gleichschaltung(en).

Noch in der Nacht, als der Reichstag brannte, begannen in ganz Deutschland politische Säuberungen. Die offizielle Polizei verhaftete Hunderte. Alle politischen Gegner der Nationalsozialisten waren davon betroffen, aber in erster Linie terrorisierte man die Kommunisten, welchen die Staatspropaganda die Schuld am Feuer unterstellt hatte. SA und SS, die beiden Naziorganisationen, fungierten dabei als Hilfspolizei. In diesen späten Februartagen entstanden die ersten, die sogenannten „wilden" Konzentrationslager. Von daher ist es übrigens nicht völlig korrekt, von Dachau als dem „ersten" Konzentrationslager zu sprechen. Das Dachauer Lager war das erste der prominenten KZs, und es war das erste, welches die gesamte Zeitspanne der Diktatur überdauerte. Die übers ganze Reich verteilten „wilden" Lager waren jedoch zum Teil schon vor Dachau entstanden; sie verschwanden allerdings bald wieder.

Die Staatsgefängnisse waren schon Anfang März überfüllt. Gleichzeitig strebte der Diktator gemeinsam mit seinen Unterdiktatoren wie Röhm und Himmler, die beide in München ihr Unwesen trieben, nach größerer Einschüchterung der Bevölkerung. Die letzten Wahlen hatten ja gezeigt, dass, die Nichtwähler eingerechnet, eine knappe Mehrheit der Deutschen nicht zu den Naziunterstützern zählte. Diese Menschen mussten, soweit sie nicht gewonnen werden konnten, mundtot gemacht werden. Das Mittel hierzu war der Terror. Und so kam es zum Konzentrationslager Dachau. In den ersten Jahren waren übrigens die offiziellen Stellungnahmen der Regierung zum Lager von brutalstmöglicher Doppelzüngigkeit. Das geht schon stark in jene Richtung, die George Orwell in seinem Roman „1984" als „Doppeldenk" bezeichnet hat. Völlig gleichberechtigt existierten zwei Versionen in dem, was man noch als Öffentlichkeit bezeichnen konnte. Die erste Version: In Dachau werden verbrecherische Elemente durch sanften Druck und durch Arbeit, bei hervorragenden hygienischen Verhältnissen und bester Verpflegung wieder zu nützlichen Gliedern der Gesellschaft erzogen. Diese Version konnte man zum Beispiel im Frühsommer einem Bericht einer Münchner Tageszeitung entnehmen. Die zweite Version war dann die Wahrheit, und es war durchaus nicht so, dass es den Nazis ungelegen kam, dass sehr viele Deutsche diese Wahrheit kannten, denn das diente der Einschüchterung; keine Rede kann etwa davon sein, dass man versuchte, diese Wahrheit zu unterdrücken. Potentielle Gegner sollten ja ruhig wissen: In Dachau herrschte die vollkommene Willkür. In Dachau wurde ermordet; entwürdigt; *„vernichtet"* (neben *„rücksichtslos"* und *„ausgerottet"* ein Lieblingswort der Nazis); es wurde dort geprügelt, gefoltert, verängstigt und systematisch terrorisiert. Immer wieder erklärten verschiedene Nazibonzen, dass Berichte über diese Wahrheiten Propagandalügen der Auslandspresse seien; um im nächsten Augenblick dafür zu sorgen, dass doch wieder alle bescheid wussten. Als die Konzentrationslager in einer späteren Phase zum Instrument für den Völkermord wurden, galt das in dieser Form übrigens nicht mehr. Wenngleich die Sache nicht hundertprozentig geklärt ist, so spricht doch viel dafür, dass die Nazis versuchten, den Genozid möglichst geheim zu halten. Natürlich gab es Gerüchte und Ahnungen. Aber nur eher Wenige wussten mit Bestimmtheit, dass in Auschwitz und an anderen Orten Millionen Menschen in die Gaskammern geschickt wurden.

Zunächst war Dachau ein staatliches Lager. Heinrich Himmler war mittlerweile zum Chef der bayerischen Polizei avanciert. In dieser Funktion übertrug er nun, im April 1933, die Leitung des Konzentrationslagers Dachau dem obersten Chef der SS. Das heißt also, der Staatspolizist Himmler übertrug dem Parteifunktionär Himmler die Leitungskompetenz. Mit dieser Selbstübertragung war die kurze Zeit des staatlichen Gefängnisses beendet, und es begann die Zeit des SS-Lagers, welche bis zur Befreiung dauerte. Was sich wie ein Verwaltungsakt ausnimmt, entpuppte sich sofort als Schrecken für die Inhaftierten. Das Regime der SS war völlig enthemmt. Bei der dem Verwaltungsakt folgenden Wachablösung wurde den Schergen, die nunmehr das KZ zu leiten hatten, eingebläut, dass die Inhaftierten *„keine Menschen wie [sie]"* seien, und dass diejenigen zum Dienst untauglich seien, die *„kein Blut sehen"* könnten oder etwa meinten, *„die zu bewachenden Häftlinge trügen Menschenantlitz."* Die diesbezügliche Ansprache wurde so laut gehalten, dass die Lagerhäftlinge sie mitanhören mussten (alle Zitate aus: Zámečnik, Dachau, S. 27).

Die Loslösung vom Staat diente also der Brutalisierung des Lagerregimes. Noch galt nicht zu hundert Prozent, dass die Nazis alle staatlichen Bereiche vollkommen kontrolliert hätten. So gab es in Bayern beispielsweise unter den Staatsjustizbeamten einen regelrechten Helden – wahrhaftig ein seltener Fall. Das war der Oberstaatsanwalt Wintersberger. Dieser ließ im Jahr 1933 Morde, die von der SS in Dachau begangen worden waren, gerichtlich untersuchen und erhob in zwei Fällen nicht nur Anklage, sondern beantragte sogar Haftbefehle gegen das Lagerpersonal wegen Verdunkelungsgefahr. Natürlich wurde die Sache von ganz oben gedeckt und verlief dann im Sande. Der Staatsanwalt wurde von München nach Bamberg versetzt und insistierte nicht weiter. Die Heldenhaftigkeit eines deutschen Justizbeamten hatte damals dann doch eher enge Grenzen. Wintersberger trat später in die NSDAP ein und legte eine beachtliche Karriere im Naziregime hin. Das Wegschauen im richtigen Moment als Grundvoraussetzung hierfür hatte er offenbar nach 1933 ganz gut erlernt.

Dachau blieb einige Jahre lang ein Lager für politische Feinde, doch änderte sich das mit der Verschärfung der nationalsozialistischen Rassepolitik und dann noch einmal mit dem Beginn des Krieges. Nach der Reichspogromnacht kamen vermehrt Jüdinnen und Juden ins Lager, und nach 1939 kamen die Angehörigen der von der Wehrmacht überfallenen Nationen. Die Intensität des Terrors variierte in verschiedenen Stadien. Als die SS-Leitung eines Tages beschloss, die Arbeitskraft der vielen Tausend in ihren verschiedenen Konzentrationslagern inhaftierten Menschen zu nutzen, indem man sie als Sklaven an Firmen vermietete, führte dies in Dachau kurioserweise zu einer kurzzeitigen Verbesserung der Verpflegungslage. Bisher war die Zwangsarbeit reines Mittel zum Zweck des Quälens gewesen. Als man nun danach trachtete, sie gewinnbringend zu nutzen, erleichterte dies den Alltag der Häftlinge für eine gewisse Zeit. Der Grund dafür lag selbstverständlich nicht in irgendwelchen humanitären Überlegungen, sondern in rein ökonomischen. Ein halbverhungerter Häftling brachte der SS, die sich unter anderem auch als Wirtschaftsfaktor begriff, vergleichsweise weniger Gewinn. Doch auch diese Phase endete bald. Die Arbeit in den Konzentrationslagern, speziell in jenen des Ostens, wurde nun Mittel zur physischen Vernichtung der Häftlinge.

Bei der Erörterung des nationalsozialistischen Systems der Konzentrationslager, als dessen Nukleus oder Ausgangspunkt man Dachau auch dann bezeichnen kann, wenn in anderen Lagern das Grauen rein zahlenmäßig noch weit schlimmere Dimensionen angenommen hat – bei dieser Erörterung also stößt man immer wieder an Vorstellungs- und sogar Sprachgrenzen. Die Sprache versagt. Zu den „medizinischen" Menschenversuchen zum Beispiel, die es auch in Dachau zu Hunderten gab, gehört reflexartig das Adjektiv „barbarisch". Aber was ist damit gesagt …? Wird nicht selbst dieses Wort irgendwann zur Floskel?

Das Alltagsgrauen im Konzentrationslager Dachau wird hier nicht im Einzelnen behandelt – da drücken wir uns und geben nebst der Empfehlung an die Lesenden, die Gedenkstätte demnächst einmal wieder zu besuchen, eine weitere: Im Buch „Das war Dachau" des einstigen Häftlings und Historikers Stanislav Zámečník steht all das, was man wissen sollte und was nie hätte geschehen dürfen.

Man geht heute von etwa 41.500 Todesopfern des Dachauer Konzentrationslagers aus. Am 29. April befreite die amerikanische Armee die letzten Gefangenen.

Einige Außenlager erreichten die Befreier erst wenige Tage später.

10.3 DER „RÖHMPUTSCH" ODER
DIE „NACHT DER LANGEN MESSER"

Edmund Stoiber ist der Autor der blitzdummen Bemerkung, der NS sei „*in erster Linie ein Sozialismus*" gewesen. Das war er nie. Der Nationalsozialismus ersetzte jenen „Kampf der Klassen", aus dessen objektiver Gegebenheit die Linkssozialisten ihre politischen Schlüsse und Forderungen ableiteten, durch das Konstrukt eines „Kampfs der Rassen", den es objektiv gar nicht geben konnte, da die Konstruktion verschiedener menschlicher Rassen als Basis der Ideologie wissenschaftlich völlig unhaltbar ist. Das einzige Zugeständnis der Nazis an ihren Etikettenschwindel vom „Sozialismus" war ein Neidgebräu, das in jenen, die es zu sich nahmen, den Rausch eines dumpfen Hasses auf eine weitgehend imaginierte Gruppe zu Unrecht irgendwie „Bevorzugter" oder „Privilegierter" evozierte. Dazu gehörten in erster Linie Juden, aber auch prominente demokratische Politiker („*Systempolitiker*") und zum Teil auch Industrielle – das Gros der Führung der Partei hatte Letzteren gegenüber allerdings nicht die geringsten Berührungsängste. Und an eine Enteignung oder an eine Beschneidung ihrer Privilegien dachten weder Hitler noch seine engere Umgebung.

Der ideologische Nukleus des NS war unserer bereits vorgestellten These nach der eliminatorische Rassismus, euphemistisch Sozialdarwinismus genannt; vom Sozialismus war er Lichtjahre entfernt. Gleichwohl gab es jedoch eine antibürgerliche oder antibourgeoise Strömung in der Partei. Wenn man diese Strömung verorten will, hat man in der SA zu suchen. Sie hatte Hitler als parteieigene Schläger- und Mörderbande mit an die Macht gebracht. Sie hatte die Gewaltexzesse gegen politische Feinde im Zuge des Reichstagsbrands organisiert, wenn auch schon in konkurrenzgeprägter Zusammenarbeit mit der anderen Mordorganisation der Bewegung, also der SS. In der SA gab es Einige, die die „nationale Revolution" weitertreiben wollten. Das schreckte das großbürgerliche Milieu in Deutschland ab, welches ansonsten der antimarxistischen NSDAP durchaus mehrheitlich zugetan war. Ferner gab es eine klar artikulierte Zielrichtung, die SA zur offiziellen Armee des Deutschen Reiches zu machen. Dem Offizierscorps der Wehrmacht waren diese Bestrebungen ein Greul. Hitler geriet hier im Verlauf der ersten Jahreshälfte 1934 zwischen die Fronten. Eine Clique rund um Göring, Himmler und Goebbels, die ihrer gegenseitigen Abneigung zum Trotz hier eine gemeinsame politische Linie fanden, drängte auf eine Entmachtung der SA. Diese wiederum versuchte, die Bewegung zu radikalisieren und sie aus ihrem Bündnis mit der Bourgeoisie zu lösen. Der Hauptvertreter dieser konkurrierenden Parteiclique war Ernst Röhm. Und genau darin bestand für Hitler, der rein politisch-strategisch in dieser Sache ganz sicher an der Seite Görings, Himmlers und Goebbels' zu verorten ist, das Problem.

Der Diktator, wir sagten es, war ein Mensch ohne Privates; rein privat gesehen war er gleichsam eine Unperson, er existierte nicht. Folgerichtig gab es auch nur ganz, ganz wenige Menschen, mit welchen er per Du gewesen ist. Ausgerechnet Röhm gehörte nun aber dazu. Röhm war ein Mann der ersten Stunde gewesen. Er war beim Putschversuch von 1923 dabei, wie auch beim folgenden „Prozess". Wenn Hitler überhaupt je Vertraute gehabt haben sollte – sein Duzkumpan Röhm wäre in der schmalen Liste ziemlich weit oben. Und: Hitler verdankte ihm viel. Nun gehörte Dankbarkeit bekanntlich nicht zu seinen Kernkompetenzen, ebenso wenig wie andere menschliche Regungen. Aber der Mann, der ausschließlich als öffentliche, politische Person existierte, musste immerhin darauf bedacht sein, der Bevölkerung den unermesslichen Grad seiner Unmenschlichkeit zu verschleiern. Als konsequent durften sie ihn gerne betrachten, und es schadete auch nichts, wenn sie erkannten, dass er in der Konsequenz absolut brutal werden konnte. Aber es steht zu vermuten, dass Hitler eine Zeit lang den Ruch der Undankbarkeit scheute.

Das Wort „Röhm-Putsch" führt in die Irre. Einen Putschversuch Röhms hat es mit an Sicherheit grenzender Wahrscheinlichkeit nie gegeben. Aber er fühlte sich als Nummer Zwei im Terrorstaat und stand den anderen obersten Parteibonzen dabei im Weg. Ferner strebte er nach weiterem Machtzuwachs – als Chef der SA, die wiederum in den Stand einer offiziellen Staatsarmee erhoben worden wäre, wäre Röhms Position entschieden gestärkt worden. Röhm hatte die Wehrmachtschefs, die Industriellen und das Großbürgertum gegen sich. Obendrein war er ziemlich unverdeckt homosexuell, was damals als Straftat galt. Insbesondere Heinrich Himmler insistierte diesbezüglich, dessen Homophobie notorisch gewesen ist.

Kurz: Röhm war der Flegel der Bewegung. Als solcher störte er arg und musste weg. Auch sein alter Gefährte Hitler fügte sich schließlich in diese Einsicht. Röhms Ermordung stand damit unmittelbar bevor.

Das Gangsterstück, welches Hitler und die parteiinternen Röhm-Konkurrenten nun inszenierten, hatte aber durchaus auch noch einen anderen Zweck: nämlich jenen der Einschüchterung jener, die dem Regime potentiell fernstanden. Was die Altkonservativen im Reich betraf, war die Botschaft, welche von dem Gemetzel ausging, durchaus doppelzüngig. Zum einen wurde signalisiert: Beruhigt Euch, denn der Prolet ist beiseite geräumt. Die SA ist entmachtet und die Wehrmacht bleibt die einzige Armee-Institution im Reich (das war übrigens mal wieder gelogen, denn die SS schwang sich später zu einer zweiten deutschen Armee auf). Zum anderen aber sollten alle wissen: So und nicht anders geht Hitler mit seinen Feinden um. Selbst wenn sie ihm dereinst sehr nahe gestanden haben, vernichtet er sie ohne Zögern, völlig außergesetzlich und absolut brutal. Die „Nacht der langen Messer" zeigte, wie fest die Diktatur schon etabliert war. Hitler konnte schalten und walten, wie er es brauchte – Recht und Gesetz …? Das gab's nicht mehr.

Die Bühne des Schurkenstücks war das bayerische Oberland. Beim letzten Treffen in Berlin hatte Hitler den bereits Todgeweihten tüchtig eingeseift. Röhm beurlaubte daraufhin seine gesamte SA für einen Monat und begab sich zur Kur nach Bad Wiessee. Seine engsten Vertrauten aus der Prügelbande waren dabei um ihn. Die ganze Bagage wurde dann am 30. Juni von hochrangigen Nazis in Begleitung von Kriminalisten aus München überfallen. Hitler stürmte in das Zimmer seines „Stabschefs" und sagte: *„Röhm, du bist verhaftet!"* Dann verließ er die Szenerie.

Röhm, der nicht wusste, wie ihm geschah, wurde ins Stadelheimer Gefängnis verbracht. Dort übergab man dem zweiten Mann des NS-Staates eine Pistole und forderte ihn zum Suizid auf. Die Bewachergruppe Röhms wurde von Theodor Eicke befehligt, dem derzeitigen Kommandanten des Konzentrationslagers Dachau. Als man aus der Zelle, in welcher Röhm sich totschießen sollte, nach etwa zwanzig Minuten noch immer keinen Knall gehört hatte, veranlasste Eicke die Ermordung.

Um die hundert Menschen in ganz Deutschland verloren im Zuge dieser Parteisäuberung ihr Leben, nicht wenige von ihnen in jenem KZ Dachau, das sie einst selbst mit errichtet hatten.

Es traf auch einige Konservative. Nun wusste auch der Letzte über den Charakter des NS-Regimes Bescheid. Die Kriminellen, die Deutschland seit dem Januar 1933 regierten, ließen die letzten Hüllen fallen. Es war ihnen buchstäblich Alles zuzutrauen. Jene Altkonservativen allerdings, die es sich im neuen Staat karrieremäßig einzurichten gedachten, waren beruhigt. Ein Weitertreiben der „nationalen Revolution" würde es nicht geben. Die Wehrmacht war scheinbar vor dem Zugriff der Partei gerettet. Auch die Industriellen sahen über die bare Illegalität und die Monstrosität der „Nacht der langen Messer" großzügig hinweg. Die Gefahr eines Vulgärsozialismus, der ihnen mit Enteignung drohte, war ja jetzt ganz offensichtlich gebannt. Dies Letztere übrigens nicht nur „scheinbar": Irgendwelche Enteignungstendenzen oder ähnliche Pläne hat es in der nationalsozialistischen Diktatur nicht gegeben.

10.4 „HAUPTSTADT DER BEWEGUNG"

Die Gleichschaltung der ersten Monate nach der Machtergreifung hatte auch allen Formen der kommunalen Selbstverwaltung den Garaus gemacht. Als Trostpflaster gönnte man einigen prominenten Städten nun besondere Titel. Das waren die sogenannten „Führerstädte". Frankfurt am Main wurde nicht offiziell in diesen erlesenen Kreis aufgenommen, dazu war die Stadt den Nazis allzu suspekt. Frankfurt stand für demokratische Tradition und für das Blühen einer deutsch-jüdischen Kultur. Immerhin bedachte Hitler die Mainmetropole im Jahr 1935 mit dem Titel „Stadt des deutschen Handwerks" – zur offiziellen „Führerstadt" langte es aber nicht. Die Stadt Hamburg, die bürgerstolze, hatte weniger Glück. Sie wurde Führerstadt mit dem Untertitel „Hauptstadt der deutschen Schifffahrt". Berlin wurde in gewohnt bescheidener Contenance zur „Welthauptstadt Germania", Linz zur Führerstadt schlechthin als Heimat des Diktators (Linz liegt bekanntlich in Deutschland ...), Nürnberg besudelte man mit „Stadt der Reichsparteitage", und München war offenbar die Perle unter den Führerstädten: Sie bekam gleich zwei Titel. Damit war der Ort sozusagen der Göring unter den Städten, denn dieser Nazibonze galt als der fleißigste Titelsammler im Reich („Reichsmarschall des Großdeutschen Reiches", „Reichsluftfahrtminister", „Reichserzjägermeister", ...). Die Führerstadt München war „Hauptstadt der deutschen Kunst" und auch „Hauptstadt der Bewegung". Letzteres ließ sich angesichts der Frühgeschichte des Nationalsozialismus tatsächlich nicht ganz von der Hand weisen. Wohl aus genau diesem Grund hatte Thomas Mann schon 1926 von seiner Wahlheimatstadt als *der eigentlich dummen*

Stadt" gesprochen. Zu dieser Zeit galt Vielen der Kampf um München als Kulturzentrum noch nicht als völlig aussichtslos. Der wurde erst 1933 endgültig verloren (Mann-Zitat nach www.br.de / themen / bayern / inhalt / geschichte / muenchen-stadtportraet-hauptstadt-der-bewegung100.html).

Die vor Ort ansässigen und nunmehr maßgeblichen Parteigrößen bemühten sich in einer Art vorauseilenden Gehorsams, den allgemein üblichen Nazischeußlichkeiten immer einen Schritt voraus zu sein. Jüdische Bürgerinnen und Bürger wurden hier früher drangsaliert als im Rest des Reiches, die Hauptsynagoge Ohel Jakob („Das Zelt Jakobs") in der Herzog-Max-Straße riss man noch vor der Reichpogromnacht ab, während man andernorts im Nazistaat noch nicht so weit gegangen war (die heutige Hauptsynagoge hat in Erinnerung an ihren Vorgängerbau denselben Namen). Auch im Bücherverbrennen, diesem Symbol für Geistlosigkeit und Intoleranz, war man hier am schnellsten. Noch vor der reichsweiten Aktion am 10. Mai wurde in München eine Verbrennung in der Altstadt organisiert. Bei beiden Bränden vergaßen die Nazis, Oskar Maria Graf auf jene Liste zu setzen, die in Wahrheit ja eine Ehrenliste war. Prompt beschwerte er sich aus dem Exil. In der Wiener Arbeiterzeitung erschien zwei Tage nach der reichsweiten Bücherverbrennung ein Text mit dem Titel *„Verbrennt mich – ein Protest"*. Darin kommentierte Graf die Tatsache, dass sich fast alle seine Werke auf der sogenannten „weißen Liste", also auf jener der erlaubten Bücher, befanden, folgendermaßen: *„Diese Unehre habe ich nicht verdient! Nach meinem ganzen Leben und nach meinem ganzen Schreiben habe ich das Recht, zu verlangen, dass meine Bücher der reinen Flamme des Scheiterhaufens überantwortet werden und nicht in die blutigen Hände und die verdorbenen Hirne der braunen Mordbanden gelangen!"* (Arbeiter-Zeitung. Zentralorgan der Sozialdemokratie Deutschösterreichs. 46. Jg., Nr. 130 v. 12. Mai 1933; S. 1).

Jede Führerstadt wurde mit umfangreichen Umgestaltungsplänen beglückt. Die Nürnberger kamen insofern einigermaßen glimpflich davon, als dass sich die meisten der dortigen gigantomanen Projekte auf Areale bezogen, die sich am Stadtrand befanden. In München dagegen pfuschten die Architekten der neuen Herren voll in die Innenstadt. Insbesondere die Architektur-Ensembles aus der Zeit des zweiten Königs hatten es ihnen angetan. In die Ludwigsstraße griffen mit äußerster Stillosigkeit ein. Die heutige Von-der-Tann-Straße wurde verbreitert, wodurch der geschlossene Straßenzug, den Leo von Klenze und seine Nachfolger einst errichtet hatten, verloren ging. Das Herzog-Max-

Palais an der Nordwestecke der neuen Kreuzung, eine besonders gelungene Klenze-Arbeit, wurde abgerissen und durch einen typischen Nazi-Schinken ersetzt. Den Klenze-Bau schräg gegenüber erging es ebenso, auch er hatte der Verbreiterung der Von-der-Tann-Straße zu weichen – diese lag den Stadtplanern nämlich besonders am Herzen: Es war eine Repräsentationsachse vom Flughafen Riem bis zum Königsplatz geplant. Das betraf insbesondere die Prinzregentenstraße, die ja durch die Von-der-Tann-Straße in Richtung Königsplatz weitergeführt wird. Hier entstanden das Reichsluftfahrtministerium und das Haus der (deutschen) Kunst, also die Weisswurschtgalerie.

Den Königsplatz erwischten die architektonischen Pranken der neuen Machthaber voll. Er hat sich erst vor nicht allzu langer Zeit wieder davon erholt, als man sich nämlich dazu entschloss, den Plattensee, also die 20.000 Steinplatten auf dem Areal durch Gras zu ersetzen. Das war in der Regierungszeit des Oberbürgermeisters Christian Ude. Wer will, der kann den Plattensee der Nazis in einer Folge der genialen Fernsehserie „Kir Royal" von Helmut Dietl ansehen (es ist Folge 4 mit dem Titel „Adieu Claire"). Der Königsplatz war der zentrale Ort innerhalb der Nazidramaturgie in München. Er wurde umgetauft und hieß nun bis zur Befreiung „Königlicher Platz". Hier endeten die gespenstischen Umzüge anlässlich des „Hitlerputsches" jeden November mit der „Wiederauferstehungsfeier". Hier verbrannten sie Bücher und hielten andre Kundgebungen ab. Ludwig I. und seine Entouragemitglieder werden sich in ihren Gräbern umgedreht haben …

Nach der Installierung des Plattensees schritt man zur Vervollkommnung der Platzverhunzung. Das geschah unter der Ägide Paul Ludwig Troosts, der noch vor Albert Speer Hitlers Lieblingsarchitekt gewesen ist. Familie Pringsheim, aus deren Palais wir Thomas Mann wir vor einigen Seiten haben treten lassen, wurde enteignet. An die Stelle des Palais' trat der NSDAP-Verwaltungsbau. Dessen Geschwisterbau ist der „Führerbau", ein persönliches Bürohaus für Hitler, das er allerdings selten benutzt hat. Heute beherbergt der Bau die Musikhochschule. Denn das ist ja das Pech: Der Bombenhagel der Alliierten hat fast alle Nazibauwerke verschont. Klenzes wunderbare Glyptothek gleich gegenüber bekam üble Treffer – die Troost-Bauten in der Arcisstraße blieben ebenso unversehrt wie das Haus der Kunst (übrigens ebenfalls von Troost) oder das Luftfahrtministerium.

Sowohl zum Führerbau als auch zum Parteiverwaltungsbau gibt es zwei besondere Geschichten. Beginnen wir mit jener des Parteigebäudes: In diesem wurden auf Karteikarten die zig Millionen Mitglieder der NSDAP registriert. (Wenn sie in Deutschland Eines können, dann ist es verwalten – wenngleich auch manchmal etwas umständlich). Also: Jedes Parteimitglied war in der Arcisstraße, wo sich die NSDAP-Verwaltung befand, mit eigner Karteikarte ordentlich registriert. Nun ist ja bekannt, dass es im Mai 1945 nicht nur keine Nazis mehr gab, sondern dass es auch niemals und zu keiner Zeit überhaupt je irgendwo in Deutschland einen Nazi gegeben hatte; dieser Eindruck konnte jedenfalls entstehen, wenn man den Leuten so zuhörte, damals, im Mai 1945 und in den Monaten und Jahren danach. Die Vergesseritis verbreitete sich damals rasant, aber erste Anzeichen auf eine Epidemie hatte es zuvor schon gegeben: Just in dem Augenblick, als zu erkennen war, dass dieser Krieg sehr bald verloren sein würde, setzte der Drang ein, die jüngste Vergangenheit zu vertuschen und zu vergessen. Nun wurde im Schreckensreich ein letztes Mal in großem Stil verbrannt. Diesmal traf es Akten und andre Zeugnisse privater oder behördlicher Provenienz. Man verwischte nach Kräften. Dies geschah nicht nur durch Feuer, sondern es konnte auch durch das Zusammenstampfen des belastenden Materials in Papiermühlen bewerkstelligt werden. Eine solche Mühle befand sich im Norden Münchens, in Freimann. Mitte April 1945 erschien dort ein Abgesandter aus der NSDAP-Verwaltungszentrale in der Arcisstraße. Er verkündete, es würden bald Unmengen an Karteikarten herbeigekarrt werden. Man befehle, diese einzustampfen und zu vernichten; es handele sich um etwa acht Millionen Blätter.

Der Leiter der Papierfabrik hieß Hans Huber. Und dieser Mann trieb nun eine für ihn hochgefährliche Posse mit den Nazis. Er machte sich nämlich nicht ans befehlsgemäße Einstampfen, sondern er hortete und versteckte. Knapp zwanzig Lastwagen-Lieferungen verließen die Arcisstraße in Richtung Freimann. Dort, in der Papierfabrik, türmte sich mittlerweile das Papier. Freilich wurden die Anliefernden misstrauisch. Weshalb denn nichts vorwärtsgehe, fragten sie den Huber. Der antwortete spitz, es sei aktuell eben so, dass sowohl Behörden als auch Privatpersonen einen außerordentlichen Papierverschwind-Bedarf hätten, und er käme halt mit dem Einstampfen schon kaum noch nach. Aber, so setzte er beruhigend hinzu, der Parteiauftrag genösse selbstverständlich absolute Priorität; dieses log er, wie gesagt, glatt.

Gleich nach der Befreiung wurde Huber mit seinen geretteten Karteikarten bei der US-Armee vorstellig. Man wies ihn dort aber mehrfach desinteressiert ab. Durch einen reinen Zufall hörte Monate später ein gewisser Mr Child einem Gespräch zu, in welchem sich zwei andre Soldaten über den notorisch sich meldenden Papiermüller unterhielten. Child war archivarischer Berater der US-Administration und als solcher auch mit Fragen der Entnazifizierung betraut. Er wurde erst hellhörig und dann stocksauer – jeder Vollidiot, so maulte er, habe die Brisanz dieser Information erkennen können. Aber es war noch nicht zu spät: Child ging in die Papiermühle und sicherte somit endgültig die Archivierung der Karteikarten mit den NSDAP-Mitgliedschaften. Über das amerikanische „Berlin Document Center" gelangten sie ins deutsche Bundesarchiv, wo sie sich noch heute befinden.

Das war ein empfindlicher Rückschlag für die Vergessens- und Vertuschungsbemühungen der Deutschen in der Nachkriegszeit. Dennoch lief das schädliche, wo nicht schändliche Programm erstaunlich rund, zum Teil begünstigt durch den bald ausbrechenden Kalten Krieg. Erst um 1968 herum sollte sich das ändern, und zwar grundlegend. Damals begann in der Bundesrepublik – und nur dort – die nicht sehr glücklich so genannte „Aufarbeitung der Vergangenheit". Es sei die These in den Raum gestellt, dass dieser schwierige Prozess hier sehr fruchtbar war. Ferner: dass es ihn in der DDR so nicht gab; und schließlich, dass es einen Zusammenhang zwischen diesem Vakuum, der Integration von 16 Millionen DDR-Bürgerinnen und Bürgern im Jahr 1990 und dem sofort folgendem, akuten Wiederaufflammen des Neonazismus gibt.

Nun zum „Führerbau": Das war das persönliche Büro Hitlers in München. Die ganze Maxvorstadt rund um die Brienner Straße bis zum Königsplatz war sozusagen „Parteiviertel". Da war das „Braune Haus" (an seiner Stelle steht heute das Dokumentationszentrum). Da waren viele Büros der Parteiorganisationen wie jenes für „Kraft durch Freude" oder für die „nationalsozialistische Ärzteschaft". Hitlers Büro war ganz zentral in diesem Quartier – wie die Spinne im Netz.

Oft benutzt hat er es nicht. Erstens war die Regierungszentrale ja in Berlin und zweitens hatte der Mann ohnehin keinen geregelten Arbeitsablauf. Er blieb zeitlebens ein Bohemien. Schüben gewaltiger Kraftanstrengungen folgten verbummelte Wochen. Er war umtriebig (oder getrieben), aber im Grunde stinkfaul. Einmal machte der Führerbau dann aber doch Epoche. Das war Ende September 1938. Die nationalsozialistische Außenpolitik hatte in den Monaten zuvor dafür gesorgt, dass Europa wegen der „Sudetenfrage" an den Rand eines Krieges geriet. Sie drohte mit der Besetzung der gesamten

Tschechoslowakei. Frankreich und England hatten bisher jede nationalsozialistische Aggression mit ganz entschiedenem Achselzucken quittiert. Die Aufkündigung des Versailler Vertrages, die Besetzung des entmilitarisierten Rheinlandes, die Annexion Österreichs ... Immer hieß es von Seiten der Nazis: Nun sind wir's zufrieden. Und jedes Mal glaubten die Regierungen der Westgroßmächte den Stuss.

Am Siedepunkt der „Sudetenkrise" im September 1938 stand die deutsche Armee ganz kurz vor dem Angriff auf das Nachbarland, als doch noch einmal die Möglichkeit einer Großkonferenz aufschien. Die Initiative hierzu kam wohl wesentlich von Göring einerseits und Mussolini andererseits. Der bereits geplante Angriff wurde zunächst ausgesetzt. Die Staatschefs Italiens, Frankreichs und England begaben sich nach München, um den kriegsbereiten Hitler dort zu treffen. Den tschechischen Regierungschef lud man erst gar nicht zur Veranstaltung ein – er hatte den Schied über sein Land einfach entgegenzunehmen. Das also war das im Führerbau unterschriebene „Münchner Abkommen". Chamberlain, der englische Premier und Daladier, sein französischer Kollege, gaben am 29. September die westliche Tschechoslowakei preis. Hitler durfte diesen Landesteil besetzen, ohne dass die beiden europäischen Großmächte Einspruch erheben würden. Die Gegenleistung bestand darin, dass sich das Naziregime ein weiteres Mal als saturiert bezeichnete, dass es sich ferner verpflichtete, alle eventuell auftauchenden territorialen Konflikte ausschließlich auf friedlichem Wege zu lösen und schließlich auf jede weitere Expansion für immer verzichtete; dieses „für immer" dauerte dann ziemlich genau ein halbes Jahr. Am 15. März 1939 besetze die Wehrmacht den Rest der Tschechei. Das war ein glasklarer Bruch des Münchner Abkommens. Die Nazis hatten also wieder dreist und mit größtmöglicher Frechheit Allen ins Gesicht gelogen. Und auch diesmal reagierten Frankreich und England mit Achselzucken.

Das Münchner Abkommen war der Höhepunkt der französisch-englischen Appeasement-Politik. Appeasement heißt in etwa „Beschwichtigung". Dahinter steht der Gedanke: „Der wird sich schon irgendwann beruhigen". Man akzeptierte Hitlers permanente Forderungen, um ihn zu besänftigen, und um Krieg unbedingt zu vermeiden. Dazu kam, dass in ganz Europa – übrigens auch in Nazideutschland – die Gefühlslage eine völlig andre war als im August 1914; damals hatten die Menschen den Krieg gewollt und seinen Beginn europaweit benebelt bejubelt. Jetzt, am Vorabend des Zweiten Weltkrieges, waren selbst die dauerverblendeten Deutschen keineswegs kriegsbegeistert. In England herrschte ausgesprochene Antikriegsstimmung. Das kann man am begeisterten Empfang sehen, den die Menschen ihrem *prime minister* Chamberlain bereiteten, als dieser im September 1938 aus München heimkehrte, mit dem dort unterschriebenem Fetzen Papier herumfuchtelte und ihnen „*peace in our time [Frieden in unsrer Zeit]*" versprach.

Es ist nicht zweifelsfrei zu eruieren, wie der Diktator selbst zum Münchner Abkommen stand. Er hatte die Invasion der Tschechoslowakei für den Herbst 1938 fest anvisiert und einen Krieg mit den Westmächten miteinkalkuliert. Insofern haben Göring und Mussolini, die Hauptinitiatoren des Münchner Treffens, seine Pläne durchkreuzt; entsprechend sauer soll er auch auf die zwei gewesen sein. Andrerseits ließ sich das Abkommen hervorragend vermarkten. Goebbels' Propaganda präsentierte H. als den Lordsiegelbewahrer des europäischen Friedens – das kam gut an. Ferner konnte man sich auf Seiten der Nazis darüber freuen, wie gründlich man die Westmächte hinters Licht geführt hatte. Der Kriegsbeginn war nicht aufgehoben, sondern nur aufgeschoben. Als es im Herbst 1939 dann so weit war, sagte H. über den englischen und den französischen Regierungschef ziemlich wörtlich: Er fürchte die beiden nicht, denn er habe sie in München gesehen; das seien zwei „*kleine Würmer*" (zit. nach Kershaw, Nemesis, p. 123).

Beide, sowohl die Appeasement-Politik als auch das für sie symbolhafte Münchner Abkommen, spielten dann eine große Rolle bei vielen außenpolitischen Diskussionen in der Nachkriegszeit; eigentlich bis heute. Bundeskanzlerin Merkel warnte wiederholt vor „*Appeasement*" gegenüber dem Iran. Das Atomabkommen mit diesem Schurkenstaat vergleichen weltweit nicht Wenige mit „*München*", in Anspielung auf das Abkommen von 1938. Im Kalten Krieg war dieses warnend geraunte „*Vorsicht! München!*" das stete Argument westlicher Falken, die damit suggerierten, den Sowjets dürfe man nicht über den Weg trauen. Freilich, es ist schon ein Bisserl was dran: Im Münchner Abkommen haben skrupellose, nihilistische Machthaber allzu tumbe und gutgläubige Demokraten glatt über den Tisch gezogen. Aber jene westlichen Falken des Kalten Krieges übersahen möglicherweise, dass „*Entspannung*" nicht zwangsläufig „*Appeasement*" sein muss. Diese beiden außenpolitischen Konzeptionen trennt dann doch so Manches; und: Die Sowjets waren nicht die Nazis. Sie waren Diktatoren, sie waren skrupellos und mitunter mörderisch brutal – aber Nazis waren sie nicht. Und man muss ja auch bilanzieren: Die westliche Entspannungspolitik hatte im Gegensatz zur Politik des Appeasement durchaus Erfolg.

10.5 „DIE WEISSE ROSE LÄSST EUCH KEINE RUHE!"

Man hört und liest immer wieder, das Schicksal der Mitglieder der Weißen Rose sei „tragisch" gewesen. Ein recht schwieriges Adjektiv, dieses „tragisch"; gehört dazu nicht, dass eine Heldin oder ein Held durch einen Umstand vernichtet wird, welcher unmöglich vorausberechnet und einkalkuliert werden konnte? Das möchte auf der (antiken) Bühne beispielsweise ein im Hintergrund wirkender, rachsüchtiger, unbesiegbarer und aber eben unter keinen Umständen für die Heldin oder den Helden erkennbarer Gott sein. Wenn dieser Gott dann zuschlägt und zerstört, so wäre das „tragisch". Oder denken wir uns einen Detektiv, der unter furchtbaren Strapazen und bei Inkaufnahme der Gefährdung seines eigenen Lebens eine Person zu retten sucht, von der er fälschlicherweise glaubt, sie lebe noch; und der erst im Moment seiner eigenen Vernichtung erkennen muss, dass der Mensch, den er hatte retten wollen, schon längst gestorben war. Unser Detektiv wäre dann an Unvorhersehbarem gescheitert und sein Schicksal somit „tragisch".

Falls diese Definition zutrifft, so waren die Schicksale der hingerichteten Mitglieder der Weißen Rose nicht tragisch. Denn sie wussten genau, was sie taten und riskierten. Ihr Widerstand war von erschütternder Großartigkeit, er war durch und durch heroisch; das Ende war furchtbar, beklagenswert, zutiefst traurig – aber „tragisch" war es nicht. Dazu war das Handeln der Geschwister Scholl und ihrer Mithelden ein zu bewusstes Handeln.

Die Studenten Hans Scholl und Alexander Schmorell waren an der Münchner Ludwig-Maximilians-Universität immatrikuliert. Gleichzeitig waren sie Sanitätssoldaten, die zeitweise an die Ostfront ausrücken mussten. Die beiden begannen den aktiven Widerstand im Juni 1942. Damals entstanden die ersten der insgesamt sechs Flugblätter. Sie wurden nicht nur in der Münchner Universität ausgelegt, sondern auch per Bahn in andere Städte im näheren Umkreis gebracht und dort heimlich deponiert. Ferner verschickte die Weiße Rose ihre Flugblätter per Post. Den Adressaten versicherte man: *„Zu Ihrer Beruhigung möchten wir noch hinzufügen, da[ss] die Adressen der Leser* *der Weißen Rose nirgendwo schriftlich niedergelegt sind. Die Adressen sind willkürlich Adressbüchern entnommen"* (aus dem vierten Flugblatt der Weißen Rose).

Häuserwände in München wurden beschriftet. *„Nieder mit Hitler"* war da zu lesen. Und die Universität in der Ludwigsstraße zierte eines Morgens das mit Teerfarbe geschriebene Wort *„Freiheit"*.

Zu den beiden Gründern stießen bald noch die Studierenden Willi Graf, Hans' Schwester Sophie sowie Christoph Probst. Kurt Huber, Professor der LMU, beteiligte sich ebenfalls aktiv am Widerstand der Weißen Rose. Wesentliche Passagen des letzten, also sechsten Flugblatts stammen aus seiner Feder.

Zu Beginn des Jahres 1943 – Willi Graf, Hans Scholl und Alexander Schmorell waren inzwischen von der Ostfront wieder an ihren Studienort zurückgekehrt – drehte sich die Stimmung in Deutschland vollkommen; und für München scheint das ganz besonders zu gelten. Hier geschah am 13. Januar in der Tat Ungeheures: Der Münchner Gauleiter wurde von Studierenden der LMU öffentlich ausgebuht! Er hatte anlässlich eines öffentlich begangenen Jahrtages der Universität den bei Nazireden üblichen obszönen Dreck von sich gegeben. Aber anders als sonst ließ sich das Publikum diesen nicht mehr bieten. Das Ereignis wurde von den Mitgliedern der Weißen Rose womöglich überinterpretiert. Sie sahen Deutschland wohl schon am Rand des Aufstandes gegen die Diktatur – davon waren aber sowohl die Deutschen als auch speziell die Münchnerinnen und Münchner weit entfernt …

Die gedrehte Stimmung war natürlich hauptsächlich in der Stalingrader Katastrophe begründet. Die dortige Schlacht tobte nun schon seit vergangenem Herbst. Als Hitler sich im November 1942 zum üblichen Gespensterzug in München einfand, bezog er sich bei der am Vorabend des Putschgedenkens obligatorischen Rede ausführlich auf Stalingrad (sie wird daher auch „Stalingrad-Rede" genannt [Abdruck der Rede im Netz siehe Literaturverzeichnis unter H., A.]). Er habe diese Stadt nehmen wollen, nicht etwa wegen ihres Namens, sondern weil sie ein *„gigantischer Umschlagplatz"* sei – daher sei die Eroberung des Ortes von so hoher strategischer Bedeutung. Dann wörtlich: *„Wissen Sie, wir sind bescheiden. Wir haben ihn nämlich!"*.

Nein, beim einmaligen Lesen werden Sie das nicht glauben – daher sei es noch einmal zitiert:

„Wissen Sie, wir sind bescheiden."

„Wir haben [Stalingrad] *nämlich.“*

Der Mann nannte sich selbst *„bescheiden“*. Und gaukelte das siegreiche Ende der Stalingrader Schlacht vor. Ist es nicht einfach unfassbar, wie dieses Pack lügen konnte?! Gerade in diesem Kapitel, an dessen Ende wir ein paar Zitate aus den Flugblättern der Weißen Rose stellen wollen, sei auch die Gegenseite zitiert. Denn nie sind wehrlose, tapfere Wahrheit und machtprotzende, unverschämteste Lüge derart aufeinandergeprallt wie im Winter 1942/3 in der Stadt München.

Seine Fälschungen über den Verlauf der Schlacht hatte H. übrigens schon nicht mehr im Bürgerbräukeller, also dem traditionellen Ort des Novembergedenkens herauskrakeelen können. Der war dem Bombenkrieg bereits zum Opfer gefallen. Man war also gezwungen, zum Stiglmaierplatz in den dortigen Löwenbräukeller umzuziehen. Das ist ein Menetekel.

Im Januar 1943 war auch den Dümmsten klar, dass die Schlacht um Stalingrad – ja recht eigentlich: dass der Krieg verloren war. Am 3. Februar erfuhren die Deutschen von der tags zuvor erfolgten Kapitulation der 6. Armee.

Der Studierendenprotest im Januar und die katastrophale militärische Niederlage Anfang Februar führten bei den Mitgliedern der Weißen Rose zu vermehrter Aktivität und wohl auch zu gefährlicher Euphorie. Am 18. Februar wurden Hans und Sophie in der Universität beim Verteilen der Flugblätter aufgegriffen, vom Hausmeister festgehalten und schließlich von der Gestapo verhaftet. Das alles gehört so sehr zum Münchner Grundwissen, dass wir es hier nicht ausführlich zu wiederholen brauchen. Christoph Probst geriet ebenfalls in diesen Tagen in die Fänge der Nazis.

Die drei verbrachten ihre letzten fünf Tage im Wittelsbacher Palais. Das war der Münchner Gestapo-Hauptsitz. Es gilt als gesichert, dass man ihnen die sonst dort üblichen Folterungen ersparte. Über den Wahrheitsgehalt einer anderen Episode, die sich im Palais womöglich abspielte, können wir leider keine Gewissheit mehr erlangen. Angeblich hat sich im Verhör Sophie Scholls folgendes ereignet:

Sophies Vernehmung führte der Gestapo-Mann Robert Mohr durch. Sophie und Hans – dies ist gesichert – stritten erst alles ab, und als man ihnen kriminaltechnisch nachwies, dass die Flugblätter von ihnen stammten und von ihnen verteilt worden waren, nahmen sie Alles auf sich, um die noch nicht aufgegriffenen Mitglieder der Gruppe zu schützen. Das galt namentlich für Willi Graf, dessen enges Verhältnis zu den Geschwistern die Polizisten bald herausgefunden hatten. Soviel zu den Fakten – nun zum Episodischen. Robert Mohr wusste, dass sich die von ihm vernommene Frau durch ihr Geständnis in höchster Lebensgefahr befand. Er entschloss sich nun zum Versuch einer Lebensrettung und wollte ihr eine Brücke bauen. Er hielt daher einen langen Vortrag über die Vorzüge des NS und beendete diesen mit etwa folgenden Worten: *„Frau Scholl, das alles haben Sie sicherlich nicht bedacht. Ihr Bruder hat Sie zu Ihren törichten Taten verleitet. Sehen Sie Ihre Verblendung nun ein!"* Etwas in dieser Art; Sophie Scholl soll sinngemäß folgendes geantwortet haben: *„Sie irren. Ich würde alles genau wieder so tun. Denn nicht Ihre Ansichten sind die richtigen, sondern die meinigen."*

Inge Scholl, die Schwester Sophies und Hans', hat großen Anteil an der Verbreitung dieser Episode. Im großartigen Film „Fünf letzte Tage" des Regisseurs Percy Adlon wird sie ebenfalls so erzählt. Demnach hätte Sophie eine Brücke, die möglicherweise zu ihrer Lebensrettung hätte führen können, bewusst nicht betreten. Sie hätte sich in diesem Fall geopfert.

Irgendwie passt die Geschichte. Es gibt Zitate aus den letzten Tagen der Geschwister Scholl, die darauf hindeuten, dass die beiden mit einem Selbstopfer einen Aufstand in Deutschland provozieren wollten. *„Das wird Wellen schlagen!"* Das Problem an der Sache ist die Quellenlage. Sophie Scholl und Robert Mohr waren, wenn die Geschichte stimmt, alleine im Raum. Es könnte noch eine protokollführende Person dabei gewesen sein; vielleicht hat Mohr diese aber kurz rausgeschickt. Wir wissen das nicht. In den Verhörprotokollen findet sich die Szene jedenfalls nicht. Woher kommt sie also? Sie kommt von Mohr selbst. Und das ist das Problem. Der Gestapo-Mann hat in den Nachkriegsjahren einen Brief an den Vater der Scholls geschrieben. Darin erzählte er die Geschichte. Und dieser Brief ist die einzige Quelle der Episode. Sein Verfasser ist als Mitglied der Gestapo potentiell ein Schuft. Darüber hinaus kommt er selbst bei der Geschichte gut weg, nämlich als ritterlicher Lebensretter – selbst wenn er kein Schuft war, könnte man also Eitelkeit oder auch das Bedürfnis, sich von Schuld reinzuwaschen, unterstellen.

Andererseits gilt als gesichert, dass R. Mohr Frau Scholl wirklich den Umständen entsprechend einigermaßen respektvoll behandelt hat. Im Wittelsbacher Palais gab es, wie gesagt, durchaus Folterknechte. Willi Graf ist bei seiner späteren Festnahme gefoltert worden. Mohr verhielt sich aber gegenüber Sophie Scholl eher wie ein Kriminalbeamter. Es kam beim Verhör (wohl) nicht zu Herabsetzungen, Entwürdigungen oder dergleichen, ganz anders als beim

Prozess vom 22. Februar, welchen Roland Freisler inszenierte. Ferner: Die Tatsache, dass sich Mohr 1951 brieflich an Robert Scholl gewendet hat, zeugt zumindest von einer kleinen Portion Menschlichkeit. Er war nämlich in keinerlei Bedrängnis und musste sich nie wegen seiner Zugehörigkeit zur Gestapo verantworten. Er hätte das also nicht „nötig" gehabt und hat es dennoch getan.

Und vor allem, noch einmal sei es gesagt: Die Geschichte passt so gut zu allem, was wir von dieser Heldin wissen. Sie könnte stimmen.

Fünf Tage nach der Festnahme der Geschwister Scholl war der prominente Nazirichter Roland Freisler bereits in München, um die Prozessfarce zu leiten, die wir oben bei der Besprechung des Justizpalastes schon erwähnt haben. Neben Hans und Sophie war auch Christoph Probst auf der Anklagebank.

Die drei wurden zum Tode verurteilt und noch am selben Tag in Stadelheim hingerichtet.

Die Hinrichtung Kurt Hubers und Alexander Schmorells erfolgte am 19. April 1943; jene Willi Grafs am 12. Oktober dieses Jahres.

Aus dem ersten Flugblatt der Weißen Rose:
„Nichts ist eines Kulturvolks unwürdiger, als sich ohne Widerstand von einer verantwortungslosen und dunklen Trieben ergebenen Herrscherclique ,regieren' zu lassen. Ist es nicht so, dass sich jeder ehrliche Deutsche heute seiner Regierung schämt […]?"

Aus dem zweiten Flugblatt der Weißen Rose:
„[…] schon in ihrem ersten Keim war diese Bewegung auf den Betrug des Mitmenschen angewiesen, schon damals war sie im Innersten verfault und konnte sich nur durch die stete Lüge retten."

Aus dem dritten Flugblatt der Weißen Rose:
„Unser heutiger ,Staat' […] ist die Diktatur des Bösen."

Aus dem vierten Flugblatt der Weißen Rose:
„Jedes Wort, das aus Hitlers Munde kommt, ist Lüge. […] Wir schweigen nicht, wir sind Euer böses Gewissen, die Weiße Rose lässt Euch keine Ruhe!"

Aus dem fünften Flugblatt der Weißen Rose:
„Freiheit der Rede, Freiheit des Bekenntnisses, Schutz des einzelnen Bürgers

vor der Willkür verbrecherischer Gewaltstaaten, das sind die Grundlagen des neuen Europa."

Aus dem letzten Flugblatt der Weißen Rose:
„Freiheit und Ehre! Zehn Jahre lang haben Hitler und seine Genossen die beiden herrlichen deutschen Worte bis zum Ekel ausgequetscht, abgedroschen, verdreht, wie nur Dilettanten vermögen, die die höchsten Werte einer Nation vor die Säue werfen."

Aufschrift am 15. Februar 1943 an einer Wand der Ludwig-Maximilians-Universität:
„Freiheit".

(Es ist [und man ist versucht, hinzuzufügen: *„Gott sei Dank"*] eigentlich nicht nötig, eine Quellenangabe zu den Flugblättern zu geben. Im Internet finden sich unzählige Seiten mit entsprechenden Fotographien und Wiedergaben; stellvertretend für viele: www.weisse-rose-stiftung.de).

10.6 BOMBARDIERUNGEN, BEFREIUNG, NULLPUNKT UND NEUBEGINN

Der Schrecken begann am 26. April des Jahres 1937. Nein, nicht in München. Hierher gelangte er erst ab dem Frühsommer 1940. Doch war das anfangs noch vergleichsweise harmlos, lief ohne Tote ab und *„lockte Schaulustige an."* (Reichlmayr, M., S. 162). Ab 1943 wurde es dann zum Alb, denn nun wurde auch München massiv bombardiert. Die Weiße Rose hatte es im sechsten Flugblatt, welches unmittelbar nach der Kapitulation der 6. deutschen Armee bei Stalingrad erschienen war, ganz richtig prophezeit: Diese Niederlage besiegelte das Ende – Nazideutschland konnte den Krieg zwar noch lange (ach, allzu lange!) weiterführen, aber an einen Sieg war nicht mehr zu denken. Und durch die Bombardierungen wurden die deutschen Großstadtbewohnerinnen nun täglich oder besser allnächtlich daran erinnert, dass militärisch alles zu Ende war, und dass sich ihrem Land und ihrer Stadt unaufhaltsam ein Strafgericht näherte.

Aber zurück zu jenem erwähnten 26. April 1937, an dem der Terror des Luftbombenkrieges seinen grausigen Anfang nahm. ‚Da war doch noch gar kein Krieg', wird man einwenden – doch, es gab einen, und die Hellsichtigen wussten damals auch schon, dass dieser Krieg der Auftakt zum Zweiten Weltkrieg sein würde. Das war der Spanische Bürgerkrieg. Im Sommer 1936 hatten faschistoide Generäle gegen die soeben rechtmäßig gewählte Linksregierung der Republik geputscht. Das ist zunächst gescheitert, denn die Republik wehrte die erste Attacke ab. Der Süden Spaniens befand sich jedoch sicher in der Hand der Rebellen. Daraus entspann sich nun ein dreijähriger Bürgerkrieg. „Bürgerkrieg" trifft es eigentlich nicht ganz. Beide Kombattanten suchten sofort nach internationalen Verbündeten, die einen mit mehr und die andren mit weniger Erfolg. Die Republik wandte sich sofort bittend an Frankreich und England, doch beide Mächte ließen sie eiskalt abblitzen. Das stalinistische Russland dagegen kam „zu Hilfe", nun ja, aber ob das ein Segen war …? Rein militärisch hielten sich die Stalinisten ausgesprochen zurück, aber sie gewannen rasch an politischem Einfluss, was der Republik eher schadete als nutzte. Außerdem zahlte die spanische Regierung einen hohen Preis. Die spanischen Goldreserven gehörten damals zu den größten der Welt – das war das Erbe der Konquistadoren, die das Gold einst in Lateinamerika geraubt hatten. Der größte Teil davon ist heute in Russland, denn Stalin ließ sich damit die Sachleistungen, die er der Republik zukommen ließ, bezahlen. Ferner erhielt die Republik noch die Unterstützung der „Internationalen Brigaden". Das war ein Sammelsurium europäischer Antifaschisten, die der Republik helfen wollten. Hans Beimler, dem die Flucht aus dem Dachauer Konzentrationslager gelungen war, meldete sich als einer der ersten zu diesen internationalen Freiwilligenverbänden und fiel in Barcelona am 1. Dezember 1936.

Die Putschisten hatten mehr Glück: Mussolini half mit Truppenkontingenten und Kriegsmaterial. Nazideutschland hatte gerade seine Luftwaffe neu aufgebaut und sah nun eine Erprobungschance: So erhielten die spanischen Generäle deutsche Fliegerstaffeln. Das war die „Legion Condor". Viele Soldaten schickten die Nazis nicht. Aber das, was sie schickten, war hocheffizient. Und nun sind wir endlich endgültig bei jenem unsäglichen 26. April 1937. Dieser Tag gilt als der erste, an dem die Zivilbevölkerung einer Stadt von Militärflugzeugverbänden und durch Bomben aus der Luft terrorisiert wurde. In mehreren Wellen stürzte sich die „Legion Condor" auf die Stadt Guernica im Baskenland; in der baskischen Sprache schreibt man den Ort „Gernika". Damit haben die Nazis (und die deutsche Wehrmacht) auch auf diesen Terror das alleinige Urheberrecht.

Er traf dann Jahre später (von Japan abgesehen) vor allem das eigene Land. Auch im zweiten Weltkrieg hatten die Deutschen mit der Terrorisierung ziviler Personen aus der Luft begonnen. Am 14. November 1940 erfolgte der bis dato größte Angriff auf das englische Coventry. Das war eine neue Etappe im Luftterror. Goebbels erfand das Wort „Coventrieren" für das Bombardieren einer Stadt im Feindesland.

Die Lufthoheit erst über England und dann auch über Mitteleuropa hatten die Deutschen dann aber schon bald an die Briten verloren. Und nun gaben diese, wie Thomas Mann im selben Zusammenhang sagte, den *Lehrling ab, der den Meister übertrifft"* (Mann, Th., BBC-Ansprachen „Deutsche Hörer!"). Hamburg, Bremen und Köln waren die ersten Opfer. Am Ende des Krieges hatte der durch die Bombardierung deutscher Städte ausgelöste Zerstörungsgrad ein furchtbares Ausmaß. München war hiervon nicht ganz so intensiv betroffen wie Hamburg, Köln, Dresden oder Würzburg.

Die Zahlen sind dennoch auch für unsere Stadt erschütternd. Knapp 7.000 Menschen starben. Die Hälfte der Münchnerinnen und Münchner war obdachlos, denn über 80.000 Wohnungen konnten nicht mehr benutzt werden. Die Stadt galt insgesamt als zur Hälfte zerstört, ihr schöner Kern als zu 90% (Alle Zahlenangaben dieses Abschnitts vgl. u. a. Dollinger, M / 20.Jht., S. 178).

Neben englischen waren auch US-amerikanische Piloten an den Angriffen beteiligt. Es hätte dennoch alles noch schlimmer kommen können. München beherbergte nicht allzu viel kriegswichtige Industrie. Das Hauptziel dieser Teil der Strategie waren denn auch die BMW-Werke im Norden der Stadt. Es mag damit zusammenhängen, dass Schwabing und die Maxvorstadt – beide ja auch eher im Norden – stärker von den Zerstörungen betroffen waren als andere, eher südlich gelegene Viertel. Haidhausen litt unter seiner Nähe zum Ostbahnhof und zu den von ihm ausgehenden Schienensträngen. Das waren natürlich wichtige Angriffsziele. Ähnliches, nämlich die gefährliche Nähe zu einer Haupt-Bahnlinie, gilt für Berg am Laim und für Trudering, dessen Eingemeindung übrigens erst die Nazis betrieben hatten.

Wenn oben gesagt wurde: „es hätte alles noch schlimmer kommen können", so bezog sich das natürlich auf einen Vergleich mit anderen deutschen Städten, die es tatsächlich noch schlimmer getroffen hat. München war, wie gesagt, damals rein kriegs- oder besser rüstungstechnisch gesehen kein außerordentlich wichtiges Angriffsziel. Vielleicht gab es aber noch ein weiteres Glück: Münchens Lage. Es sei gestanden, dass der Autor alles andere eher ist als ein Experte für Militärgeschichte. Aber es liegt ja klar auf der Hand: Städte wie Hamburg oder Köln sind für die Royal Air Force und ihre Verbündeten leichter zu erreichen gewesen als München. Die Begeisterung bei Piloten, die den Einsatzbefehl „München" erhielten, dürfte sich in engen Grenzen gehalten haben: Denn nun galt es, erst einmal das ganze Reichsgebiet zu überfliegen – und Flugabwehrsysteme hat es in Deutschland ja durchaus noch gegeben. Später flogen speziell die Amerikaner dann auch vereinzelt Angriffe, die über die Alpen kamen, ausgehend von bereits befreiten Gebieten Italiens. Aber der Großteil der „raids" kam aus dem Nordwesten.

War München industriell von nicht allzu großem Interesse, so war der propagandistische Wert der Stadt natürlich enorm. Die „Hauptstadt der Bewegung" und jener Stadtbürger mit der Wohnung am Prinzregentenplatz, gleich beim Theater, der seine Politverbrecherkarriere hier begonnen hatte – das alles machte München zu einem wichtigen Angriffsziel. Die Bomber kamen über siebzig Mal. So auch in der Nacht vom 19. auf den 20. September 1942. Es gab damals die ersten knapp 150 Todesopfer bei einem Luftangriff auf München. Dieser Angriff war der erste schwere, den die Stadt zu erdulden hatte. Die Nachricht davon ging um die Welt. Als sie an deren anderem Ende, nämlich an der Pazifikküste der USA, anlangte, notierte dort ein in diesem Buch bereits recht oft zitierter deutscher, um nicht sogar zu sagen: ein „Münchner" Schriftsteller grimmig in sein Tagebuch:

„Der alberne Platz hat es geschichtlich verdient."

Ist das nicht furchtbar? Nicht etwa das, dass Thomas Mann dies schrieb – sondern das, dass er das Recht hatte, das zu schreiben?

Ende April 1945 hatte sich die amerikanische Armee ans Oberland herangekämpft. Würde es zu einer völlig sinnlosen Schlacht um München kommen? Die fanatischsten Nazis rund um den Gauleiter Paul Giesler schienen der Stadt auch diese letzte Pein nicht ersparen zu wollen. Sie standen aber mittlerweile völlig allein. Die Stadtbevölkerung war nicht nur kriegs- sondern nun, endlich, endlich, auch Nazi-müde. Einige Entschlossene wollten ein Blutvergießen verhindern, gründeten die „Freiheitsaktion Bayern" und besetzten kurz vor dem Einmarsch der Amerikaner einige Radiosender. Sie verkündeten von dort: *Die Stunde der Freiheit hat endlich geschlagen. Die Kapitulation steht unmittelbar bevor. [...] Der Naziklüngel wurde vernichtet.*" (zit. nach br.de/nachricht/inhalt/freiheitsaktion-bayern-kriegsende). Leider war der letzte Satz nicht wahr! Es gab durchaus noch Nazis und Einheiten der SS, die sich bemühten, die Freiheitsaktion niederzuschlagen. Die Widerständler nannten ihre Aktion „Fasanenjagd", denn der Volksmund belästerte die Ordens-behängten Parteibonzen, von welchen sich gerade im Ursprungsgebiet der Bewegung besonders viele herumtrieben, als „Goldfasane". Doch die Jäger wurden zu Gejagten. Sie unterlagen schließlich der Parteiprominenz und deren bewaffneten Schergen der SS. Viele wurden gefangengenommen, und ein letztes Mal zeigte das Untier in München seine Krallen: Die meisten Mitglieder der Widerstandsgruppe wurden Stunden vor dem Einmarsch der US-Truppen im Hof des heutigen Landwirtschaftsministeriums erschossen. Das ist jener Nazibau, der sich an der Südostecke der Kreuzung zwischen Ludwigsstraße und Von-der-Tann-Straße befindet.

Dennoch hatte die „Freiheitsaktion Bayern" dazu beigetragen, dass der letzte Verteidigungswille gegen die amerikanische Übermacht versagte.

Am Vormittag des 30. April 1945 erreichte der Offizier Ernest Langendorf zusammen mit einigen Kameraden der US-Army den Marienplatz. Er hatte nach eigenen Angaben gar nicht bemerkt, dass er die Kampflinien durchbrochen hatte. Eine Schlacht hatte es nicht mehr gegeben. München war befreit. Präzise in denselben Stunden erschoss sich Adolf Hitler in seinem Bunker in Berlin.

An die „Freiheitsaktion Bayern" erinnert heute der Name „Münchner Freiheit" für den ursprünglichen Feilitschpaltz. Das Regime hatte diesen Platz ebenfalls schon umbenennen lassen, er hieß zwischen 1933 und 1945 „Danziger Platz". Das war eine NS- Propagandaaktionen gewesen: Die Stadt Danzig gehörte seit dem Versailler Vertrag nicht mehr zum Deutschen Reich, was allgemein als Schmach empfunden wurde. Deshalb wurde nach 1933 verordnet, dass in allen großen deutschen Städten zentrale Plätze und Straßen nach der Stadt Danzig benannt zu werden hatten.

Überhaupt setzte es nun, ab Mai 1945, Umbenennungen. Der in Pasing befindliche „Avenariusplatz" am Beginn der Maria-Eich-Straße etwa erhielt nun seinen heutigen Namen. Im Tausendjährigen Reich hatte der Platzname, um es mal so zu sagen, ebenfalls mit dem Buchstaben „A" begonnen ... Auch einige Hermann-Göring- und Rudolf-Heß-Straßen taufte man um. Nein, keine Sorge: Die Maxvorstadter Heßstraße hat man dabei nicht vergessen. Dieser Straßenname hatte sich schon immer auf einen gewissen Carl Ernst Heß bezogen, einen in München ansässigen Künstler aus der Zeit des ersten Königs (und nicht etwa auf den Nazibonzen Rudolf Heß).

Nebst um den Schutt ihrer jüngsten Vergangenheit hatten sich die Münchner nun auch um unvorstellbare fünf Millionen Kubikmeter Gebäudeschutt zu kümmern. Die unabdingbare Schufterei im Zusammenhang mit dem Letzteren erleichterte das Verdrängen des Ersteren. Man liest ja immer wieder mal, es habe die Idee gegeben, die Ruinenstadt München gänzlich aufzugeben und am Starnberger See ein Zweitmünchen zu errichten. Ideen gibt es sicher viele, aber eine verlässliche Quelle zum Beweis dafür, dass dies wirklich ernsthaft in Erwägung gezogen wurde, ist nicht aufzutreiben. Der Wiederaufbau nach der Schuttentsorgung orientierte sich dann schließlich viel mehr als in anderen deutschen Städten am Ziel, möglichst viel historische Bausubstanz wiederzugewinnen. Das ist insofern bemerkenswert, als dass München aus baukunsthistorischer Sicht ausgesprochenes Pech bei den Bombentreffern gehabt hat. Nehmen wir den Königsplatz: Während Klenzes dortiges Meisterwerk, die Glyptothek, total kaputtgegangen ist, stand der ganze von Paul L. Troost im Auftrag der Nazis hingeklotzte Blödsinn samt „Ehrentempeln für die Blutzeugen der Bewegung" noch nahezu unversehrt da. Die Tempel sprengten die Amerikaner dann weg, aber die Parteigebäude mussten sie angesichts der sonstigen Stadtverwüstung wohl oder über selber nutzen; so wie auch das „Haus der Kunst", welches unbeschädigt war, während der vergleichsweise nahe gelegene Chinesische Turm, der auf eine persönliche und liebenswerte Marotte des Gartengründers Rumford zurückging, den Bombenkrieg nicht überstanden hatte (der heutige ist eine reine Rekonstruktion). In der Altstadt ragte ausgerechnet das „Neue Rathaus", dieser eher missglückte Repräsentationsversuch einer nicht sehr selbstbewussten und allzu untertänigen Bürgerschaft des 19. Jahrhunderts, aus einer Ruinenlandschaft hervor – derart gering waren die Schäden an diesem neogotischen Schinken, dass es schon Mitte 1945 wieder bezogen werden konnte. Der vergleichsweise viel gelungenere Bürgerbau aus dem 15. Jahrhundert, das „Alte Rathaus", war dagegen verloren. Umgekehrt wär´s besser gewesen ... Auch St. Peter, die Asamkirche und St. Michael waren nicht mehr existent. Der Dom wiederum, gewiss ein Münchner Wahrzeichen, aber ebenso gewiss kein Beispiel herausragender stilistischer Originalität oder Schönheit, war zwar durchaus beschädigt, aber er schien eher leicht zu retten.

Idealtypisch für den Münchner Wiederaufbau steht die Rekonstruktion St. Peters, also der ältesten Pfarreikirche Münchens. Im Schockzustand hatte man ihre Reste tatsächlich beseitigen wollen. Es wurden bereits Löcher in die Fundamente gebohrt, in welche man Dynamit getan hätte, um sich dieser Reste zu entledigen. Der Plan ging dahin, auf dem „Petersbergl" anstelle der endgültig abgeräumten Kirche ein Café mit Blick aufs Neue Rathaus zu errichten. Aber München ohne St. Peter ...? Das erschien Vielen unvorstellbar. So sagte man die endgültige Beseitigung schließlich ab und machte sich an die Rekonstruktion. *„Für den Alten Peter gibt a jeder!"* Das war der Slogan einer gigantischen Spendenaktion, welche diese Rekonstruktion finanziell absicherte. Und so verfuhr man dann auch mit anderen Ruinen kunsthistorischer Leistungen; zu nennen wären etwa die Asamkirche und St. Michael.

Begrüßenswert das Alles, gewiss! Aber es bleibt ein ganz kleiner Beigeschmack ... Kann man denn so tun, als sei „nichts gewesen"? Muss man nicht die Wunden, welche die jüngste Vergangenheit geschlagen hat, irgendwie sichtbar belassen? Solche Fragen stellten sich nicht Wenige, und zu diesen gehörte der Baumeister Hans Döllgast – seine Antwort war die besondere Form des Wiederaufbaus der Alten Pinakothek. Wir haben das ja bereits durchgenommen (s. o.). Auch die Reparatur des Siegestors lässt die Beschädigungen bewusst erkennen. Diese originelle Rekonstruktionsarbeit ist übrigens von Josef Wiedemann, dem aber leider auch die so ziemlich größte Bausünde der Münchner Nachkriegsgeschichte angelastet werden muss: der Kaufhof am Marienplatz.

Das sind Einzelfälle eines etwas differenzierteren Umgangs mit dem Wiederaufbau. Freilich: Diese Art der Wiedergewinnung geht auf Kosten der Ästhetik. Hätte man sich in der ganzen Stadt beim Wiederaufbau an der Maxime des Sichtbarlassens der Beschädigungen und der Wunden orientiert, dann hätte München schwerlich jenen Grad an Attraktivität gewonnen, den es in der Nachkriegsära tatsächlich erreichte.

Und so wurde denn rekonstruiert, was das Zeug hielt. Der Architekt Erwin Schleich war hierbei der alleremsigste. St. Peter, die Heilig-Geist-Kirche, die Ludwigskirche, das Palais Montgelas und die Damenstiftskirche – das sind nur einige seiner Rekonstruktionswerke. Noch in den 70er Jahren bastelte der Mann im Auftrag der Re-Mittelalterisierung in Münchens Altstadt herum. Als die Olympischen Sommerspiele nahten, ließ man ihn den Turm des Alten Rathauses, der vor 30 Jahren zerstört worden war, wieder hinstellen; und, mal im Schwung, gleich noch ein mittelalterliches Türmchen im Alten Hof. Dieses Türmchen war übrigens nicht im Zweiten Weltkrieg verloren gegangen, sondern noch viel, viel früher. Das sieht alles ganz adrett aus – geht aber nun wirklich schon in Richtung Schwerstkitsch.

Parallel zu den Rekonstruierungen lief das berühmt gewordene „Rama-dama". Der Schutt musste raus aus der Innenstadt. Mehr als 8.000 Kubikmeter Kriegsmüll am Tag schafften die vereinten Münchner aufs Oberwiesenfeld; selbst Oberbürgermeister Thomas Wimmer packte mit an (vgl. Reichlmayr, M., S. 174). So wuchs dort draußen ein Schuttberg, zu dessen Füßen dereinst Weltarchitektur entstehen sollte.

„Wenn die Not aufs Höchste steigt, Gott der Herr die Hand uns reicht."

So lautet der Schlusssatz in Engelbert Humperdincks traumschöner Oper „Hänsel und Gretel". ‚Na das passt ja‘, werden sich die meisten derer gedacht haben, die am 21. September 1945 der Wiedereröffnung der Münchner Oper beiwohnten und dies hörten. Freilich, nicht am gewohnten Ort; die Staatsoper war völlig zerstört und konnte erst 1963 wieder bezogen werden. Bis dahin spielte man im Prinzregententheater. Das Leben kehrte langsam in die Ruinen Münchens zurück ... dass den Auftakt in dessen kulturellem Bereich ausgerechnet Humperdincks Meisterwerk abgeben durfte, wollten wir hier nicht ungewürdigt lassen.

Die Münchner Kammerspiele nahmen den Betrieb ebenfalls wieder auf. Am 12. Oktober sah das Publikum die erste Nachkriegsinszenierung. Man gab Shakespeares „Macbeth". Auch keine schlechte Wahl, diese Geschichte eines von gruseligen Gestalten umgebenen und getriebenen Tyrannen; das Stück „Richard III." desselben Autors wäre allerdings nach meinem persönlichen Empfinden noch einen Tick passender gewesen; und nochmals um Klassen besser irgendwas von Brecht, idealer Weise in dessen eigener Inszenierung. Es wär‘ eigentlich schon möglich gewesen ... der gebürtige Bayer und einstige Wahlmünchner kam bald nach Kriegsende zurück nach, nun ja, Zentraleuropa. Aber im Sud der Ursuppe der Bundesrepublik war er nicht willkommen. Bertold Brecht ging nach Ostberlin und durfte dort bald sein eigenes Theater gründen, das Berliner Ensemble, welches über Jahrzehnte das anerkannteste deutschsprachige Theater war. In Westdeutschland jedoch schnitt man ihn. Es ist schon so: Die ersten Schritte aus der Dunkelheit heraus gelangen jenem der zwei neuen deutschen Staaten besser, der irgendwann dann in jeder, und so gewiss auch in moralischer Hinsicht, ins Hintertreffen geriet und schließlich unterging.

Jegliche Staatlichkeit lag im Mai 1945 ebenfalls in Trümmern. Von einem „Land Bayern" im staatsrechtlichen Sinn konnte im Nationalsozialismus und seinem Institutions-Wirrwarr nicht mehr die Rede sein. Nach dem Zusammenbruch des Regimes lag zunächst einmal alles bei den Befreiern. Sie ernannten die Bürgermeister in den Städten und die Länderchefs, also die Ministerpräsidenten. Der Freistaat Bayern verdankt seine Wiederentstehung den Kommandanten der amerikanischen Besatzungszone, zu der die Fläche des ehemaligen Landes gehörte – zu seinem großen Glück (denn die Amerikaner waren ohne Zweifel die vergleichsweise angenehmste Besatzungsmacht)! Die bayerische Pfalz allerdings wurde abgetrennt. Die Amerikaner ordneten in den Ländern ihrer Hoheitsgebiete – dazu gehörte nicht nur Bayern – die Ausarbeitung von Landesverfassungen an. Ende 1946 trat die hoch gerühmte bayerische Verfassung dann in Kraft. Separatistisch-konservative Kreise hätten darin gerne das Amt eines Staatspräsidenten für Bayern festgeschrieben. Das wäre möglicherweise ein Schritt zu einer späteren vollsouveränen Staatlichkeit gewesen, fand aber keine Mehrheit. Es dürfte auch fraglich sein, ob die Amerikaner, die sich vorbehalten hatten, den Verfassungsentwurf abzusegnen, das akzeptiert hätten. Grundsätzlich sahen sie aber extrem föderalistische Ansätze gar nicht mal so ungern. Erstens – das vergessen wir in Europa gern – sind die USA selbst sehr föderal verfasst; zweitens waren sich die drei westlichen alliierten Befreiermächte darin einig, dass ein zentralistisch regiertes Deutschland unter allen Umständen zu vermeiden war.

Am Anfang der neuen deutschen und bundesrepublikanischen Staatlichkeit standen also die Länder in den drei Westzonen, und die ersten, die es gab, waren jene in der amerikanischen Besatzungszone, unter ihnen der Freistaat Bayern. Die ersten Vorverhandlungen zur Ausarbeitung einer Verfassung, welche die neue deutsche Republik fundieren sollte, fanden am Chiemsee statt. Der parlamentarische Rat, der den Text endgültig fixierte, tagte dann später in Bonn. Die bayerischen Vertreter bei diesen Konventen waren in ihrer Mehrheit Ultraföderalisten. Sie erreichten einiges in dieser Hinsicht, aber es langte ihnen nicht. Die Bundesrepublik Deutschland sollte folgendermaßen entstehen: Am 8. Mai 1949, exakt vier Jahre nach der Kapitulation, verabschiedete der Parlamentarische Rat den von ihm erarbeiteten Text. Das bedeutete aber zunächst gar nichts für dessen Gültigkeit. Diese sollte nicht etwa per Volksabstimmung in den drei Westzonen eintreten, sondern die bereits bestehenden Länderparlamente sollten ihren Beitritt zum Gültigkeitsbereich des Grundgesetzes erklären – dann, so die Rechtskonstruktion, erhalte dieses im Bereich der Länder der drei Westzonen seine bindende Rechtskraft. Aus den Ländern würden somit Bundesländer als Glieder einer Bundesrepublik (Man bittet, den soeben verwendeten Begriff „*Rechtskonstruktion*" nicht etwa als kritisch gemeint zu verstehen, etwa gar im Sinne jener grässlich albernen Reichsbürger-Bewegung. Man muss sich nur darüber klar sein, dass der Erlass jeder, wirklich ausnahmslos jeder Verfassung in gewissem Sinne einer Konstruktion bedarf. Ihre moralische Legitimation bezieht eine Verfassung dann aus ihrer gelebten Wirklichkeit, der Verfassungswirklichkeit. Und da steht unser Grundgesetz nach Meinung des Autors schon ziemlich blitzsauber da).

Und wie verhielt sich nun das bayerische Parlament, welches mittlerweile seinen neuen Sitz im Maximilianeum gefunden hatte? Das hohe Haus stimmte gegen das Grundgesetz! Dieser Verfassungsentwurf erschien einer Mehrheit der bayerischen Abgeordneten als nicht föderal genug. Ist Bayern also strenggenommen gar nicht in die Bundesrepublik Deutschland eingetreten?! Gemach, Gemach ... gar so weit wollten die hiesigen Föderalismusfanatiker dann doch nicht gehen. Das bayerische Parlament machte eine flankierende zweite Abstimmung, in der mehrheitlich in etwa folgendes angenommen wurde: Also eigentlich sei man ja gegen dieses Grundgesetz, dieses damische zentralistische Machwerk – sollten aber zwei Drittel der anderen westdeutschen Bundesländer tatsächlich für einen Beitritt stimmen, dann sei man in Gottes Namen und um des lieben Friedens willen bereit, auch mitzutun. Kurz: Die Bayern erklärten sich in Sachen Grundgesetz und Bundesrepublik gleichzeitig dafür und dagegen. Im Abstimmungsjahr 1949 gehörten 52% der Landtagsabgeordneten zu einer kurz nach dem Krieg gegründeten Partei namens CSU.

Der nörgelnde Beitritt Bayerns zum Grundgesetz ist der erste Fall einer Politikform, den die hierbei Regie-führende Partei bis heute konsequent und höchst erfolgreich anwendet: Das völlig ungenierte gleichzeitige Dafür- und Dagegensein. In München dagegen, in Bonn (und später in Berlin) grantelnd dafür; der große Gerhard Polt fasste diesen Stil einmal so zusammen: „ ,*Gegenargument', was heißt da ,Gegenargument'?! Ich brauch' ja gar kein Gegenargument – ich bin ja selber dagegen!*"

11. DIE ZWEITE HÄLFTE
DES 20. JAHRHUNDERTS

11.1 NEUE HERAUSFORDERUNGEN

Die letzten Bemerkungen des vorangegangenen Kapitels kamen dem Tagespolitischen schon recht nah. Darauf wollen wir uns nicht gar zu sehr einlassen. Das ist nicht das Kerngebiet der Historikerinnen und Historiker, obwohl viele von denen das glauben. Freilich gibt's Ausnahmen; der Autor zählt sich aber gewiss nicht zu diesen.

Mit allzu vielen Schuldgefühlen plagte sich die Stadt in den ersten Jahrzehnten nach der Diktatur nicht herum. Da wäre mehr drin und nötig gewesen. In der Bundesrepublik setzte die intensive Auseinandersetzung mit dem NS in etwa mit und als Folge der Studierendenunruhen Ende der 60er Jahre ein. Es gibt viele gute Gründe, das zu einer wenn auch mühsamen Erfolgsgeschichte zu erklären. München hat (wie meist) ein bisschen länger gebraucht. Das „Dokumentationszentrum" für die NS-Geschichte ist erst 2015 eröffnet worden – nun, wenigstens i s t es eröffnet worden.

Die DDR machte es sich einfach – die Bösen sind die auf der andren Seite des „antifaschistischen Schutzwalls". Der Nationalsozialismus war für sie einzig und allein eine Extremform des Antikommunismus – sonst nichts. Die zweite deutsche Diktatur hat nicht einmal diplomatische Beziehungen zum Staat Israel unterhalten. An den Folgen dieser unterlassenen Auseinandersetzung mit der jüngsten Geschichte, so unsre schon präsentierte These, leidet das vereinigte Deutschland noch heute.

Man war in München soeben mit dem Schuttwegräumen fertig und mit dem Restaurieren noch in vollem Gange, da drohte der Stadt erneut eine Invasion mit Bodentruppen. Allein stand sie da keineswegs, denn diese Gefahr näherte sich so ziemlich jeder Stadt auf der Welt. Sie wurde allerdings nicht als solche erkannt. Diese Invasion war der individuelle Autoverkehr, respektive dessen rasantes Anwachsen seit der Mitte der 50er Jahre. In Deutschland war es besonders schwer, hier eine Gefahr zu erkennen. Wäre wohl auch gar zu viel verlangt: Das eigene Auto symbolisierte wie nichts sonst den ökonomischen Wiederaufstieg, dieses wahre Wunder – und die Autoindustrie hatte einen gewaltigen Teil dazu beigetragen, dieses Wunder erst zu ermöglichen. Wie sollte man da skeptisch sein? Die vom Individualverkehr ausgehende Belastung für die Umwelt konnte in der Euphorie der 50er und 60er Jahre unmöglich schon erkannt werden. Aber man sah sehr bald: Das neue Verkehrsmittel würde die Städte radikal verändern. Das muss ja erst mal nichts schlechtes sein. Aber man hat es halt teilweise schon arg übertrieben mit der „autogerechten Stadt". Das hat der treffliche Hans-Jochen Vogel, in den 60ern Oberbürgermeister der Stadt und für diesen Slogan mitverantwortlich, später auch freimütig eingeräumt.

Die Stadtplanung Münchens war in noch größerem Maße als jene anderer Städte herausgefordert, denn die Stadtbevölkerung wuchs rasant. 1957 wurde die Millionengrenze überschritten.

Sechs Jahre später erstellte Herbert Jensen im Auftrag des Oberbürgermeisters Vogel einen Stadtbebauungsplan. Jensen war damals der gefragteste deutsche Städteplaner. Der Münchner Plan umfasste unter anderem auch den autogerechten Ausbau des Altstadtrings. Das war unumgänglich, auch wenn man dabei auf den Verbreiterungs-Scheußlichkeiten der Nazis rund um die Von-der-Tann-Straße und den Oskar-von-Miller-Ring zurückgriff und die damaligen Sünden sogar noch toppte. Der Tunneleingang in der Prinzregentenstraße, direkt vor dem Prinz-Carl-Palais, ist eine heute noch blutende Wunde, die man damals aufriss. Es ist die reine Barbarei, gewiss. Aber was wollte und was will man machen?! Der Individualverkehr wird auch in Jahrzehnten noch nicht so abgenommen haben, dass man auf den Altstadtring als Verkehrsader verzichten kann. Um flanierend vom Hofgarten in den Englischen zu kommen, muss man den furchtbaren Tunnel beim Schwabinger Bach benutzen. Ursprünglich konnte man direkt vom einen Park in den anderen gelangen; schöner war's und schöner wär's, aber nochmals: Wie soll man hier Stadtästhetik und Sachzwänge zusammen bringen? München hält zwei europaweite Verkehrsrekorde: Der Stachus gilt als der Platz mit der höchsten Verkehrsdichte und die Donnersberger Brücke als meistbefahrene Überführung – jeweils auf den Kontinent bezogen. Da sieht man schon: Verkehrsplanende hatten und haben es hier extrem schwer.

Auch die Einrichtung der Fußgängerzone zwischen Marienplatz und Stachus geht auf H. Jensen zurück. Er wird daher im Bogen des Karlstors mit einem Denkmal geehrt. Kaufinger- und Neuhauserstraße waren zwar nicht die erste deutsche Fußgängerzone, aber die erste große. Die Fußgängerzone steht im Zusammenhang mit der enormen Umwälzung, welche der Zuschlag zu den Olympischen Sommerspielen 1972 ausgelöst hatte. Hierher gehört neben dem Olympiazentrum auch die U-Bahn-Eröffnung, die Beseitigung der Trambahnlinie, die durch den Viktualienmarkt führte (ein Riesengewinn!) und der Kaufhof am Marienplatz (kein weiterer ausführlicher Kommentar; nur dies: Der Baustil nennt sich „Brutalismus", und das ist kein Witz).

Fehler wurden also gemacht und sogar Sünden begangen. Aber ist es deshalb nötig, gleich von einer *„zweiten Zerstörung Münchens"* zu sprechen, deren *„Opfer* [...] *im Ergebnis noch schwerer als die des Krieges* [...]*"* gewesen seien (Schleich, Zweite Zerst., S. 7)? Erwin Schleich hat ein berühmt gewordenes Buch über diese angebliche „zweite Zerstörung" geschrieben. Es ist derselbe Mann, der in den 50ern neben St. Peter so viele im Krieg verwüstete Kirchen und Palais wieder aufgebaut hatte. Es ist ein nörgelndes, ein, um mit Oskar M. Graf zu sprechen, *„brümmelndes"* und bisweilen übertrieben zorniges Buch, das voller antimoderner Ressentiments steckt (etwa wenn gegen amerikanische Einflüsse polemisiert wird, vgl. ibid., S. 104). Das Olympiagelände war dem Autor durchaus schon bekannt, als er sein Werk schrieb, aber er hat nicht ein einziges Wort für die Anlage übrig – anders als etwa für den Marienplatzkaufhof. Freilich, beim Anblick dieses Klumpens kann einem schon mal die Zornesröte ins Gesicht und eine Stinkwut in den Text kommen. Aber Schleich macht es sich in der Regel zu leicht. Er hätte halt gerne noch viel mehr wieder aufgebaut, etwa das Wittelsbacher Palais ungeachtet seiner furchtbaren Geschichte in der Nazizeit (vgl. ibid, S. 56), oder jene beiden Bürgerhäuser, die den Nazibauten in der Arcisstraße hatten weichen müssen (vgl. ibid., S. 11). Letzteres ist sicher keine ganz schlechte Idee, aber irgendwann muss man sich halt auch eingestehen: Dafür ist es jetzt zu spät – das ist nun für immer verloren (Beispiele: War der Wiederaufbau der Dresdner Frauenkirche zur Jahrtausendwende schon ein ziemlich gewagtes Unterfangen, so kann man über jenen des Berliner Stadtschlosses wirklich nur noch den Kopf schütteln). Der polemisierende Architekt haut Sep Rufs moderne Maxburg in die Pfanne, aber war es etwa Rufs Schuld, dass die alte Maxburg in Schutt und Asche lag, und an einen Wiederaufbau nicht gedacht werden konnte?

Viel Wahres steht in diesem Buch neben viel Überzogenem. Einigen Vorschlägen Schleichs kam die Stadt dann sogar nach: Den vermaledeiten

Plattensee der Nazis am Königsplatz, über den er sich zu Recht echauffierte, hat man Ende des Jahrhunderts endlich entsorgt.

11.2 DIE OLYMPISCHEN SOMMERSPIELE 1972

Wie kam es eigentlich zum Zuschlag zu den Olympischen Sommerspielen 1972? Gerade für München, noch vor nicht allzu langer Zeit „Hauptstadt der Bewegung" – Olympische Spiele in großer Nähe zum einstigen Konzentrationslager Dachau, war denn das denkbar?

Die Vorgeschichte dieser Spiele beginnt im Jahr 1949 mit der Gründung zweier Staaten auf deutschem Boden, von welchen allerdings der eine – die Bundesrepublik – den andren nicht als existent betrachtete. Die Bundesrepublik erhob den „Alleinvertretungsanspruch" und negierte die Legitimität der Existenz der DDR. Das mündete im Jahr 1955 in die „Hallstein-Doktrin". Dieses politische Leitmotiv bedrohte jeden Staat, der die DDR als souveränen Staat anerkannte, mit Sanktionen; dasselbe galt, und darauf kommt's hier an, für internationale Organisationen. Diese potentiell angedrohten Sanktionen konnten wirtschaftliche Embargos sein, oder der Abbruch der diplomatischen Beziehungen, oder die Aufkündigung der Zusammenarbeit – das bedeutete bei internationalen Organisationen den Austritt der Bundesrepublik aus dem betreffenden Verein. Es handelte sich um so eine Art Beleidigte-Leberwurst-Politik mit Staatsgesetzcharakter, dabei aber nicht uneffektiv. Nur Wenige verscherzten es sich gern mit der Bundesrepublik – der junge Staat war sehr schnell sehr reich. Der andre deutsche Staat litt nicht wenig unter der Hallstein-Doktrin. Die sozialliberale Regierung unter Brandt hat sie dann abgeräumt.

Zu den ersten Olympischen Spielen nach dem Krieg hatte man die zwei Deutschlands gar nicht eingeladen. Als die Deutschen dann wieder mittun durften, gab es zunächst eine gesamtdeutsche Olympiamannschaft. Das war für die BRD immer etwas peinlich, weil die hochgedopten DDR-Sportlerinnen und Sportler ihre westlichen Mannschaftskolleginnen in so ziemlich allen Disziplinen in den Schatten stellten. Und die Führung der DDR wollte den Ruhm gerne für sich allein. Sie war ohnehin stets um internationale Anerkennung bemüht. Im Jahr 1965 geschah dann folgendes: Auf einer Session in Madrid beschloss das Internationale Olympische Komitee, dem Antrag der DDR auf eine künftige eigene Mannschaft stattzugeben. Damit stand Willi Daume, der damals die westdeutschen Interessen beim IOC vertrat, gehörig in der Patsche. Gemäß der Hallstein-Doktrin, die immer noch galt, hätte er nun den Auszug der Bundesrepublik aus dem IOC verkünden müssen.

Aber machte ein solches Vorgehen diesmal denn wirklich Sinn? War es nicht viel verlockender, den IOC-Mitgliedern folgendes subtil mitzuteilen: „Wir, die Bundesrepublik, betrachten diesen Anerkennungsakt als äußerst unfreundlich. Wir sind der Meinung, dass wir jetzt bei Euch etwas gut haben; die Sache mit der Anerkennung der DDR muss irgendwie kompensiert werden."

Mit solchen Gedanken machte sich Daume schleunigst aus Madrid fort. Sein ziemlich direkter Weg führte ihn ins Neue Münchner Rathaus zum dortigen Hausherren H.-J. Vogel. Warum zu ihm, warum nicht nach Hamburg oder gar nach Berlin? Berlin war geteilt und schied als Olympiakandidat völlig aus. Das hätten die Russen niemals akzeptiert. Hamburg war – vom dortigen Wetter mal ganz abgesehen – noch immer zu zerstört durch den Bombenkrieg, der dort noch sehr viel schlimmer gewütet hatte als in den meisten anderen deutschen Städten. Blieb also als drittgrößte Stadt Deutschlands nach Berlin und Hamburg eben München als potentieller Austragungsort Olympischer Sommerspiele.

Was er denn so dringendes auf dem Herzen habe, fragte der OB Vogel den Sportfunktionär. Der trug seine Gedanken zu zukünftigen Sommerspielen vor. Vogels erster spontaner Einwand: München verfüge über keinerlei geeignete Sportstätten. Das, so Daume, sei kein Problem, ja es sei sogar ein Vorteil. Das IOC wünsche nämlich ganz grundsätzlich den Neubau von Anlagen extra für die Spiele.

Hans-Jochen Vogel war bald überzeugt und betrieb die Bewerbung. Der Stadtrat segnete sie Ende 1965 ab, und so konnte sie dem IOC übermittelt werden. Der 26. April 1966 brachte dann die Entscheidung auf einer IOC-Sitzung in Rom: Im ersten Wahlgang hatte München noch keine absolute Mehrheit, lag aber schon deutlich vor den Mitbewerbern Montreal und Madrid. Im zweiten Wahlgang hatte München dann 31 von 61 Stimmen – das langte!

Was lag nun an? Zunächst galt es, sich zwischen dem 26. April 1966 und dem Eröffnungstermin am 26. August 1972 einmal komplett durch die Millionenstadt zu buddeln, damit man zwei U-Bahnlinien und die Stammstrecke für die S-Bahn bauen konnte. Ferner, die gesamte Altstadt durchzustöbern, die Fußgängerzone einzurichten, das ganze Areal rund ums Platzl neu zu gestalten und, nun ja, Anrüchiges von dort zu entfernen … (auch das „Sperrgebiet" wurde im Zuge der Spiele eingerichtet – man weiß schon: „*In München steht ein Hofbräuhaus, doch Freudenhäuser müssen raus …*"); und schließlich musste die Wüstenei am Oberwiesenfeld bebaut werden. Aus heutiger Sicht wäre dieses Tempo selbst dann unfassbar, wenn das Meiste nicht so wunderbar geglückt wäre. Fünfeinhalb Jahre!! So lange brauchen sie in München heute für den Bau einer U-Bahn-Station! Und auch das erst, nachdem sie vorher etwa zwanzig Jahre lang das Für und Wider einer solchen Station sorgfältig erwogen haben. Zum U-Bahn-Bau wäre noch hinzuzufügen, dass es nicht ganz richtig ist, wenn oft gesagt wird: ‚München verdankt den Sommerspielen die ersten U-Bahn-Linien 3 und 6'. Gekommen wäre die Bahn mit Sicherheit auch ohne Spiele irgendwann; nur halt sehr viel später, und ohne die reichlichen Finanzspritzen des Bundes (ein Drittel) und des Freistaats (ebenfalls ein Drittel). Ein Beispiel: Der älteste Münchner U-Bahnhof hat mit den Spielen schon rein gar nichts zu tun. Das ist die Station Goetheplatz. Sie kommt aus der Nazizeit, als man schon einmal eine unterirdische Bahn durch München bauen wollte. Da kam dann der Weltkrieg dazwischen, der den Nazis halt doch wichtiger war … In den Nachkriegsjahren sind im Bahnhof und im Tunnel Richtung Innenstadt einem Stadtgerücht zufolge Schwammerl gezüchtet worden. Verbürgt ist allerdings: Dieser Bahnhof weicht deutlich von der der Standartlänge aller andren Münchner U-Bahnhöfe (das sind 120 Meter) ab.

Kommen wir wieder ans Tageslicht und sehen uns an, was Günter Behnisch, Frei Otto, Fritz Auer, Günther Grzimek, Otl Aicher und all die anderen an der Konzeption des Olympiageländes und der Sommerspiele Beteiligten am Oberwiesenfeld geleistet haben. Zu jeder Jahresfeier können Sie wieder zig Superlative hören und lesen, die das Areal preisen. „*Das beste deutsche Gebäude aller Zeiten*" – darunter machte es das renommierte Architektur-Magazin „Häuser" im Jahr 2002 nicht.

Vielleicht nähert man sich dem Verständnis der Gesamtkonzeption am ehesten, wenn man die verschiedenen Zielvorgaben und Mottos zusammenträgt, die das Handeln der Planenden bestimmten:

- Heitere Spiele im Grünen
- Spiele der kurzen Wege

- Die Spiele als Werbeträger für ein neues, demokratisch geläutertes Deutschland, also für die Bundesrepublik
- Spiele von menschlichem Maß
- Das ganz bewusst inszenierte Gegenteil dessen, was unter der Regie der Nazis 1936 in Berlin veranstaltet worden war
- Und schließlich noch, ganz wichtig: die Berücksichtigung des soeben erfolgten Durchbruchs des Farbfernsehens

Am 25. August 1967, also zu einem Zeitpunkt, als die Münchner Olympiaplanungen konkret wurden, drückte der deutsche Vizekanzler Willy Brandt in Berlin auf einen roten Knopf. Alle Fernsehbesitzenden des Landes konnten ihm dabei live zusehen. Aber: Nur die, die bereits ein Farbfernseh-taugliches Gerät besaßen, konnten in dem Moment erkennen, dass der soeben gedrückte Knopf rot war – denn Brandt hatte gerade symbolisch die Ära des Farbfernsehens in Westdeutschland eingeleitet. Der Beginn der Sendung wurde noch in Schwarz-weiß ausgestrahlt – nach dem Knopfdruck war dann alles bunt. Freilich: Viele Menschen hatten das entsprechende Gerät damals noch nicht. Aber das sollte sich schnell ändern. Im Jahr der Münchner Sommerspiele wurden in den USA erstmals mehr Farb- als Schwarzweißfernseher verkauft.

Olympische Sommerspiele waren schon damals das weltweite Fernsehereignis schlechthin. Und nun, 1972, also erstmals in Farbe – das schrie förmlich nach Buntheit; ein bisschen grell durfte es gerne sein. Und das Stadiondach, wie immer es auch aussehen würde, sollte idealer Weise möglichst viel Sonnenlicht durchlassen. Dadurch drängte sich ein bestimmter Baustoff für das Dach von vorneherein auf: Polymethylmethacrylat. Ist Ihnen zu kompliziert? Also wie wäre es mit „Acrylglas"? Auch noch zu unbekannt? Na schön – die Dachplatten, die vom Zeltnetz getragen werden, sind aus Plexiglas; zur Freude aller Farbfernsehbesitzenden weltweit.

Aber nicht nur das Zeltdach wurde vom Wunsch nach Farbigkeit bestimmt. Diesem entsprang auch die Idee, die Spiele der kurzen Wege in eine grüne Parklandschaft zu betten. Und noch etwas: Das anvisierte graphische Gesamtkonzept sollte selbstverständlich ebenfalls farbenfroh sein. Für dieses Gesamtkonzept gewann man den begnadeten Designer Otl Aicher. Aicher hätte eigentlich wegen seiner genialen Arbeiten keinerlei weiterer Reputationen mehr bedurft. Aber bei den Münchner Sommerspielen klappte halt bis um 4.10 Uhr des 5. Septembers 1972 alles, aber auch wirklich alles: Aicher war nämlich mit Inge Scholl verheiratet. Inge wiederum war eine Schwester Hans' und Sophies. Auch Otl Aicher hat die beiden gut gekannt. Dies war natürlich eine weitere Empfehlung.

Aichers Piktogramme begegnen Reisenden noch heute auf der ganzen Welt. Die Sportpiktogramme wurden legendär; die Plakate für die Spiele hängen heute noch in so manchem Wohnzimmer. Sie sind zeitlos und gehen damit in Richtung Kunst. Eine ganz bestimmte Farbe gab es allerdings nicht. Sie war absolut tabu. Sie kam weder in den Uniformen der Hostessen, noch auf den Plakaten, noch sonst irgendwo vor. Das war: Rot. Mit dieser Farbe assoziierte Aicher nicht nur Aggression, sondern ganz konkret auch den Nationalsozialismus (auch das Schwarz wurde übrigens nur höchst dosiert verwendet). Der blutrote Hintergrund der im Dritten Reich allgegenwärtigen Hakenkreuzfahne führte also zum Ausschluss dieser Farbe beim graphischen Gesamtkonzept der Münchner Sommerspiele (da wir gerade von Otl Aicher sprechen: Hier ist unbedingt die Note sechs samt In-der-Ecke-Stehen an die „Flughafen München GmbH" zu vergeben. Sie hat unlängst das ursprünglich von Aicher gestaltete Corporate-Identity-Design für den Großflughafen im Erdinger Moos aufgegeben und durch Nichtssagend-Knalliges ersetzt. Bunt ist eben nicht immer gleich bunt. Die „Lufthansa" bekommt aus denselben Gründen eine Fünf-Minus; deren neues graphisches Auftreten nach der Ablösung der Aicher'schen Konzeption erinnert wenigstens noch ein bisschen an den Großmeister des Designs).

Für den Park schwebte dem hauptverantwortlichen Landschaftsgestalter Günther Grzimek eine Voralpenlandschaft vor, also sozusagen eine Voralpenlandschaft vor der eigentlichen Voralpenlandschaft, die man ja vom Olympiaberg aus an vielen Tagen sehen kann. Wenn sich die Sonne im Zeltdach spiegelt, kommen vielen Betrachtenden Assoziationen an verschneite Gipfel oder auch an Gletscher. Der zentrale Berg dieser Voralpenlandschaft ist aus dem Münchner Kriegsschutt. Es war ein Schuttberg. Man muss sich immer wieder klarmachen, dass unter diesem Hügelpark das alte München liegt ... so wird er ein grenzgeniales Symbol der Hoffnung und der Wiederauferstehung. Jetzt bräuchten wir noch Wasser, denn was wäre das Voralpenland ohne einen gescheiten See?! Und wieder muss man sagen: Bis zum Beginn des palästinensischen Terrors passte bei den Sommerspielen halt wirklich aber auch restlos alles. Eine der liebenswertesten Anlagen der Stadt, der Nymphenburg-Biedersteiner Kanal, tümpelte und plätscherte sich nämlich seit fast

300 Jahren schon durchs Oberwiesenfeld. Kurfürst Max Emanuel, genannt der Blaue Kurfürst, hatte ihn dereinst anlegen lassen. Der Mann hatte (unter anderem) einen ausgesprochenen Wasserspleen. Unter Grzimeks Regie wurde der Kanal gestaut und so zum Olympiasee (jenseits der Lerchenauer Straße geht dann Max Emanuels Kanal wieder weiter). Der Olympiasee speist sich also letztlich aus dem Starnberger See, denn diesem entfließt die Würm, und die wiederum ließ der Blaue Kurfürst damals bei Pasing für seinen Kanal anzapfen.

Im Park gibt es kaum gerade Wege, keine rechten Winkel, und die Pfade sind eher schmal. Hier stand der Wunsch nach einem Gegenentwurf zu den 1936er-Spielen in Berlin Pate: Nicht wie damals sollten bei diesen Spielen gelenkte Massen auf ein Monumentalereignis in bombastisch-erdrückender Architektur zumarschieren. Sondern: Demokratische Individuen sollten sich schlendernd einer gemeinsamen Feier, den heiteren Spielen, annähern.

Das Stadion ist teilweise in die Erde gesenkt. Auch das bedeutet Verzicht auf Monumentalität und Monstrosität, auch hier gibt es wenig Symmetrie und keine rechten Winkel (nun gut, außer auf dem Spielfeld). Es gibt auch keine privilegierten Plätze und keine Logen, weil das nicht ins Gesamtkonzept gepasst hätte (das war dann später übrigens einer der wesentlichen Beweggründe dafür, dass Chefarchitekt Günter Behnisch sich gegen einen Stadionumbau sperrte. Das, was den Kommerzspezialisten des Fußballs um die Jahrtausendwende herum vorschwebte, war für Behnisch einfach nicht unter das Dach seines Olympiastadions zu bringen, ohne dessen Grundidee restlos zu ruinieren. Daher setzte er in den Nuller-Jahren sein Urheberrecht konsequent gegen den Umbau ein. Was er dabei möglicherweise nicht genug bedachte: Er entzog mit diesem künstlerischen Argument dem Olympiastadion gleichsam das Leben; heute ist's ein besseres Museum ...).

Die Konstruktion des Dachs im Olympiagelände kommt von Frei Otto. Er hatte etwas sehr ähnliches in kleinerer Dimension in Montreal schon einmal gebaut, nämlich für den deutschen Pavillon bei der dortigen Weltausstellung. Otto ist vielleicht der einzige Olympiabaumeister, der nicht absolut zufrieden war. Das Dach war ihm immer noch nicht leicht genug, aber er musste da Kompromisse mit dem Büro Behnisch & Partner eingehen. Dieses hatte die Grundkonzeption des Zeltdaches erarbeitet. Für ein Werk, das Frei Otto selbst als für sich idealtypisch betrachtet hat, geht man also besser in den Tierpark Hellabrunn. Die dortige Groß-Voliere ist alleine von ihm. Günter

Behnisch hat sich mit seinem Zeltentwurf beim Wettbewerb schließlich durchgesetzt. Dazu gab er selbst immer wieder eine Geschichte zum Besten, die man glauben kann, aber nicht muss (Behnisch war ein begnadeter Erzähler, und solche trägt es halt mitunter ein bisserl fort). Er hatte zusammen mit Fritz Auer, seinem Bürokompagnon, ein Modell gebastelt, das er beim Wettbewerb präsentieren wollte. In diesem Modell sollte das Dach ursprünglich die tragenden Säulen völlig überdecken – das Herausragen der Säulen und die an ihnen angebrachten Hängeseile, die ja dann realisiert wurden, kamen also im Ursprungsmodell gar nicht vor. Die wesentlichen Modell-Bauelemente waren Schaschlik-Staberln (für die Säulen) und ein Damenstrumpf (fürs Dach). Das fertige Anschauungsobjekt will Behnisch dann in einen Kofferraum gepackt haben, um mit dem Auto zum Ort der Präsentation zu fahren. Dort angekommen, musste er feststellen, dass sich aufgrund der Erschütterungen bei der Fahrt die Schaschlik-Staberln durch die Damenstrümpfe genagt hatten; sie lugten also oben heraus. Zum Reparieren des Modells blieb keine Zeit mehr. Man musste also wohl oder übel behaupten, das sei so geplant.

Das Sichtbarmachen von Konstruktions- und Trägerteilen war aber damals architektonische Mode; weshalb man die schöne Geschichte mit etwas Vorsicht rezipieren sollte.

Kurz vor Beginn der Spiele wurde dann nochmal kräftig in München gestöbert. Es wurde gesucht, geputzt und beseitigt. Gesucht wonach? Nun, zum Teil nach winzigen Details; nehmen wir zum Beispiel Kanaldeckel. Es gab durchaus noch welche aus der Zeit des Tausendjährigen Reiches, samt dem damals verwendeten Stadtwappen, das ein Hakenkreuz beinhaltete. Weg damit! Was sollen denn unsere Gäste denken und die Journalisten aus der ganzen Welt?!

Es hätte also alles so schön werden können! Und es wurde ja auch wunderschön, bis …

Den dabei Gewesenen leuchten heute noch die Augen, wenn sie von der damaligen Atmosphäre berichten. Seit dem 26. August freuten sich alle Münchnerinnen und Münchner schon beim Aufstehen auf einen neuen heiteren Tag in ihrer Olympiastadt. Sie taten das auch am elften Morgen der Spiele, also an jenem des 5. Septembers – diesmal allerdings nur so lange, bis sie das Radio oder den Fernseher eingeschaltet hatten. Denn nun mussten sie erfahren, dass der palästinensische Terror am Ende der Nacht ihre Spiele gekapert und zerstört hatte.

Der Rest war das blanke Entsetzen (nebst purer Stümperei). Kein Stacheldraht zum Schutz brisanter Gebäude oder besonders gefährdeter Menschen (das Olympiagelände wird von der Dachauer Straße begrenzt[!]); keine bewaffneten Polizisten im Straßenbild – auch das gehörte zum Konzept der „heiteren Spiele im Grünen", auch das war Teil der Werbekampagne für das neue, demokratische, friedliebende (West)Deutschland. Tatsächlich wird berichtet, dass sich viele Olympionikinnen aus allen Weltteilen nachts ins Münchner Leben stürzten und danach völlig unbehelligt oder gar kontrolliert wieder ins Olympische Dorf zurückkehrten. Wunderschön, an und für sich; aber halt auch hochgefährlich.

Die acht palästinensischen Mordbuben hatten also keine großen Hindernisse zu erwarten, als sie am 5. Septembers in aller vom Herrgott verlassenen Früh ins olympische Dorf eindrangen. Zudem weiß man seit einigen Jahren, dass sie von deutschen Neonazis logistisch unterstützt wurden. Die israelischen Sportler Mosche Weinberg und Josef Romano waren die ersten Opfer. Sie wurden noch im olympischen Dorf ermordet. Die Täter nahmen weitere neun Olympioniken aus Israel als Geiseln. Sie verlangten die Freilassung von etwa 200 Gesinnungsgenossen, die in israelischen Gefängnissen saßen (übrigens nicht nur das: Auch Ulrike Meinhof und Andreas Baader, die einst von den Palästinensern militärisch ausgebildet und unterstützt worden waren, sollten freigepresst werden).

Man ging zum Schein auf diese Forderungen ein. Am 6. September wurden die Terroristen und ihre elf Geiseln aus dem olympischen Dorf gebracht und in Hubschraubern nach Fürstenfeldbruck geflogen. Auf dem dortigen Militärflugplatz stand eine Boeing 727. Man gaukelte den Terroristen vor, diese Maschine werde sie, wie vereinbart, nach Kairo bringen. Geplant war, beim Übergang von den Hubschraubern zur Boeing einzugreifen und die Terroristen auf dem Rollfeld zu erschießen.

Bei diesem Befreiungsversuch wurden unter anderen folgende, zum Teil unfassbare Fehler gemacht:

1. Die israelische Regierung, geführt von Ministerpräsidentin Golda Meir, hatte der deutschen angeboten, im Antiterrorkampf ausgebildete Spezialeinheiten nach Deutschland zu schicken. Dieses Angebot lehnte die Regierung Brandt ab (vgl. Kramer, Attentat, S. 407). In Deutschland gab es noch keine solchen Spezialeinheiten.

2. Man hatte die Zahl der Terroristen unterschätzt; von fünf war man ausgegangen, es waren aber tatsächlich acht. Die Polizei positionierte nicht mehr als fünf Schützen am Flugplatz Fürstenfeldbruck (selbst bei nur fünf Terroristen wären das zu wenige gewesen). Als die Hubschrauber vom Olympiadorf abhoben, war den dortigen Einsatzkräften klar geworden, um wie viele Palästinenser es sich tatsächlich handelte. Diese enorm wichtige Information – also nicht nur fünf, sondern acht Terroristen – erreichte aber jene nicht, die den Einsatz in Fürstenfeldbruck zu leiten hatten.

3. Die positionierten Schützen waren keine ausgebildeten Scharfschützen, sondern Streifenpolizisten.

4. Es hätte zwar Scharfschützengewehre bei der Münchner Polizei gegeben, aber man rüstete die fünf aufgestellten Polizisten nicht mit ihnen aus. Die Polizisten schossen mit unzureichendem Waffenmaterial.

5. Die fünf Polizisten standen in ihren jeweiligen Schussfeldern. Auch andere Polizisten waren in höchster Gefahr. Polizeiobermeister Anton Fliegerbauer starb an einer tödlichen Kopfverletzung, vermutlich getroffen von einem Kollegen.

Es kam zu einem sehr langen Schusswechsel. Den Terroristen blieb Zeit, ihre neun Geiseln zu ermorden. Deren Namen sind: Yakov Springer, David M. Berger, Zeev Friedmann, Amitzur Schapira, André Spitzer, Yossef Gutfreund, Mark Slavin, Eliezer Halfin und Kehart Shorr; Mosche Weinberg und Josef Romano waren schon vor der Aktion gestorben.

**

Es bleiben noch ein paar Tatsachen hinzuzufügen. Erstens dauerte es beschämende fünfzig Jahre, bis die Hinterbliebenen der Opfer angemessen von der Bundesrepublik entschädigt worden sind. Zweitens entschloss sich die Bundesregierung unter dem Schock der Ereignisse in München und Fürstenfeldbruck zur Schaffung einer antiterroristischen Sondereinheit. Das war die GSG 9. Und zu diesem Zweck ließ man nun das israelische Kommando, dessen Einreise nach Deutschland und Einsatz in Fürstenfeldbruck man einst abgelehnt hatte, tatsächlich ins Land. Die Israelis bildeten die deutsche Einheit nämlich aus. Ferner: Einer der Terroristen, die überlebt hatten und später freigepresst wurden, erfreute sich der Zuwendung der DDR. Er war oft in

Ostberlin und wurde dort medizinisch versorgt. Ferner: Mahmud Abbas, der derzeitige Chef der „Palästinensischen Autonomiebehörde", war 1972 ein Hauptfinanzier der Mörder. Ferner: Dessen Vorgänger und einstiger Chef der PLO, der Friedensnobelpreisträger und Berufspalästinenser Jassir Arafat (er war gebürtiger Ägypter), hat den Attentatsplan nicht nur gekannt, sondern abgesegnet.

Die Spiele gingen weiter. *„The games must go on"* war der berühmte Satz des IOC-Chefs Avery Brundage. Man kann darüber streiten, ob das die richtige Entscheidung war. Auf jeden Fall muss man, wenn schon nicht dem äußerst umstrittenen Brundage, so doch vielen anderen Entscheidenden den überzeugten Glauben an jenes Argument zugestehen, das da sagt, dass man im Falle eines Abbruchs dem Terror indirekt noch mehr Macht eingeräumt haben würde, dass also ein vorzeitiges Ende der Spiele einer Kapitulation gleichgekommen wäre. Zu diesen gehört zum Beispiel Shaul Ladany. Er war als Läufer Mitglied der israelischen Olympiamannschaft von 1972. Er gehörte nicht zu den Geiseln. Als das israelische Team die Abreise diskutierte, benutzte er dieses Argument, um fürs Bleiben in München zu werben. Er unterlag aber den Befürwortern der Abreise. Die Spiele gingen weiter. Die israelische Olympiamannschaft verließ jedoch sofort die Stadt und flog in ihre Heimat.

11.3 SCHLUSS

Bleib' bei deinen Leisten, Schuster! Und Eure „Leisten", Ihr Historikerinnen und Historiker, sind die Vergangenheiten. Je näher man bei deren Erzählungen der Gegenwart kommt, desto politischer wird's. Kann gut gehen, muss aber nicht. Freilich ist die Geschichtsschreibung nie eine völlig unpolitische Angelegenheit, bezüglich keiner Epoche. Aber man hat doch auch bei unsrem Thema „München" gesehen: Je später es wird, desto politischer. Über einen Blauen Kurfürsten kann man ganz zwanglos plaudern; bei einem König Ludwig I. geht das auch gerade noch so; aber irgendwo beginnt die Unmöglichkeit, sich im Erzählen nicht politisch zu positionieren. Da gibt es sicher Begabte; der hier Erzählende gehört zu denen nicht. Daher hier keine Erörterungen über Münchens derzeitige Lage, über Mietprobleme, Verkehrskonzepte und urbane Klimapolitik. Schließlich gibt es Tageszeitungen, hier bei uns übrigens sehr viel mehr, als in den meisten anderen deutschen Städten (ob's ein Segen ist …?).

Ein abschließendes persönliches Wort: Es ist den aufmerksam Lesenden (heiß gedankt sei ihnen an dieser Stelle) nicht entgangen, dass dieses Buch nur unter Zuhilfenahme einer gehörigen Portion Heimatliebe entstehen konnte. „Heimatliebe" – das ist aber ein hochproblematischer Begriff. *„Ohne Liebe zur Heimat keine Verbrechen gegen die Menschheit"* lautet ein Zitat Hermann L. Gremlizas, des jüngst verstorbenen Herausgebers der Zeitschrift „konkret"; der hier aber bei aller Größe vielleicht doch etwas überzog. Gremliza war Marxist. Als solcher musste er Heimatliebe als Ideologie betrachten. Er konnte sie nicht anders interpretieren denn als einen politischen Begriff. Es steht zu vermuten, dass er sich geweigert hätte, zwischen „Heimatliebe" und „Vaterlandsliebe" zu differenzieren. Letztere ist freilich nichts andres als politische Ideologie, und unseres Erachtens nach eine ebenso dumme wie gefährliche dazu. Erstere allerdings kann man doch wohl auch unpolitisch deuten: Nämlich als eine psychologische Konstante bestimmter Charaktere. Nennen Sie's meinethalben sogar einen Defekt. Vaterlandsliebe kann zu Verbrechen gegen die Menschheit führen, zugestanden. Heimatliebe jedoch kann dazu Veranlagte auch dann erwischen, wenn sie am objektiv gesehen ödesten Fleckchen Erde, das sich nur denken lässt, geboren werden und eine Zeitlang dort noch zubringen. Und sie kann im günstigsten Fall zu Gutem führen. Ein Beispiel aus der Literatur: Nur aus zwei Zutaten besteht einer der zaubervollsten Romane, die es in deutscher Sprache gibt; das sind einmal die genialische Erzählkunst des Autors und zum Zweiten seine – Heimatliebe. Der Roman, Heimito v. Doderers „Strudlhofstiege", wurde hier mehrfach erwähnt und zitiert. Zu schade, dass v. Doderer kein Münchner war! So schnappt uns das schöne Wien einmal mehr die Lorbeeren weg … Die Heimatliebe hätte den v. Doderer todsicher auch dann erwischt, wenn er woanders geboren worden wäre und gelebt hätte; denn das ist eine Frage des Charakters, und keine politische.

Soviel also zur Rechtfertigung der Heimatliebe. Aber man ahnt wohl schon: Nicht ganz unbeschwert bin ich mir ihrer bewusst; ihre Nähe zur Vaterlandsliebe ist halt bedenklich. Jedoch: Allzu sehr von derlei Sorgen beschweren lassen wir uns dann doch wieder nicht, wir, die wir diese Stadt lieben. Denn es gehört unwiderruflich zu ihrer (wenngleich auch wieder nicht so ganz unproblematischen) Aura und Eigenheit, auf die meisten Sorgen kalmierend zu wirken. Freilich: Das ist ein Klischee. Klischees sind aber nicht immer falsch; und dieses stimmt. Eugen Roth hat es im Auftakt-Vers seiner „oktoberfestlichen Moritat" sehr hübsch in folgende Worte gefasst:

Vom Ernst des Lebens halb verschont
Ist der schon, der in München wohnt.

VERZEICHNIS DES ZITIERTEN UND BENUTZTEN SCHRIFTTUMS

Aub, Hirsch: Was Maximilian II. uns war. Predigt bei dem in der Synagoge zu München am 24. März 1864 stattgefundenen Trauergottesdienste für den höchstseligen König Maximilian II. o. O. o. J. [siehe www.bavarikon.de]

Baumstark, Reinhold: 7. April 1826 – Die Grundsteinlegung der Alten Pinakothek in München. In: Bayern nach Jahr und Tag. Hrsg. v. Alois Schmid u. Katharina Weigand. München 2007; S. 330ff.

Bernhard, Thomas: Der Untergeher. Zitierte Edition Frankfurt am Main 1983 [= surkamp taschenbuch; Bd. 1497]

Brandt, Ahasver von: Werkzeug des Historikers. Eine Einführung in die Historischen Hilfswissenschaften. Stuttart u. a., 11. Auflage 1986

Brecht, Bertolt: Ausgewählte Werke in sechs Bänden. Frankfurt 1. Aufl. 2005

Bußmann, Walter: Friedrich Wilhelm IV. Zwischen Preußen und Deutschland. Berlin 1990

Clark, Christopher: The Sleepwalkers. How Europe Went to War in 1914. London 2012

Deuerlein, Ernst (Hrsg.): Die Gründung des deutschen Reiches 1870 / 71 in Augenzeugenberichten. München 1977

Dollinger, Hans: München im 20. Jahrhundert. Eine Chronik der Stadt von 1900 bis 2000. München 2001

Doderer, Heimito v.: Die Strudelhofstiege. Zitierte Edition München, 18. Aufl. der ungekürzten Ausgabe vom September 1966, 2003

Erichsen, Johannes: Selbstbehauptung in Symbolen. Staatsbauten zur Zeit des Prinzregenten. In: Weigand, Katharina u. a., (Hrsg): Die Prinzregentenzeit. Abenddämmerung der bayerischen Monarchie? Regensburg 2013; S. 129ff.

Falkenhagen, Erika: 100 Jahre Justizpalast München. Hrsg. v. Bayerischen Staatsministerium der Justiz. Nürnberg 2004

Feuchtwanger, Lion: Erfolg. Drei Jahre Geschichte einer Provinz. Zitierte Edition Berlin, 6. Aufl. 2008

Freitag, Friedegund: Leo von Klenze. Der königliche Architekt. Regensburg 2013 [= Kleine bayerische Biographien. Hrsg. v. Thomas Götz; ohne Band- angabe]

Gelberg, Karl-Ulrich und Letzin, Ellen: Ordnungszelle Bayern. In: Histori- sches Lexikon Bayerns; siehe www.historisches-lexikon-bayerns.de/Lexikon/ Ordnungszelle_Bayern

Goethe, Johann Wolfgang von: Von deutscher Baukunst. Zitierte Edition: www.zeno.org/Literatur/M/+Johann+Wolfgang/Theoretische+Schriften/ Von+deutscher+Baukunst

ders.: Torquato Tasso. Zitierte Edition Stuttgart 1969 [= reclams Universal- Bibliothek; Bd. 88]

ders.: Die Leiden des jungen Werther. Zitierte Edition Stuttgart 1986 [= re- clams Universal-Bibliothek; Bd. 67(2)]

Goldhagen, Daniel Jonah: Hitler's Willing Executioners. Ordinary Germans and the Holocaust. London 1997

Goll, Thomas: Die inszenierte Empörung. Der 9. November 1938. Hrsgg. v. d. Bundeszentrale für politische Bildung. Bonn 2010

Graf, Oskar Maria: Wir sind Gefangene. Ein Bekenntnis. Zitierte Edition Berlin 2010

ders.: Das Leben meiner Mutter. Zitierte Edition Berlin 2009

Grasberger, Thomas: Die Revolution 1918/19 in München. In: Revolution in München. 1800 1848 1918 1933 1968. Hrsgg. v. Thomas Götz u. a. Regensburg 2014 [= Kleine Münchner Geschichten; verlag friedrich pustet; ohne Bandangabe]

Haffner, Sebastian: Anmerkungen zu Hitler. München, 12. Aufl. 1978

Heine, Heinrich: Lobgesänge auf König Ludwig. Hier zitiert nach wikisource.org

Heißerer, Dirk: Ludwig II. Hamburg 2003 [= rowohlts monographien. Hrsgg. v. Uwe Naumann; ohne Bandangabe]

Henscheid, Eckhard: Die Vollidioten. Ein historischer Roman aus dem Jahr 1972. Zitierte Edition Frankfurt a. M., 32. Aufl. 1991

ders.: Wagner und Hitler? Eine noch immer nicht genügend ausgeschlachtete Unterstellung. In: ders. und Henschel, Gerhard (Hrsg.): Jahrhundert der Obszönität. Eine Bilanz. Berlin 2000; S. 146ff.

Hierneis, Theodor: König Ludwig II. speist. Erinnerungen seines Hofkochs. Zitierte Edition München 2013

H., A.: Rede im Bürgerbräukeller am 8. November 1942 (sog. Stalingrad-Rede). Im Netz: www.archive.org/details/HitlerRedenUndProklamationen-19321945/page/n2011/

Huse, Norbert: Kleine Kunstgeschichte Münchens. München, 4. Aufl. 2009

Käppner, Joachim: Des Kaisers alte Kleider. In: Süddeutsche Zeitung Nr. 63 / 2021, S. 9

Kershaw, Ian: Hitler.
Vol. 1: 1889 – 1936. Hubris. London 2001
Vol. 2: 1936 – 1945. Nemesis. London 2001

Kramer, Ferdinand: 5. September 1972: Das Attentat von München. In: Bayern nach Jahr und Tag. Hrsg. v. Alois Schmid u. Katharina Weigand. München 2007; S. 400ff.

Kraus, Karl: Heine und die Folgen. In: Die Fackel Nr. 329 / 330. WA in: ders., Untergang der Welt durch schwarze Magie. Wien 1925. Den Zitaten liegt die Ausgabe Frankfurt am Main 1989 zugrunde, hrsg. v. C. Wagenknecht [= suhrkamp taschenbuch; Bd. 1314]

ders.: Die letzten Tage der Menschheit. Zitierte Edition Frankfurt am Main 1989 [= suhrkamp taschenbuch; Bd. 1320]

ders.: Dritte Walpurgisnacht. Zitierte Edition Frankfurt am Main 1989 [= suhrkamp taschenbuch; Bd. 1322]

Lichtenberg, Georg Christoph: Sudelbücher. Zitierte Edition Frankfurt am Main 1983, hrsgg. v. Franz H. Mautner [= insel taschenbuch; Bd. 792]

L[u]decke, K[urt]: I Knew Hitler. The Story of a Nazi who Escaped the Blood Purge. London 1938

Mann, Golo: Ludwig I. König von Bayern. Kempten 1989

Mann, Heinrich: Der Untertan. Zitierte Edition Stuttgart 2015 [= reclams Universal-Bibliothek; Bd. 19360}

Mann, Thomas: Gladius Dei. Zitierte Edition wiederabgedruckt in: Der Tod in Venedig und andere Erzählungen. Frankfurt am Main 1950; S. 176ff. [= Fischers Taschenbücher; Bd. 54]

ders.: Der Zauberberg. Zitierte Edition Frankfurt a. M. 1960; unv. ND ibid., 1974 *ders.*: Buddenbrooks. Zitierte Edition Frankfurt a. M. 1960; unv. ND ibid., 1974

ders.: Betrachtungen eines Unpolitischen. Zitierte Edition Frankfurt am Main 1983

ders.: Okkulte Erlebnisse. Zitierte Edition WA in: Mann, Thomas: Gesammelte Werke. 11. Band: Altes und Neues. Kleine Prosa aus fünf Jahrzehnten. Berlin 1956; S. 127ff.

ders.: BBC-Ansprachen: Deutsche Hörer! https://archive.org/details/Thomas-Mann-Deutsche-Hoerer/

Meyers Universallexikon in 25 Bänden. Bd. 16 Mei – Nat. Frankfurt am Main 1980

Murr, Karl Borromäus: Ludwig I. Königtum der Widersprüche. Regensburg 2012 [= kleine bayerische Biographien. Hrsg. v. Thomas Götz]

Nabokov, Vladimir: Lolita. Zitierte Edition 4. Aufl. Hamburg 1959

Nipperdey, Thomas: Deutsche Geschichte 1800 – 1866. Bürgerwelt und starker Staat. München, 6. Aufl. 1993

ders.: Deutsche Geschichte 1866 – 1918. Bd. 2: Machstaat vor der Demokratie. München, 2. Aufl. 1993

Pottendorf, Erich: Lola Montez. Die spanische Tänzerin. Wien u. a. 1955

Putz, Hannelore: Klenze in St. Petersburg. In: Bayern mitten in Europa. Vom Frühmittelalter bis ins 20. Jahrhundert. Hrsg. v. Alois Schmid u. Katharina Weigand. München 2005; S. 339ff.

dies.: Ludwig I. und die Kunst. Die Leidenschaft des Königs. München 2014

Reichlmayr, Georg: Geschichte der Stadt München. Erfurt 2013

Reiser, Rudolf: Die Wittelsbacher in Bayern. München 1980

Roth, Eugen: Auf geht's. Eine oktoberfestliche Moritat. Hannover 1960

Roth, Joseph: Radetzkymarsch. Zitierte Edition München, 12. Aufl. der Edition München (1981), 1998

Schad, Martha: Bayerns Königinnen. München 2005

Schleich, Erwin: Die zweite Zerstörung Münchens. Stuttgart 1978 [= Neue Schriftenreihe des Stadtarchivs München; Bd. 100]

Schmid, Alois (Hrsg.): Handbuch der bayerischen Geschichte; Bd. IV, 1; Das neue Bayern. Von 1800 bis zur Gegenwart. Erster Teilbd. Staat und Politik. München 2003

Schmitt, Carl: Der Begriff des Politischen. Zitierte Edition: Berlin 3. Aufl. 1963

ders.: Römischer Katholizismus und politische Form. Zitierte Edition Stuttgart 1984 (folgend der Edition München 1925)

Spindler, Max (Hrsg.): Handbuch der bayerischen Geschichte; Bd. IV, 1; Bayerische Geschichte im 19. und 20. Jahrhundert. 1800 – 1970. Erster Teilbd. Staat und Politik. München 1978

Tauber, Christine: Ludwig II. Das phantastische Leben des Königs von Bayern. München 2013

Thun, Alexa: „Die Dynastie Wittelsbach ist abgesetzt. Hoch die Republik!" König Ludwig III. und die Novemberrevolution in den Augen seiner Zeitgenossen. In: aventinus bavarica Nr. 5 / 2006; siehe www.aventinus-online.de/ no_cache/persistent/artikel7733/ (hier zitiert am 21. 08. 2021)

Tilly, Richard H.: Vom Zollverein zum Industriestaat. Die wirtschaftlich-soziale Entwicklung Deutschlands 1834 bis 1914. München 1990 [= Deutsche

Geschichte der neuesten Zeit. Vom 19. Jahrhundert bis zur Gegenwart. Hrsgg. v. Martin Broszat u. a.; Bd. 4506]

Wagner, Richard: Die Meistersinger von Nürnberg. Zitierte Edition Stuttgart 2002 [= reclams Universal-Bibliothek; Bd. 5639]

ders: Der Ring des Nibelungen. Ein Bühnenfestspiel für drei Tage und einen Vorabend. Zweiter Tag: Siegfried. Zitierte Edition Stuttgart 1998 [= reclams Universal-Bibliothek; Bd. 5643]

Wehler, Hans-Ulrich: Das deutsche Kaiserreich 1871 – 1918. Göttingen, 6. Auflage 1988 [= Kleine Vandenhoeck-Reihe; Deutsche Geschichte; Bd. 9]

Weigand, Katharina: Griechenland – Otto auf dem griechischen Thron: Eine Fehlspekulation König Ludwigs I.? In: Bayern mitten in Europa. Vom Frühmittelalter bis ins 20. Jahrhundert. Hrsg. v. Alois Schmid u. Katharina Weigand. München 2005; S. 320ff.

Winkler, Heinrich August: Weimar 1918 – 1933. Die Geschichte der ersten deutschen Demokratie. München 1993

Wirth, J[ohann] G[eorg] A[ugust]: Das Nationalfest der Deutschen zu Hambach. Erstes Heft Neustadt 1832

Zámečnik, Stanislav: Das war Dachau. Nördlingen 2002